LARGE COUNTRY
ECONOMY RESEARCH

大国经济研究

2021 / 第13辑

欧阳峣 主编

中国财经出版传媒集团
经济科学出版社
Economic Science Press

图书在版编目（CIP）数据

大国经济研究．2021：第13辑/欧阳峣主编．--
北京：经济科学出版社，2022.10
ISBN 978-7-5218-3855-8

Ⅰ．①大…　Ⅱ．①欧…　Ⅲ．①世界经济-经济发展-研究　Ⅳ．①F113.4

中国版本图书馆CIP数据核字（2022）第124295号

责任编辑：周国强
责任校对：齐　杰
责任印制：张佳裕

大国经济研究2021/第13辑
欧阳峣　主编
经济科学出版社出版、发行　新华书店经销
社址：北京市海淀区阜成路甲28号　邮编：100142
总编部电话：010-88191217　发行部电话：010-88191522
网址：www.esp.com.cn
电子邮箱：esp@esp.com.cn
天猫网店：经济科学出版社旗舰店
网址：http://jjkxcbs.tmall.com
固安华明印业有限公司印装
787×1092　16开　21.5印张　420000字
2022年10月第1版　2022年10月第1次印刷
ISBN 978-7-5218-3855-8　定价：118.00元
（图书出现印装问题，本社负责调换。电话：010-88191510）

学术指导委员会

前　言

经济学发展历史表明，经济理论的重要程度往往取决于被解释现象的重要程度。中国的崛起被称为“东亚奇迹”，“金砖国家”的崛起已成为“世界奇迹”，这说明大国经济现象的重要程度是毋庸置疑的。如果将典型大国经济发展现实和经验的研究提升为普遍性的理论体系和知识体系，那么，中国经济学就有可能掌握国际话语权。

一般来说，掌握国际话语权应该具备三个条件：一是研究的对象具有典型意义，被解释的现象不仅对某个国家的发展具有重要意义，而且对世界的发展具有重要意义；二是取得的成果具有创新价值，在学术上有重要发现，乃至创造出新的科学理论和知识体系；三是交流的手段具有国际性，研究方法符合国际规范，可以在世界范围交流和传播。

在大国经济研究领域，第一个条件是已经给定的，因为大国经济发展具有世界意义。关键是要在第二个条件和第三个条件上下功夫。要通过创造性的思维和研究，深刻把握大国经济的特征和发展规律，构建大国经济的理论体系和知识体系，追求深层次的学术创新和理论突破；要使用国际化的交流手段，运用规范的研究方法和逻辑思维开展研究，从中国与世界关系的角度来看待大国经济问题，并向世界传播大国经济理论和知识体系，从而使大国经济理论具有世界意义和国际影响力。我们将致力于探索超大规模国家经济发展的特征和规律，进而构建大国经济理论体系和知识体系。

我们拥有这样的梦想，并且在集聚追求梦想的力量。我们期望这个梦想成为现实，并用行动构建中国风格的经济学话语体系，为中国经济学走向世界做出积极的贡献。

欧阳峣

目　　录

大国经济理论 …… 1

加强大国经济新发展格局的理论研究/欧阳峣 …… 3

后发大国的技术进步路径与技术赶超战略/袁　礼　王林辉　欧阳峣 …… 11

贸易、国内摩擦和规模效应/纳塔利娅·拉蒙多　安德烈斯·罗德里格斯·克莱尔米拉格罗·萨博里奥·罗德里格斯 …… 36

全球数字贸易规则新进展与中国的政策选择/高凌云　樊　玉 …… 64

国别经济研究 …… 75

缩小数字鸿沟：中国特色数字金融发展/张　勋　万广华　吴海涛 …… 77

市场距离、需求不确定性与离岸价格/首陈霄 …… 97

地区间竞争机制的政府属性和市场属性/罗富政 …… 113

经济治理能力、出口贸易与中国高新技术产业自主创新/曹虹剑　李虹辰　张　慧 …… 123

农村经济新旧动能转换与经济发展进程的协调度评估/阳　旸　刘姝雯 …… 138

新型城镇化能改善代际流动性吗？/李　军　李　敬 …… 146

外资企业的退出市场行为
——经济发展还是劳动力市场价格管制？/熊瑞祥　万　倩　梁文泉 …… 175

FDI 和 OFDI 的互动机制与经济增长质量提升
——基于狭义技术进步效应和资源配置效应的分析/傅元海　林剑威 …… 196

产业集聚模式选择与城市人口规模变化
——来自 285 个地级及以上城市的经验证据/袁冬梅　信超辉　袁　琍 …… 226

中国经济史研究 …… 243

《国富论》中描述的古代中国经济/欧阳峣 …… 245
新式教育、人力资本与中国近代产业升级/欧阳峣 易思维 …… 252
银行业、政府信誉与中国近代公司法实施效果的区域差异/欧阳峣 盛小芳 …… 273

学术研究动态 …… 287

大国发展经济学框架下的新发展格局研究/陶文娜 …… 289
外汇储备与外债同增悖论研究进展/汤凌霄 欧阳曜亚 …… 296
人口老龄化对产业结构的影响——一个文献综述/蔡兴 张洁 李琪 …… 320

大国经济理论

加强大国经济新发展格局的理论研究*

欧阳峣**

摘　要　构建新发展格局是关系我国发展全局的重大战略任务，应该加强系统的理论研究。通过研究大国经济发展格局的典型模式、国内大循环为主体的一般规律和国内国际经济双循环的一般规律，研究中国经济格局演变的特殊规律、中国经济转型的特殊背景和面临的特殊问题，研究开放型世界经济的一般规律、双循环系统的相机抉择机制和国际国内产业链构建，将大国经济发展的普遍规律、中国经济发展的特殊规律以及中国经济与世界经济的必然联系相结合，建立比较完善的经济理论体系。

关键词　新发展格局　大国经济　双循环　中国经济

习近平总书记指出："加快构建以国内大循环为主体、国内国际双循环相互促进的新发展格局，是'十四五'规划《建议》提出的一项关系我国发展全局的重大战略任务，需要从全局高度准确把握和积极推进。"①《中华人民共和国国民经济和社会发展第十四个五年规划和2035年远景目标纲要》已经把"构建新发展格局"写进了指导思想、遵循原则、战略导向和工作重点。构建新发展格局是党中央根据我国新发展阶段、新历史任务和新环境条件作出的重大战略决策，也是习近平新时代中国特色社会主义思想的重大理论成果。为此，我们应该加强新发展格局的理论研究，特别是立足于中国是典型的发展中大国的基本国情，在大国发展经济学的理论框架下，深入系统地研究新发展格局的客观现实基础，探索形成国内大循环和国内国际双循环格局的内在机制，将理论与实践、一般与特殊结合起来，构建系统性的理论原理，从而为我国经济发展战略的调整完善提供理论支撑。

---

* 本文原载于《人民论坛·学术前沿》2021年第18期，第95~99页。

** 作者简介：欧阳峣，经济学教授，博士生导师，湖南师范大学大国经济研究中心主任。

① 习近平：《把握新发展阶段，贯彻新发展理念，构建新发展格局》，载《求是》2021年第9期，第4~18页。

一、研究大国经济发展格局的典型模式，揭示大国经济发展格局的一般规律

（一）研究大国经济发展格局的典型模式

经济学理论是通过收集事实、整理和解释事实并从这些事实中概括出来的规律性认识，它包括对经济发展典型模式和一般规律的概括。现代经济学鼻祖亚当·斯密在《国富论》中描述了中国古代经济繁荣的景象："中国幅员是那么广大，居民是那么多，气候是各种各样，因此各地方有各种各样的产物，各省间的水运交通，大部分又是极其便利，所以单单这个广大国内市场，就够支持很大的制造业"，同时，"假设能在国内市场之外，再加上世界其余各地的国外市场，那么广大的国外贸易，必能大大增加中国制造品，大大改进其制造业的生产力"。[①] 显然，这两段话中包含着三个假设：第一，人口众多和幅员广阔的国家可以拥有规模庞大的国内市场，支撑制造业的发展；第二，在国内各区域间改善交通条件，有利于形成广大的国内市场；第三，通过发展对外贸易利用世界各地市场，可以增加市场规模和制造业发展空间。第一段话暗合"国内大循环"为主体的情况，第二段话暗合"国内国际双循环"的情况，这两段话极为精辟地描述了大国经济发展格局的典型模式，而且表明形成这种格局的现实基础是国家幅员辽阔、人口众多以及交通便利，从而形成统一的国内市场。

（二）研究以国内大循环为主体的一般规律

"以国内大循环为主体、国内国际双循环相互促进的新发展格局"是大国经济发展的典型格局，应该在大国发展经济学的理论框架下开展研究，从而揭示大国经济发展的一般规律。首先，供需均衡是畅通国内大循环的客观前提，我们可以构建一个由生产资料厂商、消费品厂商和消费者所组成的三部门经济模型，假定没有国际贸易，所有市场都是完全竞争市场，由此出发研究消费者和生产者的均衡，以及整个市场体系的均衡；进而将国家规模因素引入一般均衡模型，假设一个超大规模国家，拥有规模

① ［英］亚当·斯密：《国民财富的性质和原因的研究》下卷，商务印书馆 2003 年版，第 247 页。

庞大的生产要素，那么，即使在封闭的条件下，生产要素也可以在总体上实现供需均衡，从而实现国内经济循环。其次，大国经济在供需均衡的基础上形成内生发展能力，即超大规模国家，由于拥有资源丰富和市场广阔的优势，依靠国内资源和国内市场就可以推动经济的自主协调发展。美国经济学家钱纳里根据100个国家的经济数据，实证研究这些国家在发展过程中的经济结构变化趋势，比较分析大国格局和小国格局的特点，发现大国在每个收入点上的进出口贸易量都不超过小国的50%，“大国的注意力主要在国内市场。与之相反，小国发展格局的特点在于主要受外部市场和资金流动的影响，在发展过程中当出口水平低于GDP的20%时，几乎不能取得满意的经济增长速度”。[①] 大国普遍采取内向型发展政策，这种内向型政策在国内资源积累和资源配置等方面均有反映，从而形成了国家规模与外贸依存度成反比的一般规律。

（三）研究国内国际经济双循环的一般规律

本文把亚当·斯密提出依靠“广大国内市场＋世界其余各地的国外市场”支撑制造业发展的假设称为“斯密理想”，并认为“在世界经济发展史上，中国古代曾经实现了这种理想，唐宋时期的中国经济充分体现了经济增长的大国效应；在工业化进程中，美国充分利用资源充裕和市场广阔的优势，实现了大国经济的崛起和持续增长”。[②] 在封闭的世界体系里，大国可以凭借规模庞大的国内资源和国内市场，形成推动经济繁荣的机制。然而，在开放的世界经济体系里，规模小的国家可以利用国外的资源和市场来扩大资源规模和市场规模，从而弥补自身小规模的缺陷，促进专业化分工和培育大产业。如果规模大的国家仍然采取经济封闭的政策，则有可能丧失资源和市场规模优势。可见，在经济全球化条件下，规模大的国家既要善于利用国内的资源和市场，培育大企业和大产业，又要善于利用国外的资源和市场，从而形成更大规模的资源和市场，在国际范围培育企业和产业竞争优势。这样，将国内经济循环和国际经济循环有机地结合起来，就可以形成“以国内大循环为主体、国内国际双循环相互促进的新发展格局”。

---

① ［美］霍利斯·钱纳里、莫尔塞斯·塞尔昆：《发展的格局（1950～1970）》，李小青等译，中国财政经济出版社1989年版，第93页。

② 欧阳峣：《大国发展经济学》，中国人民大学出版社2019年版，第98页。

二、研究中国经济发展格局的转型，揭示中国经济发展的特殊规律

（一）研究中国经济发展格局演变的特殊规律

中国是目前世界上规模最大的发展中国家，其经济发展格局既表现出大国经济发展格局的共同性，也表现出发展中大国经济发展格局的特殊性。具体来说，随着中国经济规模和消费规模由小到大的成长过程，中国经济格局的演变也经历由“小国型式”转变到“大国型式”的过程。新中国成立之初，1949 年中国人口达到 5.4167 亿人，由于受到西方国家的经济封锁，我们凭借较大规模的人口和资源要素曾经一度支撑起低水平的国内经济大循环。改革开放之初，1978 年中国总人口达到 9.6259 亿人的庞大规模，但是人均收入水平低，人均国民收入为 385 元，居民人均消费仅为 183 元，低水平的国民收入和购买能力难以支撑大国经济发展。针对国内市场容量较小的特点，我们选择外向型发展战略，通过利用国外市场、资金以及国内人力资源优势，迅速地推动制造业发展。进入 21 世纪以后，中国经济高速持续发展，形成超大规模的国内市场。从 2000～2019 年，中国总人口由 12.6743 亿人增加到 14.0005 亿人，国内生产总值由 100280 亿元增加到 990865 亿元，国民总收入由 99366 亿元增加到 988528 亿元，人均国民收入由 7846 元增加到 70725 元，居民人均消费支出由 3698 元增加到 27563 元。[①] 随着消费需求规模的扩大、交通基础设施和现代市场体系的完善，规模庞大的国内市场已经形成，从而推动中国经济格局的逐步转型，即由依靠出口为主向依靠国内需求为主转变。从低水平的国内经济大循环到“两头在外”的国际经济大循环，再到高水平的国内经济大循环和国内国际双循环相互促进，体现了中国经济发展格局转型的特殊轨迹。

（二）研究中国经济发展格局转型的特殊背景

当前，构建“以国内大循环为主体、国内国际双循环相互促进的新发展格局”，是应对“两个大局”的必然选择。首先，是中华民族伟大复兴的战略全局。随着中国特

① 数据不含港澳台地区。来源：国家统计局：《中国统计年鉴（2020）》，中国统计出版社 2020 年版。

色社会主义进入新时代，社会主要矛盾已经转化为人民日益增长的美好生活需要和不平衡不充分的发展之间的矛盾，而粗放型、数量型的增长方式不能满足人民美好生活需要，必须走高质量发展道路，才能建设社会主义现代化强国，实现中华民族的伟大复兴。我国在经济起飞时期采取的市场和资源“两头在外”的发展战略，主要以出口创汇为目标，它面临着两大问题：一是出口产品主要依靠低成本优势，在国际价值链中处于中低端位置，因而，不能大幅度增加国民福利，使我国迈进高收入国家行列；二是出口导向以国外市场和消费者为目标，使得产品供给偏离了满足人民美好生活的目标，在质量和结构上不适应国内市场需求。为此，亟须转换发展模式和转变发展方式，依靠技术创新培育发展优势，引导和创造新需求，构建以国内市场为主要目标的生产体系，形成以国内大循环为主体的格局。其次，是世界百年未有之大变局。放眼当今世界，我们面对的是百年未有之大变局，它主要有三大特征：其一，全球经济格局正在重构，随着新兴市场力量的迅速崛起，以美国为主导的单极化权力体系面临解体，世界经济将出现多极化发展的新格局；其二，信息技术和人工智能成为新一轮技术革命的核心，给人类的生产方式、生活方式和思维方式带来深刻影响，促进劳动生产率的提高和产业结构的升级；其三，逆全球化浪潮的兴起，欧美国家推行贸易保护主义政策，全球化的主体力量从发达经济体转变为发展中经济体，世界贸易规则从开放的全球主义向区域主义转变。世界经济发展中不确定性突出，非周期性波动因素的影响增强，全球经济增长动能不足，世界各国经济增幅下降，发达经济体和新兴经济体的长期经济增长率均出现回落，特别是发达经济体的下降幅度较大。面对纷繁复杂的国际经济环境变化，出口导向发展模式将遇到重重困难，需要更加重视依靠国内需求拉动经济增长，依靠国内市场实现供需均衡，形成畅通的国内经济大循环系统。

（三）研究中国经济发展格局转型的特殊问题

中国经济发展格局的转换，构建“以国内大循环为主体、国内国际双循环相互促进的新发展格局”，需要解决的关键问题是结构性问题。一是需求结构。国内居民消费总量仍需扩大，但是总量不足的原因在于结构不均衡，特别是中等收入群体规模偏小，在某种程度上出现有购买能力者无购买需求、有购买需求者又无购买能力的情况。应该通过提高就业质量，优化收入分配结构，扩大中等收入群体，合理增加公共消费，形成拉动经济高质量增长的强大需求动力。二是供给结构。国内生产规模已经足够庞大，但是结构性矛盾特别突出，许多行业产能过剩，钢铁、煤炭等行业的比重已达到峰值，而一些满足人民高品质生活需要的产品却供给不足，以致经常出现国内居民出国大量购买国外商品的情况。应该推进供给侧结构性改革，调整优化产业结构和产品结构，更好地满足消费者对产品质量、品质和品牌的要求，使得国内消费需求能够更好地在国内市场获得满足。三是内外结构。大量的出口导致内外经济失衡，外贸顺差大幅增加，高额的外汇储备不能及时地转化为国内投资，经常项目和资本项目双顺差给中国带来巨大的福利损失。同时，依托低成本优势的中低端制造品的对外贸易，既不能使国民获得高额的收入，又往往容易造成国家之间的贸易摩擦。上述结构性问题的存在，导致国内消费不能有力地拉动经济增长，国内供给不能充分地满足国内消费需求，巨大规模的外汇储备不能顺利地转化为投资，从而影响国内经济大循环的顺利实现。为此，应该着力解决经济发展中的结构性问题，以强大的国内需求拉动经济增长、以充分的国内供给保障市场运行、以均衡的贸易结构支撑国内外经济协调发展，从而构建“以国内大循环为主体、国内国际双循环相互促进的新发展格局”。

三、研究中国经济和世界经济的关系，揭示开放型经济的内在逻辑

（一）研究开放型经济的普遍规律

开放型经济是与封闭型经济相区别的概念，是一种系统性的经济模式，认识其普遍规律有利于科学地理解新发展格局。应该肯定双循环格局是开放型经济，而非封闭型经济，其基本要义有三点。一是全球范围的要素自由流动。生产要素的自由流动是世界经济的微观基础，在开放型经济中，各种要素、商品和服务可以自由地跨越国界流动，从而在全球范围内有效地配置资源。为此需要反对贸易保护主义，促进贸易和投资自由化便利化。二是全球范围的国际分工模式。从产业间分工、产业内分工、产品内分工到价值链分工，体现了国际经济分工形式的演变，其中各国依托自己提供的要素类型处在价值链的不同环节，形成要素合作型的国际专业化。为此需要提升本国要素的层次，从而实现在全球价值链中位置的攀升。三是全球范围内的国际收益分配。根据贸易的顺差或逆差以及提供的要素类型，各国获得不同的国际收益，遵循现代国际经济的比较利益原则和规模利益原则，无论出口或者进口均可以获得比较利益和规模利益。为此需要把商品的出口和进口、要素的引入和输出结合起来，从而实现内外经济的协调平衡。在构建新发展格局的过程中，应该促进生产要素在

全球范围内自由流动，根据国内和国外的需求与环境变化，合理地选择要素配置的空间，选择加入国内或国际产业链和价值链，并把出口和进口结合起来，建设包容均衡的开放型经济。

（二）研究双循环系统的相机抉择

大国依托庞大的国内需求和国内市场构建起国内大循环系统，并且成为经济循环的主体系统。由于依靠国内大循环也可以实现经济增长，大国因而具有了对加入国际大循环系统的自主选择权以及动态调整权。具体说：一是遵循效率性原则，自主地选择配置资源效率高的经济空间；二是遵循稳定性原则，科学地选择市场状况处于稳态的经济空间；三是遵循均衡性原则，合理地、包容地选择经济空间。当前，国际经济中不确定因素增加，全球经济增长放缓，美国等发达国家的贸易保护主义政策给世界经济环境带来负面影响。于是，中国在国外市场寻求机会的概率减少，获得高收益的可能性降低，而且面临着一些经济风险和政治风险，在国际上发展的空间受到限制。因此，应该考虑更多地选择国内经济空间，更好地利用国内大市场，加快构建畅通和高效的国内大循环系统。特别是要依靠国内大市场培育大企业和大产业，依靠国内需求引致技术创新，并以创新驱动、高质量供给引领和创新需求，从而推动中国经济发展行稳致远。

（三）研究双循环系统的产业链条

无论在生产体系还是分工体系中，核心问题是产业链的选择以及与产业链相关的供应链、创新链和价值链的构建。具体说，某个产业或者产品加入国内产业链，就是加入国内经济大循环，加入国际产业链就是加入国际经济大循环。随着世界经济多极化格局的出现，欧美国家在世界经济中的霸主地位逐渐弱化，产业发展的“多极雁行”形态正在逐步形成，美国、欧盟、日本和中国等经济体均可成为某个产业链条或者产品链条的“雁头”，在世界经济中发挥引领和带动作用。中国应该利用“多极雁行”格局谋求全球价值链重构，例如，在二十国集团（G20）经济开放圈中，可以寻求利用空间和优势产业或产品，追踪国际前沿技术，从价值链低端向中高端攀升；在“金砖国家”经济开放圈中，可以寻求某些优势产业和产品，发挥我国产业体系完备的优势，通过合作创新解决关键技术，逐步占据价值链高端；在“一带一路”经济开放圈中，可以利用我国的优势产业和先进技术，构建完备的国际产业链和价值链，发挥“雁头”的引领作用。同时，针对国际经济环境的复杂性和以美国为代表的排斥势力，可以选择一些产业或产品转向加入国内大循环系统，主要依靠国内大市场集聚全球创新资源，通过自主创新解决“卡脖子”技术难题，努力谋求“领跑”地位，占据全球价值链高端。

后发大国的技术进步路径与技术赶超战略*

袁 礼 王林辉 欧阳峣**

摘 要 本文基于后发大国的内生技术进步框架，演绎不同创新战略下市场规模对技术进步路径和技术赶超的作用，发现在自主创新与模仿创新相耦合的战略下，市场规模扩张将抑制经济体向技术前沿收敛，加深对模仿创新的依赖。在以自主创新替代模仿创新的战略下，市场规模对技术进步路径和技术赶超的影响存在非一致U形门槛效应，且技术进步路径转换的规模门槛滞后于技术赶超。为此，本文建议以技术赶超为基准，适时调整创新战略，释放创新的规模经济优势。创新驱动发展战略是适应中国市场规模变化的选择，但因经济尚处于由超大转向超强的阶段，自主创新的贡献率会先降后升。

关键词 技术追赶 市场规模 自主创新 创新战略

一、引言

中国具有人口众多和国土面积广阔的特点，加之近年来劳动力收入上升和市场统一程度提高，已形成庞大且不断扩张的国内市场，并形成超大规模市场优势（国务院发展研究中心课题组，2020）。充分挖掘和发挥中国超大规模市场优势，正如中共十九届五中全会指出，需“坚持扩大内需这个战略基点，加快培育完整内需体系，把实施扩大内需战略同深化供给侧结构性改革有机结合起来，以创新驱动、高质量供给引领和创造新需求”。事实上，实现供给与需求的高水平动态均衡，一方面应从需求侧发力，以巨大的国内市场需求牵引供给；另一方面需要以更高质量的供给适应和创造国内市场需求，而供给端的核心在于技术创新能力的提升。

---

* 本文原载于《经济科学》2021年第6期，第38~55页。

** 作者简介：袁礼，经济学副教授，硕士生导师，湖南师范大学大国经济研究中心副主任；王林辉，经济学教授，博士生导师，华东师范大学经济与管理学部教授；欧阳峣，经济学教授，博士生导师，湖南师范大学大国经济研究中心主任。

世界技术变迁史表明，先发国家往往凭借自主创新提高技术水平，后发国家则主要依靠技术引进及模仿实现技术升级（林毅夫、张鹏飞，2005）。中国作为一个后发大国，既是“后发国家”，又是“大规模国家”，兼具“后发”和“规模”双重内涵（欧阳峣等，2016）：一方面，在过去40多年中，中国通过技术贸易和外商直接投资等方式获取发达国家的先进技术，创造了增长奇迹。但伴随着技术水平的不断提升，技术可供模仿的空间逐渐收窄，对技术引进及模仿创新的依赖显然难以维系增长对技术的需求。更为重要的是，控制在发达国家手中的关键核心技术是要不来、买不来和讨不来的。另一方面，在全球化红利锐减和大国冲突背景下，中国迫切需要以国内大循环为基础，驱动技术创新模式由模仿创新转向自主创新，有效突破“卡脖子”技术难题（刘元春，2020）。而在由模仿创新向自主创新转换的过程中，中国超大规模的国内市场需求固然可以有效诱致企业内生技术创新，但也需要政府发挥顶层设计和统一布局的作用（刘伟，2020）。

基于此，中国这样的后发大国如何实现技术进步路径转变和技术赶超，不仅具有重要的研究价值，也是决策层面关注的焦点问题。为此，国家层面的创新战略不断调整和推进，逐步从重视技术引进转变为强调自主创新。得益于国家战略和政策的激励，我国创新投入规模迅猛增长。比如，研发（R&D）人员持续增长，1996年每百万人中研发人员数仅为442.57人，到2015年已达1176.58人，超过世界平均水平的1150.76人。研发资金占GDP的比重逐年扩张，1996年研发经费占比为0.56%，到2015年达到2.07%，研发投入占GDP的比重已初步达到创新型国家标准。[①] 然而，研发投入的大幅增长并未带来创新产出效率的提升，不仅没有促进中国由要素驱动向创新驱动转型，反而抑制中国全要素生产率及其对经济增长贡献率的提升，国家综合创新能力仅列世界第17位（叶祥松和刘敬，2018）。与此同时，中国企业的自主创新能力依然相对薄弱，创新产出效率不高，诸多领域还缺乏关键核心技术，距离世界科技前沿仍有很长一段路要走。无论是企业层面的技术创新模式转变，还是宏观层面的技术进步路径转换和技术赶超，国家创新发展战略的调整和研发资源的倾斜，似乎都并未取得预期的效果。

立足上述经验事实，本文尝试回答如下三个问题：第一，在中国技术赶超进程中，庞大的国内市场需求如何在技术创新层面发挥规模经济优势，以及其究竟是推进还是阻碍了技术进步路径转换？第二，在不同类型的创新发展战略下，不断扩张的国内市

① 因篇幅所限，本文省略了每百万人口中研发人员的跨国比较图和研发投入占GDP比重的跨国比较图，感兴趣的读者可在《经济科学》官网论文页面“附录与扩展”栏目下载。

场规模是否对中国技术进步路径和技术赶超发挥异质性作用？如果答案是肯定的，那么分别以技术进步路径转换和技术赶超为目标来调整创新发展战略的市场规模门槛和时点并不一致。因此，中国看似效果不佳的创新战略调整或许是源于不同的战略目标选择，以及市场规模对技术进步路径转换的影响本就具有滞后性。第三，中国实现技术进步路径转换应当以国内经济大循环为基础，而关键核心技术的突破是畅通国内大循环和构建新发展格局的动力源泉，这一互动过程中需要国家创新战略的支持。中国应如何甄别国内市场规模的变化、适时调整创新发展战略，继而推动中国技术进步路径转换和技术赶超，以实现三位一体的动态均衡？

为此，本文建立一个后发大国的内生技术进步模型，从技术创新的视角诠释市场规模经济优势，数理演绎不同创新发展战略下市场规模对技术进步路径转换和技术赶超的异质性影响。结合中国经验数据，本文模拟在不同类型创新战略下，国内市场规模对后发大国技术赶超和技术进步路径转换的动态作用。本文剩余部分结构安排如下：第二部分是文献述评；第三部分是理论模型演绎；第四部分是数值模拟；最后是结论与政策建议。

二、文献述评

技术强国更替与后发国家技术赶超历史表明，技术变迁路径并非一成不变，往往表现出连续性，但时而也会呈现跳跃性，其中自主创新和技术引进扮演着重要角色。针对后发国家技术进步路径的选择，存在“以技术引进为主的模式”和“以自主创新为主的模式”的争论（方福前、邢炜，2017）：其一，“以技术引进为主的模式”在比较优势理论的基础上，认为后发国家应依据自身要素禀赋条件选择技术进步路径。一般而言，后发国家与发达国家存在较大的技术差距，技术模仿的人力、物力与时间成本往往会低于自主创新，可成功规避自主研发的不确定性与失败风险。因此，通过技术引进与模仿，可更快地进行技术升级，利用后发优势以实现技术追赶（Keller and Yeaple，2009）。阿西莫格鲁等（Acemoglu et al.，2006）等将技术扩散引入新增长模型中，考察发达国家和发展中国家的技术互动机制，将发展中国家的技术进步归结为技术引进的结果。

其二，“以自主创新为主的模式”则认为后发国家若过于依赖技术引进，将会陷入比较优势陷阱，形成低水平技术均衡锁定，无法提高自主创新能力，最终与先发国家形成无法跨越的“均衡技术差距”，成为永久的跟随者（Krugman，2003）。世界各国劳动生产率的明显差异亦表明，模仿与吸收发达国家前沿技术是一个缓慢且具有较高成本的过程，通过溢出效应实现经济增长趋同的可能性较小（Los and Timmer，2005）。在中国转型升级的过程中，虽不乏通过模仿创新而在国际市场中占据一席之地的企业，但也有诸多企业陷入“引进—落后—再引进—再落后”的怪圈（吕一博等，2017）。企业只有发挥自主创新能力，通过核心关键技术创新突破才可能成为技术领导者。事实上，国际竞争的关键是核心技术，发达国家并不会出售核心关键技术，后发国家只有通过自主创新，才可能实现技术的根本性突破，进而成功赶超发达国家。

一般而言，后发国家往往需要经历从技术引进、吸收、模仿创新再到自主创新的过程，任何单一强调某一类创新模式的观点都存在偏误。技术引进和自主创新并非完全独立，关于二者的关系，学者们存在“替代关系假说”和“互补关系假说”两种观点（张杰等，2020）。一方面，有的文献发现韩国制造业的技术引进对自主创新存在替代作用（Lee，1996），部分中国的经验研究也得到类似结论（肖利平、谢丹阳，2016）；另一方面，不乏针对中国和印度等后发国家的经验研究发现技术引进与自主创新之间存在互补关系（张杰等，2020）。傅晓霞、吴利学（2013）构建基于后发国家的内生增长模型，引入包含自主创新和技术引进的 CES 创新可能性边界，以两类创新成果之间的替代弹性同时刻画二者之间的互补和替代关系，演绎技术差距在知识生产和技术赶超过程中的关键作用。事实上，在不同的经济发展阶段，在不同条件下两种创新模式可能会交替主导技术进步（Basu and Weil，1998）。技术创新模式和技术进步路径应随技术差距变化而发生转换，当技术创新能力与发达国家存在明显差距时，后发国家适宜选择模仿创新，而当技术创新能力与发达国家相近时，宜由“模仿主导”向“创新主导”逐步转换（欧阳峣、汤凌霄，2017）。不仅如此，经验研究显示技术差距与对外开放程度、要素禀赋结构、制度环境、知识产权保护、市场竞争程度、收入差距、金融发展与经济波动等因素共同作用于技术创新决策，并对技术进步路径转换形成影响（余泳泽、张先轸，2015；黄先海、宋学印，2017；方福前、邢炜，2017；王林辉、袁礼，2018）。然而，少有研究将市场规模纳入技术差距收敛框架，考察其对技术进步路径转换的影响。

另一支文献在继承“需求引致创新”理论的基础上，已充分认识市场规模对技术创新的正向促进作用。理论研究在内生经济增长框架下讨论技术创新过程中规模经济效应强弱（Romer，1990；Lucas and Moll，2014），继而采用跨国经验数据实证检验规模经济效应是否存在，或采用特定产业的数据验证市场规模对技术创新的作用（Barro and Sala-i-Martin，2003；Hermosilla and Wu，2018）。随着中国本地市场规模的不断扩大，学者们开始关注其对创新、生产率和全球价值链的作用机制和条件（陈丰龙、徐康宁，2012；郑江淮、郑玉，2020）。

综上所述，现有文献对后发国家选择技术进步路径和实现技术赶超提供了理论启示，但多从研发投入视角分析技术进步路径的转换，基于研发产出视角的研究有限，同时忽视了创新战略约束下，不断扩张的国内市场规模对技术创新模式和技术赶超的动态作用。而本文可能的贡献则体现在如下两个方面：其一，本文在技术差距收敛框架下，以自主创新和模仿创新产出的相对贡献率代表技术进步路径，演绎市场规模对后发大国技术进步路径和技术赶超的非一致门槛作用，从创新视角诠释市场规模经济优势，为进一步释放中国超大市场规模优势提供新的理论依据。其二，本文通过刻画模仿创新和自主创新在技术提升时发挥的替代或互补作用，引入不同类型的创新发展战略，数值模拟在不同创新战略引领下，伴随着本地市场规模的不断增长，后发大国技术进步路径转换和技术赶超的动态演化轨迹，并分析三者的动态联动性，为探索中国特色的自主创新道路提供新的理论解释。

三、模型演绎

（一）基本模型框架

基于技术差距收敛框架，本文建立一个后发大国的内生技术进步模型。假设该后发经济体在连续时间内，代表性家庭偏好满足 CRRA 效用函数：

$$U = \int_0^{\infty} \exp(-\rho t)\,\frac{C(t)^{1-\theta} - 1}{1 - \theta}\mathrm{d}t$$

其中，ρ 表示折现率，θ 为相对风险厌恶系数，而 $C(t)$ 则代表 t 时刻的消费总量。代表性家庭为实现效用最大化，消费决策满足欧拉方程：$\dot{C}/C = (r-\rho)/\theta$。后发大国为封闭经济体，且生产过程中投入劳动要素，设定总量劳动要素投入 L 恒定，劳动力供给无弹性。因而，该经济体在 t 时刻所面对的资源约束为：$C(t)+Z(t)\leqslant Y(t)$。其中，$Z(t)$ 代表经济体在 t 时刻的研发总支出，而 $Y(t)$ 代表总产出。后发大国的最终产品 $Y(t)$ 由连续性的中间产品 $y_i(t)$ 生产，将中间产品种类标准化为 1，生产函数形式设定为 CD 型：

$$\ln Y(t) = \int_0^1 \ln y_i(t)\,\mathrm{d}i \tag{1}$$

将最终产品 $Y(t)$ 设定为价值标准，以 $p_i(t)$ 代表中间产品 $y_i(t)$ 的价格。在完全竞争的最终产品市场下，根据式（1）可得中间产品的需求函数为：$y_i(t)=Y(t)/p_i(t)$。

将中间产品 $y_i(t)$ 生产企业 i 的技术设定为：

$$y_i(t)=q_i(t)l_i(t) \tag{2}$$

其中，$q_i(t)$ 代表该产品生产线上的最先进技术，而 $l_i(t)$ 则代表企业 i 雇用的劳动力，支付的工资报酬为 $w(t)$，经济体的总量劳动力投入满足 $\ln L=\int \ln l_i(t)\mathrm{d}i$。

根据式（2）可得，生产中间产品的边际成本为：

$$MC_i(t)=\frac{w(t)}{q_i(t)} \tag{3}$$

技术进步表现为中间品最先进技术 $q_i(t)$ 的提升，而中间品生产企业从事新技术的研发。一旦研发成功，则该产品的最先进技术 $q_i(t)$ 提升至 $(1+\lambda)q_i(t)$。在该生产线上，掌握当前最先进生产技术 $q_i(t)$ 的企业与掌握原最先进技术 $q_i(t)/(1+\lambda)$ 的企业进行竞争。在伯川德（Bertrand）竞争格局下，掌握当前最先进技术的企业依据原最先进技术企业的边际成本确定中间品价格：

$$p_i(t)=\frac{(1+\lambda)w(t)}{q_i(t)} \tag{4}$$

若定价高于该价格，则原最先进技术企业仍有利可图，市场将被原企业侵占；若定价低于该价格，原企业虽难以获利，但因掌握当前最先进技术，企业利润仍有提升空间。

结合式（2）~式（4），可得中间产品生产企业的利润函数为：

$$\pi_i(t)=\frac{\lambda Y(t)}{1+\lambda} \tag{5}$$

市场规模由居民收入水平和人口规模等因素决定，而总产出（收入）$Y(t)$ 代表了一国居民的总购买力，因此可代表国家的市场规模（Alesina et al.，2000；Acemoglu and Linn，2004）。根据式（5）可知，市场规模对中间品生产企业的利润具有正向影响，即市场规模越大，通过创新获得的利润越高，企业研发动机越强，也体现了创新的规模经济优势。

当然，研发创新具有高风险特征，若企业研发成功将改善产品生产技术，掌握新技术一期专利权，可采用新技术生产中间品并获利；而一旦研发失败则难以提升其技术水平，中间产品的生产将随机分配给掌握原技术的任一企业（Aghion and Howitt，2008）。假定中间品生产企业可通过自主创新和模仿创新两种模式，提升 i 类中间产品的技术水平。设生产企业在 t 期自主创新和模仿创新成功后，可使 $t+1$ 期技术分别提升至：

$$q_{Di}(t+1)=(1+\lambda_D)q_i(t),\ q_{Fi}(t+1)=\left[1+\frac{\lambda_F}{a(t)}\right]q_i(t) \tag{6}$$

其中，λ_D 和 λ_F 分别为自主创新和模仿创新实现的技术改善程度，而 $a(t)=A(t)/\bar{A}(t)$ 代表后发大国的相对技术水平或技术差距，即后发大国技术水平 $A(t)$ 与世界前沿技术水平 $\bar{A}(t)$ 的比值，$a(t)$ 越大表明该国与发达国家的技术差距越小（Acemoglu et al.，2006）。可见，后发大国的模仿创新实际所实现的技术改善程度 $\lambda_F/a(t)$ 受制于技术差距，这是因为技术差距越大，后发大国技术模仿的空间越大，技术外溢效应越显著（Keller and Yeaple，2009）。而伴随着后发大国技术水平逐渐接近世界技术前沿，技术外溢效应逐渐减弱，此时技术的引进对提升技术水平作用有限。同时，世界前沿技术进步率为 $\bar{g}$，即 $\bar{A}(t)=\bar{A}(0)\times e^{\bar{g}t}$。

由于企业的创新行为具有高风险特征，本文引入创新成功率衡量研发风险，即成功率越高则研发风险越小，反之则反是。设定自主创新和模仿创新成功率是各自研发投入的增函数：

$$p_{Di}(t)=\frac{z_{Di}(t)}{\xi_D/\varphi[\lambda_D,\ z_{Di}(t)]},\ p_{Fi}(t)=\frac{z_{Fi}(t)}{\xi_F/\varphi[\lambda_F/a(t),\ z_{Fi}(t)]} \tag{7}$$

其中，ζ_D 和 ζ_F 分别代表自主创新和模仿创新的成本参数，由于自主创新的成本高于模仿创新，本文直接设定 $\zeta_F\leqslant\zeta_D\leqslant Y$。一个合理的假设是研发投入对创新成功率的边际影响随着研发投入增加呈递减趋势。当研发投入 $z_{Di}(t)$ 和 $z_{Fi}(t)$ 保持不变时，创新成功率还取决于创新成功后新技术的改善程度 λ_D 和 $\lambda_F/a(t)$，改善程度越高，通过研发创新实现这一突破的可能性越小。而函数 φ 则体现了研发成本随技术改善程度 λ_D 和 $\lambda_F/a(t)$ 的提高而上升，以及随着研发投入 $z_{Di}(t)$ 和 $z_{Fi}(t)$ 的增加而上升。为了使模型能够得到显性解，且不失一般性，假定 φ 的函数形式为：

$$\varphi[\lambda_D,\ z_{Di}(t)]=(1+\lambda_D^{-1})[1+z_{Di}(t)^{-1}]$$

$$\varphi[\lambda_F/a(t),\ z_{Fi}(t)]=\{1+[\lambda_F/a(t)]^{-1}\}[1+z_{Fi}(t)^{-1}] \tag{8}$$

t 时刻用于自主创新和模仿创新的研发投入 $Z_D(t)$、$Z_F(t)$ 及总量研发投入 $Z(t)$ 为：

$$Z_D(t)=\int_0^1 z_{Di}(t)\mathrm{d}i,\ Z_F(t)=\int_0^1 z_{Fi}(t)\mathrm{d}i,\ Z(t)=\int_0^1[z_{Di}(t)+z_{Fi}(t)]\mathrm{d}i \tag{9}$$

（二）创新战略约束下的技术进步路径

本文进一步分析不同创新发展战略约束下后发大国的技术进步路径。至于如何表征不同类型的创新战略，阿西莫格鲁等（Acemoglu et al.，2006）认为异质性创新战略表现为不同雇佣决策下生产率水平的差异，黄先海和宋学印（2017）则将基于技术差距和技术外溢效应实现的技术进步定义为追赶导向型，将以竞争创新为动力的技术进步定义为竞争导向型。据此，本文以两种创新模式所实现的目标即技术改善程度 λ_D 和 $\lambda_F/a(t)$ 的相对大小代表不同的创新战略：当 $\lambda_D>\lambda_F/a(t)$ 时，自主创新成果能够覆盖和替代模仿创新，后发大国实施以自主创新替代模仿创新的战略。当 $\lambda_D\leqslant\lambda_F/a(t)$ 时，自主创新与模仿创新呈互补关系，后发大国实施自主创新和模仿创新相耦合的战略。创新战略的分类，一方面，回应了理论层面关于自主创新与模仿创新互补和替代关系的争议（张杰等，2020）；另一方面，也体现了中国不同阶段创新发展战略的演进轨迹。

在不同创新战略下，两类创新对技术的改善程度保持不变，经济体的技术进步率与创新成功率相关，因而需要确定自主创新和模仿创新的研发投入 $Z_D(t)$ 和 $Z_F(t)$。中间产品生产企业 i 将根据下式预期利润 $E_{\pi i}(t+1)$，确定自主创新和模仿创新的研发投入 $z_{Di}(t)$ 和 $z_{Fi}(t)$：

$$E\pi_i(t+1)=\begin{cases}p_{Di}(t)\times E\pi_{Di}(t+1)+[1-p_{Di}(t)]\times p_{Fi}(t)\times E\pi_{Fi}(t+1)-z_{Di}(t)\\ \quad -z_{Fi}(t),\ \text{if } \lambda_D>\lambda_F a(t)\\ p_{Fi}(t)\times E\pi_{Fi}(t+1)+[1-p_{Fi}(t)]\times p_{Di}(t)\times E\pi_{Di}(t+1)-z_{Di}(t)\\ \quad -z_{Fi}(t),\ \text{if } \lambda_D\leqslant\lambda_F/a(t)\end{cases} \tag{10}$$

其中，$E\pi_{Di}(t+1)$ 和 $E\pi_{Fi}(t+1)$ 分别代表自主创新和模仿创新成功后所实现的预期利润，企业根据当期市场预测下期利润，由式（5）可得：$E\pi_{Fi}(t+1)=[\lambda_F/a(t)]Y(t)/[1+\lambda_F/a(t)]$ 和 $E\pi_{Di}(t+1)=\lambda_D Y(t)/(1+\lambda_D)$。由上式可知，中间品生产企业创新的预期利润受市场规模、创新的技术改善程度及各自创新成功率等因素的共同影响。

结合式（7）和式（10）可知：受限于新技术研发的高风险和高成本特征，企业研发投入规模有限。但在经济体具有大规模市场的条件下，创新成功率中蕴含的研发风险与利润函数中隐藏的市场规模相耦合，即创新的高研发投入被大规模市场所分摊，市场规模也吸收和分散了企业的创新风险，恰好体现了研发的市场规模经济优势。

当后发大国实施以自主创新替代模仿创新的战略即 $\lambda_D>\lambda_F/a(t)$ 时，若企业自主创新成功而模仿创新失败，则该企业以 $p_{Di}(t)\times[1-p_{Fi}(t)]$ 的概率获得预期利润 $E\pi_{Di}(t+1)$；若企业自主创新失败，则该企业以 $p_{Fi}(t)\times[1-p_{Di}(t)]$ 的概率获取预期

利润 $E\pi_{Fi}(t+1)$；若企业自主创新和模仿创新同时成功实现技术突破，由于此时自主创新对技术的改善程度大于模仿创新，则自主创新成果将覆盖模仿创新成果，该企业以 $p_{Di}(t)\times p_{Fi}(t)$ 的概率获得预期利润 $E\pi_{Di}(t+1)$；但若研发企业的自主创新和模仿创新均未实现技术突破，企业获得零利润的概率为 $[1-p_{Fi}(t)]\times[1-p_{Di}(t)]$。

根据式（10）的一阶条件，结合式（5）~式（7）可确定企业两类创新的研发投入：

$$z_{Di}(t)=\frac{\left[(\xi_D\lambda_D-1-\lambda_D)-\dfrac{\xi_D\xi_F\lambda_D}{Y(t)}\right]}{1+\lambda_D}$$

$$z_{Fi}(t)=\frac{\left[(\xi_F\lambda_D-1-\lambda_D)-\dfrac{\xi_D\xi_F\lambda_D}{Y(t)}\right]}{1+\lambda_D}\tag{11}$$

可见，市场规模 $Y(t)$ 的扩张有利于中间品生产企业利润的增加，利润激励下两类创新的研发投入都出现增加。同时，研发投入受技术改善程度 λ_D 影响，当技术改善程度增加时，该企业的研发投入水平相应提高。而企业内部自主创新和模仿创新之间的研发资源分配，则受创新成本参数 ζ_D 和 ζ_F 影响，两类研发投入随各自成本提高而增加。

由式（9）和式（11）可得，全社会的总量研发投入为：

$$Z(t)=\frac{\left[(\xi_F+\xi_D)\lambda_D-2(1+\lambda_D)-\dfrac{2\xi_D\xi_F\lambda_D}{Y(t)}\right]}{1+\lambda_D}\tag{12}$$

由式（12）可知：一方面，企业研发投入能够被大规模市场 $Y(t)$ 所分摊，市场规模的扩张有利于总量研发投入的提高，这体现了创新的规模经济优势；另一方面，研发投资偏好于蕴藏着巨大增长潜力的新技术领域，企业将关注自主创新可实现的重大技术突破，即技术改善程度 λ_D，以此确定研发投入的规模，技术改善程度越高则研发投入越多。

结合式（7）、式（8）和式（11），可得自主创新和模仿创新的成功率分别为：

$$p_{Di}(t)=1-\frac{\xi_F}{Y(t)},\ p_{Fi}(t)=\left[1-\frac{\xi_F}{Y(t)}\right]\left[\frac{1+[\lambda_F/a(t)]^{-1}}{1+\lambda_D^{-1}}\right]\tag{13}$$

两类创新成功率受创新成本参数、技术改善程度和市场规模等因素影响。创新成本参数提高，将增加创新风险，创新的高风险特征使得企业必须考虑能否成功收回研发成本，继而减少研发投入，降低创新成功率。但强大的国内市场可以强化企业创新的动机，提高研发投入规模，分摊高额的创新成本，从而降低创新风险，有效发挥规模经济优势。不仅如此，模仿创新成功率也与其所实现的技术改善程度和相对技术水平有关，通过模仿创新实现的技术改善程度越低，相对技术水平越高，模仿创新的成功率越高。

由式（13）可得，企业通过自主创新和模仿创新使中间品的生产技术提升至：

$$q_i(t+1)=G[Y(t),\ a(t)]\times q_i(t)$$

$$G[Y(t),\ a(t)]=\left[\frac{\xi_F}{Y(t)}\right]\times\left[1-\frac{\xi_D}{Y(t)}\right]\times\left\{\frac{1+[\lambda_F/a(t)]^{-1}}{1+\lambda_D^{-1}}\right\}\left[1+\frac{\lambda_F}{a(t)}\right]+\left[1-\frac{\xi_F}{Y(t)}\right]\times(1+\lambda_D)$$
$$+\left[\frac{\xi_F}{Y(t)}\right]\times\left(\frac{\lambda_D^{-1}-[\lambda_F/a(t)]^{-1}+\xi_D\{1+[\lambda_F/a(t)]^{-1}\}/Y(t)}{1+\lambda_D^{-1}}\right)\quad(14)$$

根据式（1），本文定义总量技术水平为各企业最先进技术加总，即 $\ln A(t)=\int_0^1\ln q_i(t)\,\mathrm{d}i$，再对式（14）取对数按照企业进行加总，可得后发大国的技术进步率：

$$g(t)=\ln\left(1+\left[1-\frac{\xi_F}{Y(t-1)}\right]\times\lambda_D+\left[\frac{\xi_F}{Y(t-1)}\right]\times\left[1-\frac{\xi_D}{Y(t-1)}\right]\right.$$
$$\left.\times\left\{\frac{1+[\lambda_F/a(t-1)]^{-1}}{1+\lambda_D^{-1}}\right\}\times\frac{\lambda_F}{a(t-1)}\right)\quad(15)$$

由式（15）可知，后发大国通过自主创新和模仿创新两种模式实现技术进步。首先，技术进步率 $g(t)$ 受技术改善程度和相对技术水平的影响。自主创新和模仿创新实现的技术改善程度 λ_D 和 λ_F 越大，技术进步速度越快。而后发大国与先发国家上一期的相对技术水平对当期技术进步率的跨期影响存在正反两种效应：一方面，上期相对技术水平 $a(t-1)$ 对当期技术进步速率 $g(t)$ 产生反向影响，这是因为技术外溢效应随着技术差距缩小而减少，从而技术进步率减慢。另一方面，相对技术水平对技术进步速率具有正向作用，随着技术差距的缩小，技术吸收障碍逐渐减弱，模仿创新成功的概率提升。因此，相对技术水平对技术进步率的影响取决于这两种作用的相对强弱：

$$\frac{\partial g(t)}{\partial a(t-1)}=-\frac{1}{G}\left[\frac{\xi_F}{Y(t)}\right]\times\left[1-\frac{\xi_D}{Y(t)}\right]\times\left[\frac{\lambda_F}{(1+\lambda_D^{-1})a(t-1)^2}\right]<0$$

由上式可知，随着后发大国技术逐渐接近技术前沿，模仿创新成功率提高的正向作用不足以抵消技术改善程度减少的反向影响，技术进步率随相对技术水平的提高而下降。

在此基础上，结合式（15）分析自主创新和模仿创新对技术进步率 $g(t)$ 的相对贡献强弱，据此从创新产出视角考察技术进步路径的演进轨迹：

$$\frac{g_D(t)}{g_F(t)}=\left[\frac{Y(t-1)-\xi_F}{Y(t-1)-\xi_D}\right]\left\{\frac{1+\lambda_D}{1+[\lambda_F/a(t-1)]}\right\}\left[\frac{Y(t-1)}{\xi_F}\right]\quad(16)$$

若 $\partial[g_D(t)/g_F(t)]>0$，表明相对于模仿创新，自主创新增速更快，技术进步路径偏向自主创新，符合预期战略目标；若 $\partial[g_D(t)/g_F(t)]<0$，表明技术进步路径朝模

仿创新发展，则以自主创新替代模仿创新的战略并未取得预期效果。由式（16）可知，$\partial[g_D(t)/g_F(t)]/\partial a(t-1)>0$，说明伴随着技术差距的缩小，模仿创新增速 $g_F(t)$ 下降，自主创新作用更为突出，此时技术进步天然朝自主创新发展。

若后发大国选择自主创新与模仿创新相耦合的战略，即 $\lambda_D \leqslant \lambda_F/a(t)$，根据式（10）的一阶条件可以推导出自主创新和模仿创新的成功率，并由此得到后发大国的技术进步率和技术进步路径：

$$g(t)=\ln\left(1+\left[1-\frac{\xi_D}{Y(t-1)}\right]\times\frac{\lambda_F}{a(t-1)}+\left[\frac{\xi_D}{Y(t-1)}\right]\times\left[1-\frac{\xi_F}{Y(t-1)}\right]\right.$$
$$\left.\times\left\{\frac{1+\lambda_D^{-1}}{1+[\lambda_F/a(t-1)]^{-1}}\right\}\lambda_D\right) \tag{17}$$

$$\frac{g_D(t)}{g_F(t)}=\left[\frac{Y(t-1)-\xi_F}{Y(t-1)-\xi_D}\right]\left\{\frac{1+\lambda_D}{1+[\lambda_F/a(t-1)]}\right\}\left[\frac{\xi_D}{Y(t-1)}\right] \tag{18}$$

结合式（17）、式（18）可知：当后发大国逐渐接近世界技术前沿即技术差距缩小时，技术进步率 $g(t)$、自主创新和模仿创新的速率 $g_D(t)$ 和 $g_F(t)$ 均随之下降，且模仿创新降幅大于自主创新，技术进步朝自主创新方向发展。

（三）市场规模、创新战略与技术进步路径

国内市场规模是后发大国的突出优势，因此本文进一步剖析不同创新战略下，市场规模对自主创新和模仿创新的异质性影响，以及对技术进步路径转换和技术赶超的作用。当后发大国实施以自主创新替代模仿创新的战略，即 $\lambda_D>\lambda_F/a(t)$ 时，根据式（15），市场规模对自主创新和模仿创新增速的影响如下式所示：

$$\frac{\partial g_D(t)}{\partial Y(t-1)}=\frac{\lambda_D\xi_F}{Y(t-1)^2}>0$$

$$\frac{\partial g_F(t)}{\partial Y(t-1)}=\left[\frac{2\xi_D}{Y(t-1)}-1\right]\times\frac{\xi_F}{Y(t-1)^2}\times\left[\frac{1+\lambda_F/a(t-1)}{1+\lambda_D^{-1}}\right]$$

一方面，$\partial g_D(t)/\partial Y(t-1)>0$，表明市场规模的扩大有利于提高自主创新增速，在两类创新战略下，大规模市场能够分摊研发成本和分散自主创新风险。另一方面，市场规模对模仿创新的影响则存在门槛效应。虽然市场规模能同时提高两类创新的成功率，但在该类创新战略下，模仿创新能否实现技术改善受限于自主创新成果。因此，市场规模对模仿创新增速的影响取决于其对自主创新风险和模仿创新成功率作用的强弱。

令 $Y_1=2\zeta_D$ 为门槛值，当大国市场规模小于门槛值即 $Y(t-1)\leqslant Y_1$ 时，$\partial g_F(t)/$

$\partial Y(t-1)>0$，市场规模扩大提升模仿创新增速，其对模仿创新成功率的促进作用超过其对自主创新风险的化解作用；当市场规模跨越门槛后即 $Y(t-1)>Y_1$ 时，$\partial g_F(t)/\partial Y(t-1)<0$，市场规模扩张将抑制模仿创新增速提升，其对自主创新风险的化解作用更强。

市场规模对技术进步路径的影响亦存在门槛效应，令 $Y_2=[\sqrt{\xi_D(\xi_D-\xi_F)}+\xi_D]$ 为门槛值，当 $Y(t-1)\leqslant Y_2$ 时，则 $\partial[g_D(t)/g_F(t)]/\partial Y(t-1)<0$，表明市场规模使模仿创新增长更快，技术进步偏向模仿创新，有限的市场规模难以分散自主创新风险和分摊研发成本。当 $Y(t-1)>Y_2$ 时，市场规模足够大，能分摊自主创新成本和化解研发风险，$\partial[g_D(t)/g_F(t)]/\partial Y(t-1)>0$，规模扩张引致自主创新增长更快，技术进步偏向自主创新。

整体而言，当市场规模 $Y(t-1)\leqslant Y_2$ 时，市场规模扩张同时有利于自主创新和模仿创新增速提高，且模仿创新增速更快，使技术进步更加依赖模仿创新，偏离以自主创新替代模仿创新战略的目标；而当市场规模 $Y_2<Y(t-1)\leqslant Y_1$ 时，市场规模扩大对两类创新增速均产生正向影响，但自主创新增速更快，技术进步路径偏向自主创新；当市场规模 $Y(t-1)>Y_1$ 时，市场规模的进一步扩张将抑制模仿创新增速的提升，促进自主创新增速的提高，实现自主创新对模仿创新的替代，使技术进步路径向自主创新转换的速率加快。

本文进一步分析在以自主创新替代模仿创新的战略下，市场规模对后发大国技术赶超的影响。经济体的技术差距 $a(t)$ 变化路径满足：$\dot{a}(t)/a(t)=g(t)-\bar{g}$。结合式（15）可知，若 $g(t)>\bar{g}$，后发大国技术进步快于世界前沿技术，相对技术水平提高，但技术进步率下降即 $\dot{g}(t)<0$；若 $g(t)<\bar{g}$，后发大国技术进步低于世界技术前沿，该国相对技术水平下降，技术进步率上升即 $\dot{g}(t)>0$，其技术进步率逐渐收敛于世界前沿技术进步率 $\bar{g}$ 当 $g(t)=\bar{g}$ 时，后发大国与世界前沿技术保持相同增长率，其相对技术水平收敛于 a^*：

$$a^*=\frac{\xi_F\lambda_F(Y-\xi_D)}{\Gamma(\bar{g})Y^2+\xi_F\lambda_DY+\xi_D\xi_F} \tag{19}$$

其中，$\Gamma(\bar{g})=[\exp(\bar{g})-1](1+\lambda_D^{-1})-(1+\lambda_D)$。由式（19）可知，后发大国在均衡增长路径上技术差距 a^* 受制于市场规模、两类创新的技术改善程度和创新成本。

后发大国的市场规模对均衡技术差距的影响亦存在门槛效应①：本文定义门槛值

① 为探析市场规模对均衡技术差距 a^* 的影响，令 $\partial a^*/\partial Y=0$ 可得：$-\Gamma(\bar{g})Y^2+2\Gamma(\bar{g})\xi_DY+\xi_D\xi_F(1+\lambda_D)=0$，方程解即为门槛值。

$Y_4 = \{\xi_D + \sqrt{\xi_D[\xi_D + \xi_F(1+\lambda_D)\Gamma(\bar{g})^{-1}]}\}$，当市场规模未达到门槛值即 $Y(t-1) \leqslant Y_4$ 时，$\partial a^* / \partial Y(t-1) < 0$，国内市场规模将抑制均衡技术水平的提高。一方面，若市场规模有限，则难以分摊自主创新成本并分散研发风险，企业担心无法收回研发成本；另一方面，模仿创新对技术的改善有限，且能否实现仍受制于自主创新成功与否，市场规模的扩张不能有效激励研发规模优势的发挥。当后发大国的市场规模跨越门槛即 $Y(t-1) > Y_4$ 时，$\partial a^* / \partial Y(t-1) > 0$，后发大国将形成独特的市场规模优势，有利于缩小均衡技术差距。

在自主创新和模仿创新相耦合的战略下，即 $\lambda_D \leqslant \lambda_F / a(t)$ 时，后发大国的市场规模亦对自主创新和模仿创新形成非对称性影响，继而作用于技术进步路径。结合式（17）和式（18）可得，市场规模对自主创新和模仿创新增速的影响如下式所示：

$$\frac{\partial g_D(t)}{\partial Y(t-1)} = \frac{1+\lambda_D}{1+[\lambda_F / a(t-1)]^{-1}} Y(t-1)^{-3}[2\xi_D\xi_F - \xi_D Y(t-1)]$$

$$\frac{\partial g_F(t)}{\partial Y(t-1)} = \frac{\lambda_F}{a(t-1)} \xi_D Y(t-1)^2 > 0$$

首先，$\partial g_F(t) / \partial Y(t-1) > 0$，表明在自主创新和模仿创新相耦合的战略下，市场规模的扩大始终有利于促进模仿创新增速 $g_F(t)$ 的提高。其次，市场规模对自主创新增速 $g_D(t)$ 的影响存在门槛效应。在该类创新战略下，经济体的市场规模虽然能够提升两类创新的成功率，但自主创新对模仿创新成果形成有益补充，只有在模仿创新失败且自主创新成功的条件下，自主创新才能改善技术水平。市场规模扩张一方面能够提升自主创新成功率，另一方面也能化解模仿创新风险，其对自主创新的影响取决于二者作用的强弱。

令 $Y_3 = 2\zeta_F$ 表示门槛值，当后发大国的市场规模 $Y(t-1) \leqslant Y_3$ 时，$\partial g_D(t) / \partial Y(t-1) > 0$，国内市场规模扩张对自主创新成功率的促进作用超过其对模仿创新风险的化解作用，将有利于提高自主创新增速；当后发大国的市场规模 $Y(t-1) > Y_3$ 时，$\partial g_D(t) / \partial Y(t-1) < 0$，市场规模在化解模仿创新风险上的作用更强，继而抑制自主创新增速提升。在此基础上，本文进一步分析市场规模对技术进步路径的影响，$\partial[g_D(t)/g_F(t)] / \partial Y(t-1) < 0$，表明扩大的市场规模将使技术进步加深对模仿创新的路径依赖。①

整体而言，当市场规模 $Y(t-1) \leqslant Y_3$ 时，市场规模扩大对两类创新增速均产生正向影响，但模仿创新增速更快，技术进步路径偏向模仿创新；而当市场规模 $Y(t-1) >$

① 令 $\partial[g_D(t)/g_F(t)] / \partial Y(t-1) = 0$，可得一个关于 $Y(t)$ 的一元二次方程，方程的根为 $Y = \xi_F \pm \sqrt{\xi_F(\xi_F - \xi_D)}$。由于 $\zeta_F < \zeta_D$ 时，方程无实根，$\partial[g_D(t)/g_F(t)] / \partial Y(t-1) < 0$。

Y_3 时，市场规模扩张将抑制自主创新增速的提升，促进模仿创新增速的提高，使技术进步加深对模仿创新的依赖，从而偏离制定该战略促进自主创新和模仿创新耦合式发展的初衷。

进一步分析在自主创新和模仿创新相耦合的战略下，后发大国市场规模对技术追赶的影响，若 $\tilde{a}^*$ 表示在该创新发展战略下后发大国均衡的技术差距，$\partial\tilde{a}^*/\partial Y(t-1)<0$ 表明当后发大国实施该类创新战略时，市场规模的扩张将使该国陷入低水平均衡陷阱。①

命题 1：在不同创新战略下，市场规模对后发大国技术进步路径转换存在异质性作用。当市场规模未达到门槛值 $Y(t-1)\leqslant Y_2$ 时，无论实施何种创新战略，市场规模扩张都将加深技术进步对模仿创新的依赖；当市场规模跨越门槛后（$Y(t-1)>Y_2$），若选择自主创新与模仿创新相耦合的战略，将使技术进步加深对模仿创新的依赖，偏离战略目标；若实施以自主创新替代模仿创新的战略，市场规模可使技术进步转向自主创新。若以技术进步路径转换为标准，当大国市场规模跨越门槛（Y_2）后，应及时推进创新战略的调整。

命题 2：在不同创新战略下，市场规模对后发大国技术赶超具有异质性影响。若市场规模未跨越门槛（$Y(t-1)\leqslant Y_4$），无论采取何种创新战略，市场规模的扩张都将抑制均衡技术差距的缩小；当市场规模跨越门槛时（$Y(t-1)>Y_4$），若选择自主创新与模仿创新相耦合的战略，将抑制其均衡技术水平的提升；若实施自主创新替代模仿创新的战略，有利于其向技术前沿收敛。若以技术赶超为标准，则调整创新战略的市场规模门槛为 Y_4。

命题 1 和命题 2 分别揭示了如何根据市场规模的变化适时调整创新战略以实现技术进步路径转换和推进技术赶超。但问题在于，分别以二者作为目标来调整创新战略的市场规模门槛并不一致。表 1 归纳总结了在不同的市场规模下，当后发大国实施不同的创新战略时，市场规模扩张对技术进步路径转换和技术赶超的异质性作用，据此可制定符合市场规模的创新战略：第一，当后发大国的市场规模由大规模向超大规模发展时，由于尚未达到超大规模市场，无论实施何种战略，市场规模对技术进步路径转换和技术赶超的影响均为负向，实施自主创新和模仿创新相耦合的战略能达到更高的技术进步率，技术进步主要依靠后发优势和比较优势。第二，当后发大国经济阶段处于由超大转向超强时，由于并未达到超强阶段，此时无论采取何种战略，市场规模对技术进步路径转换的影响均为负向，但在以自主创新替代模仿创新战略下能够推进

---

① 令 $\partial\tilde{a}^*/\partial Y=0$，可解得方程根为 $Y=2\xi_F\tilde{a}^*(1+\lambda_D)/(\tilde{a}^*\lambda_D-\lambda_F)$。在自主创新和模仿创新相耦合的战略下 $\lambda_D\leqslant\lambda_F/a(t)$，方程根为负值，即 $\partial\tilde{a}^*/\partial Y=0<0$。

经济体向世界技术前沿收敛；而在自主创新和模仿创新相耦合的战略下，市场规模的扩张反而将抑制均衡技术水平的提升。此时，大国技术进步虽然仍依赖后发优势，但为了避免陷入低水平均衡陷阱，应当向以自主创新替代模仿创新的战略转换。第三，当后发大国经济规模完成从超大向超强的转变后，在以自主创新替代模仿创新战略下，市场规模不仅能够提高均衡技术水平，还能够使技术进步路径朝向自主创新发展。整体来看，依靠市场规模扩张促进技术进步路径变迁和技术赶超，存在关键的双重门槛，分别对应的市场规模为 Y_2 和 Y_4。而技术进步路径变迁的市场规模门槛滞后于技术差距收敛门槛即 $Y_2 > Y_4$，原因在于大规模市场能够同时化解两类技术创新风险，当市场规模足够大时，其对自主创新风险的化解作用超过模仿创新，才能够促进技术进步路径向自主创新转换。

表 1　　不同创新战略下市场规模对技术进步路径转换和技术赶超的影响

发展阶段	市场规模区间	以自主创新替代模仿创新战略		自主创新与模仿创新相耦合战略	
		g_D/g_F	a^*	g_D/g_F	a^*
从大到超大规模市场	$Y(t-1) \leqslant Y_4$	−	−	−	−
从超大到超强经济规模	$Y_4 < Y(t-1) \leqslant Y_2$	−	+	−	−
经济超强	$Y(t-1) > Y_2$	+	+	−	−

注：“+”表示正向影响，“−”表示负向影响。

数理模型为制定符合和适应市场规模变化的创新战略、推进后发大国实现技术进步路径变迁和技术赶超提供了理论依据。然而，中国技术进步路径变迁的典型事实和政策实践的复杂程度远超数理演绎，它们是否符合市场规模的演变规律，并在理论层面上具有逻辑自洽性？回顾中国创新战略的调整，2006 年提出要提升自主创新能力、建设创新型国家战略，同时也鼓励企业引进先进技术。中共十八大明确强调要坚持走中国特色自主创新道路、实施创新驱动发展战略。中共十九大进一步提出创新是引领经济发展的第一动力，是建设现代化经济体系的战略支撑。而创新战略调整也体现在研发投入结构变化上，中国向以自主创新替代模仿创新的战略调整甚至早于“创新驱动发展战略”的提出。2010 年中国引进国外技术经费支出和引进技术消化吸收经费支出都出现下滑趋势，中国创新战略自此已开始调整和转变（方福前和邢炜，2017）。①

① 方福前和邢炜（2017）在原文中提到的“拐点”是从研发投入角度视角估计中国技术进步模式转折点，与本文从创新产出贡献率视角分析技术进步路径转变并不相同。原文中的模式转变更接近于本文的创新战略调整，因为战略调整带动研发投入结构变化。此外，余泳泽和张先轸（2015）认为这一转折点可能出现在 2002 年，该年中国研发投入开始超过技术引进支出，其后二者差距逐年扩大。

但创新战略的调整和研发资源的倾斜似乎并未取得预期效果，模仿创新和技术外溢效应能提升全要素生产率对经济增长的贡献率，但科学研究和自主创新短期内未能提高全要素生产率（叶祥松、刘敬，2018）。背后的原因是否在于未能根据当时的市场规模及时调整恰当的创新战略？中国国土面积接近 1000 万平方千米，2018 年 GDP 达 13.6 万亿美元，社会消费品零售总额约为 5.8 万亿美元，具有 4 亿左右的中等收入人群。依托人口众多、国土面积广阔、市场体量大和市场统一程度高等特征，中国经济具有超大规模性，但还未实现从超大到超强的转变（国务院发展研究中心课题组，2020）。而根据表 1 的分析，中国应当实施以自主创新替代模仿创新的战略，以充分挖掘和释放超大规模优势。一方面，以自主创新替代模仿创新的战略吻合中国市场规模的演变规律，是基于技术赶超目标的现实选择，而非过早地调整创新战略引致技术进步路径偏离战略目标。在该创新战略引导下，市场规模扩张对技术进步路径转换的影响确实存在滞后性，自主创新的贡献率出现先降后升趋势亦符合理论预期。当中国经济规模完成从超大向超强的转变时，市场规模的扩张将进一步推进技术进步路径转向自主创新。

四、数值模拟

本文将结合理论模型数值模拟在不同创新战略下，随着市场规模的不断扩张后发大国技术进步路径的动态转换及技术赶超的演进态势，并分析参数变化的影响。

（一）参数校准

本文借鉴已有文献，结合中国经验数据对模型参数进行校准，以使模型设定更加吻合中国实际情况。本文模拟部分采用的经验数据来源于《中国统计年鉴》《中国科技统计年鉴》和宾夕法尼亚大学世界表（Penn World Table 10），所有指标均为剔除价格波动后的实际值。首先，市场规模 Y 的测算借鉴阿里西纳等（Alesina et al.，2000）的研究思路，采用中国实际 GDP 衡量市场规模。其次，相对技术水平 a 的测度借鉴黄先海和宋学印（2017）的做法，选择中美全要素生产率之比衡量相对技术水平。再次，依据文献的通用做法，本文将世界技术前沿的技术进步率 $\bar{g}$ 设定为 0.02（Barro and Sala-i-Martin，2003；Acemoglu and Cao，2015）。最后，不同创新战略下自主创新和模仿创新实现的技术改善程度 λ_D 和 λ_F，以及两类创新的成本参数 ζ_D 和 ζ_F 是本文参数校准的关键。关于两类创新模式所实现的技术改善的相对大小即比值，本文参考阿西莫格鲁和曹（Acemoglu and Cao，2015）的做法，若自主创新实现的技术改善程度要大到能够替代模仿创新成果，设定自主创新的技术改善约为模仿创新的 10 倍，即在以自主创新替代模仿创新的战略下 $\lambda_D/\lambda_F=10$，而在自主创新与模仿创新相耦合的战略下 $\lambda_F/\lambda_D=10$。在此基础上，借鉴傅晓霞、吴利学（2013）的研究思路，本文结合不同创新战略下研发投入和配置方程①，结合中国技术进步率、相对技术水平、市场规模、研发投入的实际数据，以及设定的两类创新模式所实现的技术改善的相对大小，校准自主创新和模仿创新的技术改善程度和成本参数。其中，自主创新和模仿创新的研发投入数据，借鉴刘小鲁（2011）的方法，本文采用研究与试验发展经费支出代表自主创新投入 $z_D(t)$，引进国外技术经费支出与购买国内技术支出之和衡量模仿创新投入 $z_F(t)$。同时，本文需要界定两类创新战略的实施阶段，以利用各阶段的实际数据校准两类创新战略下的参数水平。根据方福前和邢炜（2017）的思路，本文以 2010 年作为创新发展战略转变的分界点，以 1991 ~2010 年数据校准自主创新与模仿创新相耦合战略的参数，由此确定 $\lambda_D=0.00175$，$\lambda_F=0.0175$，$\zeta_D=5455.69$，$\zeta_F=2693.78$；而 2011 ~2019 年数据则用于校准以自主创新替代模仿创新战略下的参数水平，确定 $\lambda_D=0.0322$，$\lambda_F=0.0032$，$\zeta_D=105879.93$，$\zeta_F=58599.28$。

为检验理论模型的有效性，本文结合经验数据与校准参数对上述理论模型进行数值模拟，对模拟的技术进步率与实际技术进步率进行对比分析，技术进步率的模拟值和测算值的均值水平和变化规律基本趋同，验证数理模型的有效性。②

（二）不同类型的创新战略

本文设定 2019 年为基期，结合市场规模和技术差距的实际数据，通过多次迭代模拟两类创新战略下，随着市场规模扩张，技术进步路径 $g_D(t)/g_F(t)$ 和相对技术水平 $a(t)$ 的动态演变趋势，如图 1 和图 2 所示。图 1 为不同创新战略下技术进步路径的动态转换，表明在自主创新和模仿创新相耦合的战略下，伴随着大国市场规模的持续扩张，自主创新相对于模仿创新的贡献率下降，后发大国技术进步路径对模仿创新的依赖不断加深，偏离该战略促进自主创新与模仿创新耦合发展的目标。而在以自主创新替代模仿创新的战略下，市场规模扩大使自主创新相对于模仿创新增速出现先下

① 以自主创新替代模仿创新战略下研发投入和配置方程请见式（11）、式（12），自主创新与模仿创新相耦合战略下研发投入和配置方程请见《经济科学》官网“附录与扩展”。

② 模型有效性检验的结果请见《经济科学》官网“附录与扩展”。

降后上升的 U 形趋势。第 1 ~ 11 期自主创新相对于模仿创新的增速持续下降，以第 12 期为拐点技术进步路径开始朝自主创新发展。这是因为后发大国市场规模的扩张对自主创新增速始终存在正向影响，虽然自主创新增速的提升速度不断放缓，但对模仿创新增速的影响则呈现先正后负的倒 U 形门槛特征。这一结果也暗示当宏观层面采取以自主创新替代模仿创新的战略时，研发投入资源向自主创新的不断倾斜，并未伴随研发产出层面两类创新模式相对贡献率的同等变化，市场规模扩张对技术进步路径转换的影响确实存在一定的时滞性。而促进技术进步路径变迁的市场规模门槛值为 187957.90 亿元，即当中国实际 GDP 超过该水平时，市场规模的扩大能够促进技术进步路径向自主创新转换。

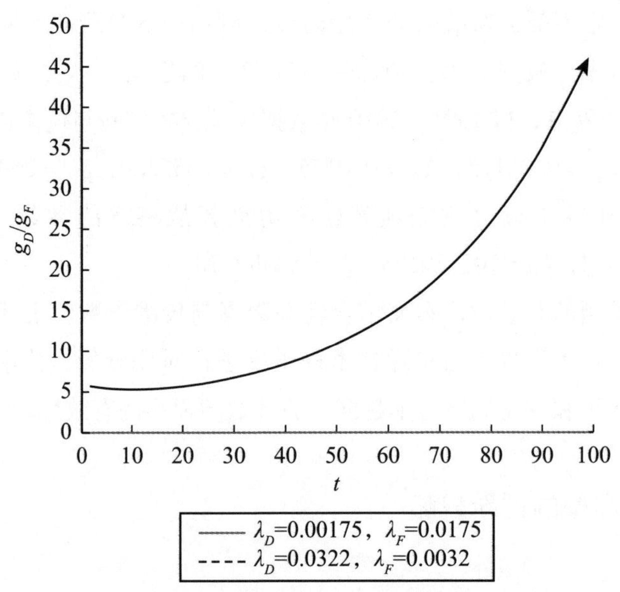

图 1　不同创新战略下后发大国的技术进步路径

图 2 为两类创新战略下后发大国技术赶超的动态演进趋势，数据显示后发大国无论采取何种创新战略，伴随着国内市场规模的扩张，后发大国与先发国家的技术差距均不断缩小。若选择自主创新与模仿创新相耦合的战略，则后发大国相对技术水平呈对数型增长，经济体初期的相对技术水平提升较快，但国内市场规模的扩张使其增速下降；但若选择以自主创新替代模仿创新的战略，则该国相对技术水平的提升呈指数型增长，初期相对技术水平的增速较慢，后期增长的本地市场需求能发挥指数型规模经济效应，使相对技术水平加速提升。第 1 ~ 70 期在以自主创新替代模仿创新的战略下技术赶超态势均滞后于两类创新相耦合的战略，但从第 71 期态势出现逆转，实施

以自主创新替代模仿创新的战略相对技术水平出现反超。从长期来看，若选择以自主创新替代模仿创新的战略，市场规模的扩张将提升均衡的相对技术水平；但若实施自主创新与模仿创新相耦合的战略，则不断扩大的市场规模将抑制均衡的相对技术水平提升。

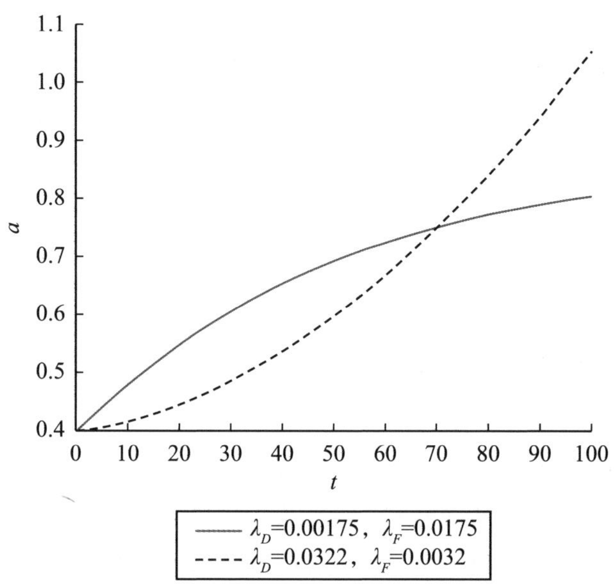

图 2　不同创新战略下后发大国的技术赶超态势

结合图 1 和图 2 的数值模拟结果可以发现：中国当前的经济规模正处于由超大转向超强的阶段。为避免陷入低水平均衡陷阱，以技术赶超为战略目标、实施以自主创新替代模仿创新的战略能够提高均衡的相对技术水平，因而中国实施的创新驱动发展战略是适应当下国内市场规模的。但若从技术进步路径转换的视角看，在该类创新战略引导下，扩大的市场规模短期内将使自主创新对技术进步的贡献率下降。而从长期来看，随着中国经济规模由超大转向超强，市场规模的扩张不仅能提升均衡的技术水平，更能分散自主创新风险和研发成本，支撑创新模式的转变，使技术进步路径向自主创新切换。

（三）创新战略的强度调整

在此基础上，本文进一步分析创新战略强度的调整对后发大国技术进步路径转换和技术赶超的影响，即使 λ_D 和 λ_F 上下浮动 20%，以此表示两类创新战略向自主创新和模仿创新倾斜的强度。[①] 一方面，在自主创新与模仿创新相耦合的战略下，调整模仿创新技术改善程度的作用更为明显，而自主创新的影响并不显著。在该类创新战略下，通过提高模仿创新的技术改善程度能提升后发大国的相对技术水平。但与此同时，创新战略向模仿创新的倾斜将使技术进步路径加深对模仿创新的依赖，偏离该战略以模仿创新促进自主创新、推动两类创新耦合发展的目标。另一方面，在以自主创新替代模仿创新的战略下，提高自主创新技术改善程度的作用更加显著，表明在该类战略下加大向自主创新的倾斜程度可以使扩张的市场规模更好地推进后发大国的技术进步路径转换和技术赶超。以自主创新替代模仿创新战略强度的增加，能够强化大规模市场对技术进步路径转换的促进作用，使后发大国技术进步路径由模仿创新转向自主创新的拐点提前，最终使该国均衡的相对技术水平提高，发挥研发创新层面的超大市场规模经济优势。[②]

(四) 创新战略的动态调整

后发大国所实施的创新战略并非一成不变，而是一个持续推进不断深化的过程，本文进一步考虑采取时变创新战略时，随着市场规模的逐步扩张，后发大国技术进步路径和技术赶超的动态演进趋势。[③] 结果假设两类创新模式实现的技术改善随时间变化即 $\lambda_D(t+1)=\lambda_D(t)\times(1+g\lambda_D)$，$\lambda_F(t+1)=\lambda_F(t)\times(1+g\lambda_F)$，分别设置 $g\lambda_D$ 和 $g\lambda_F$ 为 2%、-2% 和 0。

在自主创新与模仿创新相耦合的战略下，基准情形设定为 $g\lambda_D=g\lambda_F=0$。首先，将基准情形 $g\lambda_D=0$ 替换为 $g\lambda_D=2\%$ 或 $g\lambda_D=-2\%$，后发大国技术进步路径和技术赶超态势几乎与基准情形重合，表明通过调整 λ_D 使创新战略不断弱化（深化），对该战略的政策效应影响甚微。但若将 $g\lambda_F=0$ 替换为 $g\lambda_F=2\%$，随着市场规模的持续扩张，技术进步路径偏向模仿创新的速率加快，且技术差距收敛速度也同步增加，其演进趋势领先于基准状态，且领先程度逐渐放大；而若设置 $g\lambda_F=-2\%$，使模仿创新战略强度持续减弱，后发大国的技术进步路径和技术赶超的演进趋势则相对滞后。

在以自主创新替代模仿的战略下，基准状态设定 $g\lambda_D=g\lambda_F=0$，将 $g\lambda_D=0$ 替换为 $g\lambda_D=2\%$ 时，与基准状态相比后发大国技术进步路径和相对技术水平的演变轨迹出现

---

① 创新战略强度调整的图形结果请见《经济科学》官网“附录与扩展”。

② 由于创新成本参数的调整亦将影响研发资源配置，本文进一步考虑在创新成本参数调整时，后发大国技术进步路径与相对技术水平的动态演变轨迹，对比分析结果请见《经济科学》官网“附录与扩展”。

③ 创新战略动态调整的图形结果请见《经济科学》官网“附录与扩展”。

超前变化。但若将 $g\lambda_D=0$ 替换为 $g\lambda_D=-2\%$，后发大国技术进步路径和技术赶超的变化趋势滞后于基准状态，且二者差距不断扩大。在市场规模逐步增加的条件下，技术进步路径朝向自主创新的强度弱化，技术差距的收敛速度减缓。若将基准情况 $g\lambda_F=0$ 替换为 $g\lambda_F=2\%$ 或 $g\lambda_F=-2\%$，后发大国技术进步路径和技术赶超态势几乎与基准情形重合，表明通过动态改变 λ_F 持续推进创新战略的不断弱化或深化，战略调整收效甚微。整体而言，与直接调整创新战略强度相比，持续调整创新战略强度虽然具有一定的时滞性，但能够进一步释放超大规模市场优势的指数效应。

（五）稳健性检验

本文在校准参数时，参考阿西莫格鲁和曹（Acemoglu and Cao，2015）的做法直接设定自主创新与模仿创新技术改善程度的相对大小。然而，以发达国家经验事实为基础的文献与中国技术赶超的实际情况并不相同。为此，本文考察技术改善程度相对大小的变化是否对技术进步路径和技术赶超产生影响，以检验模拟结果的稳健性。①

在自主创新与模仿创新相耦合的战略下，基准情形为 $\lambda_D=0.00175$，$\lambda_F=0.0175$，$\lambda_F/\lambda_D=10$。情形一保持自主创新的技术改善程度 $\lambda_D=0.00175$ 不变，设定 $\lambda_F=0.00875$，λ_F/λ_D 由 10 调整为 5，伴随着市场规模的不断增加，后发大国技术进步路径对模仿创新的依赖程度减弱，但相对技术水平也出现下降。情形二考虑 $\lambda_F=0.0175$ 不变，将自主创新的技术改善程度 λ_D 调整为 0.0035，使 $\lambda_F/\lambda_D=5$，后发大国技术进步路径和技术赶超态势几乎未发生改变。与情形二相比，情形一的参数调整对模拟结果的影响较大，但这一影响究竟是源于自主创新的技术改善还是两类创新技术改善比值的调整，仍有待进一步探究。因此，情形三和情形四均设定 $\lambda_F/\lambda_D=10$，但前者设定 $\lambda_F=0.00875$，与情形一相同，而后者设定 $\lambda_D=0.0035$，与情形二一致。结果发现，将情形一与情形三对比，两种情形下模仿创新的技术改善程度相同，自主创新的技术改善程度与两类创新模式技术改善的比值不同，但技术进步路径和技术赶超态势几乎一致。同时，将情形二与情形四对比，两种情形下自主创新的技术改善程度相同，模仿创新的技术改善程度与两类创新模式技术改善的比值不同，但技术进步路径和技术赶超态势发生改变。

将上述四种情形与基准情形进行对比分析可知，在该类创新战略下，影响后发大国技术进步路径和技术赶超态势的关键在于模仿创新所实现的技术改善程度；在自主

① 稳健性检验图形结果请见《经济科学》官网“附录与扩展”。

创新替代模仿创新的战略下，影响后发大国技术进步路径和技术赶超态势的关键在于自主创新所实现的技术改善程度，两类创新的技术改善程度均采用中国实际数据进行了参数校准。引用文献直接设定两类创新的技术改善程度之比并不影响技术进步路径和技术赶超态势，验证了模拟结果的稳健性。

五、结论和政策建议

本文建立了一个后发大国的内生技术进步模型，演绎不同创新战略下市场规模对以技术进步路径转换和技术赶超的作用机理。结合中国的经验数据，本文数值模拟了不同创新战略类型和强度下，随着国内市场规模的不断扩张，技术进步路径转换和技术赶超的动态演进轨迹，研究发现：第一，研发创新的规模经济优势表现在庞大的市场规模能够强化企业创新动机，分摊高额的创新成本，降低研发风险，提高创新成功率。第二，在自主创新与模仿创新相耦合的战略下，不断扩张的市场规模将抑制经济体向技术前沿收敛，并加深技术进步对模仿创新的依赖度。在以自主创新替代模仿创新的战略下，市场规模对技术进步路径和技术赶超的影响存在非一致的 U 形门槛效应，且促进技术进步路径转换的市场规模门槛滞后于技术赶超的门槛。第三，为避免陷入低水平收敛陷阱，应选择技术赶超为基准目标，及时推进和不断强化以自主创新替代模仿创新的战略，以进一步释放市场规模优势的指数效应。第四，中国实施的创新驱动发展战略是适应当下市场规模的现实选择，但因经济尚处于由超大转向超强的阶段，扩张的市场规模将使自主创新对技术进步的贡献率先降后升。看似效果不佳的创新战略调整实际上源于不同的战略目标选择及政策效果的滞后性。

加快形成双循环新发展格局，既需要以超大规模市场引致内生技术创新，也需要国家层面的创新战略支撑，以有效突破“卡脖子”技术难题。本文提出如下政策建议：首先，以国内需求为基础，进一步挖掘和发挥创新的超大市场规模优势。应当通过交通、通信、政策和制度增强地区市场之间的互联互通，打破市场分割，提高市场一体化程度；通过整合商品市场需求，深化要素市场化改革，形成真正统一的国内大市场；通过多措并举改善初次收入分配和再分配的不平等，释放内需潜力和扩大内需容量，加速形成国内经济大循环，将超大的市场规模转化为自主创新的利润，通过利润激励机制强化企业创新动机。

其次，以内需驱动自主创新，以高质量供给创造需求，促进自主创新与市场需求的良性循环。应当完善市场制度环境，增强超大规模市场的集聚效应，促进形成强大的国内市场，实现中国经济由超大转向超强，并以强大的市场需求为基础，分散企业研发创新风险；提高市场竞争程度，强化研发主体和消费者的学习互动效应，优化创新试错机制，提升创新成功率。以内需驱动创新模式由引进模仿转向自主创新，一方面能够以高质量供给创造新需求，继而利用不断扩张的需求引致供给质量提升，形成需求与供给的动态均衡畅通国内经济大循环的堵点；另一方面，也成为深度参与国际技术合作、重构国际创新联盟的新优势，并构成以内为主参与国际大循环的重要基础。

最后，坚持创新驱动发展战略的引领和支撑作用，疏导大规模市场需求诱致创新的制度性梗阻，发挥超大国内市场规模对关键核心技术的诱致作用。不能以先发国家技术进步和国际市场需求为依托，应当坚持以国内市场需求为出发点，强调超大国内市场需求对企业原创性创新的引导作用。在这一过程中也需要发挥中国社会主义制度优势和政府顶层设计作用，及时甄别市场规模变化，适时推动创新战略方向转变，因产业而制宜，调整创新战略强度。当创新战略调整后，市场规模将引致自主创新贡献率先降后升。为缩小技术进步路径转换和技术赶超双重门槛之间的差距，缩短自主创新贡献率下降的周期，应打破制约创新模式转变的体制障碍，完善有利于保护创新成果的产权制度、研发人员的绩效管理和收益分配制度，以激发研发主体的创新活力和创新潜力。

参考文献

[1] 陈丰龙，徐康宁．本土市场规模与中国制造业全要素生产率［J］．中国工业经济，2012（5）：44－56.

[2] 方福前，邢炜．经济波动、金融发展与工业企业技术进步模式的转变［J］．经济研究，2017，52（12）：76－90.

[3] 傅晓霞，吴利学．技术差距、创新路径与经济赶超——基于后发国家的内生技术进步模型［J］．经济研究，2013，48（6）：19－32.

[4] 国务院发展研究中心课题组，马建堂，张军扩．充分发挥“超大规模性”优势　推动我国经济实现从“超大”到“超强”的转变［J］．管理世界，2020，36（1）：1－7，44，229.

[5] 黄先海，宋学印．准前沿经济体的技术进步路径及动力转换——从“追赶导向”到“竞争导向”［J］．中国社会科学，2017（6）：60－79，206－207.

[6] 林毅夫，张鹏飞．后发优势、技术引进和落后国家的经济增长［J］．经济学（季刊），2005（4）：53－74.

[7] 刘伟．以新发展格局重塑我国经济新优势［N］．经济日报，2020－09－24（1）.

［8］刘小鲁．知识产权保护、自主研发比重与后发国家的技术进步［J］．管理世界，2011（10）：10－19，187．

［9］刘元春．正确认识和把握双循环新发展格局［N］．学习时报，2020－09－09（3）．

［10］吕一博，韩少杰，苏敬勤．翻越由技术引进到自主创新的樊篱——基于中车集团大机车的案例研究［J］．中国工业经济，2017（8）：174－192．

［11］欧阳峣，罗富政，罗会华．发展中大国的界定、遴选及其影响力评价［J］．湖南师范大学社会科学学报，2016，45（6）：5－14．

［12］欧阳峣，汤凌霄．大国创新道路的经济学解析［J］．经济研究，2017，52（9）：11－23．

［13］王林辉，袁礼．有偏型技术进步、产业结构变迁和中国要素收入分配格局［J］．经济研究，2018，53（11）：115－131．

［14］肖利平，谢丹阳．国外技术引进与本土创新增长：互补还是替代——基于异质吸收能力的视角［J］．中国工业经济，2016（9）：75－92．

［15］叶祥松，刘敬．异质性研发、政府支持与中国科技创新困境［J］．经济研究，2018，53（9）：116－132．

［16］余泳泽，张先轸．要素禀赋、适宜性创新模式选择与全要素生产率提升［J］．管理世界，2015（9）：13－31，187．

［17］张杰，陈志远，吴书凤，孙文浩．对外技术引进与中国本土企业自主创新［J］．经济研究，2020，55（7）：92－105．

［18］郑江淮，郑玉．新兴经济大国中间产品创新驱动全球价值链攀升——基于中国经验的解释［J］．中国工业经济，2020（5）：61－79．

［19］Acemoglu D，Aghion P，Zilibotti F. Distance to Frontier，Selection，and Economic Growth［J］. Journal of the European Economic Association，2006，4（1）：37－74.

［20］Acemoglu D，Cao D. Innovation by Entrants and Incumbents［J］. Journal of Economic Theory，2015，157：255－294.

［21］Aghion P，Howitt P. The Economics of Growth［M］. MIT Press，2008.

［22］Alesina A，Spolaore E，Wacziarg R. Economic Integration and Political Disintegration［J］. American Economic Review，2000，90（5）：1276－1296.

［23］Barro R J，Sala-i-Martin X. Economic Growth［M］. MIT Press，2003.

［24］Basu S，Weil D N. Appropriate Technology and Growth［J］. The Quarterly Journal of Economics，1998，113（4）：1025－1054.

［25］Hermosilla M，Wu Y. Market Size and Innovation：The Intermediary Role of Technology Licensing［J］. Research Policy，2018，47（5）：980－991.

［26］Keller W，Yeaple S R. Multinational Enterprises，International Trade，and Productivity Growth：Firm-level Evidence from the United States［J］. The Review of Economics and Statistics，2009，91（4）：

821 - 831.

[27] Krugman P R. The Great Unravelling: From Boom to Bust in Three Scandalous Years [M]. Penguin Books Limited, 2003.

[28] Lee J. Technology Imports and R&D Efforts of Korean Manufacturing Firms [J]. Journal of Development Economics, 1996, 50 (1): 197 - 210.

[29] Los B, Timmer M P. The 'Appropriate Technology' Explanation of Productivity Growth Differentials: An Empirical Approach [J]. Journal of Development Economics, 2005, 77 (2): 517 - 531.

[30] Lucas Jr R E, Moll B. Knowledge Growth and the Allocation of Time [J]. Journal of Political Economy, 2014, 122 (1): 1 - 51.

[31] Romer P M. Endogenous Technological Change [J]. Journal of Political Economy, 1990, 98 (5, Part 2): S71 - S102.

贸易、国内摩擦和规模效应*

纳塔利娅·拉蒙多
安德烈斯·罗德里格斯·克莱尔
米拉格罗·萨博里奥·罗德里格斯**

摘　要　由于规模效应的存在，基于理念的增长模型表明大国应该比小国富裕得多。新的交易模型具有相同的反事实特征。事实上，新的贸易模式还表现出与规模效应有关的其他反事实影响：随着国家规模的扩大，进口份额下降，而相对收入水平急剧增加。我们认为，这些影响在很大程度上是由于各国在国内完全一体化的基本假设造成的。我们背离了这一假设，将国家视为面临正交易成本的地区集合所得模型与数据基本一致。

总体规模经济是创新驱动增长理论的核心特征，以至于用琼斯（Jones，2005）的话来说，“拒绝一个在很大程度上等同于拒绝另一个。”由于规模经济的存在，琼斯（Jones，1995）和科图姆（Kortum，1997）等基于理念的增长模式研究表明：较大的国家应比较小的国家富裕。① 对于数据中是否存在这种规模效应，文献中存在一些分歧，但可以肯定地说，与理论所暗示的影响相比，这些效应非常小。②

克鲁格曼（Krugman，1980）、伊顿和科图姆（Eaton and Kortum，2001）以及梅利兹（Melitz，2003）等提出的新的贸易模式也是基于理念的模式，其反事实意味着人均实际收入随着国家规模的增加而大幅增加。人们可能会认为，小国能从贸易中获得比

---

* 本文原载于《美国经济评论》（*American Economic Review*）2016年第106卷。

** 作者简介：纳塔利娅·拉蒙多（Natalia Ramondo），加州大学圣地亚哥分校全球政策与战略学院副教授；安德烈斯·罗德里格斯·克莱尔（Andrés Rodríguez-Clare），加州大学伯克利分校经济学教授；米拉格罗·萨博里奥·罗德里格斯（Milagro Saborío-Rodríguez），哥斯达黎加大学经济学院助理教授。

① 一代内生增长模型如罗默（Romer，1990）的特征是“强”规模效应，其中规模增加了增长，而第二代半内生增长模型如琼斯（Jones，1995）和科图姆（Kortum，1997）具有“弱”规模效应，规模增加收入水平而不是增长（参见琼斯2005年的详细讨论）。不显示任何规模效应的模型偏离了标准假设，如卢卡斯和摩尔（Lucas and Moll，2014），即思想是非竞争性的，假设知识只有在时间禀赋有限的个人身上才能用于生产，并且个人在学习更好的思想时面临搜索摩擦。

② 罗斯（Rose，2006）在其研究数据中没有规模效应。

大国更多的利益。然而，事实证明，尽管小国确实从贸易中获得了更多好处，但这些收益还不足以抵消潜在的规模效应。事实上，新的贸易模式表现出与规模效应相关的其他反事实影响，特别是随着国家规模的扩大，进口份额下降，而相对收入水平急剧增加。

琼斯（Jones）将创新主导的增长理论与人均收入不会随着国家规模而增加的理论整合，其方式是：假设规模效应在世界范围内而不是在国家层面发生作用（Jones，2005）。事实上，如果国外理念能够用于国内生产，有效的技术水平的变化将小于与国家规模呈比例的变化，从而削弱国家层面的规模效应。

在本文中，我们关注一个相对没有被探索过的替代渠道，它可以从数据中轻松推断出来，并且可以说在协调标准模型与数据方面具有非常重要的作用：即存在国内贸易成本。具体而言，我们偏离了通常的假设，即国家完全一体化，好像它们在空间上是一个单一的点，并重新解释了伊顿和科图姆（Eaton and Kortum，2002）贸易模型，使其适用于次国家经济体或“地区”。因此，每个国家都由一些地区组成，这些地区之间的贸易成本为正。这个假设与经验证据是一致的，它清楚地表明国内贸易成本很大。[①] 我们进一步允许技术水平与经济规模成正比（Krugman，1980；Jones，1995；Kortum，1997；Eaton and Kortum，2001；Melitz，2003）。与标准增长和交易模型一样，这种假设导致总体规模收益递增，但在我们的模型中，这些规模效应（部分）被国内贸易成本的存在所抵消。直观地说，在某种程度上大国是由很多地区组成的，各地区之间的贸易成本降低了国家规模的优势，削弱了规模效应；由于对地理环境的简单粗暴处理，标准模型中出现了较大的反事实规模效应。

我们使用了287个大都市圈的人口和地理数据、26个经合组织国家的国际贸易流量和国内贸易流量来校准模型。我们通过参考增长和贸易文献，来校准规模经济强度的关键参数。区域之间和国家之间的贸易成本是根据大都市圈之间的距离和贸易资料估计的。校准结果显示，国内贸易成本使标准模型显示的生产率弹性减少了一半，更接近我们在资料中观察到的小弹性。对于丹麦这样的小国来说，这种模式没有国内贸易成本，意味着其生产力水平将达到美国水平的38%，而资料显示是94%。相比之下，我们的校准模型意味着丹麦的相对生产力水平为80%。

---

① 对于美国、加拿大和中国，通贝和温特（Tombe and Winter，2014）计算的范围在100%～140%之间；阿格诺斯特娃、安德森和约托夫（Agnosteva，Anderson and Yotov，2014）计算出加拿大各省的109%；而艾伦和阿尔科拉基斯（Allen and Arkolakis，2014）对美国大都市地区的估计为55%。而希尔贝里和胡梅尔斯（Hillberry and Hummels，2008）发现，对于美国而言，相同邮政编码中的企业之间的制造货运量是不同邮政编码中企业之间的三倍。

即使有国内贸易成本，我们的校准模型也表现出比数据更强的规模效应。我们认为这种差异可以解释为：在世界范围内规模效应重要的证据。我们的研究表明国内贸易成本的存在使得国际技术在融合理论和数据方面不那么重要，但并非无关紧要。

本文为使用量化模型探索国际贸易与国内经济地理之间的相互作用做出了贡献，众多学者都做过相关方面的研究，例如，科萨尔和法杰尔鲍姆（Cosar and Fajgelbaum, 2016）、艾伦和阿尔科拉基斯（Allen and Arkolakis, 2014）、法杰尔鲍姆和雷丁（Fajgelbaum and Redding, 2014；Redding, 2015）。尤其是雷丁（Redding, 2015），还通过对每个国家进行建模来扩展伊顿和科图姆（Eaton and Kortum, 2002）模型，此模型是不完全整合地区的集合。他的研究见解是：跨地区的劳动力再分配对每个地区的贸易收益起着重要作用。相比之下，我们的重点是国家而不是地区，我们重点关注国内贸易成本在多大程度上提高了标准模型与国家层面数据的拟合度，特别强调国家层面的规模效应。

本文也参考了研究国家规模、开放性和生产力之间关系的文献。安德森和温库普（Anderson and Wincoop, 2004）、约托夫（Yotov, 2010）的研究表明，在标准引力模型中，在一些特殊情况下，本土偏好随着国家规模的增加而增加，导致较大国家的进口份额降低。在经验层面，雷丁和维纳布尔斯（Redding and Venables, 2004），以及黑德和迈耶（Head and Mayer, 2011）的研究表明收入随着“市场潜力”的增加而增加，而“市场潜力”也随着国家规模的增加而增加。而弗兰克尔和罗默（Frankel and Romer, 1999），阿德斯和格莱泽（Ades and Glaeser, 1999），阿里西纳、斯波拉雷和瓦克札格（Alesina, Spolaore and Wacziarg, 2000），以及阿尔卡拉和西科内（Alcala and Ciccone, 2004）记录了国家规模和贸易开放对收入水平的积极影响。其他研究没有发现国家规模对生产率的积极影响（Rose, 2006）。本文的贡献主要体现在，相对于数据而言，在没有国内贸易成本的模型中，国家层面的规模效应太强，增加成本因素使得模型更好地匹配所观察到的国家规模和生产力、进口份额：相对收入水平和价格之间的关系。①

最后，阿尔瓦雷斯和卢卡斯（Alvarez and Lucas, 2007），以及沃夫（Waugh, 2010）校准了伊顿－科图姆模型（Eaton and Kortum, 2002）来匹配观察到的贸易流量和跨国收入水平。这两种校准均假设没有国内贸易成本，但允许各国的技术或效率水平因国家而异。事实上，在这两个校准模型中，由于技术水平随着国家规模迅速下降，避免了强烈的规模效应。要防止这种系统性的变化是很难的，我们根据观察到的研发

① 在估算市场潜力时，雷丁和维纳布尔斯（Redding and Venables, 2004）、黑德和迈耶（Head and Mayer, 2011）认识到国内贸易成本和估计的引力方程的重要性，包括国内贸易对内部距离的度量（例如，国家区域的变化）代理国内贸易成本。然而，他们没有探讨国内摩擦对跨国收入水平和进口份额的影响。

强度校准技术参数，研发强度在我们选取的经济合作与发展组织国家样本中不随国家规模而系统性地变化。

一、模型

我们的出发点是由伊顿和科图姆（Eaton and Kortum，2002）开发的李嘉图贸易模型，以下简称 EK 模型，有两个关键修改：国内贸易成本和规模效应。我们将在接下来的两个子部分中逐一介绍这两个修改。第三部分从特殊情况得出国内贸易成本和规模效应的模型的分析结果，其中每个国家内的所有地区都是完全对称的。

（一）国内贸易成本

通过将 EK 框架应用于次国家经济体或“区域”，国内贸易成本自然而然地出现。有 M 个次国家经济体（区域）以 m 为下标，N 个国家以 n 为下标。设 Ω_n 是属于国家 n 的区域集合，M_n 是该集合中的区域数量。劳动力是唯一的生产要素，在地区 m 的数量为 l_m。国家内部或国家之间没有劳动力流动。[①]

在区间［0，1］中有一个连续的商品，偏好是恒定替代弹性（CES），替代弹性为 σ。从参数 $\theta>\sigma-1$ 和 t_m 的 F 分布中得出的 m 区的技术是线性的，具有良好的比生产率。这些样本选取在商品和国家之间是独立的。有冰山贸易成本 $d_{mk}\geqslant 1$ 从 k 出口到 m，所有 m，s，k（三角不等式）满足 $d_{mk}=1$，$d_{mk}\leqslant d_{ms}d_{sk}$。且假设在完全市场竞争的条件下。

区域间双边贸易流量满足 EK 模型中的标准表达式为：

$$x_{mk}=\frac{t_k v_k^{-\theta} d_{mk}^{-\theta}}{\sum_s t_s v_s^{-\theta} d_{ms}^{-\theta}} x_m \tag{1}$$

其中，v_k 是地区 k 的工资，$x_m\equiv\sum_k x_{mk}$ 是地区 m 支出总额。反过来，价格指数是：

$$P_m=\gamma^{-1}\left(\sum_k t_k v_{mk}^{-\theta}\right)^{-1/\theta} \tag{2}$$

其中，$\gamma\equiv\Gamma\left(\frac{1-\sigma}{\theta}+1\right)^{1/(\sigma-1)}>0$。区域一级的贸易平衡意味着 $x_m=v_m l_m$，因此需要区

---

① 在工作文件版本中，我们允许在国家内实现完美的劳动力流动，同时假设工人在各地区的生产力不同。命题 1 中的主要汇总结果以及针对对称区域的情况所讨论的结果仍然有效，而定量结果呈现的变化可忽略不计。

域 m 中的劳动力市场清算条件：

$$v_m l_m = \sum_k \frac{t_m v_m^{-\theta} d_{ks}^{-\theta}}{\sum_s t_s v_s^{-\theta} d_{ks}^{-\theta}} v_k l_k \tag{3}$$

这构成了一个可以确定所有地区的均衡工资的系统。

我们引入了额外的符号来跟踪国家级变量。设 $X_{ni} \equiv \sum_{k \in \Omega_i} \sum_{x \in \Omega_n} x_{mk}$ 表示从国家 i 到国家 n 的总贸易流量，而 $X_n \equiv \sum_{m \in \Omega_n} x_m$，$L_n \equiv \sum_{m \in \Omega_n} L_m$ 和 $w_n \equiv X_n/L_n$ 分别表示国家 n 的总收入，总劳动力和每个工人的平均名义收入。n 国工人的平均年收入是 $U_n \equiv \sum_{m \in \Omega_n} (l_m/L_n) v_m/p_m$。最后，用 $\lambda_{ni} \equiv X_{ni}/X_n$ 表示国家级贸易份额。

我们现在建立一个基本的汇总结果，即如果没有国内贸易成本，该模型将产生与 EK 模型相同的国家层面的影响。没有国内贸易成本意味着当 m，$k \in \Omega_n$ 满足 $d_{mk} = 1$。通过三角不等式，我们得出当 $m' \in \Omega_n$，$k' \in \Omega_i$，所有 m，k 满足 $d_{mk} = d_{m'k'}$（即国际贸易成本对于一个国家内的所有地区都是相同的），且当 m，$k \in \Omega_n$ 时，$P_m = P_k$。结合式 (3)，我们得到以下命题（所有证明都在在线附录中）。

命题 1：如果没有国内贸易成本，国家级贸易流量和价格指数分别为：

$$x_{mi} = \frac{T_i w_i^{-\theta} \tau_{ni}^{-\theta}}{\sum_j T_j w_j^{-\theta} \tau_{nj}^{-\theta}} x_n \tag{4}$$

$$P_n = \gamma^{-1} \left(\sum_i T_i w_i^{-\theta} \tau_{ni}^{-\theta} \right)^{-1/\theta} \tag{5}$$

$$T_i = \left[\sum_{m \in \Omega_i} (l_m/L_i)^{\theta/(1+\theta)} t_m^{1(1+\theta)} \right]^{1+\theta} \tag{6}$$

$$\begin{cases} \text{当 } m \in \Omega_n \text{ 时，} \tau_{ni} \equiv d_{mk} \\ \text{当 } n \neq i \text{ 时，} k \in \Omega_i \end{cases} \tag{7}$$

当 $\tau_{nn} = 1$ 时，国家级福利由下式给出：

$$U_n = \gamma \times T_n^{1/\theta} \times \lambda_{nn}^{-1/\theta} \tag{8}$$

在存在国内贸易成本的情况下，式 (4) 中，国家级贸易流量的对数线性引力方程不再成立，除了（至少）两个特殊情况：每个国家内的区域完全对称；当贸易成本与中心辐射贸易体系相同时，所有国际贸易都通过每个国家的单一地点（如港口）完成。第一个案例会在下面详细介绍，而第二个案例在本文的工作论文版本中进行了研究（Ramondo，Rodríguez-Clare and Saborío-Rodríguez，2014）。

国内贸易成本对贸易收益也很重要。在无摩擦贸易或对称区域的情况下，阿尔科拉基斯、科斯蒂诺和罗德里格斯 - 克莱尔（Arkolakis，Costinot and Rodríguez-Clare，

2012）定义的贸易收益由 $1-\lambda_{nn}^{1/\theta}$ 给出，此结果不再成立，除了对称区域的特例（见下文和拉蒙多、罗德里格斯－克莱尔和萨博里奥－罗德里格斯（Ramondo，Rodríguez-Clare and Saborío-Rodríguez，2014））中的讨论。

（二）规模效应

到目前为止，我们已经将技术参数 t_m 视为外生的。我们现在认为应该允许技术水平取决于该地区的规模。在命题 1 的基础上，我们认为，在没有国内贸易成本的情况下，这种依赖性导致了总体规模经济。

一般我们认为更大的地区拥有更好的技术。假设我们将两个相同的区域与技术参数 t 合并为一个区域。很容易证明新区域具有技术参数为 $2t$。① 因此，如果两个区域 m 和 k 相同，除了区域 m 是区域 k 的两倍，且 $t_m=2t_k$。由于劳动力是我们模型中唯一的生产要素，因此区域的规模由其劳动力决定的，因此 t_m 与 l_m 成比例。② 技术水平和人口之间的这种关系是由伊顿和科图姆（Eaton and Kortum，2001）在内生创新和伯特兰（Bertrand）竞争模型中正式推导出来的，它也来自具有垄断竞争的贸易模型，我们将在下面进行讨论。这是通过以下假设推导的。

假设 1（人口技术规模）：当 $m\in\Omega_n$ 时，$t_m=\phi_n l_m$。

我们允许 ϕ_n 随 n 变化，以反映各国的“创新强度的差异”。该参数在定量分析中根据研发就业比例进行校准。然而，这一假设的重要部分是技术水平与人口成正比。

值得注意的是，我们的模型和假设 1 的等效公式可以基于克鲁格曼（Krugman，1980）或梅利兹（Melitz，2003）而不是 EK 得出。根据克鲁格曼（Krugman，1980），假设 1 立即从自由进入变为有进入条件的，即固定生产成本与国家规模没有系统关联的标准假设开始。根据梅利兹（Melitz，2003）和钱尼（Chaney，2008），我们需要生产力分布符合帕累托假设。如果帕累托形状参数是 θ，且 $\theta\approx\delta-1$，或者市场 m 的固定销售成本与其人口 l_m 成正比，那么由于自由进入，假设 1 将再次成立。

假设 1 导致国家层面的规模效应：其他条件相同，较大的国家应表现出较高的实际收入水平。在没有国内贸易成本的情况下，我们可以最直接地看到这一点。命题 1 结合假设 1 和式（6）中 T_n 的表达式得到 $T_n=\phi_n L_n$，插入式（8）表明国家 n 的平均实

---

① 该结果来自如下事实：如果 x 和 y 分别以参数 θ 和 t_x 以及 t_y 分布，那么 $\max\{x, y\}$ 与满足参数 θ 和 t_x+t_y 的 F 分布。

② 正式地，让“技术”成为从具有参数 θ 和 ϕ 的 F 分布中得出的生产率 ξ，并假设每个商品的技术数量等于工人数量。然后很容易证明，对于良好的 $\max\xi$，最好的技术是 F 分布，参数为 θ 和 ϕl_m。

际工资由下式给出：

$$U_n = \gamma \times (\phi_n L_n)^{1/\theta} \times \lambda_{nn}^{-1/\theta} \tag{9}$$

因此，以贸易份额和创新强度为条件，平均实际收入水平随着国家规模的增加而增加，弹性为 $1/\theta$。这是因为更多的人口与更多的非竞争想法（即技术）相关联，而更多的想法意味着更高的技术前沿。这种效应的强度与费雷切特（Fréchet）参数相关联：θ 越低，从这种分布中获得的生产率离散度越高，创意积聚后就越能引领技术前沿。这些是在半内生增长模型中起关键作用的总体规模经济（Kortum，1997），并且支持 EK 模型中开放性的收益（Eaton and Kortum，2001；Arkolakis et al.，2008）。

（三）特例：对称区域

我们现在研究国内贸易成本如何影响规模效应的强度，对于每个国家内的区域完全对称的简单情况如下所示：

假设 2（区域级对称）：当 $m' \in \Omega_n$ 时，$l_m = l_{m'}$。且 $m' \in \Omega_n$，$k' \in \Omega_i$ 时，$d_{mk} = d_{m'k'}$。

我们特别关注对称区域的情况，因为它是唯一一个我们可以根据贸易份额提供实际工资分析结果的情况。这种情况还有一个优点，即它导致与国家级贸易流量的 EK 模型非常相似，却也清楚地显示了国内贸易成本如何削弱规模效应。在第二部分，我们校准假设 1 假设的模型，但不假设假设 2，并给出实际工资的规模效应强度的定量结果。我们还提出了假设 1 和假设 2 的结果，如存在命题 2，它更容易校准。

命题 2：在假设 1 和假设 2 中，国家级贸易份额和价格指数分别如式（4）和式（5）所示，国家级技术参数为：

$$T_i = \phi_i L_i \tag{10}$$

国际贸易成本 τ_{ni} 如式（7）所示，国内贸易成本为：

$$T_{nn} = \left[\frac{1}{M_n} + \left(1 - \frac{1}{M_n}\right)\delta_n^{-\theta}\right]^{-1/\theta} \tag{11}$$

其中，当 m，$k \in \Omega_n$，且 $m \neq k$ 时，$\delta_n \equiv d_{mk}$。此外，国家级福利是：

$$U_n = \gamma \times \phi_n^{1/\theta} \times L_n^{1/\theta} \times \tau_{nn}^{-1} \times \lambda_{nn}^{-1/\theta} \tag{12}$$

根据命题 2，国内贸易成本 τ_{nn} 是加权幂均值，其中指数 θ 为区域内贸易成本，我们假设为 1，属于同一国家的区域之间的贸易成本，用 δ_n 表示，权重为 $1/M_n$ 和 $1-1/M_n$。请注意，具有相同 δ_n 的国家因其规模不同而具有不同的 τ_{nn}。特别是较大的国家将有更大的国内贸易成本。

命题 2 的关键结果在式（12）中。这个公式表明，有四种不同的力量可以决定各国的实际工资：创新强度、纯粹的规模效应、国内贸易成本和贸易收益。在存在国内贸易成本的情况下，规模经济取决于 τ_{nn} 如何受到规模 L_n 的影响。[①] 为了获得更清楚的结果，假设国家规模与区域数量成比例 $L_n/L_i = M_n/M_i$。并且对于所有 n，$\delta_n = \delta$，使得 τ_{nn} 的所有变化都来自区域 M_n 的数量的变化。特别是，τ_{nn} 增加了 M_n，因此国内贸易成本抵消了规模效应。更具体地说，在存在以贸易份额为条件的国内贸易成本下，规模经济的强度由：$\varepsilon \equiv \partial \ln U_n / \partial \ln L_n = (1/\theta)(\delta/\tau_{nn})^{-\theta}$ 给出，如果 $\delta = 1$，则 $\tau_{nn} = 1$，且 $\varepsilon = 1/\theta$，否则 $(\delta/\tau_{nn})^{-\theta}$ 项小于 1 并抵消了规模经济的影响。

命题 2 列出了以贸易份额为条件的国内贸易成本对实际工资的影响。为了在国内贸易成本存在的情况下得出国家规模无条件影响的分析结果，还需要施加一些额外的限制。特别是，我们假设国际和国内贸易成本是统一的，各国在创新强度和区域规模方面是对称的。

假设 3（国家级对称）：在这个公认的非常强大的假设下，我们只维持下一个命题，我们可以描述国家规模对进口份额，名义工资和价格水平的影响。

命题 3：假设满足假设 1，假设 2 和假设 3。如果 $\tau > \theta$，那么较大的国家的进口份额较低，工资较高，价格水平较低。如果 $\tau = \theta$，则较大的国家的进口份额较低，但工资和价格不随国家规模而变化。

正如预期的那样，进口份额随着国家规模而下降，大国从贸易中获得的收益减少，但总体规模经济足够强大，因此总体效应是实际工资随规模增加而增加。命题 3 还规定，如果 $\tau > \theta$，由于工资较高和价格较低，实际工资随国家规模而增加。更重要的是，当 $\tau = \theta$ 时，这些规模效应消失，表明国内贸易成本削弱了规模效应。

该结果在图 1 中有说明。对于 $\theta = 4$，我们交替地固定 $\delta = 1$ 和 $\delta = 2.7$，并且为每个 δ 选择 τ 以匹配相同的平均进口份额（我们在 26 个国家的样本观察到的）。我们想从数据中确保这两个模型都匹配得很好。我们在下一部分中将更详细地解释，我们将一个国家的地区数量视为拥有超过 50 万居民的大都市圈的数量，并且我们将国家规模作为配备劳动力的衡量标准。该图显示了没有国内贸易成本（星号）的模型的隐含进口份额，名义工资，实际工资和价格水平与国家规模，以及具有这些贸易成本的模型（圆点）。所有四个变量都随着模型的大小而变化很大，没有国内贸易成本，但是当考虑国

① 虽然相 U_n 对于 ϕ_n，L_n 和 $1/\lambda_{nn}$ 的弹性是 $1/\theta$，但相对于 τ_{nn} 的弹性仅为 -1。原因是虽然 ϕ_n、L_n 和 $1/\lambda_{nn}$ 通过 T_n 或贸易间接影响 U_n，但贸易成本对效用的影响是直接的。在 $M_n \to \infty$ 的极限中可清楚地理解这一点，在这种情况下，$\tau_{nn} = \delta_n$，因此，更高的 τ_{nn} 导致福利的成比例减少。

内贸易成本时，这种依赖性会严重削弱。

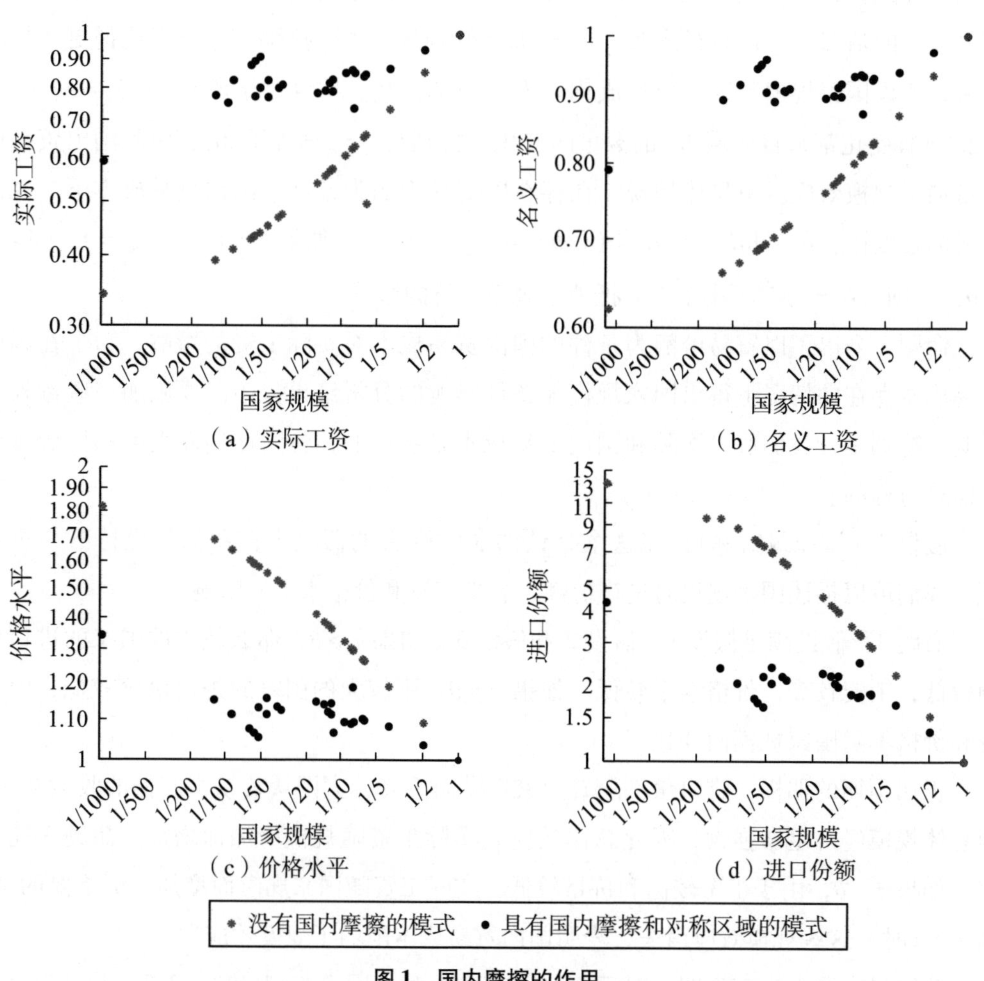

图 1 国内摩擦的作用

注：这两种模式都有统一的国际贸易成本。国家规模是指有配备的劳动力。

二、定量分析

本部分的目标是评估国内贸易成本在协调标准模型与实际工资数据方面的作用。此外，我们还展示了国内贸易成本在不同规模国家的对其他变量（如名义工资、价格水平和进口份额）中的作用。我们首先只分析假设 1（技术规模与人口），然后我们对案例也进行了探讨。

（一）校准程序

我们以一组包括26个经济合作与发展组织国家为例，可以获得所需的所有变量。此外，我们将样本限制在这组国家，以确保各国之间的主要差异由规模，地理和研发主导，而不是模型之外的其他变量。重要的是，正如下面详细解释的那样，在这组国家中，“区域”数据的定义是相当同质的。

对于所有 m，我们需要校准参数 θ，所有 n 的变量 M_n 和 ϕ_n，以及所有 m 的 l_m、所有 m 与 k 的交易成本矩阵 d_{mk}。

参数 θ 的价值对于运算至关重要。我们参考增长的文献来以校准参数。假设 l_m 在所有国家以恒定速率 $g_l>0$ 增长并且调用假设1，则对于所有地区和国家，t_m 的增长率等于 g_l。长期收入增长率为 $g=g_l/\theta$。$g_l=0.048$（研究就业的增长率），以及来自（Jones，2002）的一组富裕经合组织国家的数据 $g=0.01$（TFP的增长率），因此 $\theta=4.8$（Jones and Romer，2010）。遵循类似的程序并得出结论，数据可得出 $g/g_l=0.25$，这意味着 $\theta=4$。我们选择 $\theta=4$，这也在贸易文献的估计范围内。[①] 尽管我们的模型与增长文献提供的 θ 估计完全一致，但它与贸易文献提供的估计并不完全一致，因为我们的一般模型在国家层面没有提供对数线性引力方程，除了对称区域的情况。

区域数量方面，我们假设模型中每个国家的区域数量 M_n 等于数据中观察到的每个国家的大都市圈数量。我们使用287个大都市圈的数据，人口为50万或更多。对于除澳大利亚、新西兰、土耳其和冰岛以外的所有国家，数据来自经济合作与发展组织大都市圈的数据库；对于这四个国家，我们使用经济合作与发展组织区域数据库的数据。[②] 人口数据是2000年。表1中的列（8）显示了每个国家的区域数量。大都市圈的数量与我们对下面定义的国家规模的衡量密切相关（相关系数为0.90）。[③]

① 黑德和迈耶尔（Head and Mayer，2014）调查了文献中贸易弹性的估计值，并得出结论，即使方差很大，结构重力估计子集的平均估计值为 -3.78。在最近的估计中，西蒙诺夫斯卡和沃夫（Simonovska and Waugh，2014）将 θ 放在4~5之间。

② 经济合作与发展组织制定了城市地区的统一定义，其中包括大都市圈，以克服与行政定义相关的局限性（OECD，2012）。城市地区被定义为一个功能性经济单位，其特点是人口密集的“城市核心”和“腹地”，其劳动力市场与核心高度整合。

③ 我们对大城市的抽样调查显示，挪威和芬兰的人口比例分别为25%和27%，韩国和比荷卢分别为72%和82%，美国和日本分别为53%和68%。对于一些国家来说，这些份额似乎很低，但值得注意的是，这些地区是主要的城市地区（及其腹地），集中了大部分的制造活动和工人。

表 1 数据摘要

国家和地区	国内制造业贸易	RGDP p. c.	CGDP p. c.	价格指数	R&D 就业比例	配备的劳动力	国家规模	地区个数
	(1)	(2)	(3)	(4)	(5)	(6)	(7)	(8)
澳大利亚	0.83	0.97	0.78	0.80	0.68	7.92	0.05	8
奥地利	0.44	1.12	1.09	0.98	0.49	2.92	0.01	3
比荷卢经济联盟	0.20	1.16	1.08	0.94	0.58	9.30	0.05	9
加拿大	0.49	0.86	0.68	0.79	0.63	13.99	0.08	9
瑞士	0.51	0.88	1.12	1.27	0.60	3.60	0.02	3
丹麦	0.42	0.94	1.15	1.22	0.63	2.25	0.01	1
西班牙	0.71	1.14	0.83	0.73	0.38	10.76	0.04	8
芬兰	0.68	0.84	0.92	1.09	1.23	2.06	0.02	1
法国	0.68	1.07	1.08	1.01	0.59	20.08	0.10	15
德国	0.70	0.92	0.96	1.04	0.60	33.73	0.18	24
希腊	0.63	0.90	0.63	0.70	0.30	2.90	0.01	2
匈牙利	0.48	0.65	0.28	0.44	0.29	2.47	0.01	1
爱尔兰	0.28	1.32	1.25	0.95	0.51	1.04	0.005	1
冰岛	0.40	1.17	1.09	0.93	0.96	0.11	0.001	1
意大利	0.78	1.20	1.07	0.89	0.29	16.73	0.04	11
日本	0.94	0.72	0.98	1.37	0.80	66.31	0.46	36
韩国	0.83	0.63	0.44	0.71	0.51	16.04	0.07	10
墨西哥	0.63	0.78	0.40	0.51	0.06	16.60	0.01	33
挪威	0.57	1.11	1.07	0.97	0.81	2.21	0.02	1
新西兰	0.64	0.74	0.61	0.82	0.48	1.48	0.01	1
波兰	0.68	0.50	0.24	0.48	0.32	10.07	0.03	8
葡萄牙	0.59	0.97	0.70	0.73	0.33	2.48	0.01	2
瑞典	0.59	0.81	0.97	1.20	0.83	3.90	0.03	3
土耳其	0.74	0.61	0.26	0.43	0.07	10.83	0.01	11
英国	0.64	1.00	0.98	0.98	0.53	20.83	0.10	15
美国	0.85	1.00	1.00	1.00	0.87	130.10	1.00	70

注：列（1）国内制造业贸易计算为制造业吸收的份额。列（2）RGDP p. c. 是 PPP 调整后的实际 GDP 除以列（6）配备的劳动力（以百万计为单位）。列（3）CGDP p. c. 是当前美元的 GDP 除以配备的劳动力。列（4）价格指数是当前美元的 GPP 除以实际 GDP。列（5）R&D 就业比例按总就业的百分比计算。列（8）显示了拥有超过 50 万居民的都市区数量。实际和当前的人均 GDP，以及价格指数和国家规模都与美国有关。变量是 1996 ~ 2001 年的平均值。

技术和国家规模。校准参数 t_m 强加假设 1，$t_m = \phi_n l_m$。[①] 我们假设变量 ϕ_n 与国家层面数据中观察到的研发就业比例直接相关（因为研发数据按区域要么质量很差，要么不可用）。我们使用了 20 世纪 90 年代平均的世界发展指标的研发就业数据。对于国家样本，研发就业比例的规模弹性在统计上与零无差别（-0.07，标准误差 0.09），表明我们的样本中研发强度和大小之间没有系统模式。[②]

我们将模型中的 l_m 与数据中的配备的劳动力配对，以解释每个工人的物质和人力资本的差异。该变量可在国家层面从克莱诺和罗德里格斯 - 克莱尔（Klenow and Rodríguez-Clare，2005）的文献中获得。我们将区域 m 中的配备的劳动力视为国家级配备的劳动力（L_n）和国家 n 区域 m 的人口比例的乘积。区域 m 的人口占比是样本中一个大都市圈的人口占样本中属于国家 n 的大都市圈总人口的比例。[③]

我们将术语 $\phi_n L_n$ 称为研发调整后的国家规模，并把它作为衡量国家规模的标准。这个变量的值见表 1 的第（7）列。

贸易成本——对于所有 $m \in \Omega_i$ 和 $n \in \Omega_i$，我们需要校准区域之间的贸易成本矩阵 d_{mk}。这相当于 287×287 矩阵，即 $(\sum_n M_n)^2$。有一个明显的限制是，除了美国和加拿大之外，我们样本中任何两个区域之间的贸易流量数据都无法获得。因此，我们继续对贸易成本做更多的结构调整，并假设：

$$d_{mk} = \beta_0^{l_{mk}} \beta_1^{1-l_{mk}} dist_{mk}^{\beta_2 l_{mk} + \beta_3(1-l_{mk})} \tag{13}$$

$d_{mm} = 1$，变量 $dist_{mk}$ 表示区域命令 k 之间的地理距离，它是根据我们样本中每个都市圈的经度和纬度数据计算的。变量 l_{mk} 是虚拟变量，如果 m 和 k 属于同一国家则等于 1，否则为 0。

国家内部和国家间的距离弹性，分别是 β_2 和 β_3，通过引用重力方程的普通最小二乘法（OLS）估计得到。这些估计表明，区域间和国际贸易流的距离弹性在同一范围内。表 2 给出了不同重力规格的结果。对于我们选取的 26 个国家的样本，距离弹性范围从 -1.01 ~ -1.1。根据黑德和迈耶尔（Head and Mayer，2014）的调查，这些估计值在文献中估计的范围内。使用美国地区之间的贸易流量数据，我们得到的距离弹性

① 有趣的是，我们确实发现一些证据表明规模效应在美国大都市统计区（MSA）的水平上运行：人均实际 GDP（从经济分析局）到人口（从人口普查）的弹性 2007 年的 349 个 MSA 为 0.12（标准误差 0.011）。这一证据不仅支持在大城市地区强加假设 1，而且还假设贸易在同一地理单位内无摩擦。

② 使用 N 国居民从世界知识产权组织（2000 ~ 2005 年的平均值）注册的每单位配备的劳动力的专利数量，而不是研发就业份额，作为 ϕ_n 的代理，不会改变我们下面的结果。与研发就业份额类似，小国家的人均专利数量没有系统的提高。

③ 实际上，我们正在按人口比例分配为样本中的每个地区分配国家一级配备的劳动力总量。

范围为 -1.02 ~ -1.06，如表 2 中的第列（3）所示。艾伦和阿尔科拉基斯（Allen and Arkolakis，2014）使用美国境内 122 个 CFS 地区数据估计出，当贸易仅限于公路模式时，2007 年的简化形式的距离弹性在 -0.95 ~ -1.35 之间。通贝和温特（Tombe and Winter，2014）估计 2005 年加拿大省际贸易的贸易弹性为 1.25。[①] 根据这一证据，我们采用 $\beta_2 = \beta_3 = \beta_{dist}$，贸易距离弹性为 -1.05。[②] 针对 $\theta = 4$ 的隐含系数为 $\beta_{dist} = 0.27$。

表 2　　重力估计

项目	国际			美国国内		
	（1）	（2）	（3）	（4）	（5）	（6）
Log distance	-1.084 (0.05)	-1.009 (0.06)	-1.038 (0.019)	-1.065 (0.0165)	-1.023 (0.0182)	-1.058 (0.0173)
Common int. border		0.126 (0.13)				
Common language		0.38 (0.10)				
R^2	0.987	0.999	0.985	0.987	0.987	0.988
观察值	650	650	2220	3737	2080	2215

注：对于 26 个经合组织国家，列（1）和列（2）中的因变量是（在对数中）为 $\lambda_{ni} \equiv X_{ni}/X_n$，而列（3）~列（6）是（在对数中）$x_{mk} \sum_{r \in \Omega_n} x_{nm}$，对于 $m \leqslant k$ 和 $n =$ 美国。美国的地区参考：列（3）中 55 个大城市圈（存在于世界粮食安全委员会和经济合作与发展组织数据中），2007 年；列（4）中 74 个大都市和统一的静态区域，来自 CFS，2007 年；分别在列（5）2002 年和列（6）2007 年中列出 51 个州。所有回归与进口商和出口商固定的影响。括号中为标准误。

选择系数 β_0 和 β_1 以共同匹配美国国内贸易总额（在模型中 $\sum_{m \in \Omega_n} x_{mm}/X_{nn}$）的区域内贸易总额份额，以及在数据中观察到的制造业中的平均国家级双边贸易份额。

我们使用来自商品流动调查（CFS）的数据，调查美国国内次国家单位之间的制造业贸易流动。2007 年，当我们使用 100 个地理区域时，贸易内份额为 0.35；当我们使

① 使用本森、狄奥达托和凡奥尔特（Thissen，Diodato and van Oort，2013）估计的欧盟区域间贸易流量数据，并在回归中包含一个相同国家的虚拟变量，我们估计贸易距离弹性为 -1.14（标准误差 0.008）。

② 由于我们的一般模型在国家层面没有提供对数线性引力方程，因此我们不能直接从数据中获取交易距离弹性，并使用 $\beta_{dist} = \beta_{dist}^{ols}/\theta$ 的形式将其运用于式（13）。相反，鉴于 β_{dist} 的初始猜测，并使用 $\theta = 4$，我们计算模型的均衡，生成贸易流量数据，并估计与数据中相同的引力方程。然后我们迭代 β_{dist}，直到模型中的交易距离弹性为 -1.05。

用55个大都市圈时，贸易内份额为0.55。[①] 我们的目标值为0.45，这意味着45%的美国国内贸易流量是区域内贸易。

关于国家对贸易流量的数据 X_{ni} 来自经济合作与发展组织的STAN数据库，为1996～2001年的平均值，而国家级吸收量 X_n（来自同一来源）的计算方式为总产量减去总出口量加上样本中国家的总进口量。在我们的样本中，平均国际（双边）贸易份额为0.0156。得到的系数是 $\beta_0 = 2.33$ 和 $\beta_1 = 2.89$。[②]

分析结果显示，经过校正的模型很好地拟合了数据中观察到的贸易模式。特别是该模型拟合了双边国家级贸易份额数据中观察到的96%的变化；数据中国家层面的进口份额与模型之间的相关系数为0.80，如果是出口份额，则相关系数为0.65；区域内贸易总额在加拿大国内贸易总额中所占的比例在模型中为0.77，在数据中为0.79（使用不列颠哥伦比亚省统计数据中13个加拿大省份2007年的贸易进行计算）。[③]

我们的校准模型对国内贸易成本有何影响呢？出于说明的目的，我们使用阿格诺斯瓦特、安德森和约托夫（Agnosteva，Anderson and Yotov，2014）中的一种方法汇总我们在国家层面的校准国内贸易成本。

$$\tau_{nn} \sum_{m \in \Omega_n} (l_m/L_n) \left[\sum_{k \neq m, k \in \Omega_n} (l_k/L_n) d_{mk}^{-\theta} \right]^{-1/\theta} \tag{14}$$

图2显示了该指数与我们衡量的国家规模（相对于美国）的对比。较大的国家在其地区之间的国内贸易成本较高：τ_{nn} 与国家规模（$\phi_n L_n$）之间的相关系数为0.70，如果我们考虑每个国家的地区数量 M_n，则为0.86。例如，虽然像丹麦这样的小国家拥有 $\tau_{DNK,DNK}$，几乎是美国水平的一半，但像日本这样的大国拥有 $\tau_{JPN,JPN}$ 约占美国水平的70%。我们样本中的六个最小的国家的国内成本是美国水平的一半，而六个最大国家的相应比例是75%。国内贸易成本在国家规模上不断增加的事实已经表明，这些成本将削弱总规模效应的强度；我们接下来要分析的是规模效应的强度。

---

① 经济合作与发展组织对大都市圈的定义与美国的CFS之间存在差异：在经济合作与发展组织数据集中记录的70个大都市圈中，只有55个大都市圈贸易数据可以与CFS中的大都市圈相匹配。我们所说的100个地理区域包括48个综合统计区域（CSA）、18个都市统计区域（MSA）和33个单位——代表（部分）州的其余部分。我们从美国购买的总量减去与这99个地理单位的贸易，得到与美国其他地方的贸易，这就是第100个地理单位。

② 我们并没有将外生的国际贸易失衡纳入我们的校准中。这些失衡可能影响贸易条件和实际工资，但由于它们通常很小，只是作为GDP的一部分，与国家规模没有系统的关联，将它们放入标准模型中国内贸易成本不会改变。结果显示：隐含的规模效应基本保持不变。我们猜测，在我们的模型中，同样的情况仍然存在，即每个国家由多个地区组成，国内贸易成本为正。然而，正式进行这项工作将是极其困难的，因为需要确定一个国家不同区域的国家层面的贸易不平衡，而这些数据根本无法得到。

③ 如果使用由本森、狄奥达托和凡奥尔特（Thissen，Diodato and van Oort，2013）估算的欧盟区域贸易流量数据来计算样本中15个欧盟国家的区域内份额，我们的校准模型捕捉了在该数据中观察到的90%的变化。

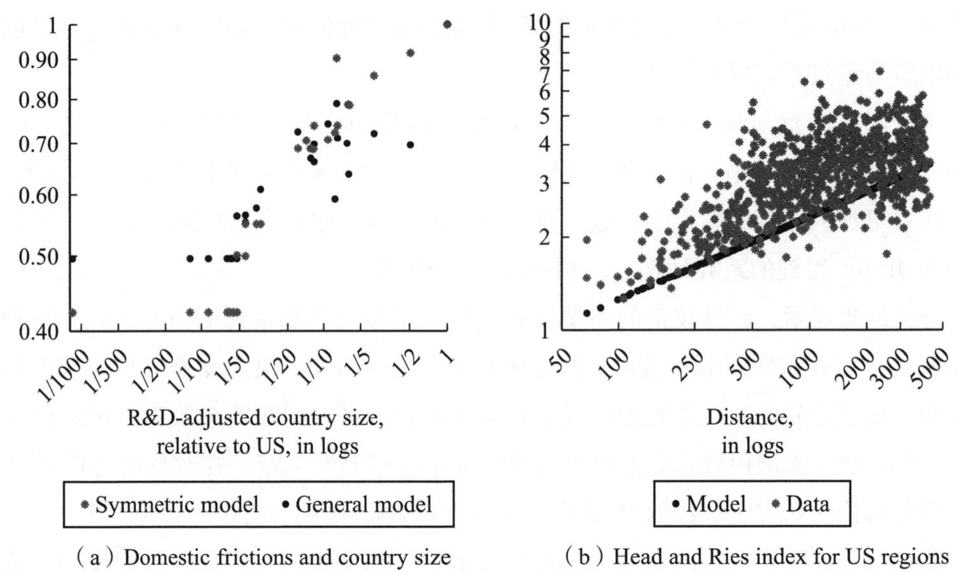

（a）Domestic frictions and country size （b）Head and Ries index for US regions

图 2 国内贸易成本：校准

注：对称模型中的国内摩擦是指使用式（11）计算的 τ_{nn}；在一般模型中，它们指的是将式（14）中的加总应用于校准的国内成本 d_{mk} 而计算的 τ_{nn}。研发调整后的国家规模是指 $\phi_n L_n$，其中 ϕ_n 是 R&D 就业比例，L_n 是配备的劳动力。B 组：Head 和 Ries 指数是指：在数据中，$d_{mk}^{hr} \equiv (x_{mk}x_{km})/(x_{kk}x_{mm})^{-1/(2\theta)}$；在模型中，表达式为式（13）。这两个变量都是针对美国的 55 个大城市圈计算的。

最后，我们对国内贸易成本的估计可以与黑德和里斯（Head and Ries，2001）针对美国国内贸易所制定的指数进行比较。使用式（1），并假设任意两个区域之间有对称的贸易成本，$(d_{mk}^{hr})^{-2\theta} \equiv (x_{mk}x_{km})/(x_{kk}x_{mm})$。图 2（b）中显示了美国各地区贸易成本与距离的关系，使用我们校准的贸易成本和 55 个美国大都市圈子集的黑德－里斯指数（Head-Ries index），其中 2007 年贸易流量的数据可从世界粮食安全委员会（CFS）获得，且 $\theta=4$。虽然模型的国内成本的距离弹性为 0.27，如上文所校准的，使用黑德－里斯指数计算的国内成本的距离弹性为 0.28（包括原点和目的地固定效应）。此外，d_{mk}^{hr}的平均值高于 d_{mk}(3.29 对 2.55)，这表明我们对国内贸易成本的估计至少对美国而言是保守的。

（二）国内贸易成本的作用

我们使用校准模型来探讨国内贸易成本的存在如何影响实际工资的规模效应强度。首先，提出两个相关的问题：与没有国内贸易成本的模型相比，具有规模效应、国际贸易和国内贸易成本的模型是否能更好地匹配实际工资的跨国数据？国内贸易成本在多大程度上有助于匹配跨国收入的数据？其次，我们还对不同规模国家的进口份额，价格和名义工资的预测进行了评估。

在数据中，实际工资是根据宾夕法尼亚大学世界数据库（Penn World Tables 7.1）计算得到的实际 GDP（购买力平价调整，或按购买力平价调整），除以衡量过的配备的劳动力，从而得到简单的 TFP。反过来，进口份额是使用 STAN 的国际贸易数据计算的；名义工资是按当前价格计算的国内生产总值（来自世界发展指标）除以配备的劳动力；价格指数是名义工资除以实际工资。所有变量均为 1996 年 1 月的平均值，并在表 1 中进行了总结。

图 3 显示了真实工资（相对于美国）的分解：全模型（圆点）；只有规模效应（十字）的模型，意味着增加 $\beta_0=1$，$\beta_1=\infty$，$\beta_2=0$；同时具有规模效应和国际贸易但没有国内贸易成本（方块）的模型，意味着 $\beta_0=1$ 和 $\beta_2=0$；以及数据（星号）。实际工资与我们对研发调整后国家规模的衡量标准相对应。在线附录中的表 A1 显示了该图背后的数字。

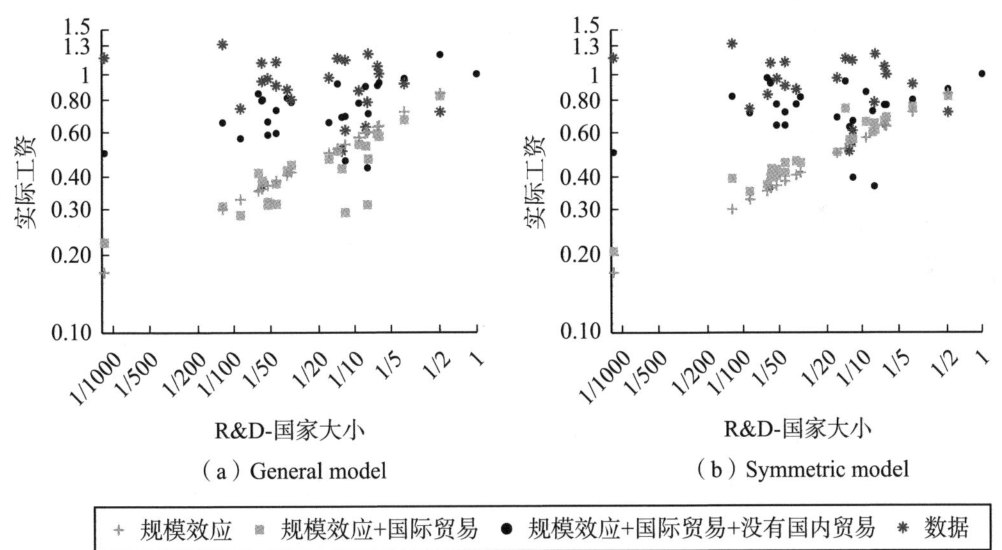

图 3　规模效应、贸易开放度和国内贸易成本（相对于美国）

注：研发调整后的国家规模是指 $\phi_n L_n$，其中 ϕ_n 是研发就业比例，L_n 是配备的劳动力。

只有规模效应的模型严重低估了最小国家的实际工资（十字与星号）：丹麦这样的小国的实际工资预计仅为美国的 33%，反映了非常强的规模效应。相比之下，观察到的丹麦相对实际工资为 94%。对于我们样本中的六个最小的国家，仅具有规模效应的模型意味着相对实际工资为 30%，而在数据中，这些国家的平均实际工资几乎等于美国的实际工资。这反映了模型中收入规模弹性非常高（$1/\theta=0.25$），而数据中的弹性在统计上与 0 没有区别（-0.006，标准误差 0.03）。

为了匹配不同规模国家的观察到的实际工资，增加国际贸易和国内贸易成本对模型有多大帮助呢？正如图 3 中的方块所示，增加贸易开放度，但没有国内贸易成本，对于使模型更接近实际数据没有多大帮助。例如，丹麦的相对实际工资为 38%，仅比具有规模效应的模型略有改进。六个最小的国家（30% ~33%）获得了类似的小改善，而收入规模弹性为 0.22（标准误差 0.007）。

需要澄清的是，正如预期的那样，小国确实比大国从贸易中获得更多（见在线附录表 A1 中的第 6 列）。只是这些收益不够大，不足以缩小仅具有规模效应的模型与数据之间的差距，产生实质性的影响。根据我们前面提到的例子，丹麦从贸易中获得的收益比美国大得多（22% 对 2.2%），这几乎是美国的 10 倍，但这只会将其隐含的相对实际工资从 33% 提高到 38%。①

比较图 3 中的圆点和星号可以发现，使完整模型更好地匹配数据的主要贡献来自增加国内贸易成本。这一机制源于一个事实，即较大国家的国内贸易成本较高，因此会削弱规模效应。同样，对于丹麦，我们的完整模型暗示了 80% 的相对实际工资，比仅有规模效应的模型所暗示的 33% 更接近于数据中观察到的 94%。样本中 6 个最小的国家也发现了类似的模式：完整模型能够缩小数据与模型之间实际工资差距的一半以上，且仅具有规模效应，而开放贸易只能缩小这一差距的 4% 左右。更普遍的是，通过对完整模型所隐含的收入规模弹性进行检验，可以发现，尽管收入规模弹性仍然显著为正（0.13，标准误 0.02），但它只是模型所隐含弹性的一半，只有规模效应（0.25）。

图 4 比较了有国内贸易成本和无国内贸易成本的模型的校准版本，涉及各国的实际和名义工资、进口份额和价格指数。②（a）显示，在没有国内贸易成本的校准模型中，不同规模国家的实际工资增长过快：实际工资的规模弹性为 0.20（标准误差 0.01），远高于数据中观察到的零弹性，是有国内贸易成本的模型所提供弹性的两倍。（b）和（c）显示，在没有国内贸易成本的模型中，实际工资的表现是名义工资上涨和

① 在国内摩擦的一般模型中，贸易收益计算为国家 n 各地区实际工资的平均变化，从自给自足到开放到贸易，按每个地区的人口比例加权。参见拉蒙多、罗德里格斯 - 克莱尔、萨博里奥 - 罗德里格斯（Ramondo，Rodriguez-Clare and Saborio-Rodriguez，2014），在劳动力跨地区流动的一般情况下，对这些收益进行理论推导。

② 没有国内贸易成本的模型使用上述程序进行校准，但假设所有 m，$k\in\Omega_n$ 满足 $d_{mk}=1$。数据中双边贸易份额与校准模型之间的 R^2 为 0.94。

价格随规模下降过快的结果。没有国内贸易成本的模型意味着名义工资和价格指数的规模弹性相对于数据中的弹性过高（绝对值）。当我们考虑到国内贸易成本时，两种弹性都减半。在线附录中的表 A2 报告了每个变量的规模弹性和平均值。

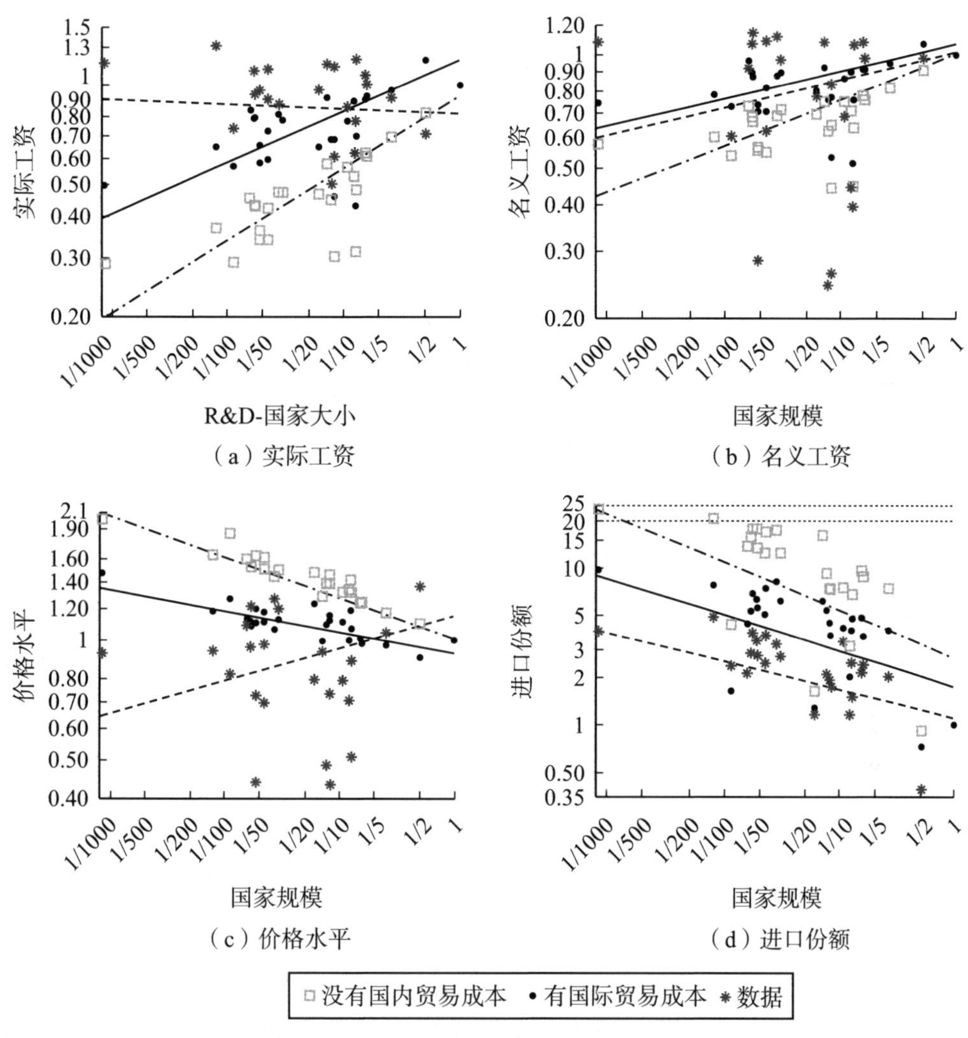

图 4　校准的模型和数据（相对于日志中的美国）

注：数据中：实际工资计算为实际 GDP（PPP-adjusted）除以配备的劳动力 L_n；名义工资按当前价格计算为 GDP 除以配备的劳动力 L_n；物价指数以名义工资除以实际工资计算；进口份额指的是制造业吸收的总进口份额。R&D-adjusted 国家大小指 $\phi_n L_n$，ϕ_n 为研发就业比例，L_n 是劳动力配备。其中，实线采用考虑国内摩擦的模型进行拟合；虚线是通过没有国内摩擦的模型拟合的。

尽管两种校准模型均能很好地匹配数据中的平均进口份额，但没有国内贸易成本的模型意味着进口份额随着国家规模的扩大而过快下降（规模弹性几乎是数据中的两倍)，而增加国内贸易成本使贸易规模弹性下降了 1/3，如我们在图 1 中的理论例子所示。

(三) 对称

具有对称区域的模型（假设2）允许更简单的校准。这是因为，如命题2所示，该模型为国家层面的贸易流量提供了对数线性重力关系，这是每个国家内部贸易成本的简单表达式，以及国家层面贸易收益的简单公式（Arkolakis et al.，2012）。我们直接使用公式（12）来计算模型隐含的实际工资，公式（8）计算无国内贸易成本的标准模型隐含的实际工资，而 $U_n = \gamma(\phi_n L_n)$ 用于只存在规模效应的模型。我们将 θ 的值保持在4，现在可以直接从贸易文献中的贸易弹性估计中获得。我们使用与上面相同的 M_n、L_n 和 ϕ_n 值，并直接设置 $T_n = \phi_n L_n$。

剩下的唯一任务是校准 δ_n，然后可以将其与用于 θ 和 M_n 的校准值组合以使用公式（11）计算 τ_{nn}。我们使用美国国内贸易流量数据和模型的平衡方程 $\tau_{nn}^{\theta} = M_n \sum_{m \in \Omega_n} x_{mm}/x_{nn}$，这可以在假设2的条件下通过推导公式（1）获得。如上所述，我们为美国设置 $\sum_{m \in \Omega_n} x_{mm}/X_{nn} = 0.45$，与 $M_{US} = 70$ 和 $\theta = 4$ 一起表示 $\tau_{US,US} = 2.37$，因此，使用式（11），$\delta_{US} = 2.75$。

在我们的样本中，由于缺乏其他国家的国内贸易流量数据，我们使所有的 n 满足 $\delta_n = \delta_{US}$。值得注意的是，我们仍然允许各国之间的 τ_{nn} 存在差异，这些差异来自每个国家的区域数量，M_n；这正好抵消对称模型中的规模经济与国内贸易成本。

图2的（a）显示了相对于美国的校准 τ_{nn} 与国家规模（星号）的关系。估计值与我们的一般模型（圆点）得出的估计值非常相似。平均而言，根据假设2校准的国内贸易成本与使用一般模型校准的国内贸易成本（0.64 对 0.63）差别不大，但其规模弹性较高（0.14 对 0.09）

图3的（b）显示，具有对称区域的模型与使用一般模型获得到的分解相似。[①] 对称模型隐含的规模弹性为0.08（标准误差0.02），比一般模型略低（0.13），只有规模

① 图3中（a）和（b）后面的拟合的性质略有不同，这是关于如何计算有贸易但没有计算国内贸易成本的情况。在组A中，贸易份额是采用校准后的模型，并关闭国内贸易成本的结果，因此得出的贸易份额不一定与数据中的贸易份额相匹配。相反，在（b）中，没有国内贸易成本的情况下的贸易份额与数据中完全相同，因为实际工资是直接计算的，使用式（12）。大家更倾向于将（a）中的拟合称为校准模型中力的分解，而将（b）中的拟合称为校准相同数据的模型的比较。

效应的模型所隐含的规模弹性的 1/3（0.25）。[①]

三、讨论

在本部分，我们将讨论两个问题：我们的校准程序和结果如何与文献中的其他贸易模型的校准相关联（Eaton and Kortum，2002；Alvarez and Lucas，2007；Waugh，2010），以及引入非贸易商品、跨国生产和扩散如何影响我们关于规模效应的结果。

（一）国内贸易成本与国际贸易成本不对称

国内贸易成本的影响可以在没有这些成本的模型中复制，但其中国际贸易成本和创新强度是适当选择的。正如我们接下来所展示的那样，关键在于是否允许国际贸易成本不对称，以及是否允许创新强度与国家规模之间存在系统模式，从而偏离假设 1。

我们比较了在贸易成本假设方面不同的三种模型的含义：对称国际贸易成本与国内贸易成本（RRS）。如本文所述：不对称的国际贸易成本与进口商特定条款（EK）产生的不对称，如 EK；不对称的国际贸易成本与出口商特定条款（W）产生的不对称（Waugh，2010）。为了让推导继续，让所有 $i \neq n$ 满足 $a_{ni}=a_{in}$ 成为贸易成本的对称组成部分，并考虑以下贸易成本的替代假设：

假设 4A（与国内摩擦相对应的交易成本）：所有 $i \neq n$ 满足 $T_{ni}^{RRS}=a_{ni}$，且 T_{ni}^{RRS} 与式（11）一致。

假设 4B（来自进口商效应的不对称贸易成本）：所有 $i \neq n$ 满足 $\tau_{ni}^{EK}=F_{n}^{EK}\partial_{ni}$，且所有 n 满足 $\tau_{nn}^{W}=1$。

假设 4C（贸易成本与出口商效应的不对称性）：所有 $i \neq n$ 满足 $\tau_{ni}^{W}=F_{i}^{W}\partial_{ni}$，且所有 n 满足 $\tau_{nn}^{W}=1$。

对于所有三种模型，我们使用相同的参数 θ 和相同的国家规模 L_n，但我们允许技术水平和贸易成本的差异。RRS 模型的技术水平 T_{n}^{RSS} 满足假设 1，国内贸易成本如假设 2 所示，国际贸易成本满足假设 4A。

---

① 即使在假设 2 下，探究国内贸易成本对名义工资、价格和贸易份额的影响也需要校准国际贸易成本的完整矩阵。这是以一种模仿我们对一般情况进行校准的方式完成的（请参阅在线附录）。结果与一般模型非常相似：参见图 A1 和表 A2。

EK 模型与 RRS 模型 T_n 具有相同的技术水平，$T_n^{EK}=T_n^{RSS}$，并且交易成本满足假设 4B，其中 $F_n^{EK}=1/T_{nn}^{RSS}$。W 模型具有技术水平 $T_n^W=T_n^{RSS}(\tau_{nn}^{RSS})^{-\theta}$，且交易成本满足假设 4C 与 $F_n^W=1/T_{nn}^{RSS}$。

命题 4 直接来自式（4）中的贸易流量表达式和式（5）中的价格水平。

命题 4：RRS 模型，EK 模型和 W 模型产生相同的均衡工资和贸易流量。RRS 模型和 W 模型的均衡价格水平相同，但它们在 EK 模型中有所不同。

可以进一步证明，与 RRS 模型和 W 模型中的隐含价格相比，EK 模型中的隐含价格在小国家中系统性地较高，因为 $P_{nn}^{EK}=P_n^{RSS}/\tau_{nn}^{RSS}$ 和 τ_{nn}^{RSS} 随着规模而增加。① 这一点类似于沃夫（Waugh，2010）的研究，但适用于大国与小国，而不是富国与穷国。

虽然命题 4 说 W 模型和 RRS 模型对贸易流量、工资和价格具有相同的影响，但机制是不同的。要看到这一点，需要注意 $T_n^W=P_n^{RSS}/\tau_{nn}^{RSS}$，结合 τ_{nn}^{RSS} 随国家规模的增加而增加的事实，意味着 T_n^W 随 L_n 增加的幅度小于 T_n^{RSS}。换句话说，较大的国家在 W 模型中并不富裕，因为它们的 T_n/L_n 随 L_n 下降，而在 RRS 模型中，这是因为 τ_{nn}^{RSS} 随 L_n 增加。

我们现在通过使用式（12）中的表达式 $U_n=T_n^{1/\theta}\times\lambda_{nn}^{-1/\theta}\times\tau_{nn}^{-1}$，以及国内贸易份额和实际工资的数据来定量地比较 W 模型和 RRS 模型，以计算 T_n 的值。我们设置 $\tau_{nn}=1$ 来计算 $\phi_n^W=T_n^W/L_n$，并且在部分 C 中校准 $\tau_{nn}>1$，以计算 $\phi_n^{RSS}=T_n^{RSS}/L_n$，其中 L_n 从数据中配备劳动力。我们使用结果绘制 ϕ_n^W（方块）和 ϕ_n^{RSS}（圆点），两者都与数据中的创新强度（ϕ_n^{data}）相关，由 R&D 就业比例与图 5 中我们研发调整后的国家规模（$\phi_n^{data}L_n$）相对比。

图 5 中显示虚线明显陡于实线；数据的规模弹性 ϕ_n^W/ϕ_n^{data} 为 -0.92（标准误差 0.10），而数据的规模弹性 $\phi_n^{RSS}/\phi_n^{data}$ 为 -0.34（标准误差 0.13）。换句话说，为了与数据保持一致，没有国内贸易成本的模型要求研究强度随着国家规模迅速减少，而当包括国内贸易成本时，这种关系得到缓解。如图清楚地显示了在不存在国内贸易成本的情况下，数据中的研究密集度在不同规模国家之间的关系比模型中隐含的关系更加平坦。② 当然，$\phi_n^{RSS}/\phi_n^{data}$ 数据也随着国家规模扩大而减少，这只是上节第三部分中发现的国内贸易成本与数据不完全一致的另一面。

① 偏离 $T_n^{EK}=T_n^{RSS}$ 是不可能实现 RRS 和 EK 完全等价的，因为式（4）对两个模型成立的唯一方法是令 $T_n^{EK}=T_n^{RSS}$ 和 $F_n^{EK}=1/T_{nn}^{RSS}$。

② 如果以人均专利而不是研发就业份额来衡量研究强度，结果也会相似。

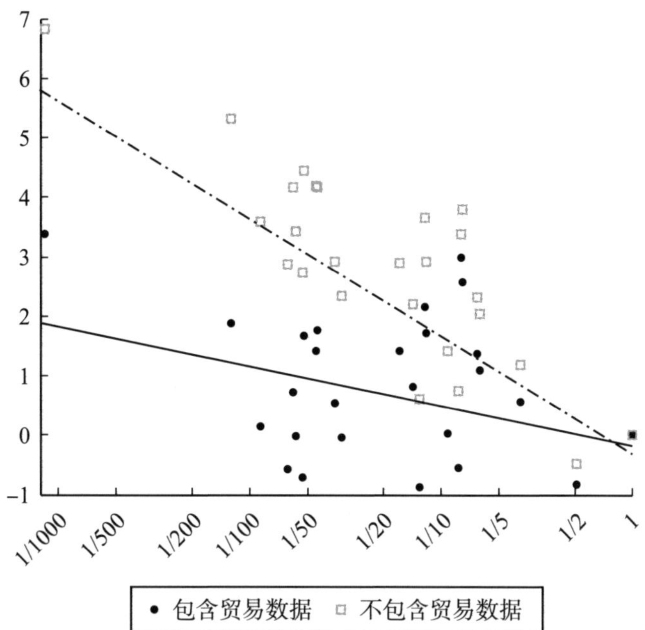

图 5　研究强度和规模：模型和数据

注：$\phi_n^s \equiv T_n^s / L_n$，与 $s = RRS$ 为有国内贸易成本（$\tau_{nn} > 1$）模型，和 $s = W$ 没有国内贸易成本（$\tau_{nn} = 1$）的模型。弹性 -0.34（实线）和 -0.92（虚线），显著的分别为5%和1%。变量 ϕ_n 是研发就业的比例，L_n 是配备的劳动力。研发调整后的国家规模是指 $\phi_n^{data} L_n$。

我们简要地将结果与阿尔瓦雷斯和卢卡斯（Alvarez and Lucas，2007）的结果相结合来完成本部分，其中没有国内贸易成本的校准模型与各国的规模和进口份额之间的关系相当匹配。与我们一样，他们强制使用假设 1 使得创新强度与国家规模没有差异，但他们校准国家规模以匹配数据中的名义 GDP。这相当于允许各国配备的劳动力的单位效率差异。对于我们选取的国家样本，由此产生的效率参数在国家规模（即配备的劳动力）中减少，弹性为 0.10（显著为 1%）。这意味着，与大国相比，小国每单位配备的劳动力的效率要高得多。而且，因为小国在与高效率相关的变量方面并没有系统性的改善，例如在学校教育水平、政府腐败、法治和官僚质量方面，当然这些情况是很难避免的。①

① 除官僚质量（0.06，标准误 0.02）外，使用 OLS（和稳健的标准误）计算的规模弹性对所有变量都不显著。这些数据是巴罗和李（Barro and Lee，2000）的平均受教育年限，以及来自贝克等（Beck et al.，2001）的政府腐败、法治和官僚质量的零（最差）到六（最佳）指数。

(二) 非贸易商品，跨国生产和扩散

我们在第二部分中介绍的标准模型忽略了中间产品，非贸易商品，跨国生产和国际技术扩散。如果把这些因素考虑进去将如何影响我们关于规模效应的结论?

将我们的模型扩展到最终和中间产品，其中（CES 集合）中间产品用于每种中间产品和最终产品。假设区域是对称的，两种类型的商品都是可交易的，并且使用上标 g 表示中间品，上标 f 表示最终品，那么实际工资可以写成:

$$U_n = \tilde{\gamma} \times (\phi_n L_n)^{(1+\eta)/\theta} \times (\tau_{nn}^{g})^{-\eta} \times (\tau_{nn}^{f})^{-1} \times (\lambda_{nn}^{g})^{-\eta/\theta} \times (\lambda_{nn}^{f})^{-1/\theta} \tag{15}$$

且

$$\tau_{nn}^{s} = \left[\frac{1}{M_n} + \frac{M_n - 1}{M_n}(\delta_n^{s})^{-\theta}\right]^{-1/\theta} \tag{16}$$

其中，η 是反映中间产品在中间产品和最终产品生产中重要性的参数，并且小于 1。①

如果没有国内贸易成本（即 $\tau_{nn}^{g} = \tau_{nn}^{f} = 1$），并且最终产品不可跨国家贸易（即 $\lambda_{nn}^{f} = 1$），如阿尔瓦雷斯和卢卡斯（Alvarez and Lucas，2007）所述，公式（15）将缩写为:

$$U_n = \tilde{\gamma} \times (\phi_n L_n)^{(1+\eta)/\theta} \times (\lambda_{nn}^{g})^{-\eta/\theta}$$

校准 θ 使得我们的目标是 1/4 的增长率，如在标准模型中，即 $(1+\eta)/\theta = 1/4$，这个表达式意味着规模效应与以前一样强，但贸易的收益更低（$\eta/\theta < 1/\theta$），这意味着标准模型面临更大的难题。

相反，假设最终产品在一个国家的地区之间也是不可交易的。这是国内贸易成本削弱规模效应的一种观点。使用 $\delta_n^{f} \to \infty$，$\tau_{nn}^{f} = (1/M_n)^{-1/\theta}$ 假设所有 m 的满足 $l_m = \tilde{l}$，所以国家规模的所有变化都来自区域的数量，则可得出，

$$U_n = \tilde{\gamma} \times (\phi_n \tilde{l})^{1/\theta} \times (\phi_n L_n)^{\eta/\theta} \times (\lambda_{nn}^{g})^{-\eta/\theta}$$

假设最终产品在国家内的不同地区是不可贸易的，这意味着规模效应比标准模型弱（$\eta/\theta < 1/\theta$）。

假设最终产品是不可贸易的，其中一个问题是我们忽略了跨国生产（MP）的可能性，这是开放性的另一个来源，甚至在一个国家的地区之间，最终产品也是相关的。最简单的方法是允许 MP 但不允许最终产品的贸易，允许贸易但不允许中间产品的

① 形式上，正如在阿尔瓦雷斯和卢卡斯（Alvarez and Lucas，2007）的论文中指出，$\eta = (1-\alpha)/\beta$，其中 α 和 β 是最终和中间良好生产中的柯布－道格拉斯（Cobb-Douglas）劳动份额。

MP。[①] 根据拉蒙多、罗德里格斯-克莱尔（Ramondo and Rodriguez-Clare，2013）的分析，为了简单起见，假设国内成本和贸易份额与 MP 相同，实际工资将是：

$$U_n = \tilde{\gamma}(\phi_n L_n)^{(1+\eta)/\theta} \times \tau_{nn}^{-(1+\eta)} \times \lambda_{nn}^{-(1+\eta)/g}$$

当 $(1+\eta)/\theta = 1/4$ 时，如前所述，规模效应的强度与标准模型中的强度相同；加入 MP 后，国内贸易成本在协调数据和模型方面的关键作用没有改变。[②] 在一般情况下，关键问题在于 MP 的收益是否能够使标准模型更接近数据。正如我们在在线附录中所显示的那样，答案是否定的，因为像美国这样的大国从 MP 中获得的收益并不系统性地低于像丹麦这样的小国。

下一步，考虑另一个开放性收益来源的作用是：各国思想的传播。我们以最简单的方式引入扩散，即忽略贸易，并假设一个源自 i 国的想法可以在 n 国使用，但受到由 $h_{ni}>1$ 给出的冰山型摩擦的影响，其中 $h_{ni}=1$。现在实际工资将是：

$$U_n = \gamma^D \times (\phi_n L_n)^{1/\theta} \times \xi_{nn}^{-1/\theta}$$

其中，$\xi_{nn} = \phi_n L_n / (\sum_i \phi_i L_i h_{ni}^{-\theta})$ 是国内思想在分散到国家 n 的思想总量中的份额。[③] 如果各国的思想传播没有摩擦（即所有 n，i 满足 $h_{ni}=1$），实际工资将是 $U_n = \gamma^D(\sum_i \phi_i L_i)^{1/\theta}$，并且规模效应将在世界范围内运作，对单个国家的收入没有影响。这一结果表明，包括国际技术扩散将进一步使标准模型在规模效应的强度方面更接近于数据。[④]

不幸的是，最大的挑战是扩散不能在数据中直接观测到。除了通过许可进行的一小部分外，技术扩散并没有留下一个可被测量的痕迹，可以用来直接衡量使用外国技术的国内公司在一个国家完成的生产价值。[⑤] 我们在本文中的方法是朝着另一个可能更

---

① 有关国内贸易成本的跨国生产的详细讨论，请参见在线附录。

② 检查公式（16），τ_{nn} 取决于 θ，并进行校准以匹配数据中的国内贸易流量。因此，只要 $(1+\eta)/\theta$ 不变，$\tau_{nn}^{-(1+\eta)}$ 也不会改变。

③ 通过假设每个想法是生产率向量，每个国家是一个独立 F 分布（Ramondo and Rodriguez-Clare，2010），可以允许贸易和扩散。在这种情况下，上面的表达式会增加贸易收益，$U_n = \gamma^D \times (\phi_n L_n)^{1/\theta} \times \xi_{nn}^{-1/\theta} \times \lambda_{nn}^{-1/\theta}$。

④ 在拉蒙多、罗德里格斯·克莱尔（Ramondo and Rodriguez-Clare，2010）中，我们提出了一个具有贸易，MP 和思想传播的模型，但没有国内摩擦。包括这些摩擦在内的分析表明，扩散的作用小于我们之前论文中的作用。

⑤ 根据美国经济分析局（Bureau of Economic Analysis）公布的数据，1999 年，非关联方为使用无形资产向美国父母和外国关联公司支付的特许权使用费和许可证仅占关联公司总销售额的 1%。一些间接证据表明国际扩散对增长的重要性。伊顿和科图姆（Eaton and Kortum，1996，1999）开发了一个定量模型，允许使用国际专利数据间接推断扩散流。他们估计，除美国外，经合组织国家的大部分生产率增长都归功于国外研究：德国、法国和英国的生产率增长在 84% ~89%，日本的生产率增长在 65% 左右。凯勒（Keller，2004）还发现，在 9 个比英国小的国家中，国内资源对生产率增长的贡献约为 10%。

具前景的方向发展：一旦我们增加了从开放和国内贸易成本中获得的可观收益来源，在国家层面隐含的规模经济会降低多少？我们可以将数据和模型之间的剩余 TFP 差异归因于不可观测因素的扩散。因此，我们的框架可以被认为是一种间接的方式来约束这种不可观测的流动。

四、结论

增长由创新驱动的模式自然会导致总体规模经济。这具有反事实的含义，即较大的国家应该比较小的国家富裕得多。这些规模效应也出现在新的贸易模型中。我们认为，这些影响很大程度上是标准假设的结果，即各国在国内是完全一体化的，就好像它们在空间上是一个单一的点。我们从这一假设出发，将国家视为相互之间存在正交易成本的地区集合。我们对模型进行校准，并评估国内贸易成本在协调理论与数据方面的作用。通过弱化规模效应，得知国内贸易成本是解释标准模型与各国 TFP 水平数据之间差异的关键。这些国内交易也使得该模型更好地匹配观察到的进口份额，相对收入水平和各国的价格水平。

参考文献

[1] Ades A F, Glaeser E L. Evidence on Growth, Increasing Returns, and the Extent of the Market [J]. Quarterly Journal of Economics, 1999, 114 (3): 1025-1045.

[2] Agnosteva D E. Anderson J E, Yotov Y V. Intra-national Trade Costs: Measurement and Aggregation [R]. NBER Working Paper, No. 19872, 2014.

[3] Alcala F, Antonio C A. Trade and Productivity [J]. Quarterly Journal of Economics, 2004, 119 (2): 613-46.

[4] Alesina A, Spolaore E, Wacziarg R. Economic Integration and Political Disintegration [J]. American Economic Review, 2000, 90 (5): 1276-1296.

[5] Allen T, Arkolakis C. Trade and the Topography of the Spatial Economy [J]. Quarterly Journal of Economics, 2014, 129 (3): 1085-1140.

[6] Alvarez F, Lucas R E, Jr. General Equilibrium Analysis of the Eaton-Kortum Model of International Trade [J]. Journal of Monetary Economics, 2007, 54 (6): 1726-1768.

[7] Anderson J E, van Wincoop E. Trade Costs [J]. Journal of Economic Literature, 2004, 42 (3):

691 – 751.

[8] Anderson J E, Yotov Y V. The Changing Incidence of Geography [J]. American Economic Review, 2010, 100 (5): 2157 – 2186.

[9] Arkolakis C, Costinot A, Rodríguez-Clare ANew Trade Models, Same Old Gains? [J]. American Economic Review, 2012, 102 (1): 94 – 130.

[10] Arkolakis C, Demidova S, Klenow P J, Rodríguez-Clare A. Endogenous Variety and the Gains from Trade [J]. American Economic Review, 2008, 98 (2): 444 – 450.

[11] Aten B, Heston A, Summers R. Penn World Table Version 7. 1 [DB]. Center for International Comparisons of Production, Income, and Prices at the University of Pennsylvania, 2009. https: //knoema. com/PWT2012/penn-world-table – 7 – 1.

[12] Barro R J, Lee J W. International Data on Educational Attainment: Updates and Implications [J]. Center for International Development at Harvard University Working Paper, 2000: 42.

[13] Beck T, Clarke G, Groff A, Keefer P, Walsh P. New Tools in Comparative Political Economy: The Database of Political Institutions [J]. World Bank Economic Review, 2001, 15 (1): 165 – 176.

[14] Chaney T. Distorted Gravity: The Intensive and Extensive Margins of International Trade [J]. American Economic Review 2008, 98 (4): 1707 – 1721.

[15] Cosar A K, Fajgelbaum P D. Internal Geography, International Trade, and Regional Specialization [J]. American Economic Journal: Microeconomics, 2016, 8 (1): 24 – 56.

[16] Eaton J, Kortum S. Trade in Ideas: Patenting and Productivity in the OECD [J]. Journal of International Economics, 1996, 40 (3 – 4): 251 – 278.

[17] Eaton J, Kortum S. International Technology Diffusion: Theory and Measurement [J]. International Economic Review, 1999, 40 (3): 537 – 570.

[18] Eaton J, Kortum S. Technology, Trade, and Growth: A Unified Framework [J]. European Economic Review, 2001, 45 (4 – 6): 742 – 755.

[19] Eaton J, Kortum S. Technology, Geography, and Trade [J]. Econometrica, 2002, 70 (5): 1741 – 1779.

[20] Fajgelbaum P, Redding S J. External Integration, Structural Transformation and Economic Development: Evidence from Argentina 1870 – 1914 [R]. NBER Working Paper, No. 20217, 2014.

[21] Frankel J A, Romer D. Does Trade Cause Growth? [J]. American Economic Review, 1999, 89 (3): 379 – 399.

[22] Head K, Mayer T. Gravity, Market Potential and Economic Development [J]. Journal of Economic Geography, 2011, 11 (2): 281 – 294.

[23] Head K, Mayer T. Gravity Equations: Workhorse, Toolkit, and Cookbook [M]// Gopinath G, Helpman E, Rogoff K. Handbook of International Economics, Vol. 4, Amsterdam: Elsevier, 2014: 131 –

195.

[24] Head K, Ries J. Increasing Returns versus National Product Differentiation as an Explanation for the Pattern of US – Canada Trade [J]. American Economic Review, 2001, 91 (4): 858 – 876.

[25] Hillberry R, Hummels D. Trade Responses to Geographic Frictions: A Decomposition Using Micro-Data [J]. European Economic Review, 2008, 52 (3): 527 – 550.

[26] Jones C I. R&D-Based Models of Economic Growth [J]. Journal of Political Economy, 1995, 103 (4): 759 – 784.

[27] Jones C I. Sources of US Economic Growth in a World of Ideas [J]. American Economic Review, 2002, 92 (1): 220 – 39.

[28] Jones C I. Growth and Ideas [M]//Aghion P, Durlauf S. Handbook of Economic Growth, Vol. 1. Amsterdam: Elsevier, 2005: 1064 – 1111.

[29] Jones C I, Romer P M. The New Kaldor Facts: Ideas, Institutions, Population, and Human Capital [J]. American Economic Journal: Macroeconomics, 2010, 2 (1): 224 – 245.

[30] Keller W. International Technology Diffusion [J]. Journal of Economic Literature, 2004, 42 (3): 752 – 782.

[31] Klenow P J, Rodríguez-Clare A. Externalities and Growth [J]. Aghion P, Durlauf S N. Handbook of Economic Growth, Vol. 1A. Amsterdam: Elsevier, 2005: 817 – 861.

[32] Kortum S S. Research, Patenting, and Technological Change [J]. Econometrica, 1997, 65 (6): 1389 – 1419.

[33] Krugman P. Scale Economies, Product Differentiation, and the Pattern of Trade [J]. American Economic Review, 1980, 70 (5): 950 – 59.

[34] Lucas R E, Jr, Moll B. Knowledge Growth and the Allocation of Time [J]. Journal of Political Economy, 2014, 122 (1): 1 – 51.

[35] Melitz M J. The Impact of Trade on Intra-industry Reallocations and Aggregate Industry Productivity [J]. Econometrica, 2003, 71 (6): 1695 – 1725.

[36] Organisation for Economic Co-operation and Development. Redefining 'Urban': A New Way to Measure Metropolitan Areas [R]. Paris: Organisation for Economic Cooperation and Development, 2012.

[37] Ramondo N, Andrés Rodríguez-Clare A. Growth, Size, and Openness: A Quantitative Approach [J]. American Economic Review, 2010, 100 (2): 62 – 67.

[38] Ramondo N, Rodríguez-Clare A. Trade, Multinational Production, and the Gains from Openness [J]. Journal of Political Economy, 2013, 121 (2): 273 – 322.

[39] Ramondo N, Rodríguez-Clare A, Saborío-Rodríguez M. Scale Effects and Productivity across Countries: The Role of Openness and Domestic Frictions [R]. NBER Working Paper, No. 18532, 2014.

[40] Ramondo N, Rodríguez-Clare A, Saborío-Rodríguez M. Trade, Domestic Frictions, and Scale

Effects: Dataset [J]. American Economic Review, 2016, http://dx.doi.org/10.1257/aer.20141449.

[41] Redding S J. Goods Trade, Factor Mobility, and Welfare [J]. National Bureau of Economic Research Working Paper, No. 18008, 2015.

[42] Redding S, Venables A J. Economic Geography and International Inequality [J]. Journal of International Economics, 2004, 62 (1): 53-82.

[43] Romer P M. Endogenous Technological Change [J]. Journal of Political Economy, 1990, 98 (5): S71-S102.

[44] Rose A K. Size Really Doesn't Matter: In Search of a National Scale Effect [J]. Journal of the Japanese and International Economies, 2006, 20 (4): 482-507.

[45] Simonovska I, Waugh M E. The Elasticity of Trade: Estimates and Evidence [J]. Journal of International Economics, 2014, 92 (1): 34-50.

[46] Thissen M, Diodato D, van Oort F G. Integrated Regional Europe: European Regional Trade Flows in 2000 [C]. The Hague: PBL Netherlands Environmental Assessment Agency, 2013.

[47] Tombe T, Winter J. Fiscal Integration with Internal Trade: Quantifying the Effects of EqualizingTransfers [J]. http://econ.ucalgary.ca/sites/econ.ucalgary.ca.manageprofile/files/unitis/publications/1-4681118/tombewinter2016.pdf, 2014.

[48] Waugh M E. International Trade and Income Differences [J]. American Economic Review, 2010, 100 (5): 2093-2124.

全球数字贸易规则新进展与中国的政策选择*

高凌云** 樊 玉

摘 要 数字贸易规则是全球新一轮经贸谈判的核心议题之一。目前立场相对统一的美欧日三方在数字贸易规则方面的合作推进迅速，在后续的众多多边场合，可能在信息自由流动、保护知识产权、竞争性电信市场、贸易便利化等方面对中国提出利益诉求。为更好应对，建议中国应从战略高度引领数字经济发展，补齐数字贸易发展的短板，积极参与数字贸易国际规则制定，尽快提出数字贸易规则的“中国方案”，完善法律法规和配套措施，尝试对数据进行分类管理，并做好相关教育培训工作。

关键词 数字贸易 新规则 有效管理

随着移动支付、大数据、云计算、人工智能等信息技术的发展，数字经济在人们的生活中已经无处不在，发展日新月异，不仅使我们的生活更加丰富、更加便捷，更为传统贸易发展提供了新的技术手段，并使贸易标的、企业的商业模式和交易方式等发生了深刻变革。当跨境商品贸易、国际投资等驱动的传统全球化举步维艰的时候，数字贸易的迅速发展为全球化的深入推进提供了崭新的路径，这也导致数字贸易规则日益成为全球新一轮经贸谈判的核心议题之一。相关数字规则谈判已从贸易无纸化、电子签名、电子认证和透明度原则等方面，迅速进展到“跨境自由流动”和“产权保护”等核心环节。目前立场相对统一的美欧日三方在数字贸易规则方面的合作推进迅速，且在关键领域不断达成共识。因此，美欧日在后续的众多多边场合，可能在众多领域，如信息自由流动、数字产品的公平待遇、保护机密信息、数字安全、促进互联网服务、保护知识产权、竞争性电信市场、贸易便利化等方面对中国提出利益诉求。

---

* 本文原载于《国际经济评论》2020 年第 2 期，第 162 ~ 173 页。

** 作者简介：高凌云，中国社会科学院世界经济与政治研究所研究员。

思考中国如何应对，显得尤为急迫。

一、数字产品与数字贸易

数字产品是指在网络经济中交易的可被数字化（即编码成一段字节）（朱珠、舒华英，2012）[①]，并且可以通过网络来传播的信息，根据产品形态一般可分为有形和无形两种。其中，基于数字技术的电子数码产品（相机、电视机等）属于有形数字产品；而那些可以通过互联网传输的、可数字化的影视娱乐产品、软件或劳务则属于无形数字产品。数字产品具有不可破坏性、可变性、可复制性和公共物品属性等特征，这些性质有的来自它的数字化形式，有的则源于它的信息内容。因为这些特性，数字贸易与传统贸易相比，日益成为一种新的经济形态。

最早来自权威机构的数字贸易定义，还要追溯到美国商务部经济分析局 2012 年在《数字化服务贸易的趋势》中提出的“因信息通信技术进步而实现的服务的跨境贸易”。2013 年，美国国际贸易委员会在《美国和全球经济中的数字贸易》报告中，为数字贸易提供了更为宽泛的概念。美国国际贸易委员会认为，利用互联网传输来实现的产品和服务的商业活动都可归为数字贸易。按照这个定义，数字贸易既包括利用互联网传输产品和服务的国际商业活动，也包括类似的国内商业活动。而美国贸易代表办公室在其 2017 年 3 月发布的《数字贸易关键壁垒》中提出的数字贸易概念更为宽泛，按照美国贸易代表办公室的定义，数字贸易不仅包括消费品在互联网上的销售和在线服务的供应，还包括使全球价值链成为可能的数据流、使智能制造成为可能的服务，以及无数其他平台和应用程序。

尽管目前并没有被普遍认可的“数字贸易”的统一定义，但综合起来看，大致可以认为数字贸易是一种依托现代信息、网络技术和相关数字产业，将金融电子化、管理信息化、商贸信息网络化等融为一体，打破了传统的时空观念，缩短了生产、物流、分配、消费之间的距离，实现了资金流、信息流与物流和谐统一的商业模式。随着数字化技术的涌现和渗透，传统产品和服务可以通过嵌入不同的数字化载体实现销售和交付；更关键的，无形的数据流也有了贸易的价值；事实上，提供这种纯“数据”的商家可能会掌握更广泛的潜在市场空间。从这个角度来看，数字贸易更像是技术升级

---

① 朱珠、舒华英：《比特产品的相关问题研究》，载《北京邮电大学学报（社会科学版）》2012 年第 4 期，第 23 ~ 27 页。

后所催生的新型经济模式或业态，它虽不属于任何一个产业结构，却和每个产业息息相关。

正因为如此，数字贸易打破了传统贸易的常规，在创新贸易方式的同时，也为传统贸易带来了更广阔的贸易空间。具体而言，第一，传统贸易方式下消费者获取信息受到了时间和地域的限制，商家销售产品也受到时间和地域的阻挠；而在互联网技术的帮助下，数字产品和服务直接面向全球消费者，获取信息不再受时间和地域的限制。第二，数字贸易摒弃了传统贸易中冗杂且低效的中间环节，极大地降低了贸易成本，提高了贸易效率。第三，数字贸易下，交易信息、购买支付、开具发票等行为可以通过互联网瞬间完成。在特定的电子平台一端，消费者可以在任何时候登陆、选择和购买；而在另一端，卖家根据消费者的购买单据，通过智能物流系统，可以非常便捷地将交易品或服务送达。第四，数字贸易还呈现出单笔交易金额少但交易频率高等特征，能极大地满足消费者个性化且多样化的需求。

二、数字贸易发展的现状与走向

2017 年，世界各国之间的联网带宽合计超过 296Tbps，是 2013 年的 3 倍，全球互联网用户普及率接近 50%。① 随着互联网的快速发展，全球数字贸易正在呈现高速发展态势。数字贸易已经成为全球贸易的重要组成部分之一，规模不断扩大。首先，从全球的角度来看，霍夫鲍尔和路的研究表明，2015～2020 年期间，全球贸易流、投资流和数据流每增加 1 个百分点，会促进全球 GDP 增速提高 3. 1 个百分点；关键的是，全球数据流量的增速大大高于贸易流和资金流，从而弥补了贸易流和资金流减速造成的不利影响。②

其次，发达国家在数字贸易上虽有传统优势，但以中国为代表的新兴国家发展迅速。比如，美国经济分析局基于最窄口径的估算结果表明：2016 年美国数字化服务出口额为 4035 亿美元，占美国服务出口的 54%；数字化服务进口额为 2440 亿美元，占所有服务进口的 48%；数字服务贸易产生的顺差已达 1595 亿美元，占美国服务贸易顺

① International Telecommunications Union，“ICT Facts and Figures（2017）”，https：//www. itu. int/en/ITU-D/Statistics/Documents/facts/ICTFactsFigures2017. pdf，2019－08－04.

② Gary Clyde Hufbauer and Zhiyao Lu，“Can Digital Flows Compensate for Lethargic Trade and Investment?”，*Peterson Institute for International Economics*，November 28，2018.

差总额的64%。[①] 与此同时，一些发展中国家凭借其庞大的市场空间和技术的不断进步，已经有巨大的潜力发展数字贸易。比如，新兴经济体，特别是中国，在短短几年的时间内就跃居世界前列。根据全球化智库（CCG）的估计[②]，截至2018年底，数字贸易在中国国内已经创造了高达3.2万亿元的经济利益。其中，中国数字贸易出口大约1.6万亿元。如果加以充分利用，到2030年，中国数字贸易出口价值预计将增长207%，达到5万亿元，数字贸易创造的经济利益有可能激增至37万亿元，并且数字化服务类出口价值预计也将增长。更关键的是，数字贸易的迅速发展还极有可能推动新兴国家的产业转型和升级。

各国均已意识到发展数字贸易的重要意义，出台了众多发展战略或规划。目前全球服务贸易中有一半以上已经实现数字化，已经有超过12%的跨境实物贸易通过数字化平台实现。[③] 因此，大力发展数字贸易成为共识，各国相继制定了各自的发展战略或规划（见图1）。在世界主要经济体中，法国在2008年最先发布了与数字经济有关的战略，随后日本、欧盟、英国、澳大利亚等国家或地区也相继出台了相关战略规划，2015年后出台数字贸易战略规划的国家明显增多。2016年中国也相继出台了《国家信息化发展战略纲要》和《“十三五”国家信息化规划》，有效引导和促进了数字贸易的发展。

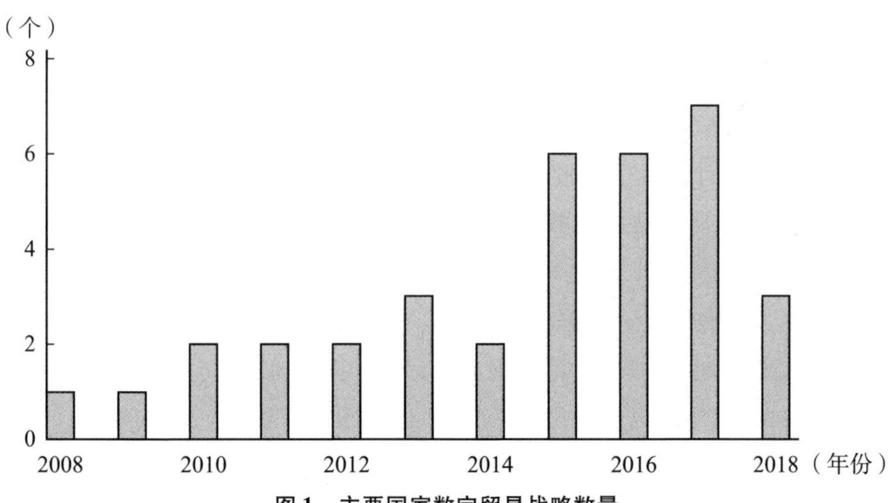

图1 主要国家数字贸易战略数量

① U. S. Department of Commerce Economics and Statistics Administration, “Digital Trade in North America”, https://www.commerce.gov/sites/default/files/media/files/2018/digital-trade-in-north-america.pdf, 2020-03-05.

② 全球化智库（CCG）：《数字革命：中国如何在国内外吸引数字贸易机会》，2019年。

③ 《世界贸易报告（2018年）》，上海人民出版社2018年版。

三、传统的数字贸易规则

数字贸易作为一种新型贸易手段和方式，对全球贸易投资规则体系的完善提出了新的需求。目前全球主要经济体正通过 WTO 多边框架以及在区域贸易协定层面，着手推进数字贸易规则的制定和完善。随着数字贸易作为国际贸易发展重要趋势这一认识深入人心，数字贸易在双边和多边国际经贸谈判中被涉及会越来越多。不过，早期贸易规则的内容相对比较简单明了，包括贸易无纸化、电子签名、电子认证和透明度原则等，而后期则尝试纳入网络接入与使用、服务器（数据存储设备）、个人信息保护与技术（源代码）的非强制性本地化等内容。

首先，WTO 的数字贸易规则。虽然 WTO 在数字贸易领域还没有综合性协定，但是 WTO 的部分协定已经对数字贸易的发展做出了一些规范，如 2013 年 WTO 提出的《服务贸易总协定》《与贸易有关的知识产权协议》以及《技术性贸易壁垒协议》等。另外，WTO 成员还在 2017 年底于布宜诺斯艾利斯第 11 届部长会议的最后时刻达成协议，强调延长电子商务关税禁令、禁止成员根据 WTO《知识产权协议》提起非侵权案件。同时，各成员一起发布的《电子商务联合声明》，重申了电子商务的重要性以及电子商务为包容性贸易和发展所创造的机会；不仅如此，这份声明中的条款还将在一定程度上确保数据的自由流动以及禁止所有部门的数据本地化。

其次，国际服务贸易协定（TISA）的数字贸易规则。TISA 的主旨是以创设电子商务、跨境数据转移、计算机相关服务等新兴领域的管制规则，以制定适当的条款来支持通过“电子渠道”所进行的服务贸易为核心，带动数字贸易和跨境数据流的发展。TISA 从 2012 年初启动至今，已进行了 21 轮谈判。在第二轮谈判中首次出现了数字贸易相关议题。跨境数据流动、数据存储本地化、互联网平台责任等，从第 14 轮谈判中这些开始成为关键议题。在第 16 轮、18 轮、19 轮谈判中引入了“消费者保护”“垃圾信息”“网络中立”“源代码开放”“互联网平台责任”等新提案。目前的 TISA 协议在数字贸易规则方面的成果主要集中在“电子商务”附件文本中。具体条款包括：信息流动或跨境信息流动、转移和访问源代码、开放网络、网络访问和使用、计算机设施本地化、电子传输关税、在线消费者保护、个人信息保护、非应邀商业电子信息、电子认证和电子签名以及国际合作等。

四、美欧日有关数字贸易规则的分歧与新共识

美国是世界数字贸易发展的领导者和主要推动者。尽管跨太平洋伙伴关系协定（TPP）因为美国的退出没有最终生效，但它是全球数字贸易大发展和贸易规则逐渐完善的一个缩影，其数字贸易规则被公认是迄今最完善和标准最高的。跨太平洋伙伴关系协定文本中，作为单独章节的电子商务内容，包括制定全面的“跨境数据和信息流动”的整套规则。另外，协定对数字贸易有几项创新规定：（1）禁止跨境数据流量限制和数据本地化要求，除金融服务和政府采购之外；（2）禁止将源代码披露或转移作为市场准入的条例，但披露会违背其根本安全利益的例外；（3）要求缔约方通过在线消费者保护和反垃圾邮件法律，以及隐私保护的法律框架；（4）对于使用加密技术的产品，禁止要求技术转让或者访问专有信息；（5）澄清知识产权执法规则，对网络盗窃商业秘密规定刑事处罚；（6）鼓励缔约方之间在协助中小企业利用电子商务，以及隐私和消费者保护方面开展合作；（7）促进网络安全方面的合作；（8）保障跨境电子卡支付服务；（9）促进国际漫游收费合作。①

再结合美国签订的其他贸易协定，我们可以看出美国在关键议题上的主张。整体呈现出的是一条不断加强的上升轨迹。首先，在传统贸易规则的套用方面，明确规定相关的传统贸易规则对数字贸易的适用性。在美国的数字贸易规则中，明确了跨境服务贸易规则适用于数字服务，确定了关于电子传输免关税的延长期限，并且规定了包括载体在内的数字产品永久免关税。同时，美国要求对数字产品采用非歧视待遇。其次，为了促进数字贸易自由化，确保已经形成的数字贸易规则的可操作性，对跨境服务贸易规则方面进行创新。美国版的数字贸易规则在跨境服务贸易相关规定中，采用否定列表的承诺方式，删去了烦琐的当地存在要求，减少甚至直接对最优惠国待遇豁免进行限制，使得服务原产地规则更加自由化。最后，针对信息通信技术方面，推动更加普遍且更具有约束力的合作。例如，美国在与数字贸易相关的信息技术领域倡导：（1）支持提升在数据以及技术服务方面的协同能力；（2）对个人隐私保护和跨境信息自由流动两方面的冲突进行平衡；（3）对接信息技术研究和标准；（4）保护知识产权。这些都体现出美国在该领域与缔约伙伴展开深入合作的强烈意愿。

表面来看，美国在推动全球数字贸易规则体系的构建，事实上美国最核心的诉求

① 张茉楠：《全球数字贸易框架与数字贸易治理》，载《新经济导刊》2018 年第 6 期，第 45 ~ 47 页。

只有两点。第一，美国是全球互联网和数字技术最发达的国家，因此，实现“跨境数据自由流动”可以保持美国在全球经济中的领导地位，对其经济具有极大的促进作用。第二，美国在大多数数字技术上处于垄断地位，拥有很多知识产权，因此美国对数字知识产权的保护也十分重视。比如为了更好地保护相关企业或个人在这方面的知识产权，美国禁止各国政府提出的获取源代码要求。

之前跨大西洋贸易与投资关系协定（TTIP）的谈判和历次美欧日三方会谈，欧盟在“隐私保护”和“视听例外”上始终坚守立场。具体而言，欧盟高标准的“隐私保护”导致其围绕“知识产权保护”和“跨境数据自由流动”等核心关切所进行的磋商与美方存在分歧。比如，欧盟坚决不同意不加限制的数据自由流动。不过，欧盟对跨境数据流动中隐私保护要求虽在不断升级，但最终目的还是为了实现“跨境数据自由流动”。

在上述议题上，美日已在先前的跨太平洋伙伴关系协定（TPP）谈判中基本达成一致。因此在 2019 年 1 月第五次贸易部长三方会议上，日本扮演了协调美欧之间矛盾的角色。会后的联合声明提出，三方确认了通过提升数据安全改善商业环境的重要性，也确认了为构建允许个人和企业数据跨境自由流动的“数据流通圈”而展开合作的方针。这说明，三方在“跨境数据自由流动”上已经获得了突破。另外，在此次会议上，三方还确认了对尽快启动关于贸易相关电子商务方面 WTO 谈判的支持，以期在尽可能多的 WTO 成员的参与下达成高标准协议。

五、美欧日对中国的可能诉求

在 2019 年 6 月于日本举行的 G20 首脑会议上，日本首相就主动提议应建立允许数据跨境自由流动的“数据流通圈”，并呼吁在 2020 年 6 月的 WTO 部长会议上取得实质性进展。未来如果美欧日将以共识为基准的数字贸易规则提交到 WTO 等多边场合，我们判断，对中国的诉求大致会包括如下方面。

第一，信息自由流动。在个人隐私得到保护的前提下：允许消费者和企业进行跨境数据传输；剔除数据本地化要求；取消通过特定关键词进行内容审查和过滤的措施，严格监管甚或强制阻断通过虚拟专用网络登陆外部网站的行为。第二，除电影、音乐之外的数字产品的公平待遇。在产权参与程度和税收政策等方面，实行准入前国民待遇。第三，保护机密信息。包括保护源代码，禁止要求外国企业以开放源代码作为市场准入的前提条件；禁止要求企业强制技术转让以及禁止歧视性技术要求。第四，数字安全。包括确保企业能够使用安全的加密技术，同时确保政府采用基于风险的方法来防止和应对网络安全事件，以此避免对贸易的限制或扭曲。第五，促进互联网服务。包括建立数字相关的市场准入承诺，公开政府信息以及免除仅进行储存、处理或传输数据的网络服务提供者的法律责任。第六，保护知识产权。加大打击数字侵权的力度。第七，竞争性电信市场。要求将《WTO 电信参考文件》写入服务贸易承诺减让表，并向电信投资者和跨境服务提供者开放市场准入。第八，贸易便利化。落实 WTO《贸易便利化协定》中的规定，对跨境包裹的关税设置减免的门槛，促进中小企业更充分地参与到全球经济之中。

但目前，中国的部分规章制度与美欧日的新共识存在较大分歧，主要体现在：一是要求境内外提供互联网服务的企业必须严格遵守中国的网络内容审查，中国政府有权对不符合法律或规章制度的内容加以阻隔。二是数据存储强制本地化。出于保护国家安全、企业和个人隐私等多方面的考虑，中国政府在相关立法中有非常严格的数据存储本地化要求。三是开放源代码及对加密技术的限制。四是尽管新版《外商投资法》进一步强调了知识产权保护，但转化为实际的保护力度提升还需要较大努力。五是中国要求数字支付服务提供者必须获得中国人民银行颁发的许可，而这一许可的颁发对外资企业还存在一定的约束。另外，中国还在《网络安全法》《中国政府采购法》等法律中，针对境外提供互联网服务的企业设置了约束性的条款。

美欧日三方在跨境数据流通规则上达成的共识将对中国信息产业、数字经济和网络安全带来深远影响。第一，美欧日达成共识将加速美欧、美日自贸谈判的进程，推动三方建立数字经济的统一市场。三方的互联网企业将加速整合步伐，共享技术和人才资源。其他发达国家很可能快速向美欧日规则靠拢，中国信息产业和数字经济的发展资源、人才，将面临被以美欧日为代表的发达国家市场虹吸的可能。第二，依靠三方的核心技术、核心数据和核心网络，美欧日将强化其在全球数字经济产业链上的上游地位。在垄断技术和数据的同时，美欧日还可以充分顺利实现从数字经济向实体经济的渗透，并挽回其在部分制造领域的颓势。在这种格局下，中国与发达国家的差距可能会再次扩大，实现中华民族伟大复兴目标的难度自然会增加。

中国目前在法律规章的完善性以及运用法律保护数据安全的能力等方面，仍然较为欠缺。国内个人信息贩卖问题较为严重，从非法获取到非法售卖，再到非法利用，几乎构成了一条完整的产业链条，极大地侵害了中国公民的隐私和人身财产安全。虽然数据安全等问题具有普遍性，并不是少数国家面临的特有问题，但中国无疑是数据安全问题最大的受害者。

六、对策建议

中国是毫无疑问的数字经济大国，数字贸易在中国的对外贸易增长中所占比重也越来越大，而且还拥有广阔的发展空间。美欧日在数字贸易规则上达成共识将加速美欧、美日自贸谈判的进程，推动三方建立数字经济的统一市场，三方的互联网企业也将加速整合步伐，共享技术和人才资源，强化其在全球数字经济产业链上的上游地位。因此，发展数字贸易，既是数字经济全面兴起的客观要求，也是中国参与设计和制定全球数字贸易规则的现实需要。我们提出如下建议。

第一，从战略高度引领数字经济发展。数字经济是数字贸易发展的根本，习近平主席特别强调，要“加快传统产业数字化、智能化，做大做强数字经济”。正如前文所指出的，为了能够使自己的国家在新的技术变革中处于领先地位，全球各个国家都在制定相关的发展与促进战略。根据经济合作与发展组织（OECD）的相关报告，绝大多数成员国制定了自己国家的数字经济战略或者相关政策。[①] 例如英国的《英国数字战略 2017》、澳大利亚的《2020 澳大利亚数字经济战略》等。相对而言，中国只是出台了两个信息化的战略规划，并没有专门的数字经济战略和规划。因此，研究制定中国中央政府和地方政府等层面的数字发展战略，用以指导数字经济发展，加深 ICT 技术与三产（特别是工业和服务业）的互动和融合，大幅提升中国整体经济的数字化程度，形成具有国际竞争力的数字产业，培育数字贸易发展的坚固根基，是首要之务。

第二，补齐数字贸易发展的短板。数据跨境流动对国家信息安全、技术安全和经济安全等方面提出了非常大的挑战。目前中国在互联网应用技术方面的发展较为迅速，但原始创新能力仍然较为薄弱，还难以适应中国数字贸易快速发展的要求。因此，要进一步加强网络基础技术、基础软件、核心芯片等方面的研发投入。具体而言，政府应该从系统的角度，通过产学研相结合、政府采购和鼓励性财税政策相结合的方式，尽快解决关键技术、系统、元器件和工艺设备等“卡脖子”问题。除此之外，还应加强中国数字产业国际标准和认证体系的建设，充分发挥市场和政府结合的引领作用，在数据跨境流动、工业物联网等方面积极寻求国际合作、推动中国标准国际化。

第三，积极参与数字贸易国际规则制定。互联网时代，大数据作为新的生产要素，

---

① OECD，“OECD Digital Economy Outlook 2017”，http：//www.360doc.com/content/17/1015/09/45199333_695054940.shtml，2020－03－03.

为社会的经济增长带来了一番新天地，同时使得全球的贸易格局更快地发生改变。中国应坚持世贸组织的基本原则，积极、全方位地参与双边、区域或多边数字贸易规则制定，准确把握各方利益关切，共同维护和加强多边贸易体制，最大限度维护中国利益，为中国数字贸易发展营造良好的氛围。在实际操作的过程中，还需做好利用议题选择合作方的工作。在多边谈判的场合，除了发达国家、发展中国家这样的大阵营划分外，更多是议题上的合作，合作方随议题而变化。针对不同利益诉求，可以在前期工作和谈判中，与具有相似观点和想法的成员方协调立场，共同推动数字贸易规则朝着符合最大多数成员利益的方向发展。

第四，尽快提出数字贸易规则的“中国方案”。中国自由贸易协定正在加速扩容，迄今已经签署了18个自贸协定，正在谈判的自贸协定有13个，正在研究的自贸协定有8个。无论是已经签署的，还是正在谈判或研究中的，毫无疑问都应将数字贸易作为主要合作领域，大力推动以合作为导向的数字贸易规则和政府间政策协调框架。这就要求中国加速提出数字贸易规则的“中国方案”，以提升中国在全球数字贸易规则制定中的话语权。研议中的“中国方案”需要掌握两个原则，一方面，“中国方案”应该充分研究和借鉴“美式模板”和“欧式模板”的合理成分；另一方面，“中国方案”应该考虑我们的发展阶段，量力而行。现阶段我们没有必要盲目追求高标准，而是应根据自身特点，重点推动无纸化、数字证书和电子签名互认、消费者隐私保护、产权保护等比较容易达到的内容。

第五，完善法律法规和配套措施。相比美欧日，中国目前在数字贸易相关立法上明显落后，现有法律体系无法很好地保障国家信息安全和保护企业、个人隐私。建议整合相关监管力量，厘清职责权限，在深入研究“低值货物免关税”“跨境电商便利化措施”“消费者隐私保护”等数字贸易规则的基础上，制定或完善《中华人民共和国个人信息法》《中华人民共和国数字签名法》等基础立法及其实施细则，以及《互联网信息服务办法》《个人隐私保护条例》等辅助规章制度。不仅如此，在完善法律法规的过程中，也可以有针对性地改革国内部分数字保护政策。比如，“强制数据本地化”在后续的谈判中不必过于坚持，因为数据的安全与企业采用的存储和加密技术有关，事实上与数据的存储地点关系不大。

第六，尝试对数据进行分类管理。中国的许多电商企业，如中国三大互联网公司（BAT）等，其实是希望与它们相关的数据能跨境自由流动的。因此，可以参考美欧日等国数据流动的分级分类管理制度，将可以自由流动和不能自由流动的数据进行分类管理。对于类似涉及国家安全和公共安全的数据、部分政府数据、企业商业秘密数据、个人隐私数据等，可禁止其自由流动；其他则允许跨境自由移动，从而极大减少制约数字贸易发展的不必要障碍。同时将安全作为数据流动的例外规定，并基于此来保护数据主权。

第七，做好相关教育培训工作。在数字贸易迅猛发展的同时，配备足够的数字经济和贸易人才也不可或缺。中国应该加强对互联网、云计算、大数据、人工智能等新兴专业学科的投入建设力度，加快培育有扎实的专业知识和技能的人才队伍。为此，应做好用人单位和培养单位的对接，政府做好引导，从而形成政府、企业、学校和研究机构良性互动的人才培养模式。与此同时，中国也应该充分发挥市场力量，鼓励民营职业教育机构的发展，争取最终形成有利于数字经济发展的多层次人才培养体系。

参考文献

[1] 张茉楠. 全球数字贸易框架与数字贸易治理 [J]. 新经济导刊，2018 (6)：45 – 47.

[2] 周念利，陈寰琦. 数字贸易规则“欧式模板”的典型特征及发展趋向 [J]. 国际经贸探索，2018 (3)：96 – 106.

[3] 朱珠，舒华英. 比特产品的相关问题研究 [J]. 北京邮电大学学报 (社会科学版)，2012 (4)：23 – 27.

[4] Hufbauer G C，Lu Z-Y. Can Digital Flows Compensate for Lethargic Trade and Investment? [R]. Peterson Institute for International Economics，2018.

[5] International Telecommunications Union. ICT Facts and Figures (2017) [EB/OL]. https：//www.itu.int/en/ITU-D/Statistics/Documents/facts/ICTFactsFigures2017.pdf，2019 – 08 – 04.

[6] OECD. OECD Digital Economy Outlook 2017 [R/OL]. http：//www.360doc.com/content/17/1015/09/45199333_695054940.shtml.

[7] The Office of the U.S. Trade Representative. Key Barriers to Digital Trade [EB/OL]. https：//ustr.gov/about-us/policy-offices/press-office/fact-sheets/2017/march/key-barriers-digital-trade，2019 – 08 – 04.

[8] U.S. Department of Commerce Economics and Statistics Administration. Digital Trade in North America [EB/OL]. https：//www.commerce.gov/sites/default/files/media/files/2018/digital-trade-in-north-america.pdf，2020 – 03 – 05.

国别经济研究

缩小数字鸿沟：中国特色数字金融发展*

张　勋　万广华　吴海涛**

摘　要　全球新一轮技术革命对生产关系的重大影响之一，是由此产生的数字鸿沟普遍拉大了社会贫富差距，但数字鸿沟问题在中国的影响及其填补和克服，具有社会主义制度下的特殊性。利用中国家庭追踪调查（CFPS）数据的实证分析发现，由于农村脱贫攻坚的全面胜利，数字金融的发展带来了中国居民收入和消费的显著增加，特别是对于那些无法接触到互联网的家庭。因为数字金融主要通过促进农业向非农业的就业结构转型，提升工资性收入和农业经营性收入，促进消费，进而抑制数字鸿沟扩大。数字金融发展必须同时防范化解系统性金融风险。

关键词　数字鸿沟　数字金融　发展不平衡　社会主义制度　农村脱贫攻坚

一、引言

随着以5G、大数据、人工智能等为标志的第四次技术革命的推进，人类的社会生产方式正在进入以数字经济为标志的新时期。从供给侧来看，数字产业化和产业数字化正在变革生产方式。从需求侧来看，通过赋能消费，数字技术使人们的生产生活方式发生成果。在新冠肺炎疫情全球大流行下，中国疫情防控取得的阶段性成果，与数字技术的作用紧密相关。基于数字技术的新产业、新业态、新商业模式，如在线会议、云办公、云教育、云培训等，显示了强大的韧性和活力，健康码、行程码的使用和线上购物的普及，使政府及时阻断疫情传播、维护风险地区居民生活的正常进行成为可能。

数字金融是数字经济最为重要的组成部分。一方面，数字金融发展降低了金融准

---

* 本文原载于《中国社会科学》2021年第8期，第35～51页、第204～205页。

** 作者简介：张勋，北京师范大学统计学院教授、博士生导师；万广华，复旦大学世界经济研究所教授；吴海涛，中南财经政法大学工商管理学院教授。

入门槛，改善了金融服务的包容性、便捷性和性价比，特别是通过缓解融资约束等促进创新创业（谢绚丽等，2018）。另一方面，数字金融的发展有助于缓解信用约束，平滑跨期消费，同时支付宝和微信等移动支付平台的普及，大大提升了支付便利性，降低了购物成本，提高了流通速度和交换效率（易行健、周利，2018）。这些都能够增加居民消费，甚至改变居民的消费习惯。总之，数字金融发展对于深化供给侧结构性改革，充分发挥我国超大规模市场优势和内需潜力，构建以国内大循环为主体、国内国际双循环相互促进的新发展格局，具有不可或缺的重要意义。然而，随着数字经济和数字金融的发展，全球发生的数字鸿沟备受关注，迫切需要抑制数字鸿沟扩大及其带来的负面影响。1990 年，未来学家托夫勒提出，“数字鸿沟”会带来新的“权力转移”（阿尔文・托夫勒，2018）。数字鸿沟系因信息技术发展的区间传播极大不平衡，造成或拉大国与国尤其是发达国家与欠发达国家之间的分化，并在国家内部群体之间造成“信息富人”和“信息穷人”。在市场经济条件下，没有政府的强干预，数字经济和数字金融的发展会自发地产生和扩大数字鸿沟，加剧社会贫富分化。[①] 数字鸿沟已成为当代全球新的贫富现象，经济水平包括城市化及人均 GDP 水平、信息基础设施、教育程度发展的不平衡，是形成数字鸿沟的重要因素（胡鞍钢、周绍杰，2002）。国内外对数字鸿沟的研究，至今主要以定量分析为主。数字鸿沟可以分为两种：一级数字鸿沟指信息的可接入性，通常以是否使用或接触互联网来度量；二级数字鸿沟指对互联网信息的利用、欣赏和鉴别能力（许竹青、郑风田、陈洁，2013）。作为全球最大的发展中国家，中国的互联网普及率低于发达经济体。[②] 截至 2020 年 12 月，我国尚有 29.6% 的人口无法接触到互联网，不能使用互联网的人口更多，农村尤其困难，尚有 44.1% 的农村家庭无法接触互联网，但互联网普及率增长很快，从 2016 年的 53.2% 上升到 2020 年的 70.4%。[③] 在坚持社会主义制度的中国，数字鸿沟的影响及其填补和克服，有其不同于世界普遍情况的特殊性。一方面，中国通过大规模信息基础设施建设，使越来越多的低收入群体能够上网，有效控制了数字鸿沟的扩大。据我国工业和信息化部 2021 年 5 月 14 日公布的数据，中国已累计建成 5G 基站超 81.9 万个，占全球比例达 70%；

① 参见 OECD，*Understanding the Digital Divide*，Paris，France：OECD Publications，2021。

② 根据世界银行的最新数据，截至 2018 年，发达经济体如英国的互联网普及率为 90.7%，日本为 91.3%，德国为 88.1%，美国为 88.5%。数据来自世界银行世界发展指标数据库（https：//databank.worldbank.org/source/world－development－indicators）。

③ 参见中国互联网络信息中心：《第 47 次中国互联网络发展状况统计报告》，中国互联网络信息中心研究报告，2021 年 2 月。

5G 手机终端用户连接达 2.8 亿，占全球比例超过 80%。[①] 这充分体现了中国以超常规模，迅速提高公共产品供给的社会主义制度优越性。

另一方面，中国通过推动数字金融的健康发展，充分发挥溢出效应，缩小了数字鸿沟。这在作为全面建成小康社会的底线任务，农村脱贫夺取全面胜利的攻坚战中，表现得尤为突出。中国农村的集体经济所有制使得无法接触互联网的农户，仍可通过邮政系统和合作社提供的设施，展开电子商务活动，抑制了数字鸿沟的扩大及其负面影响。特别地，随着精准扶贫政策的实施，农村的网络扶贫行动取得显著进展。至 2020 年末，电信部门开通了超过 13 万个行政村的光纤网络，打通了贫困地区通信的"最后一公里"，至 2020 年 11 月，贫困村通光纤比例和深度贫困地区贫困村通宽带比例均达到 98%，电子商务实现了对 832 个贫困县的全覆盖。[②] 在中国土地国有和集体所有的基础上，政府通过国土规划，可从供需两侧同时推动数字金融发展，强化其抑制数字鸿沟及其负面影响的长期效应。

本文聚焦数字金融发展对收入和消费的作用，特别关注数字鸿沟缩小问题。通过分析中国家庭追踪调查（CFPS）数据发现，数字鸿沟的出现，确实在中国拉大了居民之间的收入和消费差距，但数字金融的发展又带来了居民收入和消费的显著增加，特别是对那些无法接触到互联网的家庭，从而证实数字金融发展有助于抑制数字鸿沟扩大及其负面影响。进一步的分析表明，对于无法接触到互联网的农村家庭而言，数字金融主要通过促进农业向非农业的就业结构转型，带来工资性收入和农业经营性收入的提升，进而促进消费，增加国内需求。因此，引导数字金融健康有序发展，是中国逐步克服发展不平衡不充分，振兴内需，畅通国内国际双循环，满足人民美好生活需要的重要举措。

本文余下的内容安排如下：第一部分对相关文献进行综述；第二部分讨论实证策略及数据；第三部分分析数字金融的收入和消费效应；第四部分探讨数字金融发展对缩小数字鸿沟的影响及其背后的机制；最后为结论。

二、文献综述

本文的研究首先与互联网发展下数字经济的经济效应研究相关。马克思的商品流

---

① 参见《刘烈宏主持召开 5G/6G 专题会议》，2021 年 5 月 14 日，https://www.miit.gov.cn/jgsj/txs/gzdt/art/2021/art-b4adf528242a40b38a7b869b9b3c1e85.html，2021 年 5 月 20 日。

② 参见习近平：《在全国脱贫攻坚总结表彰大会上的讲话（2021 年 2 月 25 日）》，载《人民日报》2021 年 2 月 26 日，第 2 版；中国互联网络信息中心：《第 47 次中国互联网络发展状况统计报告》，中国互联网络信息中心研究报告，2021 年 2 月。

通理论认为，流通产业的双重功能包括延续生产的价值生成过程和媒介交换的价值实现过程，前者为生产性劳动，后者为商品流通必要的媒介性劳动。数字平台依靠高效的数据搜集、传输和算法系统，通过结合流通社会化的生产性劳动和媒介性劳动职能来缩短流通时间，使得生产、分配、交换与消费活动能够实现跨时空集成，从而提升社会生产力。数字经济引发了具体的媒介机制变化，利用数字化驱动引导，形成高度适应需求动态变化的柔性生产，创建推动经济发展的新动能（谢富胜、吴越、王生升，2019；王晓东、谢莉娟，2020）。

“互联网 +”新业态的发展产生了数字鸿沟。大量文献基于跨国数据探讨了经济发展、国家知识发展能力、对外开放程度以及通信技术对数字鸿沟的影响（徐芳、马丽，2020）。数字鸿沟带来了新的机会不平等，使得居民之间无法均等地享受互联网行业高速发展所带来的红利（Hoffman，Novak and Scholsser，2001），可能进一步导致贫富差距的扩大和贫困发生率的上升（何宗樾、张勋、万广华，2020）。迪克和哈科尔（Dijk and Hacker，2003）提出，信息通信技术在所有权、技能以及应用方面的差异所产生的数字鸿沟，会恶化收入分配。这是因为信息通信技术具有技能偏向特征（宁光杰、林子亮，2014），使那些具有信息处理优势的阶层获得经济收益，扩大阶层间的收入差距。就中国而言，由于数字技术的地区差异，东南沿海等相对发达地区能够从数字红利中获益更多，导致区域收入不均等加剧（邱泽奇等，2016）。

而且，以商业为导向的数字化发展与普惠、包容、减贫的政策目标存在偏差，致使数字经济的减贫效应不显著（Hermes and Lensink，2011；Roodman and Morduch，2014）。获得知识和信息能力的匮乏，使低收入群体无法分享数字经济发展带来的益处，形成被知识与信息社会“边缘化”的群体和地区，严重抑制贫困群体的有效需求（Atkinson and Messy，2013）。

具体到数字金融，国内有学者认为，数字金融可以降低传统金融依赖物理网点的特性，有助于改善金融服务的普惠性（李继尊，2015）。还有学者提出，互联网普及率的提高通过扩大金融服务覆盖、降低金融服务成本，为实现普惠金融创造了条件（焦瑾璞，2014，2015）。一些国外文献同样认为，相对于传统金融，数字金融更具有普惠性，已经深刻改变了人们的经济行为。数字金融发展产生的竞争效应，促进金融业的变革，提高运行效率，可为高质量经济增长提供更优质的金融保障（Philippon，2016；Bazot，2018；Frost et al.，2019）。

近年来一些文献从家庭和企业的微观视角，讨论数字金融的经济效应。在收入层面，张勋等（2019）发现，数字金融的发展通过促进创业机会均等化，有助于实现居民收入的包容性增长。郭峰等（2020）认为，数字金融的发展有可能以低成本优势，辐射到原来传统金融服务无法惠及的地区，带动这些地区的经济发展。因此宋晓玲（2017）认为，数字金融有助于缩小城乡收入差距。在消费层面，有研究发现，通过提升支付便利性和缓解流动性约束，数字金融的发展可促进居民消费（易行健、周利，2020）。在经济效应的背后机制层面，谢绚丽等（2018）发现数字金融可以推动居民创新创业。

尽管已经有研究注意到数字鸿沟（或互联网）对收入和消费的影响，也有学者研究数字金融发展的影响，但鲜有文献将数字鸿沟与数字金融结合起来，探讨对收入和消费的综合影响。特别是中国作为最大的发展中国家，还存在严重的数字鸿沟，可能因此拉大家庭间的收入和消费差距。这就面临一个重要且尚未充分研究的问题：给定严重的数字鸿沟，数字金融发展能否抑制数字鸿沟扩大及其负面影响？如果能缩小鸿沟，其背后存在何种传导机制，其间又存在怎样的风险？一方面，数字金融发展可以产生溢出效应，间接地改善无法接触互联网群体的金融服务可得性；另一方面，数字金融发展有助于促进区域经济增长，进而使无法接触互联网的家户或个体受益。另外，现有文献没有从数字鸿沟的视角考察数字金融的异质性影响，零星的异质性讨论主要集中在城乡、学历等方面，而非核心的数字鸿沟。考虑到数字金融是由互联网技术推动的，忽略数字鸿沟可能会带来模型设定和估算偏误，影响研究结果的可靠性和实用价值。本文的研究目标之一，是试图弥补文献在这些方面的不足或缺失。

三、实证策略和数据

（一）基准模型

用 Y_{ijt} 表示 t 年 j 市 i 家庭的人均收入和消费水平，并取对数纠偏，基准模型设定为：

$$Y_{ijt} = \beta_0 + \beta_1 DF_{j,t-1} + \beta_2 Internet_{ijt} + \beta' X_{ijt} + \Phi_i + \varphi_t + u_{ijt} \tag{1}$$

其中，$DF_{j,t-1}$表示家庭所在地级市的数字金融发展程度（滞后一期以减弱反向因果）。X_{ijt}表示个人、家庭及地区层面的控制变量，Φ_i、φ_t 分别为家庭和年份固定效应，u_{ijt}为随机残差，标准误在地级市层面聚类，因而β_1 衡量数字金融发展对家庭人均收入或消费的总体影响。在控制变量中，引入家庭能否接触互联网的虚拟变量 $Internet_{ijt}$，以控制互联网因素所产生的效应。户主层面的控制变量包括年龄、教育年限、婚姻状况、健康水平和常住地为城镇或农村的虚拟变量，这些都是影响居民消费的经典变量。此外，在模型（1）中控制年龄平方项，以缓解遗漏变量偏误。

家庭层面的控制变量包括人口规模、少儿（16 岁以下）与老年（60 岁以上）人数占比，后者即通常意义上的人口抚养比。地区层面的控制变量包括人均 GDP，以及金融机构贷款余额与 GDP 的比值，后者代表传统金融发展状况。本文将对子样本进行回归分析，考察数字鸿沟是否带来数字金融对收入和消费的异质性影响。

（二）内生性问题

家庭是否接入互联网被假设为具有随机性特征，或至少与影响消费的不可观测因素无关。但现实中的家庭可依据自身条件和偏好，选择是否接入互联网，在一定程度上带来自选择问题，使得随机性假设不成立，造成样本选择偏差。为此，采用能处理自选择行为的干预效应模型，引入家庭接入互联网的决策，表示为：

$$Internet_{ijt}^{*} = \delta_0 + \delta' Z_{ijt} + \Phi_j + \varphi_t + \varepsilon_{ijt}$$

$$Y_{ijt} = \beta_0 + \beta_1 DF_{j,t-1} + \beta_2 I(Internet_{ijt}^{*} > 0) + \beta' X_{ijt} + \Phi_j + \varphi_t + u_{ijt} \tag{2}$$

其中，$Internet_{ijt}^{*}$为虚拟变量 $Internet_{ijt}$背后的一个连续型潜在变量，代表接入互联网带来的净效用。该变量大于 0 时，家庭选择接入互联网，这时示性函数满足 $I(Internet_{ijt}^{*} > 0)$，虚拟变量 $Internet_{ijt}$相应地取值为 1；否则取值为 0，家庭选择不接入互联网。显然，家庭和地区层面的因素影响潜在变量 $Internet_{ijt}^{*}$，所以 Z_{ijt}包括户主受教育程度和所在地级市的经济发展水平等。干预效应模型可消除那些不可观测因素导致的内生性问题，这些因素既影响家庭经济行为，又影响家庭是否接入互联网，模型一般采用 Heckman 两步法加以估计。

反向因果问题也可能存在。居民收入和消费的增加可能会增加数字金融服务的需求，促进数字金融的发展。为此利用地理信息系统（GIS）计算得到的距离信息，构建工具变量。“距离”即家庭所在地区与北京、杭州和深圳的球面距离，以及家庭所在地区与省会的球面距离。这两个变量与本地区的数字金融发展程度具备相关性。以支付宝为代表的数字金融发展起源于杭州，而北京和深圳是数字金融发展较好的城市，可预期数字金融发展的优劣状况，与至这些城市的距离远近负相关。省会通常既是地方经济中心，也是数字金融中心，距离省会城市越近，数字金融发展也应越好。我们控制了所在地区的经济发展水平和传统金融发展程度，尽可能减少遗漏变量，同时进一步控制了家庭固定效应，以期切断地理距离与居民收入和消费之间的联系，强化距离变量的外生性。

（三）数据

除了上述的距离数据和下述的地区层面数据，其他变量取自2010年、2012年、2014年、2016年和2018年中国家庭追踪调查数据库（CFPS）。表1为CFPS相关变量的统计描述。

表1 **CFPS变量统计描述**

变量	样本	均值	标准差	最小值	最大值
数字金融发展	32284	147.98	63.59	19.53	285.43
家庭人均收入（元）	32284	19704.5	54227.7	0	4168000
家庭人均消费（元）	32284	15130.0	20268.9	0	1152055
家庭能否接触互联网	32284	0.5233	0.4995	0	1
户主年龄	32284	53.389	13.213	16	95
受教育年限	32284	6.8991	4.6994	0	20
婚姻状况（有配偶=1）	32284	0.8736	0.3324	0	1
健康水平（健康=1）	32284	0.8078	0.3940	0	1
城乡居住状况（城镇=1）	32284	0.4691	0.4990	0	1
家庭财富	32284	50445.6	196511.2	0	10500000
家庭规模	32284	3.7461	1.8069	1	17
少儿比例	32284	0.1550	0.1991	0	5
老年人比例	32284	0.2373	0.3461	0	4

居民收入、消费和是否接触互联网，为CFPS数据中最重要的三个变量。居民收入和消费变量来自家庭问卷。为反映数字鸿沟，本文使用成人问卷中能否接触互联网的回答作为代理变量。只要家庭有成员能上网，便定义该家庭能够接触到互联网。表1显示，样本期内互联网覆盖率为52.3%。我们也就二级数字鸿沟进行了初步探讨。CFPS问卷包含关于互联网作为信息获取渠道的“重要性”调查，当回答为“非常不重要”时，可以定义该家庭面临二级数字鸿沟。①

在地区层面，为刻画数字金融发展对居民收入和消费的影响，采用中国数字普惠

① 鉴于一级数字鸿沟更重要，且仍有超过1/3的家庭在样本期内尚未接触互联网，本文聚焦一级数字鸿沟的影响。使用二级数字鸿沟指标的实证结果是稳健的，但限于篇幅未予报告，感兴趣的读者可向作者索取。

金融发展指数（郭峰等，2020）。它基于交易账户大数据而构建，具有相当的代表性和可靠性。基于该指数的分析表明，中国数字金融发展极为迅速，近几年中西部地区的发展明显加快，体现了数字金融发展的普惠性，意味着区域层面的数字鸿沟正在缩小。

四、数字金融发展的经济效应

下面聚焦数字金融发展能否抑制数字鸿沟扩大，及其对收入和消费的负面影响。首先估算数字金融发展的经济效应，接着处理内生性，最后探讨异质性影响。

（一）数字金融发展与居民收入

表 2 的第（1）列报告模型（1）的估算结果，其中因变量为人均收入。可以发现，数字金融发展的估计系数为正且显著，表明数字金融发展总体上有助于提升居民收入，这与文献的发现相一致。此外，家庭能否接触互联网的变量系数估算值也为正且显著，表明接触互联网有助于提升家庭人均收入。观察控制变量，显示健康状况与家庭人均收入正相关，但户主年龄和教育年限变量由于在短期内变化程度较低，估计系数不显著。家庭层面上，家庭规模、少儿抚养比和老年抚养比，均与家庭收入负相关。最后，地区层面的传统金融发展水平与居民收入的关系，也呈正相关关系。

表 2　　数字金融发展的经济效应估算

变量	(1)	(2)	(3)	(4)	(5)
	FE	干预效应	第一阶段	第二阶段	
	人均收入		数字金融	人均收入	人均消费
数字金融发展	0.0038** (0.0018)	0.0051*** (0.0013)		0.0069** (0.0034)	0.0112*** (0.0025)
城市到杭州的球面距离×全国（除本市）数字金融发展均值			-0.0990*** (0.0169)		
城市到省会的球面距离×全国（除本市）数字金融发展均值			-0.0152*** (0.0033)		
家庭能否接触互联网	0.0146*** (0.0200)	8.9998*** (0.2549)	-0.0632 (0.1347)	0.1061*** (0.0198)	0.0769*** (0.0115)

续表

变量	(1)	(2)	(3)	(4)	(5)
	FE	干预效应	第一阶段	第二阶段	
	人均收入		数字金融	人均收入	人均消费
年龄	-0.0001 (0.0001)	0.0000 (0.0000)	0.0007 (0.0010)	-0.0001 (0.0024)	0.0000 (0.0079)
受教育年限	0.0021 (0.0079)	-0.0217*** (0.0038)	-0.0284 (0.0546)	0.0024 (0.0079)	0.0079 (0.0050)
婚姻状况	-0.1059** (0.0453)	0.0381** (0.0171)	0.1008 (0.2223)	-0.1062** (0.0452)	0.0084 (0.0349)
健康水平	0.0420** (0.0211)	0.1369*** (0.0140)	-0.0246 (0.1108)	0.0421 (0.0211)	-0.0809*** (0.0141)
城乡居住状况	-0.0199 (0.0461)	0.1935*** (0.0137)	-0.8365** (0.4140)	-0.0155 (0.0447)	0.0851*** (0.0324)
家庭人均收入（对数）					0.0846*** (0.0072)
家庭财富（对数）					0.0009 (0.0012)
家庭规模	-0.0428*** (0.0107)	-0.0697*** (0.0037)	0.0568 (0.0488)	-0.0431*** (0.0107)	-0.1265*** (0.0062)
少儿比例	-0.3089*** (0.0545)	-0.4546*** (0.0297)	0.2520 (0.2485)	-0.3108*** (0.0545)	-0.0145 (0.0351)
老年人比例	-0.1368*** (0.0365)	-0.3093*** (0.0226)	0.0777 (0.2603)	-0.1382*** (0.0364)	-0.0086 (0.0281)
城市人均 GDP（对数）	0.1247 (0.0870)	0.1504*** (0.0580)	2.8203* (1.6836)	0.1047 (0.0847)	-0.0450 (0.0427)
城市贷款/GDP	0.0000** (0.0000)	0.0001*** (0.0000)	-0.0009** (0.0004)	0.0000** (0.0000)	0.0000* (0.0000)
家庭固定效应	有	有	有	有	有
年份固定效应	有	有	有	有	有
观测值数量	32284	32284	32284	32284	32284
R^2	0.15	—	0.99	0.15	0.11

续表

变量	(1)	(2)	(3)	(4)	(5)
	FE	干预效应	第一阶段	第二阶段	
	人均收入		数字金融	人均收入	人均消费
第一阶段 F 统计量	—	—	—	19.36	19.34
Hansen 检验-p 值	—	—	—	0.635	0.636

注：括号内数值表示家庭 2010 年所在的城市层面的稳健聚类（Cluster）标准误。*** 、** 和 * 分别表示 1% 、5% 和 10% 的显著水平。工具变量为距离变量与除本市外的相应数字金融发展变量的全国均值交互项。

（二）内生性问题

使用干预效应模型处理内生性问题，表 2 第（2）列的模型（2）估算结果显示，数字金融发展确实提升家庭人均收入，同时家庭接触互联网依然有助于收入的增加。下面使用工具变量模型进行估计。表 2 模型（1）中的内生变量，数字金融发展随年份变化，但距离工具变量是常数，将工具变量与除所在城市之外的全国层面的数字金融发展指数均值①进行交互，获得新的随时间变化的工具变量。表 2 的第（3）和第（4）列报告第一、第二阶段的回归结果。前者显示，两个工具变量都与数字金融发展显著负相关，与预期相符。后者显示，工具变量是有效的。因为在所有回归中，第一阶段检验弱工具变量的 F 统计值均大于 16，表明工具变量满足相关性要求；检验外生性的 Hansen 统计量，也无法拒绝工具变量满足外生性的零假设。从估计结果看，相对于基准回归结果，数字金融发展的系数仍然为正，但更为显著，估算值还有所增加。因为增加幅度尚不到 1 倍，解释变量的测量误差不很严重。从经济显著性上看，数字金融发展指数提升 1 个标准差时（2012 年为 15.58），家庭人均收入将提升 10.75 个百分点，提升效应相当可观。

（三）数字金融发展与居民消费

用人均消费替换收入变量，并重复进行模型估算，可从居民消费的角度，考察数

① 使用所在城市之外的全国层面数字金融发展水平的均值，主要出于三方面的考虑。（1）球面距离是外生变量，可以用于工具变量的构建，但它不随时间变化，相关性通常偏弱，选择上述指数均值进行交互，可增加相关性。（2）全国的数字金融发展指数是 100 多个地级市的均值，不受单个地级市消费支出的显著影响。（3）为强化工具变量的外生性，剔除了所在城市数字金融发展的信息。

字金融发展的经济效应。为减少遗漏变量偏误，额外控制与消费相关的家庭收入和家庭财富变量，[①] 工具变量模型结果见表2的第（5）列。结果显示，数字金融发展的系数为正且显著，表明数字金融的发展有助于提升居民消费，这与相关文献的发现一致。由于使用的便利性，移动支付有助于疏通实体经济中交换的流通环节，移动支付的比例越大，数字金融发展对消费的促进作用也越大。在控制变量中，收入与人均消费水平正相关。其他条件不变，家庭人口越多，人均消费水平越低，反映消费的规模经济程度。在地区层面，传统金融发达地区的家庭人均消费水平相应更高。

五、数字金融发展缩小数字鸿沟的中国特色

下面通过异质性分析，考察中国数字金融的发展能否缩小数字鸿沟。

（一）数字金融发展抑制了数字鸿沟扩大及其负面影响

为了考察数字金融能否抑制数字鸿沟扩大及其负面影响，先根据是否使用互联网对数据加以划分，并进行子样本回归。鉴于部分家庭由于经济状况和人力资本改善等原因，从无法接触互联网变为能够接触互联网，可能导致样本选择性偏差，仅保留那些在样本期之内始终接触或未接触互联网的家庭。

表3报告子样本的回归结果，其中的奇数列对应固定效应模型，偶数列对应工具变量模型。估计结果证实异质性的存在，对于接触到互联网的家庭［见第（1）和第（2）列］，数字金融发展对收入水平没有显著影响。这与以往文献的发现一致，可能是因为该类家庭早已获得足够的金融资源，数字金融发展的增收作用不显著。但第（3）和第（4）列显示，对于未接触互联网的家庭而言，数字金融的收入效应为正且显著。这说明尽管存在数字鸿沟，但数字金融的发展能够抑制数字鸿沟扩大及其负面影响，给这类家庭带来收入溢出效应。无法接触互联网的家庭往往是低收入群体，由于数字金融发展有助于缩小数字鸿沟，从而改善了中国收入分配状况。

---

① 家庭财富定义为家庭在银行或其他信用机构的储蓄、股票、基金和债券的总余额。

表 3 数字金融抑制数字鸿沟扩大及其负面影响：收入效应估算

变量	(1)	(2)	(3)	(4)
	接触互联网		未接触互联网	
	FE	2SLS	FE	2SLS
数字金融发展	0.0001 (0.0019)	0.0035 (0.0037)	−0.0045** (0.0025)	0.0108*** (0.0042)
控制个人特征	有	有	有	有
控制家庭特征	有	有	有	有
控制城市特征	有	有	有	有
家庭固定效应	有	有	有	有
年份固定效应	有	有	有	有
观测值数量	9945	9945	9099	9099
R^2	0.20	0.19	0.11	0.11
第一阶段 F 统计量	—	18.69	—	19.64
Hansen 检验-p 值	—	0.308	—	0.236

注：括号内数值表示家庭 2010 年所在的城市层面的稳健聚类（Cluster）标准误。***、** 和 * 分别表示 1%、5% 和 10% 的显著水平。工具变量为距离变量与除本市外的相应数字金融发展变量的全国均值交互项。

现以消费变量替代收入变量，重复子样本回归。与表 2 的第（5）列一致，并在消费模型中加入家庭人均收入和家庭财富两个变量，以缓解遗漏变量偏误。表 4 报告的子样本估计结果，与表 3 有所不同——数字金融发展对两类家庭人均消费的影响都为正。更重要的是，这个影响对于未接触互联网的家庭来说更大。从经济显著性上看，当数字金融发展指数提升 1 个标准差时，能接触和未能接触互联网的家庭人均消费水平，分别提升 14.18 个和 19.79 个百分点，提升幅度十分可观。表 2 的估算结果显示，数字鸿沟的存在使得能够接触互联网的家庭，比无法接触互联网的家庭人均消费水平高出 7.69 个百分点，但数字金融发展指数每提升 1 个标准差，可以使两类家庭人均消费水平的差距缩小约 5.61 个百分点，缓解效应达到 73%。

表 4　　数字金融抑制数字鸿沟扩大及其负面影响：消费效应估算

变量	(1)	(2)	(3)	(4)	(5)
	接触互联网		未接触互联网		
	FE	2SLS	FE	2SLS	2SLS
	家庭人均消费				消费率
数字金融发展	0.0023 (0.0024)	0.0091*** (0.0028)	0.0046** (0.0023)	0.0127*** (0.0036)	-0.1546 (0.3072)
控制个人特征	有	有	有	有	有
控制家庭特征	有	有	有	有	有
控制城市特征	有	有	有	有	有
家庭固定效应	有	有	有	有	有
年份固定效应	有	有	有	有	有
观测值数量	9945	9945	9099	9099	9097
R^2	0.13	0.13	0.11	0.10	0.08
第一阶段 F 统计量	—	18.76	—	19.67	19.66
Hansen 检验-p 值	—	0.288	—	0.845	0.408

注：括号内数值表示家庭 2010 年所在的城市层面的稳健聚类（Cluster）标准误。***、** 和 * 分别表示 1%、5% 和 10% 的显著水平。工具变量为距离变量与除本市外的相应数字金融发展变量的全国均值交互项。

表 3 和表 4 均表明，数字金融发展未能提升接触互联网家庭的收入，但却促进了这类家庭的消费。这意味着，收入之外的其他变量或机制在起作用，其中的可能原因有两个。一是数字金融的发展改善了支付便利性。随着移动支付的普及，居民只需简单使用手机，就可以完成购物，降低了购物成本，提高了货币流通速度。二是数字金融强化了货币的支付手段功能，缓解购买力对消费的流动性约束，帮助消费者实现跨期平滑支出，进而增加需求。因此，在收入水平给定的情况下，数字金融发展仍能促进居民消费。

更值得关注的是，数字金融发展显著提升了未接触互联网家庭的收入和消费。鉴于数字鸿沟扩大了家庭之间的收入和消费水平差距（见表 2），这一发现意味着，数字金融发展能够抑制数字鸿沟扩大及其负面影响。从背后的深层机制来看，由于未接触互联网的家庭无法直接享有互联网和数字金融的红利，如支付便利性和流动性约束的缓解，数字金融发展对这类家庭的消费促进作用应该来自数字金融发展的间接红利。表 4 的第（5）列报告数字金融发展对未接触互联网家庭消费率的影响，结果并不显著。收入决定消费，说明数字金融发展主要通过提升收入，增加未接触互联网家庭的消费。

（二）数字金融抑制数字鸿沟扩大的收入效应分析

为了揭示数字金融发展提升未接触互联网农户收入水平的背后机制，将家庭收入进行分解。表 5 估算数字金融发展对这些分项收入的影响。① 表 5 的第（1）和第（4）列使用固定效应模型，第（2）和第（5）列使用工具变量模型。鉴于部分样本存在分项收入为 0 的情况，我们还使用工具变量 Tobit 估算方法，结果见表 5 的第（3）和第（6）列。表 5 显示，数字金融发展主要提升了这类农户的工资性收入和农业经营性收入，从而提升了整体收入。

表 5　数字金融抑制数字鸿沟扩大的收入效应估算

变量	(1)	(2)	(3)	(4)	(5)	(6)
	工资性收入			农业经营性收入		
	FE	2SLS	Ⅳ Tobit	2SLS	2SLS	Ⅳ Tobit
数字金融发展	0.0128** (0.0063)	0.0190** (0.0090)	0.0447*** (0.0151)	0.0205*** (0.0095)	0.0308* (0.0181)	0.0601** (0.0296)
控制个人特征	有	有	有	有	有	有
控制家庭特征	有	有	有	有	有	有
控制城市特征	有	有	有	有	有	有
家庭固定效应	有	有	有	有	有	有
年份固定效应	有	有	有	有	有	有
观测值数量	9099	9099	9099	9099	9099	9099
R^2	0.07	0.07	—	0.06	0.06	—
第一阶段 F 统计量	—	19.64	—	—	19.64	—
Hansen 检验-p 值	—	0.168	—	—	0.901	—

注：样本限定在一直未能接触互联网的农户。括号内数值表示家庭 2010 年所在的城市层面的稳健聚类（Cluster）标准误。***、** 和 * 分别表示 1%、5% 和 10% 的显著水平。工具变量为距离变量与除本市外的相应数字金融发展变量的全国均值交互项。

① 限于篇幅，本文未报告财产性收入、转移性收入以及非农经营性收入的估计结果。数字金融发展对这三类收入的影响均不显著。

对于工资性收入的提升，一个可能的解释是，数字金融的普惠性带来区域经济增长和需求，尤其在经济相对落后的贫困地区。它们的经济增长，一方面产生工作机会；另一方面往往伴随经济结构的变迁，增加对非农劳动力的需求，带动工资水平提升。不难理解，即便是无法接触互联网的家庭，也可能直接或间接地受益于劳动力市场的工资上升和就业增加。

对于农业经营性收入的提升，可从集约边际（intensive margin）和扩展边际（extensive margin）两个视角来解释。从集约边际的角度看，上述数字金融的普惠性，有助于原先有经营性业务的家庭扩大市场规模，提升经营收入。从扩展边际的角度看，数字金融发展所带来的内需提升，可以强化农户的创业行为，增加他们的经营性收入。虽然中国农村存在显著的一级数字鸿沟，但无法接触互联网的家庭仍然可能通过中国邮政业务和农业合作社提供的设施，克服数字鸿沟。截至 2021 年 4 月底，全国依法登记的农民合作社达到 225.9 万家，平均每个村有 3 家以上，[①] 可以为农村家庭提供农产品销售渠道，疏通流通环节，减少中间商差价（Hao et al.，2018）。这是中国特色社会主义市场经济不同于其他发展中国家的重要制度特征。

（三）数字金融抑制数字鸿沟扩大的就业效应分析

以上分析表明，数字金融发展提升了未接触互联网家庭的工资性收入和农业经营性收入。可以预期，数字金融发展所产生的收入效应，必然伴随着就业效应，可能导致家庭就业结构的调整。为此，我们构建三个家庭内部就业指标。（1）就业率，定义为家庭就业人数与家庭适龄劳动力人数之比，此处的就业既包括受雇，也包括务农和自雇，以衡量广义上的就业程度。（2）农业自雇人数占比，定义为农业自雇人数与家庭就业人数之比。（3）非农受雇人数比重，定义为非农业受雇人数与家庭就业人数之比。

以这些就业指标为因变量，本文估算相关模型，分析数字金融发展的影响。表 6 的第（1）和第（2）列显示，数字金融的发展并没有提升这类家庭的整体就业程度，但降低了家庭中农业自雇人数占比，见第（3）和第（4）列，同时显著增加了非农受雇人数的比重，见第（5）和第（6）列。一正一负的影响作用，使得数字金融对家庭整体就业程度的影响失去了显著性。更为重要的是，这一发现说明，数字金融发展确

---

① 参见中华人民共和国农业农村部：《对十三届全国人大四次会议第 1004 号建议的答复》，2021 年 6 月 15 日，http：//www.moa.gov.cn/govpuBlic/NCJJTZ/202106/T20210615_6369582.htm，2021 年 6 月 30 日。

实推动了农业劳动力向非农部门的转移，特别是从农业自雇向非农受雇的转移，而农业劳动力转移或城镇化是二元经济结构转型的典型特征。因此，数字金融发展通过推动经济结构转型，帮助无法接触互联网的家庭增加收入，进而提升消费。

表 6　　数字金融抑制数字鸿沟扩大的就业效应估算

变量	(1)	(2)	(3)	(4)	(5)	(6)
	就业人数/劳动者人数		农业自雇人数/就业人数		非农受雇人数/就业人数	
	FE	2SLS	FE	2SLS	FE	2SLS
数字金融发展	0.0002 (0.0009)	0.0023 (0.0026)	-0.0081*** (0.0023)	-0.0140*** (0.0034)	0.0037* (0.0021)	0.0071* (0.0038)
控制个人特征	有	有	有	有	有	有
控制家庭特征	有	有	有	有	有	有
控制城市特征	有	有	有	有	有	有
家庭固定效应	有	有	有	有	有	有
年份固定效应	有	有	有	有	有	有
观测值数量	6366	6366	6366	6366	6366	6366
R^2	0.20	0.20	0.58	0.58	0.10	0.10
第一阶段 F 统计量	—	18.56	—	18.56	—	18.56
Hansen 检验-p 值	—	0.172	—	0.604	—	0.842

注：样本限定在一直未能接触互联网的农户。括号内数值表示家庭 2010 年所在的城市层面的稳健聚类（Cluster）标准误。***、** 和 * 分别表示 1%、5% 和 10% 的显著水平。工具变量为距离变量与除本市外的相应数字金融发展变量的全国均值交互项。

表 5 显示，数字金融发展显著增加了农业经营性收入，表 6 却显示，数字金融发展降低了农业自雇人数。对这看似矛盾的实证发现可作如下解释。中国农村长期存在隐性失业，这是发展经济学普遍认可的第三世界国家典型事实。一旦发生农业劳动力向非农部门的转移，按人口或劳动力平均计算的农业产出就会提升，收入随之增加。而且，农村劳动力转移伴随着如农民专业合作社的农业规模化经营，也能够导致农业劳动生产率和人均农业经营性收入的提升，这在中国的产业、科技、教育、文化、健康、消费扶贫成功案例中到处可见。拥有 14 亿人口的中国特色数字金融普惠性促进了区域经济发展，推动了农业劳动力向非农部门的转移，特别是从农民自就业向非农就业的转移，产生了工资性收入和农业经营性收入的溢出效应，促进了农村贫困地区低收入群体的消费。

六、结语

加快构建以国内大循环为主体、国内国际双循环相互促进的新发展格局，是关乎中华民族伟大复兴的重大战略部署，数字经济和数字金融的发展对畅通国内国际双循环，推进新发展格局具有重要意义。全球新一轮技术革命对生产关系的重大影响之一，是由此产生的数字鸿沟普遍拉大了居民的收入和消费差距，加剧了社会经济发展的不平衡，但数字鸿沟问题在中国的填补和克服具有制度特殊性。

在习近平新时代中国特色社会主义思想指引下，解决新时代中国社会主要矛盾的伟大实践，正在打造缩小数字鸿沟的中国样本，中国经验将为全球减贫事业、缩小数字鸿沟、实现共同富裕作出重要贡献。社会主义新中国的成立，为摆脱贫困创造了根本政治条件。在中国特色社会主义市场经济的建设中，尤其是中共十八大以来，党中央明确提出，全面建成小康社会最艰巨最繁重的任务在农村特别是在贫困地区，没有农村的小康特别是没有贫困地区的小康，就没有全面建成小康社会。2021 年 2 月，习近平总书记郑重宣告："我国脱贫攻坚战取得了全面胜利，现行标准下 9899 万农村贫困人口全部脱贫，832 个贫困县全部摘帽，12.8 万个贫困村全部出列，区域性整体贫困得到解决，完成了消除绝对贫困的艰巨任务，创造了又一个彪炳史册的人间奇迹"，全面建成小康社会取得伟大历史性成就；与此同时，"解决发展不平衡不充分问题、缩小城乡区域发展差距、实现人的全面发展和全体人民共同富裕仍然任重道远"。[①]当前，党中央决定在浙江建设共同富裕示范区，正在实践中探寻高质量发展有效路径、数字化改革驱动共同富裕制度重塑等重大问题。[②]

本文通过将中国数字普惠金融发展指数和中国家庭追踪调查（CFPS）数据相结合，得到以下发现。（1）数字鸿沟的出现拉大了居民之间的收入和消费差距，证实了数字鸿沟扩大的负面影响。（2）基准和工具变量模型分析结果表明，作为数字经济的重要组成成分，数字金融的发展带来了居民收入和消费的显著增加。（3）数字金融发展尤其提升了无法接触到互联网家庭的收入和消费水平，但对能够接触到互联网的家庭，仅对消费有提升作用，提升幅度低于无法接触到互联网的家庭。（4）对于能够接触到

---

① 习近平：《在全国脱贫攻坚总结表彰大会上的讲话（2021 年 2 月 25 日）》，载《人民日报》2021 年 2 月 26 日，第 2 版。

② 参见《携手合作推动高质量发展建设共同富裕示范区——中国社会科学院调研组深入浙江开展调研》，载《中国社会科学报》2021 年 5 月 21 日，第 1 版。

互联网的家庭，数字金融发展促进其消费的主要渠道，在于支付便利性的改善和流动性约束的缓解。对于无法接触到互联网的家庭，数字金融则通过促进农业向非农业的就业结构转型，提升工资性收入和农业经营性收入，促进消费，抑制了数字鸿沟扩大及其负面影响。

本文有如下政策性含义。（1）数字金融发展能够促进经济增长、提升居民收入和消费，有助于抑制数字鸿沟扩大及其负面影响，畅通国内国际双循环，因此需要大力推进。（2）要特别关注数字金融发展对就业结构转型的作用，这是数字金融发展带来收入效应、促进国内消费需求的重要机制。（3）尽管中国的一级数字鸿沟问题显著存在，但不能忽视二级数字鸿沟对消费和其他方面的影响。

数字金融发展的虚拟空间，尤其是数字金融平台还带来了一系列重大金融风险，必须强化政府监管，防止其运行和业务的无序发展，防范化解系统性金融风险。（1）数字金融本质上是平台经济，其业务扩张的边际成本趋向于零，很容易造成“赢家通吃”的垄断格局，不利于对创新和消费者权益的保护。因此，需要加大政府的反垄断规制力度，防止资本无序扩张。（2）数字金融平台在金融服务平民化的过程中，通常会大量采集数据，侵犯客户隐私。在充分培育挖掘数据要素市场的同时，政府规制要保护数据安全和个人隐私，防止滥用数据垄断攫取非法超额利润，同时应将数字金融平台视同金融机构，及时获取用于金融风险管控的必要信息。（3）数字金融发展虽可借助互联网技术和信息化手段，更好地甄别客户风险，但大量数字金融平台假借“科技创新”之名，通过个体对个体的网络借贷平台（P2P），不断放大逆向选择，加剧金融和道德风险，诸多平台相继出现“爆雷”。中共十九大以来，我国将防范化解重大风险，作为决胜全面建成小康社会三大攻坚战之首。2020 年底，防范化解系统性金融风险取得实质性进展，全国实际运营的 P2P 网贷机构已完全归零，数字金融风险得到有效控制。显然，对于涉足银行或金融业务的数字平台，需要在准备金、资本金、杠杆率和流动性等方面按金融业严加监管。

目前金融监管仍然缺乏对超大型互联网平台金融风险的前瞻预警。对于数字金融创新，可以考虑建立金融科技“监管沙盒”制度，为这类活动提供预先的安全模拟测试。对于数字金融创新可能带来的风险，一方面，应紧跟科技发展潮流，大力推动监管智能化、科技化；另一方面，在安全模拟测试的基础上，可依据金融创新活动的具体特征，建立预警和风险测度机制（李苍舒、沈艳，2019；宋华等，2019），强化跨行业的综合监管，坚持安全可控和开放创新并重，更好地帮助实现共同富裕目标。

参考文献

[1] 阿尔文·托夫勒，黄锦桂（译）. 权力的转移［M］. 北京：中信出版集团，2018.

[2] 郭峰，王靖一，王芳，孔涛，张勋，程志云. 测度中国数字普惠金融发展：指数编制与空间特征［J］. 经济学（季刊），2020，19（4）：1401－1418.

[3] 何宗樾，张勋，万广华. 数字金融、数字鸿沟与多维贫困［J］. 统计研究，2020，37（10）：79－89.

[4] 胡鞍钢，周绍杰. 新的全球贫富差距：日益扩大的“数字鸿沟”［J］. 中国社会科学，2002（3）：34－48，205.

[5] 焦瑾璞，黄亭亭，汪天都，张韶华，王瑱. 中国普惠金融发展进程及实证研究［J］. 上海金融，2015（4）：12－22.

[6] 焦瑾璞. 移动支付推动普惠金融发展的应用分析与政策建议［J］. 中国流通经济，2014，28（7）：7－10.

[7] 李苍舒，沈艳. 数字经济时代下新金融业态风险的识别、测度及防控［J］. 管理世界，2019，35（12）：53－69.

[8] 李继尊. 关于互联网金融的思考［J］. 管理世界，2015（7）：1－7，16.

[9] 宁光杰，林子亮. 信息技术应用、企业组织变革与劳动力技能需求变化［J］. 经济研究，2014，49（8）：79－92.

[10] 邱泽奇，张樹沁，刘世定，许英康. 从数字鸿沟到红利差异——互联网资本的视角［J］. 中国社会科学，2016（10）：93－115，203－204.

[11] 宋华，相锐，陈玉楠，傅瑶青，王婕. 金融科技监管引入“监管沙盒”模式的制度设计［J］. 时代金融，2019（26）：15－18.

[12] 宋晓玲. 数字普惠金融缩小城乡收入差距的实证检验［J］. 财经科学，2017（6）：14－25.

[13] 王晓东，谢莉娟. 社会再生产中的流通职能与劳动价值论［J］. 中国社会科学，2020（6）：72－93，206.

[14] 谢富胜，吴越，王生升. 平台经济全球化的政治经济学分析［J］. 中国社会科学，2019（12）：62－81，200.

[15] 谢绚丽，沈艳，张皓星，郭峰. 数字金融能促进创业吗？——来自中国的证据［J］. 经济学（季刊），2018，17（4）：1557－1580.

[16] 徐芳，马丽. 国外数字鸿沟研究综述［J］. 情报学报，2020，39（11）：1232－1244.

[17] 许竹青，郑风田，陈洁. “数字鸿沟”还是“信息红利”？信息的有效供给与农民的销售价格——一个微观角度的实证研究［J］. 经济学（季刊），2013，12（4）：1513－1536.

[18] 易行健，周利．数字普惠金融发展是否显著影响了居民消费——来自中国家庭的微观证据 [J]．金融研究，2018 (11)：47 -67.

[19] 张勋，万广华，张佳佳，何宗樾．数字经济、普惠金融与包容性增长 [J]．经济研究，2019，54 (8)：71 -86.

[20] 张勋，杨桐，汪晨，万广华．数字金融发展与居民消费增长：理论与中国实践 [J]．管理世界，2020，36 (11)：48 -63.

[21] Atkinson A, Messy F A. Promoting Financial Inclusion Through Financial Education: OECD/INFE Evidence, Policies and Practice [J]. OECD Working Papers on Finance, Insurance and Private Pensions, No. 34, 2013.

[22] Bazot G. Financial Consumption and the Cost of Finance: Measuring Financial Efficiency in Europe (1950 -2007) [J]. Journal of the European Economic Association, 2018, 16 (1): 123 -160.

[23] Frost J, et al. BigTech and the Changing Structure of Financial Intermediation [J]. BIS Working Paper, no. 779, 2019.

[24] Hao J, Bijman J, Gardebroek C, et al. Cooperative Membership and Farmers' Choice of Marketing Channels-Evidence from Apple Farmers in Shaanxi and Shandong Provinces, China [J]. Food Policy, 2018, 74: 53 -64.

[25] Hermes N, Lensink R. Microfinance: Its Impact, Outreach, and Sustainability [J]. World Development, 2011, 39 (6): 875 -881.

[26] Hjort J, Poulsen J. The Arrival of Fast Internet and Employment in Africa [J]. American Economic Review, 2019, 109 (3): 1032 -79.

[27] Hoffman D L, Novak T P, Schlosser A E. The Evolution of the Digital Divide: Examining the Relationship of Race to Internet Access and Usage Over Time [M]//Compaine B M. The Digital Divide: Facing a Crisis or Creating a Myth? . Cambridge, MA: MITPress, 2001: 47 -97.

[28] PHilippon T. The FinTech Opportunity [J]. NBER Working Paper, no. 22476, 2016.

[29] Roodman D, Morduch J. The Impact of Microcredit on the Poor in Bangladesh: Revisiting the Evidence [J]. Journal of Development Studies, 2014, 50 (4): 583 -604.

[30] Van Dijk J, Hacker K. The Digital Divide as a Complex and Dynamic Phenomenon [J]. The Information Society, 2003, 19 (4): 315 -326.

市场距离、需求不确定性与离岸价格*

首陈霄**

摘　要　针对文献中发现的距离与出口价格之间的正相关关系，有别于其他文献从产品质量角度的解释，本文从需求不确定性角度进行了解释。使用2005年的中国出口交易数据，本文发现，当加入距离和需求不确定性的交互项后，距离对离岸价格的正向作用完全被交互项所吸收，而距离本身的系数不再为正。因此，需求不确定性是距离影响离岸价格的重要机制。通过检验中介效应的"三步法"，本文进一步发现作为存货成本间接量度的运输频次在需求不确定性和距离的交互项正向影响离岸价格过程中起到部分中介效应的作用。因此，存货成本可以部分解释距离如何通过需求不确定性对单位价格产生正向影响。本文的研究表明，为了更好地解释现实情形，贸易模型有必要将需求不确定性这一因素考虑进来。

关键词　市场距离　需求不确定　离岸价格　运输频次　存货成本

一、引言及文献综述

许多实证研究的文献发现企业出口到更远的国家的产品单位离岸价格会更高（Bastos and Silva，2010；Manova and Zhang，2012；孙一平等，2017），就是说，出口得越远，产品的单位价格会越高。① 为了解释这种现象，现有文献主要着眼于出口目的地之间产品质量的异质性，比如胡梅尔斯和司吉巴（Hummels and Skiba，2004）认为单位运输成本下企业会向更远的市场出口更高质量的产品，因为单位运输成本降低了高质量产品的相对价格从而增加了高质量产品的相对需求；马诺瓦和张（Manova and Zhang，2012）则认为在线性需求模型下，市场距离与市场竞争程度正相关，企业在竞

* 本文原载于《经济科学》2020年第1期，第21～32页。

** 作者简介：首陈霄，湖南师范大学商学院讲师，经济学博士。

① 需求的随机波动既来自市场因素，也来自政策因素，比如政策不确定性。政策变化的概率和可能改变的幅度都会影响政策不确定性的大小（王璐航和首陈霄，2019），进而影响市场需求。

争压力下会减少产品加成率，同时提高产品质量。① 本文尝试从需求不确定性的角度解释企业为什么会对更远的目的地定更高的离岸价格。使用中国的出口交易数据，本文发现，市场距离通过需求不确定性对企业的离岸价格有正面作用。也就是说，当引入市场距离与需求不确定性的交互项之后，市场距离自身的系数不再为正。市场距离对离岸价格的正向作用被交互项所完全吸收。市场距离只通过需求不确定性对离岸价格起正向作用。

需求不确定性可能通过企业的存货成本来影响企业的出口价格。首先，需求不确定性会影响企业的存货成本。贝克斯等（Békés et al.，2017）发现需求不确定性和市场规模负向影响企业的运输频次，从而正向影响企业的存货成本。而依据首陈霄（2018）的发现，只有需求不确定性与市场距离的交互项可以影响企业的运输频次以及企业的存货成本。其背后逻辑在于，企业通过增加存货水平来降低需求不确定性和运输时间导致的缺货风险。根据齐金（Zipkin，2000）的存货管理理论，较高的存货水平意味着较低的存货周转率，也就是较低的运输频次。然后，存货成本会影响离岸价格。企业会根据缺货风险的大小调整存货策略。缺货风险越大，存货水平越高，单位产品库存时间就越长，从而单位产品的库存成本也越高。较高的存货成本使得企业提高出口产品的离岸价格以补偿成本的上升。本文使用中介效应检验的“三步法”验证了需求不确定性的存货成本机制。由于企业的存货成本不能直接观测到，本文依照首陈霄（2018）的做法，使用运输频次作为存货成本的代理变量。本文发现存货成本可以部分解释需求不确定性对离岸价格的正向影响。企业提高离岸价格以弥补存货成本的上升。

需求不确定性还可能通过其他机制影响离岸价格，其中之一是投资机制，即需求不确定性可能通过影响企业的投资决策来影响出口产品的单位价格。由于企业投资的不可逆性，需求不确定性会减少企业的投资。相关的文献有伯南克（Bernanke，1983）、平狄克（Pindyck，1988）、迪克西特和平狄克（Dixit and Pindyck，1994）等。导致离岸价格国别差异的主要因素是目的地市场相关的投资，比如营销网络、物流体系的建设。这些投资的减少会使得单位产品的销售和管理成本相对更高，相应地，对这些目的地出口的产品单价也更高。

本文的研究与探讨企业出口价格国家间异质性的文献直接相关。胡梅尔斯和克莱诺（Hummels and Klenow，2005）、哈拉克（Hallak，2006）、约翰逊（Johnson，2012）、鲍德温和哈里根（Baldwin and Harrigan，2011）等文献都在产品水平上发现出口价格随

① 由于 2007 ~ 2008 年金融危机的存在，本文无法准确估计金融危机期间以及之后几年的需求不确定性，因此，本文使用 2000 ~ 2004 年的数据估计需求不确定性，同时使用 2005 年和 2006 年的数据进行回归分析。

着目的地的经济规模、收入水平、市场距离和市场遥远程度[①]的不同而不同。利用详细的中国海关贸易数据，马诺瓦和张（Manova and Zhang，2012）在企业——产品水平上证实企业对更富有、规模更大、双边距离更远以及总体而言更偏远的市场设置更高的出口价格。与之前的文献从质量方面考虑类似，他们也认为这些现象是因为企业会随着目的地市场的特征调整产品的质量。国内文献中，孙一平等（2017）也用中国的数据证实了距离对离岸价格的正向影响，还发现距离对离岸价格的影响程度与企业规模以及产品差异化程度密切相关。针对是什么因素导致了企业调整质量的行为，维尔豪根（Verhoogen，2008）、法杰尔鲍姆等（Fajgelbaum et al.，2011）和西蒙诺夫斯卡（Simonovska，2015）认为消费者遵循非位似性偏好，因而更富有国家的消费者有更低的收入边际效用和更高的产品质量需求。基于线性需求模型，马诺瓦和张（Manova and Zhang，2012）认为目的地规模、市场距离等市场特征与市场的竞争程度正相关。企业为了应对市场竞争会使用更高质量的投入品以生产更高质量的产品。胡梅尔斯和司吉巴（Hummels and Skiba，2004）认为单位运输成本较之冰山成本更符合现实，在单位运输成本下，企业会对更远的市场出口更高质量的产品。

本文的研究也丰富了对需求不确定性与价格二者关系进行探讨的相关文献。先前的文献主要关注的是需求不确定性下的价格离散问题。为了解释同质产品在同一个市场甚至同一个企业内的价格离散现象，普雷斯科特（Prescott，1975）、艾登（Eden，1990）和达纳（Dana，1999）在需求不确定性和有限容量（costlycapacity）的框架下对企业内的价格离散现象进行了分析和解释。在这个框架下，不同的价格可以由不同的销售概率来解释。

本文的研究也有助于进一步理解需求不确定性如何影响企业的其他行为。现有不少文献尝试从需求不确定性方面解释企业出口的不同行为。伯纳德等（Bernard et al.，2010）在模型中加入产品水平的需求冲击解释了企业出口产品的种类变化；阿尔科拉基斯等（Arkolakis et al.，2018）则从需求学习的角度解释了企业的出口增长率与其出口年龄之间的负相关关系；季莫申科（Timoshenko，2015）通过在模型中加入企业在目的地市场需求学习的过程，解释了企业的产品转换和出口的年龄依存现象。为了解释出口企业在某个市场的延迟进入现象以及高退出率的现象，阮（Nguyen，2012）则在生产率异质性厂商模型中加入需求不确定性。国内文献中，需求不确定性通常作为附加要素加入理论分析框架中，使模型设定更一般化，比如喻言和任剑新（2017）对中间品定价的研究，以及谭英双等（2018）对企业最优生产规模的研究。也有一些文献

① 某国的市场遥远程度为该国到所有其他国家的距离的加权平均，权重为 GDP。

直接针对需求波动进行经验分析，比如刘满芝等（2013）和张洪潮等（2014）对煤炭消费需求波动规律和成因的分析。

在阿尔科拉基斯等（Arkolakis et al.，2018）、季莫申科（Timoshenko，2015）和阮（Nguyen，2012）的模型中，需求不确定性有一部分可以通过企业的学习而逐渐减少，但是通常仍然有一部分不确定性与学习无关，属于需求的随机波动。总体而言，这些都体现了企业对未来真实需求的不确定程度。本文研究中使用的需求不确定性是由企业过往的销售额的波动计算得到的，因此，它不仅反映了需求的随机波动[①]，也反映了企业的学习过程，当然也包括了其他有助于企业更准确了解市场需求的因素。这种不确定性综合度量了企业对市场需求预测的准确性。

本文的结构为：第二部分介绍了本文用来进行实证分析的数据；第三部分是本文的实证分析；第四部分进行了总结。

二、数据

（一）数据来源

本文使用中国海关的出口交易数据库在 2005 年的截面数据来探讨企业 - 产品水平上离岸价格与市场距离之间的关系。[②] 这个数据库提供了每个出口企业在 8 位 HS 代码水平上的出口目的地、出口价值（以美元计）和出口数量等方面的详细数据。为了减少计算需求不确定性时的计算量，本文将数据加总到 6 位 HS 代码水平上。出口的离岸价格通过出口价值和出口数量计算得到。由于本文主要关注的是企业 - 产品水平上不同目的地价格之间的差异，因此，只有那些把产品销往多个目的地的企业样本才会被考虑。在 2005 年的样本中，大约有 33% 的企业 - 产品是销往多个目的地的，但是这些样本实现的出口值占总出口值的 86% 以上。这个现象与马诺瓦和张（Manova and Zhang，2012）所发现的一致，即出口更多的企业往往也进入更多的市场。

国家之间的距离数据来自 CEPII 数据库。这个数据库提供了关于地理距离不同形式的测度数据。本文使用的是遵循大圆弧准则的测地线距离，计算中使用最重要的城市

① 需求的随机波动既来自市场因素，也来自政策因素，比如政策不确定性。政策变化的概率和可能改变的幅度都会影响政策不确定性的大小（王璐航和首陈霄，2019），进而影响市场需求。

② 由于 2007 ~ 2008 年金融危机的存在，本文无法准确估计金融危机期间以及之后几年的需求不确定性，因此，本文使用 2000 ~ 2004 年的数据估计需求不确定性，同时使用 2005 年和 2006 年的数据进行回归分析。

或城市群的纬度和经度数据（Mayer and Zignago，2011）。为了计算需求不确定性，本文使用2000～2004年间的中国出口交易数据库。另外，根据经典的贸易引力模型，本文选用GDP和人均GDP来控制目的地国家的规模和收入。每个国家的GDP和人口数据来自宾夕法尼亚大学世界表（Penn World Table 8.1）。为了控制每个市场的竞争程度，本文参照马丁（Martin，2012）的做法，使用目的地国家的平均进口单位价格作为竞争程度的量度。为了得到这个指标，本文利用2005年的联合国商品交易数据库（UN Comtrade Database）。以上主要变量的描述性统计量见表1。

表1　描述性统计量

统计量	观察值	均值	标准差	最小值	最大值
单位离岸价格的对数	4917238	1.055	2.075	-10.187	17.891
距离的对数	212	9.010	0.535	6.696	9.868
平均进口单价的对数	198480	3.276	2.402	-11.107	19.216
GDP的对数	162	10.7	2.085	5.656	16.372
人均GDP的对数	162	8.8	1.259	6.123	11.491
需求不确定性	23638	1.575	0.336	0.423	3.817
退出率	20628	0.542	0.109	0.056	0.883

注：表中距离的单位是公里（km），GDP的单位是百万美元，人均GDP的单位是美元。
资料来源：CEPII数据库和海关数据库。

（二）数据描述性分析

虽然都是距离对单位价格的影响，但是有些文献探讨的是产品水平不同目的地之间的价格差异（Hummels and Skiba，2004；Baldwin and Harrigan，2011），有些文献探讨的是公司产品水平上不同目的地间的价格差异（Manova and Zhang，2012；Martin，2012）。本文的研究主要关注的是公司产品水平上的价格分布。

为了看清不同层面价格分布的大小，本文采用马诺瓦和张（Manova and Zhang，2012）的方法计算了不同水平上的出口价格的变化。产品内的价格变化指的是每个产品内因为不同公司或者出口目的地而导致的单位价格差异；企业产品内的价格变化指的是每个企业×产品组合内不同出口目的地之间的单位价格差异；国家产品内的价格变化指的是每个国家×产品组合内不同企业之间的单位价格差异。这些价格差异都由相应的标准差来衡量。表2中列出的是三种不同水平上价格变化的描述性统计量。可以看到，价格随着企业变化的标准差平均为 0.92，而价格随着目的地变化的标准差平均为 0.53。这说明，单位价格不仅存在显著的企业异质性，也在企业内部存在显著的国家异质性。

表 2　　不同水平上的出口价格的变化

项目	观察值	均值	标准差	最小值	5 分位数	95 分位数	最大值
产品内	4797	1.13	0.59	0	0.33	2.25	5.41
公司产品内	707864	0.53	0.53	0	0.02	1.53	9.14
国家产品内	197306	0.92	0.70	0	0.09	2.23	9.09

注：第一行为产品水平上不同企业和国家之间的单位价格的标准误的描述性统计量；第二行为企业 × 产品水平上不同国家之间的单位价格的标准误的描述性统计量；第三行为国家 × 产品水平上不同企业之间单位价格的标准误的描述性统计量。

如前文所述，企业内部存在目的地水平上的价格差异。现在我们探讨这种价格差异是否与市场距离相关。本文对价格和距离的对数形式在企业 × 产品水平上进行了去均值的操作，从而保证本文调查的价格变化来自企业内部。图 1 中以散点图和线性拟合的方式展示了对数形式的单位价格和对数形式的市场距离之间的关系。从图中可以很明显地看出单位价格和市场距离之间的正相关关系。线性拟合的斜率大约为 0.020。

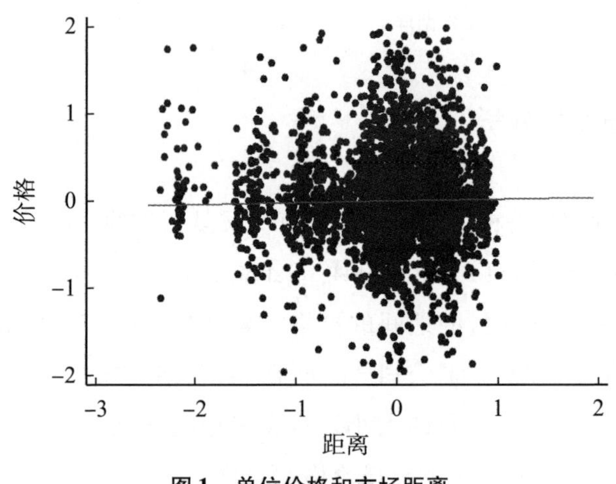

图 1　单位价格和市场距离

（三）需求不确定性的度量

在本文的研究中，需求不确定性意味着位于目的地市场的进口商不知道未来可能的需求量。与阮（Nguyen，2012）不同，这里计算得到的需求不确定性不会因为企业的学习过程而被完全消除掉，因为它综合反映了企业对市场需求预测的准确程度，即不仅反映了市场的系统波动，也反映了企业的学习过程。本文采用首陈霄（2018）中的方法计算需求不确定性。首先，对于国家（c）×产品（h）水平上的任一样本组，本文运行以下回归方程：

$$r_{f,t:t-1}^{hc} = \beta_0 + \beta_1 New_{f,t}^{hc} + \beta_2 Exp_{f,t}^{hc} + \beta_3 MultiPro_{f,t}^{hc} + \beta_4 MultiDes_{f,t}^{hc} + \sigma_t + \varepsilon_{f,t:t-1}^{hc} \quad (1)$$

其中，$r_{f,t:t-1}^{hc}$是企业f出口产品h到目的地c的出口值在t和$t-1$期之间的对数变化。在回归方程的右边，有如下几个控制变量：$New_{f,t}$标识企业f是否是新的出口企业（$t-2$期没有出口的企业）；$Exp_{f,t}$标识企业f是否曾经出口过，有出口经验（$t-2$期之前任何一年有出口）；$MultiPro_{f,t}$标识企业f是否出口多种产品；$MultiDes_{f,t}$标识企业f是否出口到多个目的地。获得了这些回归的残差之后，针对每一国家×产品组（c，h），将其需求不确定性计算为残差的标准差，高的标准差意味着高的需求不确定性：

$$U^{hc} = \sqrt{\mathrm{Var}(\tilde{\varepsilon}_{f,t:t-1}^{hc})},\ t = 2001,\ \cdots,\ 2004 \quad (2)$$

其中，$\tilde{\varepsilon}_{f,t:t-1}^{hc}$为回归方程（1）的残差（给定$h$和$c$）。

此外，借鉴首陈霄（2018）中的做法，本文也使用了另一个不确定性的量度，从而可以考虑到广延边际的情形，这就是在2000~2004年间的平均每年退出率。对每一组（c，h），有：

$$ExitRate^{hc} = \frac{1}{T}\sum_{t=2001}^{2004}\frac{X_t}{NF_{t-1}},\ T = 4 \quad (3)$$

其中，NF_t是在t年出口产品h到目的地c的企业的数目。

前面构造需求不确定性的逻辑在于，企业的出口变化在剔除了企业自身特征的影响后可以解释为是由市场需求波动所导致的。退出率可以用来衡量需求不确定性是因为较高的需求不确定性会降低企业的预期利润，使得生产率较低的企业退出市场，导致市场退出率的增加。

三、实证结果

（一）距离与离岸价格

在上一节的数据描述中，本文发现企业内部因为目的地不同存在显著的价格差异，而且这种价格差异与目的地距离密切相关。在这一节，本文首先使用回归分析验证企业是否会对更远的市场设置较高的离岸价格。回归方程的形式如下：

$$\ln uv_{ihc} = \alpha + \beta_1 \ln Dist_c + \beta_2 X_c + v_{ih} + \varepsilon_{ihc} \tag{4}$$

其中，$\ln uv_{ihc}$是企业 i 将产品 h 出口到国家 c 的单位价格的对数形式，$\ln Dist_c$ 是中国到目的地市场 c 的地理距离的对数形式，X_c 是其他的控制变量，v_{ih}是企业和产品的交叉固定效应。正如上一节中的数据描述里所介绍的，这里使用三个不同的控制变量。依据传统的贸易引力模型，GDP 和人均 GDP 用来控制目的地市场的规模和财富水平。此外，本文还引入了目的地国家的平均进口价格水平，$importprice_{hc}$，来控制产品 h 在国家 c 的市场竞争程度。表 3 列出了回归的结果。

表 3 离岸价格和距离（2005 年中国出口海关数据）

解释变量	离岸价格			
	(1)	(2)	(3)	(4)
Dist	0.021*** (0.002)	0.024*** (0.002)	0.022*** (0.002)	0.023*** (0.002)
人均 *GDP*		0.023*** (0.001)	0.022*** (0.001)	0.025*** (0.001)
GDP		0.013*** (0.001)	0.012*** (0.001)	0.011*** (0.001)
Importprice			0.007*** (0.001)	0.006*** (0.001)
观察值个数 *N*	4917238	4680354	4233595	3958185
拟合优度 R^2	0.940	0.940	0.940	0.939
企业×产品固定效应	Yes	Yes	Yes	Yes
调整拟合优度 R^2	0.892	0.891	0.889	0.885

注：回归使用中国 2005 年的海关数据。回归的因变量都是企业、出口目的地和 6 位 HS 产品水平上的出口离岸价格的对数形式。解释变量为中国到目的地市场的地理距离、目的地国家的人均 GDP 和 GDP 总量（以美元计）、目的地国家在 6 位 HS 水平上的平均进口价格。列（1）~列（3）使用全部目的地样本；列（4）只包括目的地为 WTO 成员的样本。

列（1）~列（3）的回归样本包括了中国出口商的所有目的地。列（1）的结果显示离岸价格的距离弹性为 0.021。这意味着，如果市场距离翻倍，平均而言出口企业会将离岸价格提高 1.5%（$2^{0.021}-1$）。列（2）的回归增加了人均 *GDP* 和 *GDP* 两个控制变量。可以看到这两个衡量目的地国家财富水平的变量都对离岸价格有显著的正向影响。距离的系数仍然显著为正且系数比列（1）中的结果要略微偏大。列（3）进一步增加了衡量目的地国家竞争程度的控制变量平均进口价格（*Importprice*）。平均进口价格对离岸价格的影响也是显著为正的，但是影响程度比较小。距离的系数仍然显著为正且大小比列（1）的略大些。为了验证结果的稳健性，列（4）只包含了目的地为 WTO 成员的样本。因为加入了 WTO 的国家通常经济政策较为稳定，彼此认同相似的市场规则。回归结果仍然与之前的相似。这说明，企业确实会对较远的市场设置较高的离岸价格。①

（二）需求不确定性与离岸价格

这部分检验需求不确定性是否可以解释市场距离与离岸价格之间的正相关关系。本文认为市场距离主要通过需求不确定性影响企业的离岸价格。如果不存在需求不确定性，市场距离对企业离岸价格的影响将不存在或者影响弱化很多。为了检验这个机制，本文在前面的回归方程中加入需求不确定性与距离之间的交互项以检验需求不确定性这个机制是否存在，因此，回归方程变为：

$$\ln uv_{ihc} = \alpha + \beta_1 \ln Dist_c + \beta_2 U_{ch} + \beta_3 \ln Dist_c U_{ch} + \beta_4 X_c + v_{ih} + \varepsilon_{ihc} \tag{5}$$

其中大部分标识的含义与前面回归方程中的保持一致。U_{ch} 为式（1）中所计算的需求不确定性的量度。β_3 为距离的对数与需求不确定性之间交互项的系数，与 β_1 同是本文主要关心的变量。如果需求不确定性是距离对离岸价格影响的主要机制，β_3 会显著为正，而 β_1 的正向作用会大大减小。X_c 为其他控制变量。在这里本文依然使用人均 *GDP*、*GDP* 和目的地的平均进口价格作为控制变量，并且控制企业 × 产品交叉固定效应。表 4 给出了需求不确定性以及它跟距离的交互项对离岸价格的回归的结果。

表 4　　需求不确定、市场距离与离岸价格

解释变量	离岸价格				
	(1)	(2)	(3)	(4)	(5)
Dist	-0.153*** (0.017)	-0.099*** (0.016)	-0.138*** (0.018)	-0.139*** (0.017)	-0.144*** (0.017)

① 本文还发现，对于加工贸易企业，距离与离岸价格之间不存在显著的正相关关系。这一发现是与本文的观点相一致的。因为加工贸易企业通常对需求不确定性不敏感，所以，需求不确定性的作用机制对加工贸易企业不起作用，削弱了距离与离岸价格之间的正向关系。此外，加工贸易企业没有充分的定价权也会减弱距离与离岸价格之间的正相关关系。

续表

解释变量	离岸价格				
	(1)	(2)	(3)	(4)	(5)
Uncertainty	-0.941*** (0.101)	-0.664*** (0.093)	-0.866*** (0.102)	-0.799*** (0.093)	-0.820*** (0.094)
Dist × *Uncertainty*	0.107*** (0.011)	0.070*** (0.010)	0.092*** (0.011)	0.084*** (0.010)	0.085*** (0.010)
Dist × *ExitRate*				0.022*** (0.004)	0.027*** (0.004)
GDP		0.021*** (0.002)	0.019*** (0.002)	0.022*** (0.002)	0.023*** (0.002)
Importprice			0.006** (0.002)	0.006*** (0.002)	0.006** (0.002)
观察值个数 *N*	3091098	3000578	2825910	2825910	2725214
拟合优度 R^2	0.926	0.927	0.929	0.930	0.930
企业×产品固定效应	Yes	Yes	Yes	Yes	Yes
调整拟合优度 R^2	0.855	0.855	0.856	0.856	0.855

注：回归使用中国 2005 年的海关数据。回归的因变量都是企业、出口目的地和 6 位 HS 产品水平上的出口离岸价格的对数形式。解释变量为中国到目的地市场的地理距离、需求不确定性、目的地国家的人均 GDP 和 GDP 总量（以美元计）、目的地国家在 6 位 HS 水平上的平均进口价格。列（1）~列（3）使用全部目的地样本；列（4）只包括目的地为 WTO 成员的样本。回归方差聚类在国家-产品水平上。

所有回归中，需求不确定性与距离的交互项的系数都是正的且显著。列（1）的结果显示，当引入需求不确定性与距离的交互项后，距离的单独项不再正向影响单位价格。需求不确定性与距离的交互项的系数大小为 0.12，比表 3 中距离的系数要大，这是因为交互项也吸收了一部分需求不确定性对单位价格的正向影响。这说明，距离主要是通过需求不确定性对单位价格有正向影响。列（2）和列（3）分别增加了控制变量目的地国家的规模（*GDP*）、财富水平（人均 *GDP*）和平均进口单位价格（*Importprice*）。交互项和距离的系数大小虽有变化，但仍然与列（1）的发现保持一致。在列（4）和列（5）的回归中引入了另外一个度量需求不确定性的指标——退出率。它可以捕捉需求冲击导致的广延边际变化。当增加了退出率与距离的交互项后，需求不确定性与距离的交互项的系数变化并不大，只略微变小一些，而退出率与距离的交互项系数则为正且显著。这说明，退出率可以捕捉到需求不确定性无法捕捉到的需求冲击，二者只有小部分重合。列（5）的回归只包括目的地为WTO成员的样本，估计结果与列（4）的变化不大，表明前面的发现是稳健的。表4各列的结果说明，需求不确定性确实是距离正向影响单位价格的主要渠道。

（三）存货管理与离岸价格

正如引言中所讨论的，需求不确定性可能从两个方面影响企业的单位定价。一个是影响企业的投资。由于本文利用的是同一企业内不同目的地之间的变化来估计回归系数的，除非出口到不同目的地的产品生产技术上差异很大以致不能共用相同的生产设施，否则企业的投资不能解释同一企业在不同目的地之间的单位价格差异。当然，企业的投资也可以指的是企业在目的地市场的营销开支等与出口目的地市场密切相关的沉没成本。一般来说，这些沉没成本只可能受需求不确定性的影响，而与单纯的市场距离没有关系。但如果考虑到市场距离对信息传播的影响（Fernandes and Tang，2014），市场距离也有可能影响企业的营销成本，从而影响产品的定价。不过，由于投资和营销数据的不可得，这里重点关注需求不确定性的存货成本机制的验证，也就是需求不确定性是否通过存货成本影响企业的单位定价。

由于本文预期存货成本在需求不确定性影响企业的离岸价格的过程中起到中介变量的作用，所以本文依据巴隆和肯尼（Baron and Kenny，1986）、温忠麟等（2005）提出的中介效应检验程序，采用三步法检验存货成本的中介效应。

第一步，以企业的离岸单价为因变量，企业在目的地市场面临的需求不确定性与市场距离的交互项作为自变量进行回归分析。这一步的分析已经在上一节里做过了，已经验证了需求不确定性与市场距离的交互项对离岸价格有显著作用，且只有交互项对离岸价格有正向作用。

第二步，以企业的存货成本为因变量，需求不确定性与市场距离的交互项为自变量进行回归分析，验证需求不确定性与存货成本之间存在相关关系。这一步中所要阐述的关系在首陈霄（2018）中得到了充分的验证，因此，本文这里不再重复。正如首陈霄（2018）中说明的，运输频次反映的是企业的存货策略，因此，运输频次可以作为存货成本的一个间接量度。首陈霄（2018）发现需求不确定性与距离之间的交互项会负向影响运输频次。也就是说，交互项越大，运输频次越低，最优的存货水平会越高，存货成本也会越高。

第三步，以企业的离岸单价为因变量，需求不确定性与市场距离的交互项和运输频次（存货成本的代理变量）作为自变量进行回归分析。回归方程如下：

$$\ln uv_{ihc} = \alpha + \beta_1 \ln Dist_c + \beta_2 U_{ch} + \beta_3 \ln Dist_c U_{ch} + \beta_4 \ln h_{ihc} + \beta_5 X_c + v_{ih} + \varepsilon_{ihc} \quad (6)$$

其中大部分标识的含义与前面回归方程中的保持一致。$\ln h_{ihc}$为企业、产品和目的地水平上在一年里有贸易的月份数，代表企业的运输频次。如果运输频次的系数为负的且显著，也就是存货成本正向影响离岸单价，那么存货成本的中介效应显著。如果在运输频次的系数显著的同时，需求不确定性与市场距离的交互项的系数不再显著，那么存货成本的中介效应为完全中介效应。表 5 给出了对存货成本的中介效应进行检验的第三步回归的结果。

表 5　　存货成本与离岸价格

解释变量	离岸价格				
	(1)	(2)	(3)	(4)	(5)
Dist	-0.156*** (0.017)	-0.088*** (0.015)	-0.126*** (0.016)	-0.127*** (0.016)	-0.131*** (0.016)
Uncertainty	-0.915*** (0.096)	-0.561*** (0.085)	-0.754*** (0.092)	-0.722*** (0.087)	-0.739*** (0.088)
Dist × *Uncertainty*	0.107*** (0.011)	0.059*** (0.009)	0.080*** (0.010)	0.077*** (0.010)	0.077*** (0.010)
Dist × *ExitRate*				0.011*** (0.004)	0.017*** (0.004)
Num of Months	-0.053*** (0.002)	-0.064*** (0.002)	-0.063*** (0.002)	-0.062*** (0.002)	-0.062*** (0.002)
人均 *GDP*		0.025*** (0.003)	0.026*** (0.003)	0.030*** (0.003)	0.036*** (0.003)
GDP		0.027*** (0.002)	0.024*** (0.002)	0.026*** (0.002)	0.027*** (0.002)
Importprice			0.006** (0.002)	0.006*** (0.002)	0.006** (0.002)
观察值个数 *N*	3091098	3000578	2825910	2825910	2725214
拟合优度 R^2	0.926	0.927	0.930	0.930	0.931
企业 × 产品固定效应	Yes	Yes	Yes	Yes	Yes
调整拟合优度 R^2	0.855	0.855	0.856	0.856	0.855

注：回归使用中国 2005 年的海关数据。回归的因变量都是企业、出口目的地和 6 位 HS 产品水平上的出口离岸价格的对数形式。解释变量为中国到目的地市场的地理距离、需求不确定性、有贸易的月份数、目的地国家的人均 GDP 和 GDP 总量（以美元计）、目的地国家在 6 位 HS 水平上的平均进口价格。列（1）~列（4）使用全部目的地样本；列（5）只包括目的地为 WTO 成员的样本。回归方差聚类在国家 - 产品水平上。

所有回归的结果中，有贸易的月份数（*Num of Months*）的系数都是负的且显著。这说明以有贸易的月份数衡量的运输频次是需求不确定性和距离的交互项影响离岸价格的中介变量。从表中还可以看到所有的交互项系数也是正的且显著，而且普遍比表4中的结果要小一些。这表明存货成本并不是完全中介效应，但是，它可以解释一部分交互项对离岸价格的正向影响。列（4）和列（5）加入了另外一个需求不确定性的量度退出率与距离的交互项，且列（5）的回归仅使用目的地为WTO成员的样本。退出率捕捉了需求不确定性捕捉不到的广延边际上需求波动导致的后果。可以看到，退出率与距离的交互项的系数也是正的且显著，而且其绝对值比表4中列（4）和列（5）的要小许多。这再次说明，存货成本在需求不确定性与距离的交互项影响离岸价格的过程中起到部分中介效应的作用。

存货成本不能完全解释需求不确定性与距离的交互项对离岸价格的影响，有两个可能的原因。一个是用有贸易的月份数衡量存货成本存在的量度误差。首先，用有贸易的月份数衡量运输频次就是一种近似的做法。由于本文不能保证海关数据中每一条记录都对应一次真实的交易，所以，使用有贸易的月份数来衡量运输频次是更为保守但可靠的做法。其次，运输频次只是存货成本的间接反映，并不能完全刻画存货成本的变化。但是，由于本文没有企业层面的存货数据，尤其是与目的地相关联的存货数据，因此，运输频次是本文仅有的能反映企业、产品和目的地水平上存货水平的数据。另一个则是前面所提到的，存货成本只是需求不确定性和距离的交互项影响离岸价格的其中一个机制，还存在其他可能的机制。比如企业的投资，尤其是与目的地相关联的固定成本投入，比如营销成本等。还可能是信息的不对称。距离和需求不确定性都会影响企业及时获得真实的市场信息，从而增加企业做出最优决策的困难。这些可能的机制都有待于通过今后的研究来深入了解。

对于上面的发现，本文做了一系列的稳健性检验，比如控制产品质量的影响，以及使用运输频次而不是有贸易的月份数作为存货水平的代理变量，结论都保持不变。具体请参见本文的“附录与扩展”。

四、总结

本文尝试从需求不确定性的角度解释距离与离岸价格之间的正相关关系。使用中国2005年的海关出口数据，本文在企业-产品水平上确实发现了先前文献（比如：Manova and Zhang，2012；Martin，2012；等等）所指出的企业对距离较远的市场设置更高的离岸价格的事实。同样使用 2005 年的海关数据，本文发现，当加入距离和需求不确定性的交互项后，距离对离岸价格的正向作用完全被交互项所吸收，而距离本身的系数不再为正。因此，本文认为需求不确定性是距离影响离岸价格的重要机制。有别于其他文献从产出角度的解释（主要是产品质量），本文的解释是从需求角度对这一问题的重新解读。

本文还进一步探讨了需求不确定性影响企业定价的机制。通过检验中介效应的“三步法”，本文发现作为存货成本间接量度的运输频次在需求不确定性和距离的交互项正向影响离岸价格过程中起到部分中介效应的作用。因此，存货成本可以部分解释距离如何通过需求不确定性对单位价格产生正向影响。之所以只能部分解释，一方面是可能存在其他机制，比如企业的投资机制等；另一方面在于使用运输频次衡量存货成本有衡量误差，特别是在使用有贸易的月份数作为运输频次的度量时。

本文的研究表明传统的异质厂商模型中由于没有考虑到需求不确定性的影响，所以得出了与实证发现不一致的预测。因此，为了更好地解释现实情形，贸易模型有必要将需求不确定性这一因素考虑进来。

参考文献

［1］刘满芝，高晓峰，屈传智，周梅华，殷馨．中国煤炭需求波动规律研究［J］．资源科学，2013，35（4）：681－689.

［2］首陈霄．交付滞后、需求不确定性与运输频次［J］．经济学动态，2018（10）：60－74.

［3］孙一平，徐阳，徐小聪．地理距离、离岸出口价格与运输成本：新的福利来源［J］．当代财经，2017（12）：87－97.

［4］谭英双，张雪清，衡爱民．需求不确定下企业生产规模选择及影响因素研究［J］．中国管理科学，2018，26（8）：138－145.

［5］王璐航，首陈霄．中国入世与出口增长：关于关税不确定性影响的再检验［J］．经济学（季刊），2019，18（2）：721－748.

［6］温忠麟，侯杰泰，张雷．调节效应与中介效应的比较和应用［J］．心理学报，2005（2）：268－274.

［7］喻言，任剑新．需求不确定条件下中间品区别定价的竞争效应与反垄断规制［J］．财贸研究，2017，28（7）：8－20.

［8］张洪潮，王泽江，李晓利，蒲光华．中国煤炭消费需求波动规律及成因分析［J］．中国人口·资源与环境，2014，24（1）：94－101.

[9] Arkolakis C, Papageorgiou T, Timoshenko O A. Firm Learning and Growth [J]. Review of Economic Dynamics, 2018, 27: 146 – 168.

[10] Baldwin R, Harrigan J. Zeros, Quality, and Space: Trade Theory and Trade Evidence [J]. American Economic Journal: Microeconomics, 2011, 82 (2): 99 – 111.

[11] Baron R M, Kenny D A. The Moderator-mediator Variable Distinction in Social Psychological Research: Conceptual, Strategic, and Statistical Considerations [J]. Journal of Personality and Social Psychology, 1986, 51 (6): 1173 – 1182.

[12] Bastos P, Silva J. The Quality of a Firm's Exports: Where You Export to Matters [J]. Journal of International Economics, 2010, 82 (2): 99 – 111.

[13] Bernanke B S. Irreversibility, Uncertainty, and Cyclical Investment [J]. Quarterly Journal of Economics, 1983, 98 (1): 85 – 106.

[14] Bernard A B, Redding S J, Schott P K. Multi-product Firms and Product Switching [J]. American Economic Review, 2010, 100 (1): 70 – 97.

[15] Békés G, Fontagné L, Muraközy B, Vicard V. Shipment Frequency of Exporters and Demand Uncertainty [J]. Review of World Economics, 2017, 153 (4): 779 – 807.

[16] Dana J D, Jr. Equilibrium Price Dispersion under Demand Uncertainty: the Roles of Costly Capacity and Market Structure [J]. RAND Journal of Economics, 1999, 30 (4): 632 – 660.

[17] Dixit A K, Pindyck R S. Investment and Uncertainty [M]. Princeton, NJ: Princeton University Press, 1994.

[18] Eden B. Marginal Cost Pricing When Spot Markets are Complete [J]. Journal of Political Economics, 1990, 98 (6): 1293 – 1306.

[19] Fajgelbaum P, Grossman G, Helpman E. Income Distribution, Product Quality and International Trade [J]. Journal of Political Economy, 2011, 119 (4): 721 – 765.

[20] Fernandes A P, Tang H. Learning to Export from Neighbors [J]. Journal of International Economics, 2014, 94 (1): 67 – 84.

[21] Hallak J-C. Product Quality and the Direction of Trade [J]. Journal of International Economics, 2006, 68 (1): 238 – 265.

[22] Hummels D, Klenow P. The Variety and Quality of a Nation's Exports [J]. American Economic Review, 2005, 95 (3): 704 – 723.

[23] Hummels D, Skiba A. Shipping the Good Apples Out? An Empirical Confirmation of the Alchian-Allen Conjecture [J]. Journal of Political Economy, 2004, 112 (6): 1384 – 1402.

[24] Johnson R C. Trade and Prices with Heterogeneous Firms [J]. Journal of International Economics, 2012, 86 (1): 43 – 56.

[25] Manova K, Zhang Z. Export Prices Across Firms and Destinations [J]. Quarterly Journal of Eco-

nomics, 2012, 127 (1): 379 - 436.

[26] Martin J. Markups, Quality, and Transport Costs [J]. European Economic Review, 2012, 56 (4): 777 - 791.

[27] Mayer T, Zignago S. Notes on CEPIIs Distances Measures: The GeoDist Database [D]. MPRA Paper, 2011, 36347.

[28] Nguyen D X. Demand Uncertainty: Exporting Delays and Exporting Failures [J]. Journal of International Trade, 2012, 86 (2): 336 - 344.

[29] Pindyck R S. Irreversible Investment, Capacity Choice and the Value of the Firm [J]. American Economic Review, 1988, 78 (5): 969 - 985.

[30] Prescott E C. Efficiency of the Nature Rate [J]. Journal of Political Economics, 1975, 83 (6): 1229 - 1236.

[31] Simonovska I. Income Differences and Prices of Tradables [J]. The Review of Economic Studies, 2015, 82 (4): 1612 - 1656.

[32] Timoshenko O A. Product switching in a model of learning [J]. Journal of International Trade, 2015, 95 (2): 233 - 249.

[33] Verhoogen E. Trade, Quality Upgrading and Wage Inequality in the Mexican Manufacturing Sector [J]. Quarterly Journal of Economics, 2008, 123 (2): 489 - 530.

[34] Zipkin P H. Foundations of Inventory Management [M]. McGraw-Hill, 2000.

地区间竞争机制的政府属性和市场属性*

罗富政**

摘　要　地区竞争对中国区域经济的充分和均衡发展具有重要影响。与既有研究将地区竞争等同于地方政府竞争不同的是，本文认为地区竞争由其政府属性和市场属性共同塑造的，其中政府属性是以地方政府为主体、以政府机制为手段的竞争行为，而市场属性是以“一致行动人”效应下的市场主体为主体、以市场机制为手段的竞争行为。在资源稀缺性的约束下，政府属性和市场属性的竞争目标具有一致性。在我国地区竞争机制的演变过程中，市场属性在不断强化，而政府属性在不断弱化。在先发区域市场属性相对较强，而在后发区域政府属性相对较强。政府机制的主动性较强而市场机制的自发性较强，政府属性会对市场属性产生冲击，而市场属性对政府属性的影响并不显著。因此政策启示是，地方政府不仅要意识到自身在区际政策决策中的主观能动性，同时还要重视市场机制下“一致行动人”效应的影响。

关键词　地区竞争　政府属性　市场属性　互动关系

一直以来，地区间的竞争机制对中国区域经济的发展及区际经济格局的形成和演变具有重要的影响。然而，既有研究一般将地区间的竞争视作地方政府间的竞争，并将市场力量视作外生变量。在这一思路下，往往会将地区竞争等同于地方政府竞争，即过度强调其政府属性，而忽视地区间竞争机制的市场属性。那么，地区竞争机制的政府属性与市场属性是什么？政府属性与市场属性之间的互动关系又如何？这是本文所需要解答的两个问题。

一、中国地区间竞争机制的政府属性

改革开放初期我国市场机制并不完善，地方政府在区域经济发展中发挥着重要

---

* 本文原载于《科学社会主义》2020 年第 1 期，第 131 ~ 136 页。

** 作者简介：罗富政，湖南师范大学商学院副教授，经济学博士。

作用。在晋升激励和财政分权框架下，为“抢夺”稀缺资源，地方政府之间展开竞争行为。

（一）竞争主体

竞争与博弈是两个不同的概念，前者强调的是资源“抢夺”过程中主体之间潜藏着平等的禀赋条件，而后者注重的是决策的互动和动态的调整。因此，我们强调地区竞争的政府属性应当是横向的，而上级政府与下级政府间的决策行为只能理解为博弈而不是竞争。既然是横向的竞争模式，政府属性下地区竞争的主体应当是处于同级层面的地方政府，但又不能完全用行政级别进行代指。上海与南京存在着城市层面的竞争行为，但二者之间的行政级别却并不一致。目前，学术界将政府属性下地区竞争的主体主要界定在三个层面：一是行政区划视野下的省域地方政府，包括省、自治区、直辖市等；二是基于城市视角的地区竞争，模糊了行政级别和区划的概念；三是县域地方政府间的竞争行为。

（二）竞争目标

政府属性下地区间竞争目标的形成与演化，与中国的政府关系模式是相关的。改革开放以来，中国地方政府处于政治约束和财政性分权的框架之下。这一框架使得中国的上下级政府间形成了“自上而下”的委托代理关系，在这一关系中代理人是我国的地方政府，委托人是上级政府。面对可能存在的信息不完全，政绩成为上级政府对下级政府工作进行考核和激励的重要手段。提升政绩也成为地方政府最主要的竞争目标之一。虽然政绩包括的内容非常丰富，但以经济增长为主要内容的经济发展指标占据重要的地位。为促进地区经济发展，就必须在微观要素、中观产业、宏观市场三大资源层面获得比较优势。然而在短期内资源的稀缺性相对比较显著，地方政府如何获得更多稀缺资源成为地方政府的重要现实目标，即政府属性下地区间竞争目标。特别是在行政性分权实施之后，这一竞争目标更加显著，因为区域经济发展可以有效地扩大税源、保障财政收入，进而提高地方政府效用。

（三）竞争方式

为实现竞争目标，地方政府会采用差异化的手段和方式，概括而言包括两类：一是制度手段，二是财政手段。前者主要是通过政策、法规等正式制度和隐性壁垒等非正式制度的供给，实现自身竞争目标，如深圳市政府为“抢夺”优质人力资源而实施的“深圳市高层次专业人才”政策等。后者主要是通过财政支出的公共投资效应得以实现，包括生产性财政支出和消费性财政支出两大类。财政手段是制度手段得以实现的物质基础，财政手段的倾向性和偏好性体现出了制度手段的导向。因而，地方政府对财政支出的偏好，反映出了地方政府实施竞争策略的倾向。那么，地方政府对何种财政支出更具偏好呢？学者们普遍认为，生产性财政支出可以通过名义要素价格的调整引致要素集聚，有利于地区经济的发展；而消费性财政支出受区域经济社会规模的约束较强，其短期经济效应显著性不如生产性财政支出。受到任期限制，地方政府更加倾向于扩大生产性财政支出，由此引发财政支出的结构性偏异。财政支出的结构性偏异既是地方政府竞争程度的体现，也是地方政府竞争手段的外化。

二、中国地区竞争机制的市场属性

（一）中国地区竞争机制市场属性的形成

改革开放是一场由政府主导的“自上而下”的制度重塑和优化，在这一过程中我国市场机制得以建立和完善。地区竞争机制的市场属性也是伴随着地区竞争机制政府属性的发展而逐步产生和发展的。

改革开放初期，中国市场机制尚不完善，政府在资源配置中的作用弥补了市场机制的不足。也正因此，地方政府在地区竞争机制中成了主导力量，地区竞争被地方政府竞争所替代。20 世纪 90 年代中后期，政府属性下的地区竞争程度加剧，行政边界在一定程度上取代了市场边界。围绕着地方政府，各地区形成了一个市场主体群，这个群体最初的构成主要是由地方政府出资的国有企业。虽然这些国企的市场属性占主导地位，但由于地方政府出资人身份的存在以及企业社会责任的约束（如提升就业率、维护社会稳定等），这些国企的市场行为会体现出地方政府的诉求。然而，这些国有企业不具备公共部门的特征，其决策和行为是通过市场行为和手段得以实现的，故此可以说这些国有企业的形成是地区竞争机制市场属性的雏形，同时也是地区竞争机制政府属性的一个外延。

步入 21 世纪以后，非国有企业的市场力量不断壮大，外资企业、民营企业、混合所有制企业不断发展。地方政府在推动市场机制完善和地区经济发展方面的作用和方式也更加优化，其在辖区内进行资源配置的作用也更加理性化和效率化。由于市场机制的依然不完善以及可能存在的市场扭曲，市场主体（包括国有企业和非国有企业）也更加依赖地方政府的资源配置模式和效应。地方政府的政策诉求和导向，也逐步成为市场主体的趋向。在地方政府与市场主体的联动机制下，地区竞争机制的市场属性得到进一步的巩固。

我国地区竞争机制市场属性的形成阶段具体表现为三个方面：一是在地方政府政策制度（如产业政策等）的引导下形成的企业“一致行动人”效应，如 21 世纪初加入世界贸易组织时期“投资潮”中形成的企业引资“东向”现象；二是地方政府主导的国有企业改革背景下市场主体转型及其稀缺资源的“抢夺”现象，通过组建强势企业、进行产权制度改革等方式形成新型市场主体，将地区竞争外延化；三是通过市场机制实现以禀赋资源换取稀缺资源的模式，如地方政府以所掌握的公共资源（土地、矿物开采权等）拉动稀缺资源的进入，进而形成企业共同体效应。事实上，在市场属性形成的初级阶段，政府属性是市场属性的基础，二者之间的联系是非常紧密的。

（二）中国地区竞争机制市场属性的发展

2005 年国务院政府工作报告提出：“宏观调控与市场机制都是社会主义市场经济体制的有机组成部分，要更大程度地发挥市场在资源配置中的基础性作用。”2010 年国务院政府工作报告提出：“坚持市场经济改革方向、发挥市场配置资源基础性作用、激发市场活力。”2015 年国务院政府工作报告提出：“用政府权力的‘减法’，换取市场活力的‘乘法’。”2019 年国务院政府工作报告提出：“处理好政府与市场的关系，依靠改革开放激发市场主体活力。”从历年来中央政府的政策导向来看，强化市场机制在地区间的资源配置作用、削弱地方政府对市场的不当干预，是未来政策的主要趋势。在这一背景下，政府与市场主体（以企业为主）之间的关系开始转型，政府属性与市场属性之间的联系也逐渐削弱。

在地区竞争机制市场属性的形成阶段，可以认为市场属性是政府属性的一个延伸。然而，随着我国地区市场机制的不断完善和市场主体运作模式的不断独立化、理性化和市场化，市场属性逐步与政府属性脱钩，并形成一个独立的体系，当然二者之间的关系依然是存在的。在这一独立体系中，行政边界约束下的市场主体构成了“一致行动人”模式。一致行动人本意是表示投资者通过协议、其他安排，与其他投资者共同扩大其所能够支配的一个上市公司股份表决权数量的行为或者事实的人。而地区竞争机制市场属性的“一致行动人”模式，指的是同一个地区的市场主体为了其共同利益，通过正式制度安排（合作协议等）或非正式制度安排（约定、惯例等）做出的目标一致的行为。“一致行动人”模式的典型案例是：2015 年黑龙江、安徽、河北、辽宁等省份有代表性的老牌煤炭企业在原料资源和市场资源上的博弈，当然这与神华等新兴煤炭企业的崛起有关，但地区内部企业间的“一致行动人”模式非常显著。

中国地区竞争机制市场属性的发展趋势表现为两个方面：

其一，地区竞争机制市场属性的独立化趋势。一方面，随着国家不断规范行政权力对企业的干预，国有企业摆脱政府行政隶属关系对企业自身权利的制约，并在“一致行动人”模式中发挥着主导作用。另一方面，随着地区商会组织和地区行业协会的形成，地区市场主体的共同利益机制不断放大，地区市场主体利益诉求的实现机制通过这些组织得到体现，政府属性的影响受到约束，市场属性的独立性不断显现。随着行业协会市场化改革的推进，市场属性的独立性越发显著。

其二，地区竞争机制市场属性的市场化趋势。在传统模式中，地区市场主体往往通过寻求地方政府支持的模式参与到地区竞争中来。随着市场机制的完善，地区市场主体更加倾向于通过市场化的手段进行地区间的市场力量“博弈”，而价格机制是市场化竞争的主要模式，包括产品价格机制和要素价格机制。产品价格机制是指地区市场主体通过调整价格的手段进行市场资源和原材料资源的竞争（对于地区资源型企业更为显著）。要素价格机制是指地区市场主体通过调整劳动力、资本、技术等生产要素价格（或成本）的模式而展开的竞争（如人才引进、科技创新、资本吸收等的一致行动）。

（三）中国地区竞争机制市场属性的特点

（1）地方政府通过市场机制展开的竞争模式不能等同于地区竞争的市场属性模式。市场属性强调的是同一个地区的市场主体为了其共同利益而采取的一致行为模式，其竞争主体较为明确，是进行一致行为模式的市场主体。而政府属性的竞争主体则为横向的地方政府，其可选择的竞争手段可以是政府机制的也可以是市场机制，但均通过财政支出的结构性调整得以实现。当前，地方政府竞争的市场机制手段也日益广泛，例如，地方融资平台的构建和优化、PPP 模式的推广、政府产业引导基金的运作，都是地方政府通过市场化的手段提升自身的比较优势的行为模式。

（2）地区竞争机制的市场属性也有其自身的三大要素。首先，如前所述，市场属性竞争机制下的竞争主体是进行一致行为模式的市场主体。其次，市场属性竞争机制下的竞争目标是双重维度的，在微观维度下市场主体的短期利润和长期发展是市场属性竞争机制的目标，而宏观维度下市场主体网络构建的共同利益的最大化是市场属性竞争机制的目标。最后，市场属性竞争机制下的竞争手段是基于其竞争目标的。无论是宏观目标还是微观目标，均要求市场主体不断获取稀缺资源，稀缺性指的是资源总量的既定性，资源是一个复杂概念，既包括面向需求端的市场资源，也包括面向供给端的劳动力、资本、技术等要素资源。

（3）地区间的竞争机制是由政府属性与市场属性共同塑造的。政府属性强调的是政府视角下地区间竞争机制的形成和演进，而市场属性强调的则是市场主体（企业等）通过市场机制塑造的地区间竞争机制。有两点是需要说明的：其一，市场属性是由政府属性衍生的，但当前的市场属性具有独立性，而不是政府属性的一个部分。其二，政府属性与市场属性虽然均具备自身的独立体系，但二者是相互关联的，不能分割的。

三、中国地区间竞争机制政府属性与市场属性的相互关系

（一）区域异质性视角下政府属性与市场属性的权衡比较

政府属性和市场属性共同塑造了地区间的竞争模式，在不同地区政府属性与市场属性的强弱关系是不一样的。政府属性与市场属性的强弱关系的区域异质性，与市场机制的完善程度以及资源配置机制的有效程度有关。在地区间的竞争机制中，市场化程度和要素回报率高的先发区域更具比较优势、对劳动力和资本等生产要素更具吸引力，市场资源配置机制比政府资源配置机制更具效率，甚至可以弥补政府资源配置中的失灵现象，因此地区竞争机制的市场属性会比其政府属性更强。而后发区域企业群体面临着生产要素外流、本地市场被抢占的不利局面，短期内后发区域企业不仅无法通过要素价格调整、技术和制度创新等市场手段获取比较优势，反而会因为先发区域的先天优势扩大区域间的市场化程度差距，市场机制在资源配置中缺乏效率，需要政府合理地进行市场干预，弥补市场失灵，此时地区竞争机制的政府属性比其市场属性更强。

依据前文逻辑，地区竞争机制的政府属性的强弱表现为地方政府参与地区间竞争的强弱，故此地区竞争机制的政府属性的强弱可以表述为政府属性地区竞争程度的强弱。同样地，地区竞争机制的市场属性的强弱表现为以企业为市场主体的一致行动人参与地区间竞争的强弱，故此地区竞争机制的市场属性的强弱可以表述为市场属性地区竞争程度的强弱。

虽然政府属性与市场属性的竞争主体和竞争方式是差异化的，但其竞争目标存在一致性——都是在资源稀缺的经济前提下实现本地区资源占有的极大化。面对相同的竞争目标，市场主体一致行动人进行投入－产出决策，即考量市场机制与政府机制的效率差异。在先发区域，市场机制更具效率，而政府机制的成本较高，市场主体更倾向于通过市场机制手段进行跨区竞争，故此其地区竞争机制的市场属性相对更强。在后发区域，政府机制更具效率，制度成本较之市场机制成本更低，市场主体更加倾向于寻求政府支持，故此地区竞争机制的政府属性相对更强。对于地方政府而言，其存在着与市场主体一致的决策模式，故此区域差异由此形成。

（二）区域异质性视角下政府属性与市场属性的相互关系

政府的主动性较强而市场的自发性较强。政府的主动性表现为两个方面：第一，政府干预市场的能动性。地方政府在进行决策时，具有一定的主观能动性，其制度的自我演化历程内生性不强，易受到外生性的冲击，特别是受到地方政府主要决策者的任期限制较强。第二，政府政策对市场主体的导向性。市场主体在进行决策时，会考量地方政府的政策导向性，这是信号传递效应的一个显著体现，如市场主体会根据地方政府的产业政策、经济规划、土地政策等释放的信号进行差异化的决策行为。而在地方政府主动性调整的过程中，市场主体关于政府机制进行资源配置的投入－产出成本函数的判断会进行相应调整。由此形成了地区竞争机制政府属性对市场属性的影响。以产业政策为例，若I地区的地方政府的竞争意识强化，通过财政支出等手段将产业政策的重点定位到A产业，而A产业所需的原料和生产要素等资源在I地区不具备绝对优势或比较优势，此时I地区的市场主体会强化市场属性的地区竞争程度，以便在A产业所需资源的竞争中获得优势。反之，A产业所需的原料和生产要素等资源在I地区具备绝对优势或比较优势，若I地区的地方政府重点关注A产业，其政府属性的地区竞争程度便会相对较弱，市场主体参与地区竞争的市场属性也相对较弱。

市场的自发性表现为三个方面：一是市场制度演变呈现出延续性和不可跳跃性；二是市场主体的分散性（虽然存在一致行动效应），使得市场主体的决策呈现出短期微阶调整效应和群体效应；三是市场主体之间的行业异质性、复杂性和关联性，使得短期内市场行为的创新（或变异）强度不大。随着市场机制的不断完善，市场在地区间资源配置的效率也不断提升，地区间竞争机制的市场属性也不断强化。虽然市场的自发性使得地区竞争机制的市场属性呈现出了平稳的趋势性，但在政策调整的外生冲击下，市场属性也会做出相应响应。反之，微观的市场主体在地区竞争中做出的决策调整，并不一定会对政策导向或地方政府决策形成影响。事实上，市场主体更倾向于适应政策环境，而不是试图调整政策决策，当然关于市场主体对政策的影响也存在一些值得进一步讨论的地方。随着市场机制的完善，地方政府意识到市场机制在资源配置中更具效率，便会更加关注市场主体“一致行动人”效应的趋向性，进而会根据地区竞争机制的市场属性调整自身的竞争决策。

四、中国地区间竞争机制政府属性与市场属性的评价

基于财政支出的结构性偏异，本文采用生产性财政支出占地区财政总支出的比例评价政府属性的地区竞争程度。结合范庆泉等学者的研究，本文将生产性财政支出界定为以下 6 类，即科学技术、文化体育与传媒、环境保护、城乡社区事务、农林水事务、交通运输。考虑到预算与决算的差异，生产性财政支出选取的是决算支出数据。评价结果表明，2007 年以来我国政府属性地区竞争程度呈现出阶段性的走势。2007 ~ 2009 年，受经济危机的影响，地方政府普遍加大了对市场的干预，政府属性地区竞争程度迅速提升。2009 ~ 2012 年，优化民生支出水平的政策导向使得政府属性地区竞争程度趋于平稳。2012 ~ 2015 年，经济下行压力使得地方政府加大了生产性财政支出投入。2015 年之后，经济新常态思维的落地使得地方政府趋于理性化，政府属性地区竞争程度不断下降。

本文设计市场属性地区竞争程度的评价指标为 i 地区 t 年份的非国有固定资产投资额占各地区非国有固定资产投资额总和的比值。该指标设计的思路主要基于两个方面：一是“市场”视角，通过非国有固定资产投资表征主要由市场决定的要素或资源，当然这种表征并不是完全的，也会受到一定程度的政府因素干扰。二是“竞争”视角，基于资源稀缺性的视角，通过非国有固定资产投资额占比的调整反映市场资源在时间维度和空间维度的结构性布局。该指标值越高，表明市场属性地区竞争程度越高。评价结果表明，我国市场属性地区竞争程度呈现出了显著的上升走势，这与我国一直以来不断完善的市场机制是有关的。一般而言，市场化程度越高，市场机制相对越完善，市场在地区间的资源配置作用越显著，市场属性地区竞争程度也相对越高。特别是在 2012 年政府工作报告中再次为市场机制“添加动力”——报告中提出要“理顺政府与市场的关系，更好地发挥市场配置资源的基础性作用”，市场属性地区竞争程度在不断攀升。

政府属性与市场属性竞争程度的区域异质性比较。某个地区参与地区间竞争的过

程中，其政府属性与市场属性孰强孰弱？这是本文所关注的一个关键问题。为此，本文设计政府属性与市场属性之比评价指标，结果发现：其一，我国地区竞争机制中的政府属性在不断下降，而市场属性在不断上升。2007～2017年，我国政府属性与市场属性之比由8.44下降至2.12，反映出地区竞争机制中政府属性被削弱，市场属性在增强。其二，东中部地区的政府属性与市场属性之比普遍低于西部地区。在市场属性外生的情况下，东中部地区的政府属性要弱于西部地区；或者在政府属性外省的情况下，东中部地区的市场属性要强于西部地区。就空间维度而言，相较于西部地区，先发区域的市场属性要比政府属性相对更强。

五、中国地区竞争机制政府属性与市场属性的互动关系检验

我们首先对面板数据的序列平稳性进行LLC法检验，验证了两类数据的平稳性，进而进行了PVAR矩估计检验。

检验结果表明：第一，在全国样本下，政府属性的提升可以带动市场属性的提升（系数为0.6630），而市场属性对政府属性的影响并不显著，显示出政府属性的主动性和地方政府政策调整的导向性。第二，在先发区域样本下，政府属性的提升可以带动市场属性的提升。市场属性的提升可以带动政府属性的提升。在市场机制较为完善的先发区域，市场属性地区竞争程度的提升，在一定程度上引起地方政府的决策调整，进而带动政府属性地区竞争程度的提升。第三，在后发区域样本下，政府属性的提升可以带动市场属性的提升。后发区域政府属性对市场属性的正向效应比先发区域更大，这是因为后发区域政府的资源配置作用更显著，政策的导向性和地方政府对市场主体的影响力更强。

六、结论

地区间的竞争机制对中国区域经济的发展及区际经济格局的形成和演变具有重要的影响。本文认为，地区间的竞争是由其政府属性和市场属性共同塑造的。在我国地区竞争机制的演变过程中，市场属性在不断强化，而政府属性在不断弱化。在先发区域，地区竞争机制的市场属性要强于其政府属性，而在后发区域，地区竞争机制的政

府属性要强于其市场属性。地区竞争机制政府属性会对其市场属性产生冲击，而市场属性对政府属性的影响并不显著。

本文的政策含义在于，地方政府不仅要意识到自身在区际政策决策中的主观能动性，同时还要重视市场主体“一致行动人”效应的影响。一方面，应当坚持发挥市场在资源配置中的基础性作用；另一方面，确保政府对市场的合理干预，规避政府决策对市场机制带来的不当或过度冲击。当前，不断完善市场机制，优化市场在地区间的资源配置作用，保持地区间的合理竞争显得尤为重要。

经济治理能力、出口贸易与中国高新技术产业自主创新*

曹虹剑** 李虹辰 张 慧

摘 要 在国家治理能力现代化和“双循环”相互促进背景下，探究经济治理能力和出口贸易对我国高新技术产业自主创新的影响。结果表明：经济治理能力和出口贸易对高新技术产业自主创新能力有显著正向影响；要素市场发育程度、非国有经济发展、法律制度质量、研发资本投入对内资企业自主创新有正向影响；产品市场发育程度、研发劳动投入显著提升了外资企业创新能力。在以国内大循环为主体的背景下，应提升经济治理能力以激发国内市场主体的创新活力。

关键词 出口贸易 经济治理能力 自主创新 高新技术产业 研发

一、引言

近年来我国经济由高速增长向高质量发展转变，新旧动能正在加速转换。高新技术产业的发展对新旧动能转换至关重要。从全球产业链视角来看，我国传统要素成本方面的比较优势已经不复存在，而创新要素带来的新竞争优势尚未完全形成。在高新技术行业全球供应链的部分核心环节不向我国企业开放的背景下，我国要加快提升高新技术产业自主能力，充分利用超大规模国内市场，深化高新技术产业分工，构建迂回生产链条更长的国内价值链，形成以国内循环为主、国内国际相互促进的双循环新格局（黄群慧，2020）。

经济治理能力对我国高新技术产业自主创新能力有重要影响。竞争中性的制度安排，完善的市场环境能激发公有制和非公有制企业的创新活力。在全面深化改革背景

---

* 本文原载于《财经理论与实践》，2020 年第 6 期，第 111 ~ 117 页。

** 作者简介：曹虹剑，湖南师范大学商学院教授，博士生导师。

下，我国市场经济体制建设已经取得长足进步，但相对于市场化程度很高的产品市场，要素市场化程度相对滞后，成为制约高新技术产业自主创新能力提升的重要障碍之一（戴魁早、刘友金，2016；唐红祥、张祥祯、吴艳等，2019）。提升我国经济治理能力，使市场在资源配置中起决定性作用，同时更好发挥政府的作用，是提升我国高新技术产业自主创新能力的重要途径。

出口贸易对高新技术产业自主创新能力也有重要的影响。新贸易理论认为出口贸易使企业置身于更激烈的国际竞争市场，从而推动企业进行创新。而出口研发补贴、出口退税、技术性贸易壁垒等政策工具也会影响企业的自主创新能力（Collie，2002；陈林、朱卫平，2008；谢娟娟、梁虎诚，2008）。近几年来，美国等发达国家贸易保护主义抬头，美方以各种理由或借口，逐步升级对中国许多领域的贸易制裁措施，甚至将某些中企纳入了"实体名单"（龚波，2019）。目前我们亟须摆脱对外部市场的过度依赖，破除发达国家的技术封锁，促进我国高新技术产业自主创新能力提升。因此，在一些国家限制我国高新技术产业发展的背景下，探讨经济治理能力与出口贸易对我国高新技术产业自主创新的影响具有重要现实意义。

二、理论分析与研究假设

（一）经济治理能力影响自主创新的机理

政府经济治理能力主要体现在：政府与市场的关系、非国有经济的发展、产品市场和要素市场的发育程度以及法律制度环境等方面（樊纲、王小鲁、马光荣，2011）。经济治理能力越强，越能激发企业家创新精神，提升企业创新能力。

第一，政府与市场的关系越清晰，越有利于自主创新。提升政府经济治理能力，一方面要求"在坚持社会主义基本经济制度前提下，充分发挥市场在资源配置中的决定性作用的同时，更好发挥政府作用"。这将优化资源配置，使要素集约化程度和研发产出效率提高，从而提升自主创新的能力。另一方面要求建设高标准市场体系，完善公平竞争制度，实施市场准入负面清单制度，健全破产制度。政府创建公平竞争的市场环境和创新环境，这将导致优胜劣汰，从而促进自主创新能力的提升（徐浩，2018）。

第二，不同所有制经济发展环境越公平，越有利于自主创新。一方面，我国正在推进国有经济布局优化和结构调整，发展混合所有制经济，增强国有经济创新力、影响力、控制力与抗风险能力。混合所有制改革的深入推进使市场进入壁垒降低，可竞争性增强，同时促使国有企业优化内部治理结构，从而促进自主创新能力的提升。另一方面，非国有经济也是我国经济的重要组成部分，尤其是华为等民营企业发展，已经成为我国经济高质量发展与自主创新能力提升的重要推动力（陈钊，2004；方军雄，2007）。

第三，产品市场和要素市场发育程度越高，越有利于自主创新。要素市场的发展是我国企业提升自主创新能力的重要一环，其发展完善提高了资源配置效率，促使研发投入从低效率项目流向高效率项目，从而提高创新的产出（成力为、孙玮，2012）。完备的产品市场加快了信息传递，使资本更加便利有效地转移，能及时反映市场供求关系（方军雄，2006；戴魁早、刘友金，2013），企业通过需求满足和需求创造提升研发水平和创新能力。

第四，法律制度环境越完善，越有利于自主创新。一方面，在知识产权被有效保护条件下，企业能通过创新获取超额利润，这将激发企业创新行为。另一方面，企业的合法权益受到保护，企业更愿意通过与其他企业的合作提升创新能力（吴延兵，2006）。因此，法律制度环境的完善有利于优化资源配置（吴超鹏、唐菂，2016），提升企业的创新能力。通过上述分析提出如下假设：

假设 1：经济治理能力与高新技术产业自主创新能力呈正相关关系。

（二）出口贸易影响自主创新的机理

“出口促进论”认为，出口具有正的外部性，出口部门通过贸易可以产生技术扩散和知识溢出效应，从而促进技术进步，提升自主创新能力（张杰、刘志彪、郑江淮，2008；康志勇，2011）。其作用机理主要体现在以下三个方面。

第一，“出口中学”效应。国际贸易为知识在国家之间的传递提供了便利，出口企业在国际市场上可以获得知识、技术和管理经验，以直接学习与间接改进两种方式提高生产率和创新能力，即出口中学习（Baldwin and Gu，2004；Liu and Buck，2007）。直接学习是指出口部门在产品出口过程中可以从进口部门那里获得大量产品信息，甚至得到进口部门的技术支持与设计共享（Salomon，2005）。间接改进是指进口部门为了得到高质量、低成本的产品，通常会为出口部门提供相关产品的技术援助（李平，2006）。因此，出口部门在“出口中学”过程中积累了创新所需知识与技术资本，提高了自主创新能力（刘端、朱颖、陈收，2018）。

第二，出口竞争效应。面对激烈的出口竞争市场，出口企业改进产品质量，减少生产成本的压力增大，必须通过不断地进行技术创新来保持竞争优势（李小平、卢现祥、朱钟棣，2008）。阿吉翁等（Aghion et al.，2017）认为，越接近技术前沿的企业生产率会越高，占据的市场份额越大，出口更能够促进其创新。位于技术前沿的企业为了保持国际市场上的技术优势会对技术人员进行培训，并通过高待遇吸引高素质技术人员，从而促进研发水平的提高（Boone，2000）。

第三，出口规模效应。克鲁格曼（Krugman）与赫尔普曼（Elhanan）认为，贸易可以产生规模经济效应。一方面，出口贸易可以深化国际分工，使专业化程度提高，从而提高企业创新能力与生产率。另一方面，出口规模扩大会使企业初期高额的创新研发投入得到补偿，从而降低企业创新的成本和风险（张杰、郑文平，2017），从而促使自主创新活动的产生。通过上述分析提出如下假设：

假设 2：出口贸易与高新技术产业自主创新能力呈正相关关系。

三、模型设计、变量选取与数据说明

（一）模型设计

创新的过程实质上就是利用各种资源创造、生产出新知识的过程（熊彼特，1990；李平、崔喜君、刘建，2007）。因此，借鉴柯布道格拉斯生产函数，将高新技术产业创新的产出函数表示为：

$$inno_{it} = A_{it} k_{it}^{\alpha_1} l_{it}^{\alpha_2} \tag{1}$$

其中，$inno$ 表示自主创新能力，k 表示创新中研究与试验发展（R&D）的资本投入，l 表示创新中的 R&D 劳动投入，A 表示影响创新的其他因素，i 表示省市，t 表示年份。

在影响创新的其他因素中，主要考虑经济治理能力和出口贸易对创新的影响，因此把出口贸易与经济治理能力作为其他重要因素。将 A 定义为：

$$A_{it} = A_0 e^{f(x) + u_{it}} \tag{2}$$

其中，A_0 为常数项，u 为随机变量，并且将 $f(x)$ 定义为：

$$f(x) = \alpha_3 ins_{it} + \alpha_4 \ln ex_{it} \tag{3}$$

将式（2）、式（3）代入式（1），两边取自然对数得：

$$inno_{it} = \alpha_0 + \alpha_1 \ln k_{it} + \alpha_2 \ln l_{it} + \alpha_3 ins_{it} + \alpha_4 \ln ex_{it} + u_{it} \tag{4}$$

其中，ins 表示经济治理能力，ex 表示出口贸易，u 是随机误差项。

另外，还有必要引入一些对高新技术产业创新有影响的其他因素作为控制变量。

根据国内外相关研究成果，控制变量主要包括技术改造能力和企业规模（贺正楚、潘红玉、邓英等，2016）。熊彼特（1990）认为，大企业所具有的资源禀赋是创新的基本条件。还有学者认为，企业规模与创新可能具有非线性关系（高良谋、李宇，2009），因此，在控制变量中再引入企业规模的平方项。

考虑控制变量后，将模型（4）拓展为：

$$inno_{it} = \alpha_0 + \alpha_1 \ln k_{it} + \alpha_2 \ln l_{it} + \alpha_3 ins_{it} + \alpha_4 \ln ex_{it} + \alpha_5 size_{it} + \alpha_6 size2_{it} + \alpha_7 \ln tr_{it} + u_{it} \quad (5)$$

其中，*size* 表示企业规模，*size*2 表示企业规模的平方项，*tr* 表示技术改造能力。

（二）变量选取

用什么变量来衡量创新能力，学术界并没有统一的结论。很多学者采用专利数量来衡量创新，但专利数会受到专利授权机构偏好的影响（邓路、高连水，2009），而且存在异质性的问题。还有一部分学者认为，新产品销售收入能够充分体现创新过程中的成果转化能力（秋平、刘友金、贺灵，2017）。考虑到前文中模型和变量的设定，以及数据可获得性问题，本文采用新产品销售收入来衡量创新能力（在模型中用“*inno*”表示），用内资企业新产品销售收入来衡量自主创新能力，并以 2008 年为基期，用出厂价格指数对其进行平减。新产品销售收入越高，说明高新技术产业创新产出越多，创新能力越强。

1. 解释变量的选取

解释变量的选取如下：

（1）经济治理能力（*ins*）。借鉴前人的做法，采用王小鲁、樊纲和余静文构建的指数衡量经济治理能力（杨瑞龙、章逸然、杨继东，2017）。该指数包含政府与市场的关系、非国有经济的发展、产品市场的发育程度、要素市场的发育程度和法律制度环境等五个方面，基本涵盖了经济治理能力中主要的因素。

（2）出口贸易（*ex*）。采用出口交货值来衡量出口贸易，并以 2008 年为基期，用出厂价格指数对其进行平减。

（3）R&D 资本投入（*k*）。采用 R&D 经费内部支出衡量 R&D 资本投入。借鉴朱平芳和徐伟民（2003）的方法构建 R&D 价格指数（朱平芳、徐伟民，2003），将 R&D 价格指数设定为消费价格指数和固定资产价格指数的加权平均值，其中消费价格指数的权重为 0.55，固定资产价格指数的权重为 0.45，以 2008 年为基期对 R&D 经费内部支出进行平减。

（4）R&D 劳动投入（*l*）。参考大多数文献做法，直接采用 R&D 人员全时当量衡量 R&D 劳动投入。

2. 控制变量的选取

控制变量的选取如下：

（1）企业规模（*size*）。考虑数据的可得性，采用高新技术产业中各企业的平均主营业务收入衡量企业规模。

（2）技术改造能力（*tr*）。采用技术改造经费来衡量技术改造能力，并以 2008 年为基期，用 R&D 价格指数对其进行平减。R&D 价格指数的获取方式见 R&D 资本投入。

（三）数据说明

选取 2008 ~ 2016 年中国高新技术产业共 25 个省际面板数据进行实证研究。实证研究所使用的新产品销售收入、R&D 经费内部支出、R&D 人员全时当量、出口交货值、主营业务收入、企业个数和技术改造经费数据均来源于历年《中国高技术产业统计年鉴》，价格指数来源于《中国统计年鉴》，经济治理能力指数来源于《中国分省份市场化指数报告（2016）》（王小鲁、樊纲、余静文，2017）。由于王小鲁等的市场化指数有两个基于不同计算方法的版本，所以本文将用 1997 ~ 2009 年数据的实证检验作为 2008 ~ 2016 年数据的稳健性检验。此外，2008 年新产品销售收入、专利申请数、R&D 经费内部支出、R&D 人员全时当量和技术改造经费的统计口径为大中型企业，所以这五个变量 2008 年度的数据用大中型企业数据近似代替。由于数据缺失，研究时未将内蒙古、西藏、宁夏、海南、甘肃、青海和港澳台地区纳入分析样本，样本只包括 25 个省区市。

为对企业异质性进行研究，将分为全部企业、内资企业和外资企业三个面板数据回归，相关变量描述性统计见表 1。高新技术产业总体新产品销售收入平均值在 1090 亿元，内资企业的新产品销售收入略高于外资企业；内资企业的 R&D 资本投入和劳动投入明显高于外资企业，但外资企业的出口交货值明显高于内资企业。

四、实证结果及分析

为了保证检验结果的准确性，选择了 Hadrilm 方法对各变量进行了单位根检验。为了消除时间序列中存在的异方差现象，使其更趋于线性化，对其中一些变量进行了对数处理。此外，在模型进行回归前均进行了单位根检验和协整检验，结果显示所有模

表 1　　相关变量描述性统计

变量	全部企业			内资企业			外资企业		
	样本量	均值	标准差	样本量	均值	标准差	样本量	均值	标准差
inno	225	10900000	21100000	225	4888000	10400000	191	4485000	9077000
ins	225	6. 625	1. 668	225	6. 625	1. 668	191	6. 914	1. 555
ex	225	1726	3519	225	251. 5	696. 1	191	1132	2269
k	225	686839	1265000	225	469795	915117	191	147994	251535
l	225	22248	38274	225	14981	24137	191	4915	9098
size	225	3. 262	1. 796	225	2. 131	1. 065	191	6. 869	5. 091
tr	225	134924	202949	225	104602	146828	191	18303	36890

型均通过平稳性检验。为节省篇幅，本文省略了高新技术产业全部企业变量的单位根检验结果和 KAO 检验的结果。本文选择固定效应模型对模型进行回归检验。

（一）基本回归

首先，对我国高新技术产业全部企业进行回归分析，然后分别对内资企业和外资企业进行回归分析。回归分析结果如表 2 所示。

表 2　　中国高新技术产业基本回归估计

变量	(1)	(2)	(3)
	全部	内资	外资
ins	0. 256 *** (4. 245)	0. 217 *** (3. 808)	0. 234 *** (2. 364)
ln*ex*	0. 263 *** (4. 746)	0. 158 *** (2. 980)	0. 317 *** (3. 179)
ln*k*	0. 495 *** (3. 378)	0. 461 *** (3. 474)	0. 061 (0. 496)
ln*l*	0. 021 (0. 135)	-0. 004 (-0. 024)	0. 440 *** (3. 373)
size	0. 280 ** (2. 403)	0. 327 ** (2. 243)	0. 013 (0. 200)

续表

变量	(1)	(2)	(3)
	全部	内资	外资
size2	-0.041*** (-3.373)	-0.042* (-1.736)	$-2.7e^{-05}$ (-0.012)
ln*tr*	-0.015 (-0.316)	0.017 (0.480)	0.047 (0.929)
年份	Yes	Yes	Yes
省份	Yes	Yes	Yes
C	2.851** (2.585)	4.637*** (5.332)	2.984** (1.981)
样本量	225	225	191
R^2	0.731	0.796	0.438

注：括号中的值为 t 值；***、**、* 分别表示在 1%、5%、10% 的水平上显著。

根据表 2 中列（1）的实证结果来看，经济治理能力（*ins*）、出口贸易（*ex*）均对高新技术产业创新能力有显著的正向影响，说明提升经济治理能力、加大出口贸易规模都能有效提升产业的创新能力。R&D 资本投入（*k*）对创新能力有显著的正向影响，而 R&D 劳动投入（*l*）对创新能力的影响为正但不显著。从 R&D 投入来看，我国高新技术产业创新能力主要依靠 R&D 资本投入驱动，R&D 劳动投入对创新的驱动作用还不明显，也从侧面反映出高新技术产业要素投入结构还存在问题，高素质人力资本投入比重有待提升。企业规模（*size*）对高新技术产业创新能力有显著的正向影响，而企业规模平方项（*size2*）对高新技术产业创新能力有显著负向影响。这说明中型企业规模更有利于创新，符合高良谋和李宇（2009）关于企业规模和创新之间存在倒 U 形关系的假说。此外，技术改造能力（*tr*）对高新技术产业创新能力的影响为负，但不显著。

学者们常认为产权异质性会对高新技术产业创新能力产生影响。接下来，考察不同变量对内资企业和外资企业创新能力的影响，回归结果见表 2 的列（2）和列（3）。不同变量对内资企业自主创新能力的影响和高新技术产业整体情况基本相同，但对外资企业创新能力的影响则有所差异。具体而言，出口贸易对内资企业和外资企业创新能力都有显著的正向影响，从系数来看，出口贸易对外资企业创新能力的正向影响稍大。经济治理能力对内资企业和外资企业创新能力的正向影响都很显著。R&D 投入对内外资企业创新能力影响的差异很大，R&D 资本投入对内资企业自主创新的影响在

1%水平上显著为正，但对外资企业创新能力的影响并不显著。R&D劳动投入对创新能力的影响则完全相反，对外资企业创新能力影响在1%的水平上显著为正，但对内资企业自主创新能力的影响并不显著且系数为负。这说明外资企业研发要素投入的创新绩效更高，尤其在劳动要素投入的创新绩效方面。以上分析表明，经济治理能力、出口贸易都能够有效提升高新技术产业自主创新能力，所以假设1和假设2均成立。

（二）稳健性检验

1. 系统GMM估计结果

为解决内生性问题，采用系统GMM方法进行检验。具体回归结果见表3列（1）～列（3）。

表3 稳健性检验

变量	(1)	(2)	(3)	(4)
	全部	内资	外资	1998～2009年
ins	0.390** [0.176]	0.171** [0.0746]	0.0381 [0.249]	0.079* (0.045)
ln*ex*	0.318*** [0.0706]	0.313** [0.134]	0.116 [0.119]	0.154** (0.061)
L. ln*inno*	0.349*** [0.146]	0.355** [0.180]	0.756*** [0.260]	—
ln*k*	2.260*** [0.231]	1.482*** [0.318]	−0.021 [0.581]	0.350*** (0.074)
L. ln*k*	−1.710*** [0.484]	−1.068*** [0.146]	−0.495 [0.779]	—
ln*l*	−0.692** [0.301]	−0.350 [0.231]	0.694* [0.381]	−0.164** (0.078)
size	0.620** [0.312]	0.353 [0.322]	−0.0254 [0.0462]	1.468*** (0.261)
size2	−0.0873** [0.0385]	−0.0479 [0.0459]	0.00161 [0.00214]	−0.249*** (0.052)

续表

变量	(1)	(2)	(3)	(4)
	全部	内资	外资	1998 ~ 2009 年
ln*tr*	0.0372 [0.0935]	0.00968 [0.0405]	-0.0174 [0.0989]	0.002 (0.043)
C	0.390 [1.789]	1.378 [1.212]	2.000* [1.035]	6.898*** (0.755)
年份	—	—	—	Yes
省份	—	—	—	Yes
R^2	—	—	—	0.720
Sargan 检验 p 值	0.994	0.248	0.249	—
Hansen 检验 p 值	0.876	0.250	0.670	—
AR（1）检验 p 值	0.022	0.009	0.053	—
AR（2）检验 p 值	0.673	0.356	0.564	—
样本量	200	200	167	324

注：系统 GMM 估计采用“Xtabond2”程序，均为 Two-step；方括号中的值为 z 值统计量，圆括号中的值为 t 值统计量。

表 3 中的列（1）、列（2）和列（3）分别报告了全部企业、内资企业和外资企业的估计结果。为确保估计结果的有效性，对系统 GMM 估计进行了一系列检验，用来考察工具变量的有效性。从 Sargan 检验、Hansen 检验、AR（1）检验和 AR（2）检验的 p 值来看，系统 GMM 估计结果是有效的。由表 3 可知，全部企业和内资企业的出口贸易与经济治理能力的系数均显著为正，与前文中基础回归的结果一致，除此之外，其他变量系数的显著程度以及符号也与表 2 基本一致。外资企业的结果不太显著，可能是由于数据量太少导致，但其系数符号与表 2 基本一致。由此可见，使用系统 GMM 估计之后，依旧支持本文的结果，进一步说明了出口贸易与经济治理能力对中国高新技术产业自主创新有正向影响。

2. 改变数据年限

前文已使用 2008 ~ 2016 年数据进行分析，接下来采用 1998 ~ 2009 年省级面板数据进行稳健性检验（1997 年出口交货值数据空缺）。由于缺乏这一时间段内外资企业数据，因此，仅对全样本进行回归分析，结果如表 3 列（4）所示。

从表 3 列（4）可以看到，采用 1998 ~ 2009 年的数据回归结果与前面表 2 列（1）的回归结果基本保持一致。主要解释变量——经济治理能力与出口贸易对创新能力的影响在表2列（1）中均为正向显著；R&D资本投入、企业规模及企业规模的平方项在前后两个表中的系数符号、大小以及显著度也基本相同。R&D劳动投入由前一阶段的显著负向变为正向（但不显著），这意味着我国高新技术产业在研发投入利用效率有所提高。

（三）进一步的分析

衡量经济治理能力的指数由五个细分指标构成（康志勇，2011），接下来，用经济治理能力的五个细分指标代替式（5）中的经济治理能力指数，对全部企业、内资企业和外资企业分别进行回归分析，由于篇幅限制，仅展示部分回归结果。

由表4可知，就整体而言，除产品市场发育程度（*ins*3）外，其他四方面治理能力均对高新技术产业创新能力有显著的正向影响。从系数大小来看，非国有经济发展（*ins*2）对创新的影响最大，政府与市场关系（*ins*1）次之，法律制度环境（*ins*5）和要素市场发育程度（*ins*4）的影响稍小。产品市场发育程度的影响不显著可能是因为我国高技术产业产品市场化程度较高。

表4　高新技术产业全部企业在五方面经济治理能力的回归估计

变量	(1)	(2)	(3)	(4)	(5)
*ins*1	0.130** (2.096)				
*ins*2		0.192*** (3.312)			
*ins*3			0.113 (1.278)		
*ins*4				0.064* (1.946)	
*ins*5					0.074*** (3.578)
ln*ex*	0.218*** (3.752)	0.245*** (4.364)	0.220*** (3.667)	0.260*** (4.495)	0.278*** (4.893)
年份	Yes	Yes	Yes	Yes	Yes
省份	Yes	Yes	Yes	Yes	Yes

续表

变量	(1)	(2)	(3)	(4)	(5)
C	2.143 * (1.657)	3.766 *** (3.375)	2.956 ** (2.453)	3.592 *** (3.167)	3.400 *** (3.071)
样本量	225	225	225	225	225
R^2	0.713	0.722	0.709	0.712	0.724

注：*ins*1 表示政府与市场的关系，*ins*2 表示非国有经济的发展，*ins*3 表示产品市场的发育程度，*ins*4 表示要素市场的发育程度，*ins*5 表示法律制度环境；括号中的值为 t 值；***、**、* 分别表示在 1%、5%、10% 的水平上显著；控制变量和前文相同，已省略。

就内资企业自主创新能力而言，非国有经济发展、法律制度环境完善的正向影响非常显著，要素市场发育程度的正向影响也较为显著。政府与市场关系的系数为正但不显著，可能是由于政府主要通过财政资助这一方式影响创新，这可在短期内降低企业创新风险，从长期来看，政府资助会使内资企业因过度使用廉价要素而牺牲长期创新能力（李平，2006）。

就外资企业创新能力而言，非国有经济发展和产品市场发育程度的正向影响都很显著，这说明改善产品市场环境、推进非国有经济的发展是激发外资企业创新的关键。政府与市场关系、要素市场发育程度和法律制度环境的系数均为正，但都不显著。这可能是因为外资企业在资本、技术、人才和公司治理等方面有优势，而且它们可以直接利用母国和母公司的多种资源进行创新活动。

五、结论与启示

以上研究表明，经济治理能力和出口贸易提升均显著促进了我国高新技术产业内资企业自主创新能力和外资企业创新能力的提升。从五个方面细分经济治理能力来看，政府与市场的关系和法律制度环境均对高新技术产业创新能力有显著正向影响。从产权异质性来看，非国有经济的发展、要素市场发育程度和法律制度环境对内资企业自主创新能力有显著的正向影响；非国有经济的发展、产品市场发育程度对外资企业创新能力有显著的正向影响。高新技术产业对研发要素依赖性强，内资企业自主创新主要依靠 R&D 资本投入驱动，而外资企业创新主要依靠优质的 R&D 劳动投入驱动。以上实证结果对提升我国高新技术产业自主创新能力有如下启示：

第一，提升政府经济治理能力促进高新技术产业自主创新。充分发挥市场对资源配置决定性作用的同时，发挥有为政府的作用；按照竞争中性原则，完善高新技术产业发展的法律制度环境，为不同规模和产权性质的高技术企业提供一个公平竞争的市场环境，进一步激发中小企业和民营企业的创新活力。

第二，满足不同产权性质企业差异化的经济治理制度需求。对内资企业来说，要减少政府对要素市场的干预，减少资源配置扭曲程度；促进科技中介组织发育，促进科技服务业与高技术制造业的深度融合；鼓励非国有高技术企业发展，为其发展提供一个竞争中性的市场环境。对外资企业来说，需要保持高新技术产业产品市场开放的良好环境。

第三，加快形成以国内大循环为主体、国内国际“双循环”相互促进的发展新格局。我国应该利用超大规模国内市场完善高新技术产品国内价值链构建，尤其要避免高新技术产品核心模块缺失带来的供应链中断问题，重构高新技术产业全球价值链，加快形成国内与国际市场“双循环”相互促进的发展新格局。

第四，通过高质量对外开放提升高新技术产业自主创新能力。要利用“一带一路”倡议等国际合作平台与机制，积极拓展新兴国家高新技术产品市场，使高新技术产业获得广阔的发展空间，通过保持高新技术产品出口的增长来促进高新技术产业创新能力的提升。

第五，优化高新技术产业 R&D 要素投入结构。改变内资高技术企业自主创新能力的提升依靠 R&D 资本投入驱动的现状，改善 R&D 劳动投入的结构，提升人力资本投入比重与质量，通过“干中学”和“出口中学”，提高研发人员素质，实现我国高新技术产业自主创新能力的提升。

参考文献

［1］陈林，朱卫平．出口退税和创新补贴政策效应研究［J］．经济研究，2008（11）：74－87.

［2］陈钊．转型经济中的放松管制和企业重构的最优路径［J］．经济学（季刊），2004（1）：259－280.

［3］成力为，孙玮．市场化程度对自主创新配置效率的影响——基于 Cost-Malmquist 指数的高技术产业行业面板数据分析［J］．中国软科学，2012（5）：128－137.

［4］戴魁早，刘友金．行业市场化进程与创新绩效——中国高技术产业的经验分析［J］．数量经济技术经济研究，2013，30（9）：37－54.

［5］戴魁早，刘友金．要素市场扭曲与创新效率——对中国高技术产业发展的经验分析［J］．经

济研究，2016（7）：72－86.

［6］邓路，高连水．研发投入、行业内 R&D 溢出与自主创新效率——基于中国高技术产业的面板数据（1999－2007）［J］．财贸研究，2009，20（5）：9－14.

［7］樊纲，王小鲁，马光荣．中国市场化进程对经济增长的贡献［J］．经济研究，2011（9）：4－16.

［8］方军雄．市场化进程与资本配置效率的改善［J］．经济研究，2006（5）：50－61.

［9］方军雄．所有制、市场化进程与资本配置效率［J］．管理世界，2007（11）：27－35.

［10］高良谋，李宇．企业规模与技术创新倒 U 关系的形成机制与动态拓展［J］．管理世界，2009（8）：113－123.

［11］龚波．中美贸易摩擦对中国粮食安全的影响［J］．求索，2019（4）：107－112.

［12］贺正楚，潘红玉，邓英，等．中国高端装备制造业的技术创新能力：2004－2014［J］．经济数学，2016（4）：12－21.

［13］黄群慧．“双循环”新发展格局未来我国经济政策的重要目标和着力点［J］．财经界，2020（28）：11－12.

［14］康志勇．出口贸易与自主创新——基于我国制造业企业的实证研究［J］．国际贸易问题，2011（2）：35－45.

［15］李平，崔喜君，刘建．中国自主创新中研发资本投入产出绩效分析——兼论人力资本和知识产权保护的影响［J］．中国社会科学，2007（2）：32－42.

［16］李平．国际技术扩散的路径和方式［J］．世界经济，2006（9）：85－93.

［17］李小平，卢现祥，朱钟棣．国际贸易、技术进步和中国工业行业的生产率增长［J］．经济学（季刊），2008（2）：549－564.

［18］刘端，朱颖，陈收．企业技术并购、自主研发投资与创新效率——来自技术密集型行业的实证［J］．财经理论与实践，2018（2）：51－58.

［19］唐红祥，张祥祯，吴艳，等．中国制造业发展质量与国际竞争力提升研究［J］．中国软科学，2019（2）：128－142.

［20］王小鲁，樊纲，余静文．中国分省份市场化指数报告（2016）［M］．北京：社会科学文献出版社，2017.

［21］吴超鹏，唐菂．知识产权保护执法力度、技术创新与企业绩效——来自中国上市公司的证据［J］．经济研究，2016，51（11）：125－139.

［22］吴延兵．R&D 存量、知识函数与生产效率［J］．经济学（季刊），2006（3）：1129－1156.

［23］谢娟娟，梁虎诚．TBT 影响我国高新技术产品出口的理论与实证研究［J］．国际贸易问题，2008（1）：34－41.

［24］熊彼特．经济发展理论［M］．北京：商务印书馆，1990.

［25］熊彼特．资本主义、社会主义与民主［M］．北京：商务印书馆，1999.

［26］徐浩．制度环境影响技术创新的典型机制：理论解读与空间检验［J］．南开经济研究，2018（5）：133－154.

［27］杨瑞龙，章逸然，杨继东．制度能缓解社会冲突对企业风险承担的冲击吗？［J］．经济研究，2017（8）：140－154.

［28］易秋平，刘友金，贺灵．产学研协同创新效率的时空演变及提升对策——基于空间杜宾模型的研究［J］．湖湘论坛，2017（5）：91－101.

［29］张杰，刘志彪，郑江淮．出口战略、代工行为与本土企业创新——来自江苏地区制造业企业的经验证据［J］．经济理论与经济管理，2008（1）：12－19.

［30］张杰，郑文平．全球价值链下中国本土企业的创新效应［J］．经济研究，2017（3）：151－165.

［31］朱平芳，徐伟民．政府的科技激励政策对大中型工业企业 R&D 投入及其专利产出的影响［J］．经济研究，2003（6）：45－53.

［32］Aghion P，Bergeaud A，Lequien M，et al. The Impact of Exports on Innovation：Theory and Evidence［R］. NBER Working Paper，2017.

［33］Baldwin J R，Wulong Gu. Trade Liberalization：Export-market Participation，Productivity Growth and Innovation［J］. Oxford Review of Economic Policy，2004，20（3）：372－392.

［34］Boone J. Competitive Pressure：The Effects on Investments in Product and Process Innovation［J］. Journal of Economies，2000，31（3）：549－569.

［35］Collie D R. Prohibiting State Aid in an Integrated Market：Cournot and Bertrand Competition with Differentiated Products［J］. Journal of Industry，2002（2）：215－231.

［36］Liu X，Buck T. Innovation Performance and Channels for International Technology Spillovers：Evidence from Chinese High-techin-dustries［J］. Research Policy，2007（36）：355－366.

［37］Salomon R M，Shaver J M. Learning by Exporting：New Insights from Examining Firm Innovation［J］. Journal of Economics and Management Strategy，2005，14（2）：421－260.

农村经济新旧动能转换与经济发展进程的协调度评估*

阳　旸** 刘姝雯

摘　要　文章综合考虑农村经济新旧动能转换与农村经济发展进程两个子系统，选取2005～2018年数据，构建了农村经济新旧动能转换与农村经济发展进程指标体系，进一步评估全国及各省份农村经济新旧动能转换与农村经济发展进程的协同度。结果发现，农村经济新旧动能转换指数缓慢提升，农村经济发展进程显著加速，并且全国层面两者的协同度大幅提升，但是各地区协同度呈现较为明显的不充分不平衡情况，部分地区甚至出现非协同演进的情况。

关键词　新旧动能转换　经济发展　协同度　有序度

一、引言

新时代农村新动能是以技术创新、知识创新、金融创新、产业升级等新生产要素推动农业新技术、新业态和新模式的出现，加快农村经济实现更高质量、更有效率、更可持续的发展，其核心是农村经济动能的实现机制、方式和条件。农村经济新旧动能转换则是加快培育壮大农村经济新动能、改造提升农村经济旧动能，追求“无中生有”的新技术、产业与业态，也推动“有中出新”的传统技术、产业与业态的优化升级（李国祥，2017；杨蕙馨、焦勇，2018），实现自身从较低有序状态跃升至高有序状态、用高水平的平衡增长路径替代低水平的平衡增长路径的过程，促进要素投入与要素产出的效率提升与农村经济发展从量变到质变。但是，在低水平平衡增长路径向高水平平衡增长路径的转变、过渡过程中，可能出现两种情况：一是新动能逐步替代旧

---

* 本文原载于《统计与决策》2021年第20期，第128～130页。

** 作者简介：阳旸，湖南师范大学商学院副教授，金融学博士。

动能的发展阶段，伴随新动能的形成与壮大，知识、技术不断被创新和供给，资源环境也逐渐改善，农村经济的生产力水平大幅提高，效率、动力与质量大幅增强；二是农村经济依旧维持旧产能推动的状态，导致新旧动能转换中的产业类型、驱动方式、要素配置、技术创新、金融发展等出现梗阻、难以充分平衡有序转换，生态环境与土地资源的破坏也难以支撑结构转换与高质量发展。因此，借鉴协同模型研究农村经济新旧动能转换与农村经济发展进程的相互关系具有重要的理论和现实意义。

二、研究设计

（一）指标与数据来源

参考国家统计局统计科学研究所从网络经济、创新驱动、转型升级、经济活力、知识能力五个方面构建的经济发展新动能指数，并结合已有学者从农村“经济发展－资源环境－农科技术”三个维度构建的多元指标体系，本文从技术能力、产业升级、知识能力、绿色发展、金融发展五个方面构建农村经济新旧动能转换指数。根据效率原则，从投入效率与产出效率角度构建农村经济发展进程指数。具体指标体系见表1。我国31个省份（不含港澳台）各项指标数据分别从历年的《中国农业统计年鉴》《中国农业机械工业年鉴》《中国社会统计年鉴》《中国农业统计资料》等年鉴资料中获得。

（二）指标权重及评价模型

1. 有序度模型

将农村经济新旧动能转换与农村经济发展进程视为复合系统 $Y=\{Y_1, Y_2\}$。将子系统 Y_j，$j\in[1, 2]$ 中的各指标设为 Y_j^i，并进一步设 Y_j^i 中的序参量为 $X_j^i=(X_{j,1}^i, X_{j,2}^i, X_{j,3}^i, \cdots, X_{j,n}^i)$，其中，$a_{j,k}^i$、$b_{j,k}^i$ 分别为 X_j^i 的下限和上限。若 $X_{j,1}^i$，$X_{j,2}^i$，$X_{j,3}^i$，$\cdots$，$X_{j,n}^i$ 为正指标，则序参量 X_j^i 的取值与有序度正相关；若 $X_{j,k+1}^i$，$X_{j,k+2}^i$，$X_{j,k+3}^i$，$\cdots$，$X_{j,n}^i$ 为逆指标，则序参量 X_j^i 的取值与有序度负相关。因此，序参量分量 $X_{j,m}^i$ 有序度可以表示为：

$$\mu_j^i(X_{j,m}^i)=\begin{cases}\dfrac{X_{j,m}^i-a_{j,m}^i}{b_{j,m}^i-a_{j,m}^i},\ m\in[1,\ k]\\ \dfrac{a_{j,m}^i-X_{j,m}^i}{b_{j,m}^i-a_{j,m}^i},\ m\in[k+1,\ n]\end{cases}\tag{1}$$

其中，$0\leqslant X_{j,m}^i\leqslant 1$，$X_{j,m}^i$对 Y_j^i 有序度的贡献随着$\mu_j^i(X_{j,m}^i)$的增大而增大。则 $X_{j,m}^i$对 Y_j^i 有序度的总贡献可以通过线性加成方法求得：

$$\mu_j^i(X_j^i)=\sum_{m=1}^{n}\lambda_m\mu_j^i(X_{j,m}^i),$$

$$\lambda_m>0,\sum_{m=1}^{n}\lambda_m=1\tag{2}$$

其中，$\mu_j^i(X_j^i)$ 为 X_j^i 的有序度，$0\leqslant\mu_j^i(X_j^i)\leqslant 1$，$\mu_j^i(X_j^i)$ 的值越大，表明 X_j^i 对 Y_j^i 有序度的贡献越大，Y_j^i 有序度水平越高，反之越低。权重系数 λ_m 采用层次分析法进行赋权，具体通过建立层次结构模型、构建判断矩阵、求解最大特征根及特征向量、一致性检验实现。各层级指标权重如表 1 所示。

表 1　指标体系及指标权重

目标层	功能层	具体指标	影响方向	权重
农村经济新旧动能转换指数	技术能力（0.2000）	每万人农机化技术推广机构（个/万人）	正向	0.4000
		农业机械化投资效率（%）	正向	0.6000
	产业升级（0.2000）	农业综合开发项目投资效率（%）	正向	0.5000
		产业化经营项目投资效率（%）	正向	0.5000
	知识能力（0.2000）	每万人农机化教育、培训机构（个/万人）	正向	0.7500
		每万人农机化管理机构（个/万人）	正向	0.2500
	绿色发展（0.2000）	单位农地生态足迹（万千瓦时/公顷）	逆向	0.3108
		化肥、农药、农膜使用强度（吨/公顷）	逆向	0.1958
		土地治理项目投资效率（%）	正向	0.4934
	金融发展（0.2000）	每万人营业网点机构个数（个/万人）	正向	0.5000
		每万人营业网点资产总额（亿元/万人）	正向	0.5000
农村经济发展进程	产出效率（0.5000）	农村居民人均年纯收入（元）	正向	0.6500
		农林牧渔业增加值占比（%）	正向	0.3500
	投入效率（0.5000）	农业劳动生产率（亿元/万人）	正向	0.6000
		农户固定资产投资（亿元）	正向	0.4000

2. 协同度模型

假设在初始时刻 t_0，Y_j 的有序度为 $\mu_j^0(X_j)$；在发展过程中的 t_1 时刻，系统 Y_j 的有序度为 $\mu_j^1(X_j^i)$。那么，复合系统的协同度可用式（3）表示：

$$C = sig(\cdot) \times \sqrt[h]{\left|\prod_{j=1}^{h}[\mu_j^1(X_j) - \mu_j^0(X_j)]\right|},\ h \in [1,2]$$

$$\text{s. t. } sig(\cdot) = \begin{cases} 1, \min[\mu_j^1(X_j) - \mu_j^0(X_j)] > 0 \\ -1, \min[\mu_j^1(X_j) - \mu_j^0(X_j)] < 0 \end{cases} \tag{3}$$

若 C 为正值，表明复合系统处于协同演进状态；若 C 为负值，则表明复合系统处于非协同演进状态。进一步根据协同度大小分为五个阶段：$C \leqslant 0$ 表示协同度极低，系统无序发展；$0 < C \leqslant 0.1$ 表示低水平协同；$0.1 < C \leqslant 0.3$ 表示协同进入磨合阶段；$0.3 < C \leqslant 0.6$ 表示高水平协同阶段；$0.6 < C \leqslant 1$ 表示协同耦合共振且趋向新的协同结构。

三、实证分析

（一）农村经济新旧动能转换与农村经济发展进程指数测算

表 2 是对全国农村经济新旧动能转换指数与农村经济发展进程指数的科学测算。可以发现，2005 ~ 2018 年，农村经济新旧动能转换指数缓慢提升，从 0.223 提升至 0.260，说明农业供给侧结构性改革内生动力有待增强，产业升级对新旧动能转换的贡献不足。究其原因，农业现代化的全国平均水平没有达到基本实现农业现代化的程度（杜宇能、潘驰宇、宋淑芳，2018），新型城镇化与农业现代化不协调（曹俊杰、刘丽娟，2014），农业科技支持力度与广度不足，机械化应用率与转化率偏低（董锦云，2015），而且农业发展面临着资源与环境的双重约束，非农产业对优质生态资源虹吸作用依旧强劲，农业面源污染和生态退化的趋势尚未得到有效遏制（于法稳，2018）。2005 ~ 2018 年，农村经济发展进程加速，从 0.190 提升至 0.455，取得了非常显著的成效，投入与产出效率也得到了极大的增强。究其原因，既有农业自身发展问题倒逼下的客观要求，也有量到质的变革（陈锡文，2017），农民收入增长呈“多轮驱动”状态（张红宇，2015），通过现代生产要素投入来提高土地生产率和劳动生产率的趋势逐渐显现。所以当前的重要任务是增强产业与产品结构变迁与攀升的动力，促进农业发展由过度依赖资源消耗向追求绿色生态可持续转变。

表 2 农村经济新旧动能转换与农村经济发展进程指数

年份	农村经济新旧动能转换指数	农村经济发展进程指数	技术能力	产业升级	知识能力	绿色发展	金融发展	产出效率	投入效率
2005	0. 223	0. 190	0. 204	0. 076	0. 108	0. 534	0. 193	0. 256	0. 123
2006	0. 257	0. 197	0. 211	0. 068	0. 273	0. 525	0. 208	0. 256	0. 139
2007	0. 224	0. 223	0. 210	0. 080	0. 107	0. 516	0. 208	0. 284	0. 162
2008	0. 226	0. 243	0. 217	0. 063	0. 111	0. 522	0. 219	0. 291	0. 195
2009	0. 237	0. 263	0. 257	0. 055	0. 114	0. 523	0. 234	0. 304	0. 222
2010	0. 238	0. 289	0. 264	0. 047	0. 114	0. 533	0. 235	0. 323	0. 255
2011	0. 242	0. 325	0. 262	0. 055	0. 118	0. 517	0. 258	0. 347	0. 303
2012	0. 241	0. 351	0. 268	0. 029	0. 117	0. 525	0. 268	0. 370	0. 331
2013	0. 246	0. 379	0. 265	0. 029	0. 120	0. 521	0. 292	0. 403	0. 356
2014	0. 249	0. 401	0. 260	0. 043	0. 122	0. 507	0. 312	0. 428	0. 374
2015	0. 251	0. 415	0. 255	0. 042	0. 116	0. 520	0. 319	0. 449	0. 380
2016	0. 255	0. 431	0. 248	0. 027	0. 124	0. 514	0. 361	0. 472	0. 390
2017	0. 272	0. 448	0. 265	0. 102	0. 131	0. 522	0. 340	0. 497	0. 400
2018	0. 260	0. 455	0. 256	0. 057	0. 124	0. 524	0. 340	0. 529	0. 381

（二）农村经济新旧动能转换与农村经济发展进程协同度测算

表 3 是全国协同度水平的测算结果。以 2005 年为基期，2006 ~ 2018 年，农村经济新旧动能转换系统与农村经济发展进程系统的协同度快速、大幅提升，后期进入了磨合阶段。农村金融发展和农业科技进步成为农村经济新旧动能转换与农村经济发展的两大引擎，在促进农民收入增长以及盘活农村经济活力中发挥着重要的作用（田杰、陶建平，2012；刘玉春、修长柏，2013）。但是，在产业转型背景下，农业结构进行转型调整仍然比较注重数量提升，而非优化质量与效率，也存在优质化生产、产业链经营发展不够完善，农民知识水平相对滞后，以及土壤、农药、废弃物等环境污染问题还需要进一步妥善解决等现象，这也导致了协同度不仅在个别年份出现过下滑，而且未能更快进入高水平协同阶段。

表 3 全国农村经济新旧动能转换与农村经济发展进程协同度

年份	2006	2007	2008	2009	2010	2011	2012	2013	2014	2015	2016	2017	2018
协同度	0.016	0.006	0.013	0.032	0.039	0.051	0.054	0.065	0.074	0.079	0.088	0.113	0.100

在分析了全国层面的农村经济新旧动能转换系统与农村经济发展进程系统协同状态之后，进一步分析各省份的协同状态发现，存在严重的不平衡、不充分的问题。表4显示，依据2006~2018年协同度的平均值，天津、上海与北京均进入了磨合阶段，陕西、甘肃、海南、吉林、浙江、青海、辽宁、宁夏处于非协同演进的无序发展状态。进一步对上述典型地区的农村经济发展进程与新旧动能转换之间的有序性、增长速度进行比较发现，如果农村经济发展进程速度远远超过农村经济新旧动能转换速度，复合系统的平衡性、协同性会受到负面冲击，浙江就是例子，农村居民收入连续30多年领跑全国，但是工业化、城镇化与农业发展不协调已经显现，农业农村产业点状创新尚未“串点成线”。如果农村经济发展进程速度远远低于农村经济新旧动能转换速度，复合系统的平衡性、协同性也会受到消极影响，宁夏就是例子，其素有“塞上江南、鱼米之乡”的美誉，通过打造现代农业全产业链，构建产学研协同创新体系，加大农村第一、第二、第三产业的深度融合，加快推动农业机械化、农业技术服务体系、农业绿色防控体系等发展，不断为农村经济新动能注入活力，但是也面临劳动力供需矛盾突出、产业发展途径与空间出现瓶颈以及城乡收入差距较大的问题；另外，天津、上海与北京新型农业经营主体规模大、数量多，依托资金、科技、教育优势，能更高效、更平衡地同步加快农村经济发展与新旧动能转换，而海南、吉林、辽宁多是以传统农业支持农村经济发展，所以新旧动能转换跟不上步伐。

表 4 各省份农村经济新旧动能转换与农村经济发展协同度

省份	2006~2018年平均协同度	农村经济发展进程与新旧动能转换差值最大值	农村经济发展进程快于新旧动能转换的次数	农村经济发展进程与新旧动能转换差值最小值	农村经济发展进程慢于新旧动能转换的次数
天津	0.129	0.142	6	-0.086	7
上海	0.114	0.223	12	-0.022	1
北京	0.104	0.105	7	-0.281	6
广东	0.090	0.278	12	-0.008	1
江苏	0.086	0.437	13	0.081	0

续表

省份	2006～2018 年平均协同度	农村经济发展进程与新旧动能转换差值最大值	农村经济发展进程快于新旧动能转换的次数	农村经济发展进程与新旧动能转换差值最小值	农村经济发展进程慢于新旧动能转换的次数
山西	0. 083	0. 039	2	-0. 174	11
山东	0. 080	0. 371	13	0. 055	0
广西	0. 068	0. 249	12	-0. 037	1
四川	0. 062	0. 270	13	0. 009	0
内蒙古	0. 060	0. 031	3	-0. 153	10
福建	0. 059	0. 351	13	0. 035	0
西藏	0. 056	0. 060	2	-0. 059	11
黑龙江	0. 056	0. 194	9	-0. 119	4
江西	0. 052	0. 195	11	-0. 034	2
贵州	0. 045	0. 101	8	-0. 070	5
重庆	0. 045	0. 164	12	-0. 034	1
湖南	0. 042	0. 246	12	-0. 037	1
新疆	0. 042	0. 145	9	-0. 092	4
湖北	0. 034	0. 418	12	-0. 005	1
河南	0. 029	0. 258	13	0. 033	0
河北	0. 023	0. 266	13	0. 009	0
云南	0. 019	0. 150	8	-0. 085	5
安徽	0. 013	0. 247	12	-0. 026	1
陕西	-0. 005	0. 128	8	-0. 150	5
甘肃	-0. 006	0. 030	4	-0. 147	9
海南	-0. 009	0. 284	12	-0. 004	1
吉林	-0. 016	0. 144	11	-0. 122	2
浙江	-0. 024	0. 537	13	0. 100	0
青海	-0. 025	-0. 001	0	-0. 158	13
辽宁	-0. 046	0. 249	12	-0. 074	1
宁夏	-0. 052	-0. 022	0	-0. 249	13

四、结束语

乡村振兴离不开农村经济新旧动能转换、农村经济发展的有序提升和耦合协同。本文通过对2005~2018年全国及各省份农村经济新旧动能转换与农村经济发展进程的协同度进行精准测算与系统评估，得到以下结论：一是农村经济新旧动能转换指数缓慢提升，农村经济发展进程显著加速；二是全国农村经济新旧动能转换系统与农村经济发展进程系统的协同度快速大幅提升，进入了磨合阶段；三是各省份农村经济新旧动能转换与农村经济发展进程协同度呈现不充分、不平衡情况。

参考文献

[1] 曹俊杰，刘丽娟. 新型城镇化与农业现代化协调发展问题及对策研究 [J]. 经济纵横，2014 (10)：12-15.

[2] 陈锡文. 论农业供给侧结构性改革 [J]. 中国农业大学学报（社会科学版），2017，34 (2)：5-13.

[3] 董锦云. 我国农业现代化发展存在的问题及对策研究 [J]. 内蒙古科技与经济，2015 (13)：5-6.

[4] 杜宇能，潘驰宇，宋淑芳. 中国分地区农业现代化发展程度评价——基于各省份农业统计数据 [J]. 农业技术经济，2018 (3)：79-89.

[5] 李国祥. 论中国农业发展动能转换 [J]. 中国农村经济，2017 (7)：2-14.

[6] 刘玉春，修长柏. 农村金融发展、农业科技进步与农民收入增长 [J]. 农业技术经济，2013 (9)：92-100.

[7] 田杰，陶建平. 农村金融密度对农村经济增长的影响——来自我国1883个县（市）面板数据的实证研究 [J]. 经济经纬，2012 (1)：108-111.

[8] 杨蕙馨，焦勇. 新旧动能转换的理论探索与实践研判 [J]. 经济与管理研究，2018，39 (7)：16-28.

[9] 于法稳. 新时代农业绿色发展动因、核心及对策研究 [J]. 中国农村经济，2018 (5)：19-34.

[10] 张红宇. 新常态下的农民收入问题 [J]. 农业经济问题，2015，36 (5)：4-11.

新型城镇化能改善代际流动性吗？*

李　军** 李　敬

摘　要　本文基于由地区层面数据构建的新型城镇化指数与2016年中国劳动力动态调查微观数据，实证研究了新型城镇化与代际流动性的关系。研究发现，新型城镇化有效提高了代际教育流动性与代际职业流动性。异质性分析说明，新型城镇化提高子代为男性家庭代际职业流动的效果优于子代女性家庭，同时新型城镇化提高代际流动性的效果在中西部明显不足，并且农村地区的代际职业流动也未得到提高。机制分析表明，新型城镇化能通过降低收入不平等与促进家庭化迁移提高代际流动性。进一步研究发现，当前新型城镇化建设未能改善进城务工代际职业流动的社会融合与代际剥削，是一种缺乏“质量”的代际流动。

关键词　社会公平　新型城镇化　代际流动性

一、引言

代际流动性是指子女与其父母相比的阶层可变化程度，是衡量阶层固化程度和经济健康发展水平的重要指标。伴随着改革开放，中国经济社会高速发展。然而近年来不同阶层、不同群体间的利益分化也逐渐显现，阶层固化现象日益突出，引起社会广泛关注。中共十九大报告指出：“破除妨碍劳动力、人才社会性流动的体制机制弊端，使人人都能通过辛勤劳动实现自身发展的机会。”与阶层固化相伴的是中国城镇化不断提速，以城镇化为主导的中国经济发展在过去40年间创造了世界经济增长史上的“中国奇迹”。然而，忽视“人”的传统城镇化在创造举世瞩目成就的同时却造成了低收入群体外部发展环境不公、自身生产能力不足等困境。

先来看城镇化与就业不公。一方面，由于要素市场发育不健全、人口流动障碍与

---

* 本文原载于《劳动经济研究》2020年第1期，第44～71页。

** 作者简介：李军，湖南师范大学商学院教授，博士生导师。

市场歧视普遍存在，城镇化在促进农村劳动力向城市转移的同时，使得农民工普遍遭受就业不公平问题（姚上海，2005；吴珊珊、孟凡强，2019）。进城农民工面临着因市场失灵和个人偏见产生的工资歧视，以及因歧视性就业制度导致的雇佣歧视与职业歧视（程蹊、尹宁波，2004）。另一方面，伴随大规模的劳动力流动，中国城镇居民与外来流动人口之间的竞争与挤出效应不断增强（Knight and Yueh，2009）。外来劳动力对本地低端劳动力的就业与工资产生了较为显著的不利影响（刘学军、赵耀辉，2009；魏下海等，2016）。此外，城镇化在推进产业结构升级的同时提高了制造业与服务业的技能门槛，而技术进步和交易方式变革还拉大了要素获取能力的差距，就业机会不平等进一步扩大。

再来看城镇化与教育不平等以及城镇化与健康不平等。大规模的人口流动带来了随迁子女的义务教育问题，随迁子女基础教育需求得不到满足（谢宝富，2013）。除义务教育阶段不公外，还存在着异地中考和异地高考难等问题，教育不均等问题在流动人口的整个教育阶段凸显（褚宏启，2015）。城镇化是导致城乡教育水平差距扩大的重要原因（张鹏、于伟，2015）。城镇化带来了医疗资源拥挤、医疗价格上升、人口拥挤及环境污染问题，均会对居民健康产生严重负面影响（Zheng and Kahn，2013；吴晓瑜、李力行，2014）。虽然城镇化能提高人们的收入，使人们获得更充足的营养与先进的医疗服务，但吴晓瑜和李力行（2014）发现，这种对健康的正向作用低于城镇化的负面健康效应。而由于工作特性、防范风险能力与医疗服务可及性，社会经济地位较低的群体更容易暴露于健康风险之中（Winkleby et al.，1990；解垩，2009）。中国居民之间的健康不平等程度正在不断加深（祁毓、卢洪友，2015）。学者们普遍认为城市偏向的财政体制和收入分配制度是造成上述公共服务发展失衡的重要原因（Zhang and Kanbur，2005）。同时，由于经济转轨时期的体制制约了政府的效率，导致了政府行为的偏差，进一步加剧公共服务发展失衡，使农村地区获得的各种资源都显著低于城市（吕炜、王伟同，2008）。

高速度、低质量及不可持续的传统城镇化带来了要素流通不顺畅和公共资源配置不合理等诸多问题，对跨越“中等收入陷阱”与缓解人民日益增长的美好生活需要和不平衡不充分发展之间的矛盾提出挑战。为此，中国正积极推进新型城镇化建设。新型城镇化是对传统城镇化模式的优化与发展，是人的城市化，更强调内在质量的全面提升，以使不同地区、不同阶层都享有相同的社会保障与基本公共服务，共享社会发展成果。如果传统城镇化产生的各种形式的不均等是造成代际固化的重要因素，那么当下新型城镇化能否起到缓解阶层固化的作用？如果是，新型城镇化改善不同群体、不同地区代际流动性的效果有何差异？其作用机制又如何？厘清这些问题不仅能正确认识新型城镇化与代际流动性的关系，并且对理解如何充分发挥新型城镇化对代际流动性的促进作用，以实现社会公平、保持社会化活力具有重要意义。

迄今为止，已有较多文献从不同角度分析了影响代际流动性的因素（李路路、朱斌，2015；李军、曹仪，2018；李任玉等，2018）。然而就已有研究来看，相关文献还没有充分考虑城镇化对代际流动性的影响，特别是极少讨论当前新型城镇化与代际流动性的关系。虽然陈和秦（Chen and Qin，2014）发现中国快速发展的城市化与中产阶层兴起存在显著正相关，但他们在没有对比城镇化与其他阶层关系的情况下简单地得出城镇化正在改善代际流动性的结论。陈等（Chen et al.，2018）发现仅当城镇化率达到 75% 以上时城镇化才会提高主观社会地位流动性，但主观社会地位并不能很好地衡量代际流动性，且该研究在识别方法上未能剥离代际流动性对城镇化的反向影响。

基于此，本文利用地区新型城镇化相关数据构建新型城镇化综合指标，并将其与 2016 年中国劳动力动态调查（CLDS）数据相结合，构建“新型城镇化 - 子代 - 父代”宏微观数据集，以此分析新型城镇化对代际流动性的影响。与已有文献研究相比，本文贡献可能体现在以下几个方面：一是聚焦于新型城镇化对代际流动性的影响，为进一步理解如何提高代际流动性提供了一个新的视角。二是使用子代成长期的新型城镇化水平与新型城镇化水平的滞后期考察其对代际流动性的影响，以减弱两者反向因果关系，同时使用多种方法使本文结论更加稳健。三是详细探讨了新型城镇化对不同群体、不同区域代际流动性影响的差异并识别出背后机制，还讨论了当前新型城镇化背景下的代际职业流动可能存在的问题，为深入推进新型城镇化建设提供了理论支持。

本文以下部分安排如下：第二部分是理论分析与框架；第三部分是数据说明与变量选取；第四部分是实证分析与结果；第五部分是进一步讨论；第六部分是结论与政策建议。

二、理论分析与框架

新型城镇化是“以人为本”“四化同步”“优化布局”“生态文明”的城镇化。本文认为新型城镇化会通过以下途径影响代际流动性。

（一）“以人为本”下的代际流动性

城镇化的核心是农村人口转移到城市，并完成农民到市民的转变。然而由于城乡二元户籍制度的存在，农民工未能实现与城镇居民平等落户与“人的市民化”。一方面，进城务工人员无法享受平等就业，难以挤入主流劳动力市场。另一方面，进城务工人员也没能享有与本地市民相同的医疗服务与劳动保障，不平等的医疗服务与超时劳动持续危害农民工健康。更重要的是，进城务工随迁子女不仅被拒于优质的教育资源之外，而且基础教育服务也无法得到满足。由此形成个体间的就业不平等、健康不平等及教育不平等。而新型城镇化建设是以人为本的城镇化，根本落脚点是为人民谋福利、求发展，核心目标是在城镇化过程中促进人的自由全面发展和社会的公平正义。为此，新型城镇化正加快户籍制度改革，促进城乡劳动者平等就业，加强健全社会保障制度，加快推进城乡基本公共服务均等化。根据《国家新型城镇化报告（2015）》，2015 年中国户籍人口城镇化率达到 39.9%；进城务工人员随迁子女入读公办学校的比例为 80%；农民参加城镇社会保障人数有明显提升。因此，新型城镇化建设正使代际、市民与农民之间都享有相同的社会福利待遇与基本公共服务，共享社会发展成果，从而能起到提高代际流动性的作用。

（二）“四化同步”下的代际流动性

传统城镇化时期的城镇化、工业化、信息化与农业现代化之间的联动存在诸多问题，表现为发展不同步、不协调。畸形发展的城镇化滞后于工业化；信息化与其他“三化”融合深度不够；农业基础薄弱，农业现代化落后于工业化与城镇化。“四化”不协调发展将抑制产业结构调整与升级，不利于制造业的中高端化与高质量现代产业体系建设。而新型城镇化建设强调工业化、信息化、城镇化与农业现代化的统筹发展。“四化”既相互关联，又良性互动，构成了完善的结构体系，从而有利于农村剩余劳动力转移、产业结构升级、职业结构调整与劳动分工优化，进一步击碎市场分割构筑的所有制壁垒、行业壁垒以及职业壁垒，以建立城乡统一的劳动力市场。同时，农业现代化与信息化的协调发展将改善农村资金、技术与信息要素流出与要素短缺并存状况，改变城乡要素市场的非均衡性，以此促进城乡劳动力、资金、技术与信息等各类要素平等交换。

（三）“优化布局”下的代际流动性

在传统城镇化期间，政府主导的“摊大饼”式的城镇化扩张，加剧土地粗放利用，城市各大功能区布局规划不合理，资源分配不均等，导致城镇各区域发展日趋差异化，资源利用与整体功能难以最优化。具体表现为以下几方面：首先，道路交通基础设施在空间布局上呈现出“量”与“质”的不均衡发展。一方面，基础交通发展赶不上城市蔓延速度，形成“职住分离”困境；另一方面，优质便捷的交通如地铁，主要贯穿商业区、金融区和中高端住宅区，弱势群体难以享受优质交通带来的便捷服务。其次，城区内部的教育资源不平等，优质教育资源覆盖不平衡、不充分等问题。教育资源在城镇空间内面临“总量不足”“供不应求”的挑战，城区教育学校“大班额”“大校额”现象普遍。“就近入学”与“学区房”政策不断剥夺进城务工人员子女享受优质教育资源的机会，加剧了教育资源空间上的不平等。最后，社区分化显著，资源与机会不平等程度加深。一方面，低收入群体的社区因相对孤立而无法享受与中高收入社区相同的公共服务与资源；另一方面，低收入群体社区内部相互同化，不良生活习性与教育风气滋生，负面的“邻居效应”加剧社区之间教育不平等（Heflin and Pattillo，2006）；此外，生活在较富裕地区的人们可能拥有更高质量的人际关系，从而可以帮助子女寻求较好的就业机会（Musterd and Andersson，2006）。这种因忽视城区各功能合理布局的传统城镇化导致的空间不平等是一种未被社会重视的社会隔离形式，欠发达城区的居民在这种不平等环境下的纵向社会流动将趋于固化。

《国家新型城镇化规划（2014—2020 年）》明确提出要提高城市可持续发展能力，要在优化城市产业结构、优化城市空间结构、改造提升中心城区功能、优先发展城市公共交通和严格规范新城新区建设等方面下足功夫。这些措施有利于推动优质资源整合，统筹公共服务，实现促进职住平衡的产城融合，加快解决公共资源在城镇空间中“总量不足”“供不应求”问题，以降低资源空间上的不均等。

（四）“生态文明”下的代际流动性

传统城镇化过度关注发展速度而忽略发展质量，造成城镇生态承载能力下降，城镇生态脆弱性不断加剧，出现资源短缺、生态破坏、环境污染等问题。其中，环境污染对于居民的负面影响最为严重，造成不同群体与代际的环境不平等。一方面，由于低收入者防范风险能力较差，低收入人群子女健康人力资本积累最易受环境污染影响，限制了低收入人群子女改善自身收入状况的能力。另一方面，以满足当代人的需求而牺牲后代人满足其需求能力的发展方式，损害了后代人均等享受健康和福利等要素不受侵害的环境权力。而新型城镇化在建设过程中，坚持贯彻绿色发展理念，走人与自然协调发展的道路，更注重生态保护与污染防治。《国家新型城镇化报告（2015）》指出，2015 年中国新型城镇建设在生态保护与可持续发展方面已取得明显进展，新增垃圾处理能力达38.5万吨/日，新增污水处理能力达4320万吨/日，城市垃圾无害率达92.5%，清洁能源消费量占能源消费总量的比重达17.9%。同时，新型城镇化下环境规制能力正逐渐融合“四化同步”带来的产业结构调整，实现环境规制与就业的双重红利。这些成效将有利于缓解环境污染对低收入人群子女健康人力资本积累的影响，并保障下一代同等合理享有发展的权利。

综合上述分析，本文用于分析新型城镇化影响代际流动性的理论分析框架如图1所示。

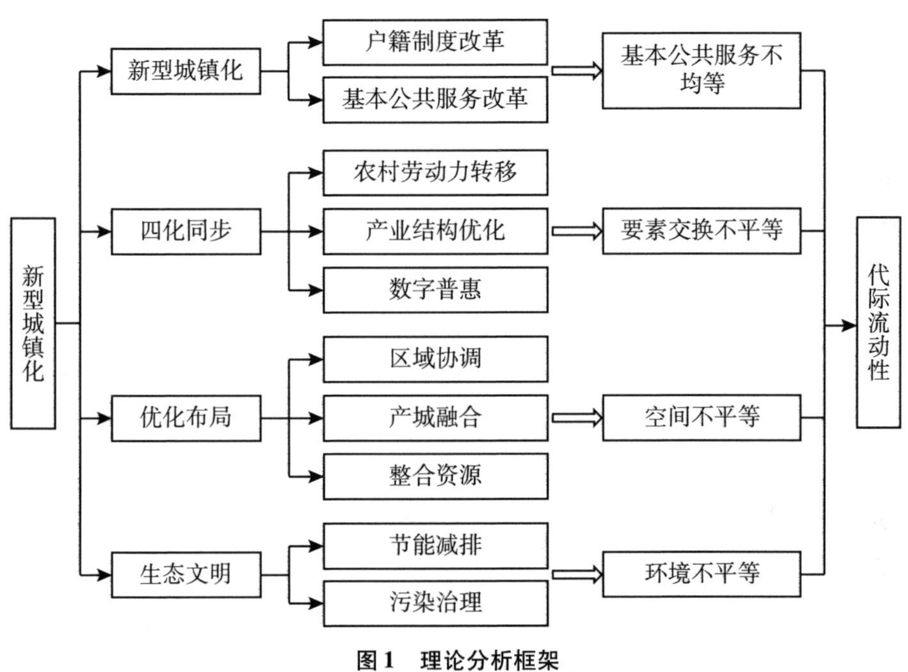

图1 理论分析框架

三、数据说明与变量选取

（一）数据来源与处理

本文所使用关于代际流动性的数据来自中山大学社会科学调查中心2016年中国劳动力动态调查（CLDS）。该调查是基于随机分层抽样方法开展的全国性跟踪调查，样本覆盖中国29个省份、156个城市与地区，调查对象为样本家庭中年龄15~64岁的全部劳动力。城市层面的新型城镇化相关数据来自《中国区域经济统计年鉴》和《中国城市统计年鉴》。为较全面地考察新型城镇化对代际流动性的影响，本文构建了两套“新型城镇化－子代－父代”宏微观结合的数据集，以分别考察新型城镇化对代际教育流动性与代际职业流动性的影响。

第一套数据用于分析新型城镇化对代际教育流动性的影响。由于个体的最高学历一般于 18～27 岁完成，而新型城镇化一般只会在个人最高学历完成之前对个人教育决策产生影响，因此需选取个体成长期间的新型城镇化水平，以识别新型城镇化对代际流动性的影响，最重要的是使用这种识别策略还能减弱反向因果对估计的影响。具体做法为：以 2016 年 CLDS 数据为微观数据基础，选取 1988～1997 年出生的个体为考察对象，则调查时其年龄为 18～27 岁；同时，对所有个体匹配 14～18 岁成长时期的新型城镇化相关宏观变量的均值，例如 27 岁的个体匹配 2002～2006 年的新型城镇化相关宏观数据。

第二套数据则用来考察新型城镇化对代际职业流动性的影响。新型城镇化下的产业结构升级、新就业形态与户籍限制的削弱对所有劳动人群的职业流动都将产生一定影响。考虑到个体在就业初期的职业状态变动较大，本文选取年龄为 30～60 岁的受访者，同时匹配 2010～2015 年新型城镇化水平的均值。

对于部分宏观数据缺失值较少的城市样本，本文采用插补法填补；而对于宏观数据缺失值较多的城市样本，本文做删除处理，共计 139 个城市与 CLDS 数据库匹配。最后，剔除 CLDS 数据中相关解释变量、控制变量缺失样本以及 14 岁之前就已辍学的样本后，第一套数据集最终得到的样本总量为 1436 个，第二套数据集最终得到的样本总量为 8106 个。

（二）新型城镇化水平的指标构建

新型城镇化水平为本文的解释变量。本文根据《国家新型城镇化规划（2014～2020 年）》所提出的新型城镇化建设特征以及已有文献构建新型城镇化水平的做法，将新型城镇化水平分为基本发展水平、基础设施、公共服务、城乡协调与可持续发展等 5 个标准层，共 25 个指标（见表 1）。本文采用客观赋值法中的熵值法来测度各城市新型城镇化水平。

表 1　新型城镇化水平的评价指标体系

目标层	标准层	指标层	影响方向
新型城镇化水平	基本发展水平	第二产业占 GDP 比重（%）	正向
		第三产业占 GDP 比重（%）	正向
		人口密度（%）	正向
	基础设施	客运总量（万人）	正向
		国际互联网用户数（户）	正向
		人均道路面积（平方米）	正向
		建成区排水管道密度（公里/平方公里）	正向
		生活污水处理率（%）	正向
		生活垃圾无害化处理率（%）	正向
		建成区绿化覆盖率（%）	正向
	公共服务	用水普及率（%）	正向
		燃气普及率（%）	正向
		人均教育支出（元）	正向
		人均科技支出（元）	正向
		每百人公共图书馆藏书（册、件）	正向
		医院、卫生院床位数（张）	正向
	城乡协调	城乡消费比（%）	逆向
		城乡收入比（%）	逆向
		户均农用机械总动力（万千瓦/户）	正向
		农村有效灌溉面积（%）	正向
		户均农业化肥使用量（万吨/户）	正向
	可持续发展	单位 GDP 工业废水消耗量（万吨/万元）	逆向
		单位 GDP 工业二氧化硫消耗量（吨/万元）	逆向
		单位 GDP 工业粉尘排放量（吨/万元）	逆向
		工业固体废物综合利用率（%）	正向

第一步，对原始数据进行标准化处理。假定 X_{ij} 为第 i 个城市第 j 个指标的取值，正向与负向指标的标准化处理方法分别为式（1）和式（2）。

$$y_{ij} = \frac{x_{ij} - \min(x_{ij})}{\max(x_{ij}) - \min(x_{ij})}$$

$$i = 1, 2, \cdots, n; \ j = 1, 2, \cdots, m \tag{1}$$

$$y_{ij}=\frac{\max(x_{ij})-x_{ij}}{\max(x_{ij})-\min(x_{ij})}$$

$$i=1,\ 2,\ \cdots,\ n;\ j=1,\ 2,\ \cdots,\ m \tag{2}$$

第二步，计算第 i 个城市第 j 个指标的比重。

$$p_{ij}=\frac{y_{ij}}{\sum_{i=1}^{n}y_{ij}} \tag{3}$$

第三步，计算第 j 个指标的熵值与权重，分别由式（4）与式（5）表示。

$$E_j=\frac{\sum_{i=1}^{n}p_{ij}\ln(P_{ij})}{\ln(n)} \tag{4}$$

$$W_j=\frac{F_j}{\sum_{j=1}^{n}F_j} \tag{5}$$

其中，$F_j=1-E_j$，表示第 j 个指标的差异性系数。

最后，可以根据 $N\_urban_i=\sum_{j=1}^{m}W_jy_{ij}$ 得到各城市新型城镇化水平指数。

（三）其他变量及描述性统计

1. 代际流动性

衡量代际流动性常用的指标有：代际收入弹性、代际教育弹性与代际职业弹性。本文采用后两种指标，原因在于：一方面，代际收入弹性的相关性估计应基于个体永久收入，而实际中难以得到永久收入的准确估计值；另一方面，相比于收入，受教育程度与职业阶层在生命周期内较为稳定。其中，受教育程度按 1～5 分为小学以下、小学、初中、高中及大学以上[①]。职业阶层的定义借鉴已有文献做法，将职业划分为五类，职业阶层从低到高依次为农业生产者、生产与运输工作人员、商业与服务业人员、办事人员和有关人员以及社会管理员与专业技术人员，同样按 1～5 分别赋值。

2. 控制变量

在控制变量方面，本文参考以往文献选取子代年龄、子代性别、兄弟姐妹数量、

① 教育程度的分类基于同等程度学历。高中包括普通高中、职业高中、技校以及中专；大学及以上包括本科与大专，也包括研究生教育。

父代政治面貌、14 岁时是否努力、14 岁父母婚姻状况及父亲户口性质等变量。其中，子代性别、父代政治面貌、14 岁父母婚姻状况与父亲户口性质定义方式分别为子代为男性取 1，否则取 0；父母有一方政治面貌为党员取 1，否则取 0；父母初婚取 1，否则取 0；父亲是农村户口取 1，否则取 0。14 岁时是否努力变量由子代 14 岁上学时对做功课的态度衡量。CLDS 询问了受访者 14 岁还在学校读书时同不同意“就算是我不喜欢的功课，我也会尽全力去做”的说法。如若回答非常不同意和不同意，则将 14 岁时是否努力变量记为 0；如若回答同意和非常同意，则记为 1。

3. 描述性统计分析

关键变量的描述性统计如表 2 所示①。表 2 中第一套数据的描述性统计，在该套数据中子代成长期的新型城镇化水平均值为 0. 19；父代受教育程度均值为 2. 63，子代受教育程度均值为 3. 98，意味着相比于父代，子代平均受教育程度有所提高。表 2 中第二套数据的描述性统计，其中 2010 ~ 2015 年的新型城镇化水平均值为 0. 13；父代职业阶层均值为 1. 75，子代职业阶层均值为 2. 05，说明代际职业阶层变化较小。

表 2　　主要变量描述性统计

数据类别	变量名	均值	标准差	最小值	最大值
第一套数据	新型城镇化水平	0. 19	0. 89	0. 05	0. 66
	父代受教育程度	2. 63	1. 07	1	5
	子代受教育程度	3. 98	0. 98	1	5
	子代性别	0. 41	0. 49	0	1
	子代年龄	23. 28	2. 90	18	27
	兄弟姐妹数量	1. 40	1. 22	0	8
	父代政治面貌	0. 07	0. 25	0	1
	14 岁时是否努力	0. 80	0. 40	0	1
	14 岁时父母婚姻状况	0. 94	0. 25	0	1
	父亲户口	0. 78	0. 41	0	1

① 由于两套数据选取的样本年龄不同，受世代影响，两套数据中部分变量均值相差较大。

续表

数据类别	变量名	均值	标准差	最小值	最大值
第二套数据	新型城镇化水平	0. 13	0. 08	0. 05	0. 52
	父代职业阶层	1. 75	1. 34	1	5
	子代职业阶层	2. 05	1. 20	1	5
	子代性别	0. 49	0. 50	0	1
	子代年龄	46. 42	7. 93	30	60
	兄弟姐妹数量	3. 43	1. 94	0	9
	父代政治面貌	0. 19	0. 39	0	1
	14 岁时是否努力	0. 77	0. 42	0	1
	14 岁时父母婚姻状况	0. 94	0. 24	0	1
	父亲户口	0. 85	0. 35	0	1

资料来源：根据 2016 年 CLDS 全国数据、《中国城市统计年鉴》与《中国区域经济统计年鉴》数据计算得到。

接着分析父代与子代的受教育程度与职业阶层的分布情况。图 2（a）为代际教育的核密度曲线，父代受教育程度大多分布在小学与初中，核密度曲线向左集中，而子代受教育程度集中在初中与高中，核密度曲线向右集中。图 2（b）为代际职业的核密度曲线，父代职业以农业生产者为主，这与 CLDS 数据的调查对象大多是农村家庭有关。相比父代，子代职业阶层趋向于生产与运输工作人员及商业与服务业人员，但在高职业阶层变化不大。

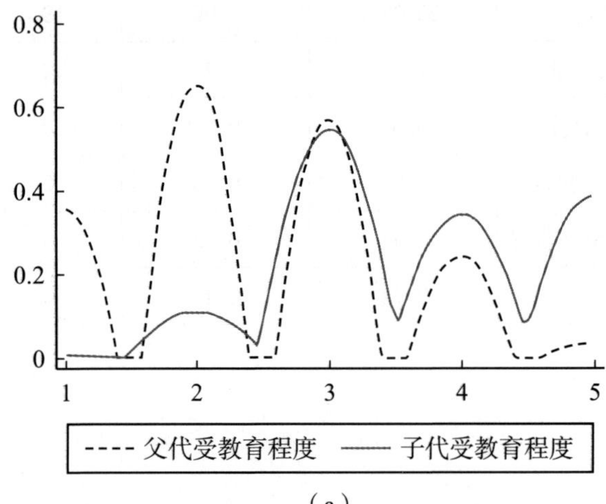

（a）

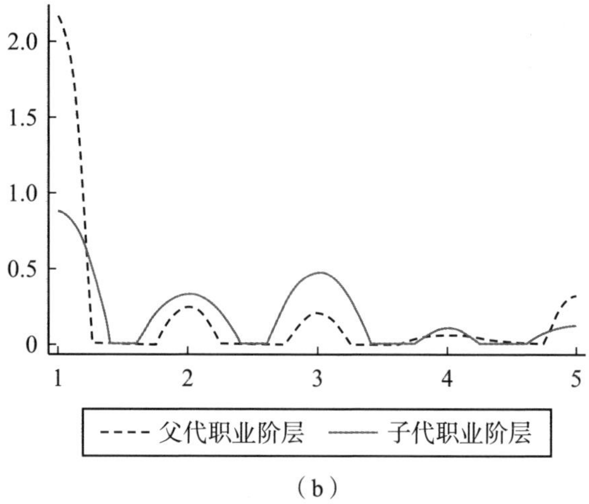

（b）

图 2　代际教育与职业流动的核密度曲线

资料来源：根据 2016 年 CLDS 全国数据计算得到。

进一步按新型城镇化水平前 50% 与后 50% 将样本划分为传统城镇化与新型城镇化两组样本，以观察不同城镇化水平下的代际教育流动与代际职业流动的核密度曲线，分别由图 3 与图 4 表示。图 3（a）、图 4（a）均为传统城镇化样本，图 3（b）、图 4（b）均为新型城镇化样本。相比于传统城镇化样本，新型城镇化样本的父代受教育程度与子代受教育程度的核密度曲线吻合度更低，变化更大；新型城镇化样本的子代职业阶层更多地由农业生产者向商业与服务业人员倾斜。这说明相比传统城镇化样本，新型城镇化样本的代际教育与代际职业分布的差异较大，可能在一定程度上反映了新型城镇化样本中的群体更具代际流动性。

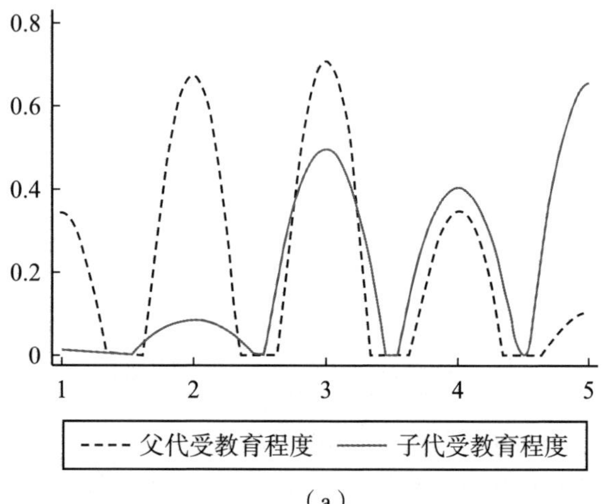

（a）

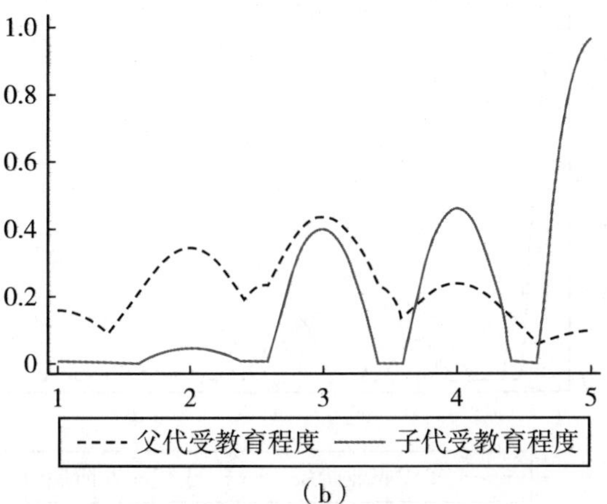

（b）

图 3　代际教育的核密度曲线（分城镇化）

资料来源：根据 2016 年 CLDS 全国数据、《中国城市统计年鉴》与《中国区域经济统计年鉴》数据计算得到。

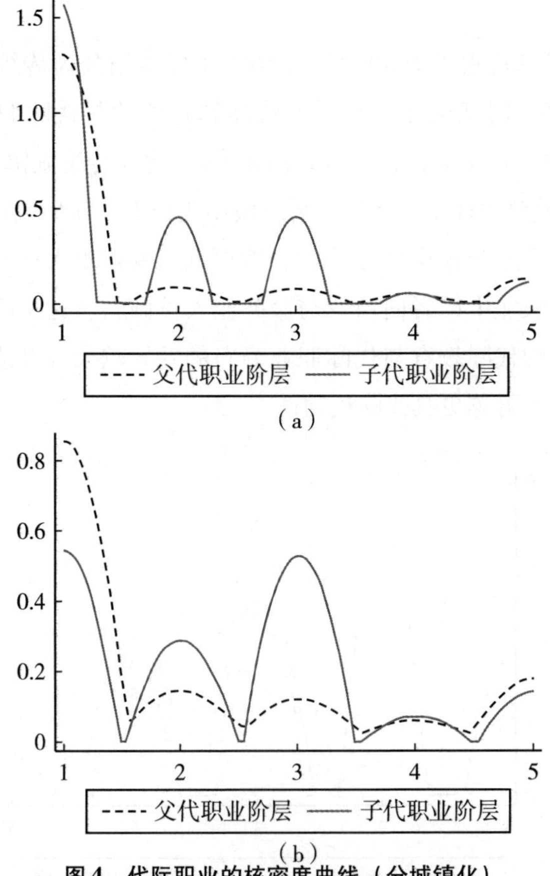

（b）

图 4　代际职业的核密度曲线（分城镇化）

资料来源：根据 2016 年 CLDS 全国数据、《中国城市统计年鉴》与《中国区域经济统计年鉴》数据计算得到。

四、实证分析与结果

(一) 计量模型与基础回归

本文使用普通最小二乘法(OLS)分析父代教育程度与子代教育程度以及父代职业阶层与子代职业阶层的关系,考察当前中国的代际固化程度,模型设定分别如式(6)、式(7)所示。进一步探究新型城镇化对代际教育流动性、代际职业流动性的影响,模型分别如式(8)、式(9)所示。考虑到本文的新型城镇化指标是城市层面的数据,在回归时本文做了城市层面聚类调整的稳健标准误处理①。

$$Cedu_i = \alpha_1 + \beta_1 Pedu_i + X_i + \varepsilon_i \tag{6}$$

$$Cocc_i = \alpha_1 + \beta_1 Pocc_i + X_i + \varepsilon_i \tag{7}$$

$$Cedu_i = \alpha_1 + \beta_1 Pedu_i + \beta_2 Pedu_i \times N\_urban_i + \beta_3 N\_urban_i + X_i + \varepsilon_i \tag{8}$$

$$Cocc_i = \alpha_1 + \beta_1 Pocc_i + \beta_2 Pocc_i \times N\_urban_i + \beta_3 N\_urban_i + X_i + \varepsilon_i \tag{9}$$

在上述式子中,$Cedui$ 表示第 i 个家庭样本的子代受教育程度,$Pedu_i$ 表示第 i 个家庭样本的父代受教育程度,N_urban_i 表示第 i 个家庭样本居住城市的新型城镇化水平,$Cocc_i$ 表示第 i 个家庭样本的子代职业阶层,$Pocc_i$ 表示第 i 个家庭样本的父代职业阶层,X_i 是各种控制变量,ε_i 是随机扰动项。$Pedu_i \times N\_urban_i$ 与 $Pocc_i \times N\_urban_i$ 为本文重点关注的变量,系数 β_2 衡量新型城镇化对代际流动性的调节作用,如果系数符号为负,则表示新型城镇化能改善代际流动性。

表 3 给出了代际教育流动性、代际职业流动性以及新型城镇化与两类代际流动性交互关系的基础回归结果。第(1)列与第(2)列考察了代际教育流动性,第(4)列与第(5)列则考察了代际职业流动性。第(1)列回归中未添加控制变量,结果显示父代受教育程度的回归系数为 0.263 并在 1% 的水平上显著,表明父代受教育程度与子代受教育程度有显著的正相关关系,存在较强的代际教育固化现象。第(2)列回归对家庭的子代个体特征与父代特征加以控制。结果显示,父代受教育程度变量系数下降到 0.174,仍在 1% 的水平上显著,表明父亲受教育程度每上升 1 个等级,子代受教育程度平均提升 0.174 个等级。第(4)列与第(5)列的结果显示,在添加控制变量

① 本文所有与新型城镇化有关的回归,括号里报告的均是城市层面聚类调整的稳健标准误,其余回归括号里报告的均为稳健标准误(robust)。

后代际职业传递系数从 0. 311 下降到 0. 136 且在 1% 水平上显著，表明当父代职业阶层提高 1 等级，子代的职业阶层显著提高 0. 136 个等级，存在比较明显的代际职业固化效应。第（3）列与第（6）列分别报告了新型城镇化对代际教育流动性与代际职业流动性的影响。可以看出，父代受教育程度与新型城镇化的交互项的回归系数为负，且在 1% 的水平上显著，这说明新型城镇化会显著降低代际教育相关性，提高代际教育流动性。父代职业阶层与新型城镇化的交互项系数也为负，且在 5% 的水平上显著，意味着新型城镇化同样能弱化父代职业阶层对子代职业阶层的影响，有利于降低代际职业固化程度。以上结果表明，目前中国虽然存在较为明显的代际固化现象，但新型城镇化建设有利于改善代际流动性。

表 3　　新型城镇化与代际流动性

变量	(1)	(2)	(3)	(4)	(5)	(6)
	子代受教育程度			子代职业阶层		
父代受教育程度	0. 263*** (0. 035)	0. 174*** (0. 032)	0. 329*** (0. 063)			
父代受教育与新型城镇化			-0. 936*** (0. 237)			
新型城镇化			4. 337*** (0. 864)			4. 448*** (1. 459)
父代职业阶层				0. 311*** (0. 021)	0. 136*** (0. 018)	0. 254*** (0. 055)
父代职业与新型城镇化						-0. 927** (0. 431)
子代性别		0. 151*** (0. 047)	0. 151*** (0. 047)		0. 091** (0. 041)	0. 083** (0. 037)
子代年龄		-0. 051*** (0. 009)	-0. 031*** (0. 010)		-0. 029*** (0. 004)	-0. 027*** (0. 003)
兄弟姐妹数量		-0. 144*** (0. 022)	-0. 122*** (0. 020)		-0. 027*** (0. 009)	-0. 021** (0. 009)
父代政治面貌		0. 137 (0. 083)	0. 163* (0. 083)		0. 051 (0. 051)	0. 063 (0. 042)
14 岁时是否努力		0. 172*** (0. 056)	0. 168*** (0. 055)		0. 141*** (0. 038)	0. 127*** (0. 035)

续表

变量	(1)	(2)	(3)	(4)	(5)	(6)
	子代受教育程度			子代职业阶层		
14 岁时父母婚姻状况		0.264*** (0.079)	0.234*** (0.077)		0.142** (0.056)	0.115** (0.053)
父亲户口		-0.424*** (0.074)	-0.425*** (0.075)		-1.044*** (0.079)	-0.993*** (0.080)
R^2	0.084	0.210	0.239	0.120	0.257	0.287
观测值	1436	1436	1436	8106	8106	8106

注：*、**、***分别表示10%、5%、1%水平显著。
资料来源：根据2016年CLDS全国数据、《中国城市统计年鉴》与《中国区域经济统计年鉴》数据计算得到。

从控制变量看，子女性别对子代受教育程度的影响在1%的水平上显著为正，说明男性的受教育程度更高，存在较为明显的性别差异；子女性别与子代职业阶层在5%的水平上显著为正，同样存在性别差异。以上结论符合性别人力资本投资与职业性别隔离理论。兄弟姐妹的数量对子代受教育程度以及职业阶层都有显著的抑制作用，意味着兄弟姐妹会对个体产生资源挤占效应，这与钟粤俊和董志强（2018）研究结果相一致，符合资源稀释理论。父代的党员身份与子代受教育程度存在显著正向相关性，这与谭远发（2015）的结果一致。个体成长时期的努力程度对子代受教育程度与子代职业阶层有明显的提升作用。子代受教育程度与子代职业阶层对14岁父母婚姻状况的回归系数为正，分别在1%与5%水平上显著，说明初婚家庭状态更有利于个人发展。非农户口显著提高了子代受教育程度与子代职业阶层，说明教育资源与职业机会的城乡差距较为明显。

（二）异质性分析

在本部分中，本文依据子代性别、城乡以及东中西部地区分组回归，考察新型城镇化对代际流动性的异质性影响。表4报告了分性别的回归结果，可以看出第（1）列与第（2）列的交互项均在1%的水平上显著为负，意味着无论子代为男性还是女性，新型城镇化都起到了改善代际教育流动性的作用。就其系数而言，两者相差不大。在第（3）列与第（4）列中，交互项均在5%的水平上显著为负，说明新型城镇化也能有效提高代际职业流动。对比两者系数发现，新型城镇化对缓解男性阶层固化的作用较大。这可能意味着，在传统城镇化中男性在就业市场中占据优势，存在较为明显的职业性别隔离，但这种性别隔离正随着新型城镇化建设的推动不断缩小。

表 4 新型城镇化与代际流动性（分性别）

变量	(1)	(2)	(3)	(4)
	子代受教育程度		子代职业阶层	
	男	女	男	女
父代受教育程度	0.340*** (0.085)	0.366*** (0.068)		
父代受教育与新型城镇化	-0.886*** (0.322)	-1.150*** (0.302)		
新型城镇化	3.578*** (1.213)	5.429*** (0.967)	4.056*** (1.423)	4.243*** (1.329)
父代职业阶层			0.277*** (0.054)	0.182*** (0.037)
父代职业与新型城镇化			-0.928** (0.397)	-0.513** (0.250)
控制变量	Yes	Yes	Yes	Yes
R^2	0.190	0.268	0.230	0.361
观测值	588	848	3977	4129

注：*、**、*** 分别表示 10%、5%、1% 水平显著。

资料来源：根据 2016 年 CLDS 全国数据、《中国城市统计年鉴》与《中国区域经济统计年鉴》数据计算得到。

表 5 按照城乡进行分组，考察新型城镇化对城市与农村家庭代际流动性的影响。回归结果显示，第（1）列与第（3）列的交互项分别在 1% 与 10% 的水平上显著为负，表明新型城镇化会提高城市地区的代际教育流动性与代际职业流动性。而对于农村地区，仅代际教育流动性的交互项系数显著，表明新型城镇化可能无法有效地提高农村代际职业流动性。其原因可能是：一方面，新型城镇化促进了农民工的市民化，农村地区未实现迁移的群体仍以农业生产活动为主；另一方面，新型城镇化建设初期的重点在于解决传统城镇化造成的农民工与市民基础服务不均等、城镇化与工业化的不平衡等问题，而农村地区产业化与现代化还处于起步阶段，提供的非农就业岗位不足。

表 5 新型城镇化与代际流动性（分城乡）

变量	(1)	(2)	(3)	(4)
	子代受教育程度		子代职业阶层	
	城	乡	城	乡
父代受教育程度	0.397*** (0.084)	0.190** (0.085)		
父代受教育与新型城镇化	-0.992*** (0.289)	-0.786* (0.432)		
新型城镇化	4.156*** (1.137)	3.179*** (1.346)	2.043** (0.912)	2.083* (1.237)
父代职业阶层			0.186*** (0.056)	0.078** (0.030)
父代职业与新型城镇化			-0.622* (0.338)	0.142 (0.186)
控制变量	Yes	Yes	Yes	Yes
R^2	0.204	0.161	0.107	0.107
观测值	663	73	2554	5552

注：*、**、*** 分别表示 10%、5%、1% 水平显著。
资料来源：根据 2016 年 CLDS 全国数据、《中国城市统计年鉴》与《中国区域经济统计年鉴》数据计算得到。

表 6 按照东中西部进行分组，考察新型城镇化对代际流动性影响的地域差异。可以看出，新型城镇化仅对东部地区的代际固化有显著负向影响，提高了东部地区代际教育流动性与代际职业流动性。这可能意味着，相比中西部，东部地区是中国经济发展和改革创新的前沿阵地，新型城镇化发展较快。然而，这种差异可能会进一步加剧区域间的不公平与不平等，因此中央政府在新型城镇化建设过程中更应加强区域统筹发展。

表 6 新型城镇化与代际流动性（分地区）

变量	(1)	(2)	(3)	(4)
	子代受教育程度		子代职业阶层	
	东部	中西部	东部	中西部
父代受教育程度	0.382*** (0.110)	0.275*** (0.102)		

续表

变量	(1)	(2)	(3)	(4)
	子代受教育程度		子代职业阶层	
	东部	中西部	东部	中西部
父代受教育与新型城镇化	-1.109*** (0.347)	-0.800 (0.544)		
新型城镇化	4.988*** (1.243)	5.725** (2.327)	6.271*** (1.054)	1.393 (1.229)
父代职业阶层			0.319*** (0.075)	0.160*** (0.033)
父代职业与新型城镇化			-1.282*** (0.477)	-0.268 (0.199)
控制变量	Yes	Yes	Yes	Yes
R^2	0.200	0.289	0.273	0.296
观测值	718	718	3631	4475

注：*、**、*** 分别表示 10%、5%、1% 水平显著。

资料来源：根据 2016 年 CLDS 全国数据、《中国城市统计年鉴》与《中国区域经济统计年鉴》数据计算得到。

(三) 机制分析

通过以上分析可知，随着新型城镇化水平提高，代际流动性显著提升。新型城镇化改善代际流动性的原因是什么？本部分将从宏观与微观两个层面探讨其内在机制：一方面，新型城镇化能改善由传统城镇化造成的各种形式的不平等，而这有利于降低收入不平等。贝克尔和汤姆斯（Becker and Tomes，1979，1986）认为，收入较高的父母有能力对子女进行更多的人力资本投资。因此，收入不平等是导致不同阶层背景儿童的“分歧命运”、加剧代际固化的重要因素（Andrews and Leigh，2009；Corak，2013）。另一方面，新型城镇化可能促进了微观个体的家庭化迁移。已有研究表明迁移有利于个体获得更高的收入，并且有助于子女获得比迁移前更好的生活环境与发展机会（孙三百等，2012），从而有利于提高代际流动性。因此，本文认为在宏观层面，新型城镇化将通过缓解各种形式的不平等来降低收入不平等，从而促进代际流动；同时在微观层面，新型城镇化将促进家庭化迁移，使弱势个体获得更多的公共服务资源与机会，以缓解代际固化。

1. 收入不平等

本文以市区层面的基尼系数衡量截面收入不平等，并验证收入均等化机制。具体回归结果如表7所示。第（1）列与第（2）列分别给出了两套数据的新型城镇化对收入不平等的影响。值得注意的是，本文用于研究代际流动性的控制变量不足以涵盖影响收入不平等的重要因素，因此为减少遗漏变量影响，需在第（1）列与第（2）列中加入新的控制变量。又由于新型城镇化综合指标由众多地区宏观因素构成，在一定程度反映区域综合的发展水平，因此在第（1）列的控制变量中仅添加了市场化指数变量与金融发展变量。其中市场化指数来自王小鲁、樊纲与余静文计算的市场化指数（王小鲁等，2017），金融发展水平由金融业增加值占GDP比重反映。第（1）列与第（2）列回归系数分别为-0.476与-0.474，且在1%的水平上显著，表明新型城镇化水平越高，收入不平等程度越低，新型城镇化有利于降低收入不平等。同时，第（3）列与第（4）列分别报告了收入不平等对代际教育流动性与代际职业流动性的影响，可以看出两列交互项均在10%的水平上显著为正，意味着收入不平等确实加强了代际传递效应，削弱了代际流动性。由此可见，新型城镇化能通过降低收入不平等程度而提高代际流动性。

表7　　基于收入不平等的机制分析

变量	(1)	(2)	(3)	(4)
	基尼系数		子代受教育程度	子代职业阶层
新型城镇化	-0.476*** (0.021)	-0.474*** (0.011)		
父代受教育程度			-0.092 (0.123)	
父代受教育与基尼系数			0.554* (0.305)	
父代职业阶层				-0.181 (0.179)
父代职业与基尼系数				0.694* (0.415)
基尼系数			-4.639*** (0.881)	-5.257*** (0.775)

续表

变量	(1)	(2)	(3)	(4)
	基尼系数		子代受教育程度	子代职业阶层
控制变量	Yes	Yes	Yes	Yes
R^2	0.327	0.261	0.271	0.324
观测值	1436	8106	1436	8106

注：*、**、*** 分别表示 10%、5%、1% 水平显著。
资料来源：根据 2016 年 CLDS 全国数据、《中国城市统计年鉴》与《中国区域经济统计年鉴》数据计算得到。

2. 家庭化迁移

本文使用问项“请问您 14 岁以来，您是否有过跨县市迁移经历”作为第一套数据的家庭化迁移变量，是则取 1，否则为 0①；使用“您的户口迁移是发生在哪一年”作为第二套数据的家庭化迁移变量，若受访者迁移年份发生在 2010 年及以后，则“家庭化迁移”变量取 1，否则为 0。

表 8 给出了基于家庭化迁移的影响机制分析结果。第（1）列与第（2）列以 probit 模型报告了两套数据中新型城镇化与家庭化迁移的回归结果，结果显示新型城镇化均与家庭化迁移显著正相关。对于第（1）列结果，意味着受访者迁移决策受迁入地的新型城镇化水平影响。第（2）列的回归结果表明新型城镇化会影响家庭迁移决策。第（3）列与第（4）列的交互项的回归系数均为负，且分别在 1% 与 5% 的水平上显著，意味着家庭化迁移能改善代际流动性，我们的结论与宋旭光和何佳佳（2019）的研究结果相似。因此，本文认为家庭化迁移也是新型城镇化改善代际流动性的重要机制。

表 8　　基于家庭化迁移的机制分析

变量	(1)	(2)	(3)	(4)
	家庭化迁移		子代受教育程度	子代职业阶层
新型城镇化	1.465*** (0.557)	1.283* (0.727)		
家庭化迁移			0.940*** (0.253)	0.579*** (0.108)

① CLDS 问卷中将迁移定义为：“迁移”是指物理空间上的变化，即被访者的户口登记地从一个地方迁到另一个地方。

续表

变量	(1)	(2)	(3)	(4)
	家庭化迁移		子代受教育程度	子代职业阶层
父代受教育程度			0.182*** (0.033)	
父代受教育与迁移			-0.176*** (0.063)	
父代职业阶层				0.167*** (0.019)
父代职业与迁移				-0.139** (0.060)
控制变量	Yes	Yes	Yes	Yes
R^2	0.113	0.054	0.224	0.274
观测值	1436	8106	1436	8106

注：*、**、*** 分别表示 10%、5%、1% 水平显著。
资料来源：根据 2016 年 CLDS 全国数据、《中国城市统计年鉴》与《中国区域经济统计年鉴》数据计算得到。

（四）稳健性检验

为进一步验证本文的分析结论，我们以表 3 的结果为基准回归结果，使用估计模型替换法、添加控制变量法与调整样本法进行稳健性检验。

首先，替换估计模型。本文被解释变量子代受教育程度与职业阶层均按从低到高排序为 1、2、3、4、5，而 OLS 方法将排序视为基数处理，模型假设强于单纯的等级排序。为更好估算新型城镇化对代际流动性的影响，本部分将使用排序模型（odered probit）重新估计。表 9 的第（1）列与第（3）列为回归结果，结果表明新型城镇化能有效促进代际教育流动与代际职业流动。

其次，本文基础回归中虽然控制了个体特征及家庭特征，但仍可能遗漏重要变量。为了尽量减少遗漏变量，我们在模型中添加宏观层面市场化指标和金融发展水平，同时添加 14 岁时家庭社会地位作为个体成长期的家庭经济条件的代理指标。表 9 的第（2）列与第（4）列报告了该部分结果，可以看出新型城镇化对代际流动性的影响依然存在。

最后，改变样本范围。海德尔和梭伦（Haider and Solon，2006）发现个体在 30 ~

40 岁的收入最接近于一生收入的平均值。而职业阶层是反映永久收入的重要指标（Abramitzky et al.，2014），30～40 岁时个体职业也更接近个体生命周期职业阶层的平均水平。因此，在新型城镇化影响代际职业流动性的基础分析中，我们进一步将子代年龄限制在 30～40 岁。回归结果报告于表 9 的第（5）列，结果同样通过了稳健性检验。以上估计结果表明本文所得结论是稳健的。

表 9 新型城镇化与代际流动性（稳健性检验）

变量	(1)	(2)	(3)	(4)	(5)
	子代受教育程度		子代职业阶层		
父代受教育程度	0.389*** (0.088)	0.322*** (0.081)			
父代教育与新型城镇化	-0.956** (0.390)	-0.922*** (0.306)			
新型城镇化	4.941*** (1.168)	4.639*** (1.053)	5.126*** (1.558)	4.957*** (0.983)	6.217*** (1.380)
父代职业阶层			0.291*** (0.059)	0.173*** (0.036)	0.412*** (0.064)
父代职业与新型城镇化			-1.135*** (0.440)	-0.375* (0.192)	-1.615*** (0.416)
个体特征	Yes	Yes	Yes	Yes	Yes
家庭特征	Yes	Yes	Yes	Yes	Yes
新入控制变量	No	Yes	No	Yes	No
省级虚拟变量	No	Yes	No	Yes	No
R^2	0.111	0.300	0.123	0.396	0.245
观测值	1436	1008	8106	5140	1908

注：*、**、*** 分别表示 10%、5%、1% 水平显著。

资料来源：根据 2016 年 CLDS 全国数据、《中国城市统计年鉴》与《中国区域经济统计年鉴》数据计算得到。

五、进一步讨论

从目前中国新型城镇化发展要求来看，主要任务是加快农业人口向市民的转变。

其转变过程是农村到城镇的户籍转变以及农业到其他行业的职业转变，实现农民向上流动。然而也应该注意到，转变过程中伴随着低程度的社会融入，农民工难以对城镇产生认同感与归属感（陈云松、张翼，2015），是一种不完整的、缺失文化精神融合的代际流动。同时，转变过程还伴随着留守儿童与空巢老人现象，是一种牺牲下一代人流动机会与剥削父代情感、健康与财富换取的代际流动。这种低质量的代际流动，导致农民工家庭始终未能摆脱与主流社会相隔离、缺乏有尊严生活的弱势地位（杨菊华，2017），不符合以人为核心，以提高质量为导向的新型城镇化战略。那么，当前新型城镇化建设推动了代际“有质量”的流动吗？考虑到代际教育流动无法较好反映农业人口向市民的转变，接下来本文将从代际职业流动性角度回答这一问题。

（一）新型城镇化背景下代际职业流动与社会融合

从描述性统计分析可知，农业生产者大多向生产与运输工作、商业与服务业等职业流动。同时，根据《2018 年农民工监测调查报告》，中国从事第三产业的农民工比重为 50.5%，第二产业比重占 49.1%。因此，本文将父代职业为农村生产者，而子代从事生产与运输工作、商业与服务业的个体划为进城务工者，并设置进城务工职业流动变量，是取 1，否则为 0。并且，本部分还将样本限制为父代为农村户口且子代有迁移或外出务工经历的样本，以提高该变量识别进城务工者的准确度。社会融合包括生活满意程度、生活自由度及邻里信任三个变量，取值分别为 1 ~ 5，数值越高则表示生活满意度、生活自由度与邻里之间信任程度越高①。本文使用 odered-probit 模型并控制个体及家庭基本特征变量进行估计。表 10 第（1）列、第（3）列与第（5）列报告了代际职业流动与社会融合的回归结果。结果显示，从农业生产者转向制造业及服务业的进城务工职业流动降低了流动者的生活满意度、生活自由度以及对邻里的信任程度，意味着进城务工者难以实现社会融合。进一步，表 10 的第（2）列、第（4）列与第（6）列报告了新型城镇化在进城务工代际职业流动与社会融入中的作用，发现三列交互项的回归系数均不显著，这说明当前新型城镇化建设还未能推动进城务工人员的社会融合。

---

① 三个变量分别来自 CLDS 问项“总的来说，您对您的生活状况感到满意吗?”“您觉得您选择自己生活的自由程度如何?”“对于邻居，您的信任程度怎么样?”。生活满意度问卷中以 1 ~ 10 衡量，本文做取值为 1 ~ 5 的简化处理。

表 10　新型城镇化背景下代际职业流动与社会融合

变量	(1)	(2)	(3)	(4)	(5)	(6)
	生活满意度		生活自由度		邻里信任	
进城务工职业流动	-0.085*** (0.030)	-0.024 (0.067)	-0.234*** (0.033)	-0.302*** (0.069)	-0.182*** (0.031)	-0.115* (0.069)
进城务工与新型城镇化		-0.530 (0.452)		0.546 (0.455)		-0.400 (0.449)
新型城镇化		0.885*** (0.249)		-0.583** (0.234)		-1.050*** (0.258)
控制变量	Yes	Yes	Yes	Yes	Yes	Yes
R^2	0.041	0.042	0.019	0.020	0.024	0.027
观测值	6890	6890	6890	6890	6890	6890

注：*、**、*** 分别表示 10%、5%、1% 水平显著。

资料来源：根据 2016 年 CLDS 全国数据、《中国城市统计年鉴》与《中国区域经济统计年鉴》数据计算得到。

（二）新型城镇化背景下代际职业流动与代际剥削

在“三代家庭结构”中，代际剥削可分为进城务工人员（当代）对父母（父代）的情感、健康与财富剥削，以及对子女（子代）的教育机会与健康剥削。受限于数据，本文仅考察代际职业流动对父母的情感剥削与健康剥削，以及对子女健康剥削。父母情感问题由问项“在过去一个月中，是否出现过情绪问题（如感到沮丧或焦虑）?”衡量，父母与子女健康问题由父母与子女的自评健康状况衡量。上述变量取值均为 1 ~5，数值越大分别代表父母情感问题越严重及父母与子女健康状况越好。表 11 第（1）列、第（3）列与第（5）列报告了进城务工职业流动与代际剥削。可以发现，进城务工的职业流动确实严重影响了父母的情感、健康状况以及子女的健康状况。表 11 第（2）列、第（4）列与第（6）列的交互项表明，当前新型城镇化建设还没能有效解决进城务工这类职业流动的代际剥削问题。

表 11 新型城镇化背景下代际职业流动与代际剥削

变量	(1)	(2)	(3)	(4)	(5)	(6)
	父母情绪问题		父母健康		子女健康	
进城务工职业流动	0.098* (0.054)	0.115 (0.153)	-0.090* (0.050)	-0.191 (0.134)	-0.064* (0.035)	-0.060 (0.078)
进城务工与新型城镇化		0.015 (1.375)		1.246 (1.161)		-0.301 (0.538)
新型城镇化		-1.475*** (0.386)		0.685** (0.306)		2.312*** (0.345)
控制变量	Yes	Yes	Yes	Yes	Yes	Yes
R^2	0.012	0.014	0.037	0.041	0.059	0.065
观测值	4971	4532	4971	4532	5813	5813

注：*、**、*** 分别表示 10%、5%、1% 水平显著。
资料来源：根据 2016 年 CLDS 全国数据、《中国城市统计年鉴》与《中国区域经济统计年鉴》数据计算得到。

六、结论与政策建议

当前中国代际教育固化与代际职业固化现象依然存在，如何增强社会流动，缓解阶层固化是重要的社会发展问题。本文利用地区新型城镇化相关数据构建新型城镇化综合指标，并将其与 2016 年中国劳动力动态调查（CLDS）数据相结合构建两套“新型城镇化 - 子代 - 父代”宏微观数据集，探讨了新型城镇化是否有利于形成良好通畅的向上流动通道。研究结果表明，新型城镇化有效提高了代际教育流动性与代际职业流动性，这一结果在一系列稳健性检验中依然成立。异质性分析说明，新型城镇化对提高子代为男性家庭代际职业流动的效果优于子代女性家庭，同时新型城镇化提高代际流动性的效果在中西部明显不足，并且也未能显著提高农村地区的代际职业流动。机制分析表明，新型城镇化提高代际流动性的原因在于，新型城镇化有利于降低收入不平等并促进家庭化迁移。进一步讨论发现，当前新型城镇化建设虽然有利于改善代际流动性，但是未能改善进城务工人员的社会融合与代际剥削，是一种缺乏“质量”的代际流动。本文的研究结论对政策制定具有一定的参考价值。

首先，要着力推进新型城镇化发展，充分发挥新型城镇化对代际流动性的促进作用。本文研究发现新型城镇化能提高代际流动性，促进社会公平，但也应看到新型城镇化对代际流动性的促进作用表现出明显的性别、城乡与区域差异。为此，政府在深入推进新型城镇化建设时更需要关注弱势群体的生存发展问题。应完善公共资源分配制度，在结构上加大对这类人群的就业、教育和医疗等财政投入倾斜力度；搭配劳动者保护法，制定反歧视政策消除劳动力市场的性别与城乡不平等，加强对低技能劳动者的职业教育与技能培训；推动文化建设，破除陈规陋习，加强家庭对女性发展的重视程度；结合乡村振兴战略，着力构建农业生产、产业与经营体系，发展多种形式适度规模经营，加快补齐农业现代化短板；深化政府间财政转移支付制度改革，缩小区域财力差距，加快中西部新型城镇化建设，促进区域协调发展。

其次，考虑到收入不平等与家庭化迁移是新型城镇化影响代际流动性的重要机制，在新型城镇化建设中应尽快放开落户限制，积极推动弱势群体的差别化与精准化落户，加快农业转移人口市民化，逐渐解除生产要素在城乡间自由流动的限制，实现城乡一元化；新型城镇化过程应优化城镇空间布局，不断推动城镇内部与城乡之间的道路基础设施建设与城市各功能合理布局，以降低资源空间不平等与迁移成本；应坚定"房子是用来住的"理念，建立多主体供给、多渠道保障、租购并举的住房制度，使迁移家庭更好地落地生根并削弱财富不平等的代际传递。以此发挥新型城镇化降低收入不平等与促进家庭化迁移的作用，更好地破除代际固化。

最后，推进以质量为导向的新型城镇化，更要关注社会融合与代际剥削。新型城镇化建设过程中应遵循社会规律，追求包容性发展，坚持以人为本，努力提高农民工融入城镇的能力，形成代际公平、高质量的社会流动。一是要推动农民工社会融入。深入研究农民工的需求特点，关心维护农民工的精神文化生活权益；注重完善公共文化体育设施，改善农民工的休闲娱乐生活；发挥舆论与媒体的引导与宣传作用，增强市民对农民工的心理认同感与接纳程度。二是要关注留守儿童与空巢老人。落实随迁子女就地入学与住房保障，鼓励家庭式迁移；优化农村公共资源配置，充分考虑儿童与老人的利益与需求；推进心理健康教育和学校关爱工作，满足留守儿童心理需求，促进其健康成长；构建以社区为依托的居家养老、社区养老服务体系，新建居住区应配套建设社区养老服务设施；鼓励乡镇主办、因地制宜推进乡镇敬老院建设。

参考文献

[1] 陈云松，张翼．城镇化的不平等效应与社会融合［J］．中国社会科学，2015（6）：78－95，206－207.

[2] 程蹊，尹宁波．农民工就业歧视的政治经济学分析 [J]. 农村经济，2004 (2)：20-23.

[3] 褚宏启．城镇化进程中的户籍制度改革与教育机会均等——如何深化异地中考和异地高考改革 [J]. 清华大学教育研究，2015，36 (6)：9-16，52.

[4] 解垩．与收入相关的健康及医疗服务利用不平等研究 [J]. 经济研究，2009，44 (2)：92-105.

[5] 李军，曹仪．能力资本对代际收入弹性的影响 [J]. 财经理论与实践，2018，39 (2)：136-141.

[6] 李路路，朱斌．当代中国的代际流动模式及其变迁 [J]. 中国社会科学，2015 (5)：40-58，204.

[7] 李任玉，杜在超，龚强，何勤英．经济增长、结构优化与中国代际收入流动 [J]. 经济学（季刊），2018，17 (3)：995-1012.

[8] 刘学军，赵耀辉．劳动力流动对城市劳动力市场的影响 [J]. 经济学（季刊），2009，8 (2)：693-710.

[9] 吕炜，王伟同．发展失衡、公共服务与政府责任——基于政府偏好和政府效率视角的分析 [J]. 中国社会科学，2008 (4)：52-64，206.

[10] 祁毓，卢洪友．污染、健康与不平等——跨越"环境健康贫困"陷阱 [J]. 管理世界，2015 (9)：32-51.

[11] 宋旭光，何佳佳．家庭化迁移经历对代际流动性的影响 [J]. 中国人口科学，2019 (3)：92-102，128.

[12] 孙三百，黄薇，洪俊杰．劳动力自由迁移为何如此重要？——基于代际收入流动的视角 [J]. 经济研究，2012，47 (5)：147-159.

[13] 谭远发．父母政治资本如何影响子女工资溢价："拼爹"还是"拼搏"？[J]. 管理世界，2015 (3)：22-33.

[14] 王小鲁，樊纲，余静文．中国分省份市场化指数报告（2016）[M]. 北京：社会科学文献出版社，2016.

[15] 魏下海，董志强，林文炼．外来移民是否真的损害本地人工资报酬？——移民及其异质性影响的理论与实证研究 [J]. 劳动经济研究，2016，4 (1)：3-32.

[16] 吴珊珊，孟凡强．农民工歧视与反歧视问题研究进展 [J]. 经济学动态，2019 (4)：99-111.

[17] 吴晓瑜，李力行．城镇化如何影响了居民的健康？[J]. 南开经济研究，2014 (6)：58-73.

[18] 谢宝富．城市化进程中流动人口随迁子女义务教育问题研究——以北京市城乡接合部城市化改造为例 [J]. 北京社会科学，2013 (1)：21-25.

[19] 杨菊华．新型城镇化背景下户籍制度的"双二属性"与流动人口的社会融合 [J]. 中国人民大学学报，2017，31 (4)：119-128.

[20] 姚上海. 从“民工潮”到“民工荒”——农民工劳动力要素价格扭曲现象剖析 [J]. 中南民族大学学报（人文社会科学版），2005（5）：112-115.

[21] 张鹏，于伟. 城市化进程、空间溢出与城乡人力资本水平差距——基于省域尺度和受教育年限的空间计量研究 [J]. 教育与经济，2015（6）：11-17.

[22] 钟粤俊，董志强. 更多兄弟姐妹是否降低个人教育成就？——来自中国家庭的微观证据 [J]. 财经研究，2018，44（2）：75-89.

[23] Abramitzky R, Boustan L P, Eriksson K. A Nation of Immigrants: Assimilation and Economic Outcomes in the Age of Mass Migration [J]. Journal of Political Economy, 2014, 122 (3): 467-506.

[24] Andrews D, Leigh A. More Inequality, Less Social Mobility [J]. Applied Economics Letters, 2009, 16 (15): 1489-1492.

[25] Becker G S, Tomes N. An Equilibrium Theory of the Distribution of Income and Intergenerational Mobility [J]. Journal of Political Economy, 1979, 87 (6): 1153-1189.

[26] Becker G S, Tomes N. Human Capital and the Rise and Fall of Families [J]. Journal of Labor Economics, 1986, 4 (3, Part 2): S1-S39.

[27] Chen C, Qin B. The Emergence of China's Middle Class: Social Mobility in a Rapidly Urbanizing Economy [J]. Habitat International, 2014, 44: 528-535.

[28] Chen H, Wang X, Chen G, et al. Upward Social Mobility in China: Do Cities and Neighbourhoods Matter? [J]. Habitat International, 2018, 82: 94-103.

[29] Corak M. Income Inequality, Equality of Opportunity, and Intergenerational Mobility [J]. Journal of Economic Perspectives, 2013, 27 (3): 79-102.

[30] Haider S, Solon G. Life-cycle Variation in the Association between Current and Lifetime Earnings [J]. American Economic Review, 2006, 96 (4): 1308-1320.

[31] Heflin C M, Pattillo M. Poverty in the Family: Race, Siblings, and Socioeconomic Heterogeneity [J]. Social Science Research, 2006, 35 (4): 804-822.

[32] Knight J, Yueh L. Segmentation or Competition in China's Urban Labour Market? [J]. Cambridge Journal of Economics, 2009, 33 (1): 79-94.

[33] Musterd S, Andersson R. Employment, Social Mobility and Neighbourhood Effects: The Case of Sweden [J]. International Journal of Urban and Regional Research, 2006, 30 (1): 120-140.

[34] Winkleby M A, Fortmann S P, Barrett D C. Social Class Disparities in Risk Factors for Disease: Eight-year Prevalence Patterns by Level of Education [J]. Preventive Medicine, 1990, 19 (1): 1-12.

[35] Zhang X, Kanbur R. Spatial Inequality in Education and Health Care in China [J]. China Economic Review, 2005, 16 (2): 189-204.

[36] Zheng S, Kahn M E. Understanding China's Urban Pollution Dynamics [J]. Journal of Economic Literature, 2013, 51 (3): 731-72.

外资企业的退出市场行为
——经济发展还是劳动力市场价格管制？*

熊瑞祥** 万 倩 梁文泉

摘 要 本文利用我国制造业企业数据库，研究了地区经济发展与最低工资对外资企业退出市场行为的影响。估计结果显示，地区经济发展水平并不影响外资企业退出市场行为；而最低工资从25分位数提高至75分位数时，能解释样本期间外资企业退出概率平均值的20%。相比“市场导向型”外资企业，“成本导向型”外资企业更容易因为最低工资提高而退出市场：劳动密集度高、规模越大、平均工资低、所在行业低技能劳动力占比高、行业竞争激烈程度较高、产业配套条件较差的行业中的企业更容易受到最低工资上升的不利影响。

关键词 最低工资 外资企业 退出市场

一、引言

积极有效地利用外资是我国改革开放基本国策的重要组成部分，也是对外开放的核心内容之一。改革开放以来，我国对外开放水平不断提高，投资环境不断优化，逐步成为全球跨国投资的主要目的地之一。外资企业在推动我国经济宏观增长（赵文军、于津平，2012；蒋殿春、张宇，2008），与提升企业微观表现方面（Kee and Tang，2016；毛其淋、许家云，2016；Du et al.，2014），做出了至关重要的贡献。然而，近年来一些外资企业开始撤离我国，引起了社会广泛的关注。2015年初，松下与夏普宣布回迁日本①；2016年，诺基亚与飞利浦公司先后关闭了位于上海金桥与深圳的公司；

---

* 本文原载于《经济学（季刊）》2021年第4期，第1391～1410页。

** 作者简介：熊瑞祥，经济学博士，湖南师范大学“潇湘学者”特聘教授，湖南师范大学大国经济研究中心副主任。

① 人民网：http：//homea. people. com. cn/n/2015/0109/c41390－26354348. html，访问时间：2018年1月24日。

2017 年，希捷公司关闭了其在苏州的工厂①。国家外汇管理局的数据显示，2000～2014 年间，新的外国直接投资（foreign direct investment，FDI）流入的年平均速度为 18%，而原有 FDI 撤离的年平均速度达到 37%。② 由此引发的一个相关问题是：引起外资企业退出市场的原因是什么？是因为随着我国经济的不断发展，我国的技术水平不断进步、自有资金不断积累，外资企业对我国经济发展没有那么重要了，因而自发地退出了市场？还是因为劳动力市场的价格管制，如最低工资制度，通过人为地提高用工成本，降低了我国在劳动力密集型与低技能密集型产业上的比较优势，进而加速了外资企业的退出呢？

这两种原因对我们认识新时期下外资企业对于我国经济发展的作用有着不同的借鉴意义。如果外资企业退出市场主要是因为地区经济的发展，则表明这是市场自发发展的结果，在很大程度上意味着外资企业对我国的经济价值在降低，这种退出是有效率的；这种退出有利于我国的贸易平衡与产业结构的转型升级。相反地，如果外资企业退出市场主要是由于劳动力市场的价格管制，则意味着外资企业在我国经济中仍然发挥着重要作用，这种退出是没有效率的，会降低整个经济吸纳就业，尤其是吸纳低技能劳动力就业的能力。政府需要完善最低工资制度，合理调整最低工资标准以减少扭曲，并且进一步深化经济体制与行政体制改革，不断改善和优化投资环境，以更好地利用外资。

为此，本文利用我国地级市面板数据与我国制造业企业数据库，研究了地区经济发展与最低工资对外资企业退出市场行为的影响。估计结果显示，地区经济发展水平对外资企业退出市场概率没有显著影响；而最低工资从 25 分位数提高至 75 分位数时，能解释样本期间外资企业退出概率平均值的 20%。这种影响存在与理论推断一致的异质性：最低工资对外资企业退出市场概率的不利影响随企业劳动密集程度、出口密集度、所在行业低技能劳动力占比与竞争激烈程度的增加而增加；随企业平均工资水平、规模、所在行业在当地的产业配套条件的提高而减少。上述发现在一系列稳健性检验中依然成立。这些发现表明，外资企业退出市场并不是我国经济发展的自发结果，而是因为劳动力市场的价格管制削弱了我国在劳动力密集型与低技能密集型产业上的比较优势所致。

上述发现对我国和亚洲其他国家具有重要的现实意义。一方面，本文的发现意味

① 新华网：http：//m. xinhuanet. com/2017－02/26/c_1120530109. htm，访问时间：2018 年 1 月 24 日。

② 资料来源：国家外汇管理局历年国际收支平衡表。该数据中没有包括 2015 年与 2016 年数据，因为我国从 2015 年开始按照《国际收支和国际投资头寸手册》（第六版）进行统计，“外国来华直接投资”子项不再分“贷方”与“借方”进行统计，详情请见国家外汇管理局发布的《2015 年上半年我国国际收支报告》。

着，外资企业退出我国并不是我国经济发展的自然结果，而是因为劳动力市场的价格管制，通过人为地提高用工成本降低了我国在劳动力密集型与低技能密集型产业上的比较优势，进而使得外资企业过早地退出了市场。考虑到我国目前常住人口城镇化率仅为58.52%[①]，并且劳动力的平均受教育年限仅为9.02年[②]，过早地通过劳动力市场价格管制人为地提高企业的用工成本，加速了外资企业退出市场，不利于低技能劳动力的就业增长，不利于我国城市化的顺利推进与经济整体竞争力的提高。另一方面，不断加剧的全球竞争正在推动跨国公司在不同国家和地区之间进行转移（McDermott，2010），而相比国内资本，在不同国家和地区之间进行转移的国际资本的流动性更强，且我国的工资水平比亚洲许多发展中国家要高出许多[③]，我国最低工资的提高会使得亚洲其他低工资国家在吸引外资方面变得更加有优势，进而促使外资向这些低工资国家转移（Donaubauer and Dreger，2016）。本文接下来部分的安排如下：第二部分是文献述评；第三部分是我国最低工资制度与数据的介绍；第四部分是理论分析与计量经济学模型的设定；第五部分是回归分析；第六部分是稳健性检验；最后是结论与政策含义。

二、文献述评

本文同两支文献直接相关：一支文献研究了企业退出市场行为的决定因素，另一支文献研究了最低工资对企业表现的影响。

已有一支文献研究了企业退出市场行为的决定因素。伯纳德等（Bernard et al.，2006）发现，来自低工资国家的进口竞争，显著地降低了美国制造业企业的生存概率。杨天宇和张蕾（2009）研究了影响我国制造业企业退出市场的各种因素。与这些研究笼统地关注所有类型企业不同，另一些文献重点研究了特定类型企业的退出市场行为。包群等（2015）的研究表明，外资企业的进入一方面通过加剧市场竞争促进了同行业中内资企业退出市场，但另一方面又通过为内资企业构建上下游产业关联，为内资企业创造了新的市场空间。切等（Che et al.，2017）发现，一个地区对私有产权的保护

① 国家统计局：http：//www. stats. gov. cn/tjsj/zxfb/201802/t20180228_1585631. html，访问时间：2018年1月24日。

② 资料来源：http：//www. ggftu. org. cn/xw/rg/201712/t20171205_907315. htm，访问时间：2018年1月24日。

③ 资料来源：http：//www. ilo. org/jakarta/whatwego/publications/WCMS_575280/lang - en/ingex. htm，访问时间：2018年1月24日。

程度越高，民营企业退出市场的可能性越低。相比这些文献，本文主要研究外资企业的退出市场行为；这样，本文就与研究外资撤离原因的文献联系在一起。一些文献从企业战略管理的角度出发，认为撤资是跨国公司全球战略调整与重构的需要（自东放、徐艳梅，2006）。另一些文献研究了东道国宏观经济环境与政策变化对外资企业海外子公司撤资的影响。胡兴球（2004）从理论上分析了外部环境变化对跨国公司撤资的影响，外部环境包括母国经济状况、来自东道国的市场竞争，与政府优惠政策的变化。贝尔德博斯和邹（Belderbos and Zou，2009）研究发现，东道国劳动力成本上升是跨国公司重要宏观经济风险之一。李玉梅等（2016）基于东部沿海 10 个城市 113 个样本数据发现，我国的投资环境与行业发展状况、母公司特征与外商投资企业的经营状况都会影响其撤资倾向。这些文献增进了我们对外资企业撤离原因的认识，与这些文献相比，本文有如下三个方面的具体改进。第一，本文重点研究了经济发展与劳动力市场价格管制对外资企业退出市场行为的影响，二者在理论上都可能增加外资企业退出市场的概率，但两者有着不同的内涵。准确认识二者对外资企业退出市场行为的影响，有助于我们在经济发展新阶段实施更加合理的利用外资政策。第二，现有相关研究主要是理论分析或者相关分析，本文使用企业层面的面板数据，利用固定效应模型且根据经济学理论使用交互项，以及使用跨省交界与省内交界地级市对样本，可以更好地排除遗漏变量问题所导致的内生性问题，得到更加一致的参数估计。第三，相比现有相关研究，本文的样本更加具有代表性。李玉梅等（2016）使用问卷调查法的好处是可以获得企业多维度的信息，但其仅仅使用了东部沿海 10 个城市的 133 家企业样本，因而其结论的外部有效性值得商榷；而本文使用的国家统计局提供的规模以上制造业企业数据库则更加具有代表性。

第二支文献研究了最低工资对企业表现的影响。这支文献又可以分成两类，其中一类研究最低工资对企业行为的直接影响，包括就业（Hau et al.，2020；丁守海，2010）、工资（马双等，2012）、员工福利（Long and Yang，2016）与盈利水平（Draca et al.，2011）。另一类文献研究了最低工资对企业行为的间接影响，包括盈余管理水平（陆瑶等，2017）、僵尸企业形成（蒋灵多和陆毅，2017）、企业在职培训（马双和甘犁，2013）、出口行为（孙楚仁等，2013；Gan et al.，2016）、研发行为（张晶等，2014）与资源配置效率（刘贯春等，2017；Mayneris et al.，2014）。这些文献加深了本文对最低工资与企业表现之间关系的认识。相比这支文献，本文有如下两个方面的改进。首先，现有文献主要关注最低工资对企业雇用人数、工资水平、出口表现与福利费用等的影响，都是假设企业仍然在市场中存活，主要关注的是短期中最低工资对企业集约边际的影响；但实际上最低工资可能直接影响企业的退出市场行为，因而本文研究最低工资对外资企业退出市场行为的影响，更多地关注的是长期中最低工资对企业扩展边际的影响。其次，本文详尽地考察了最低工资对企业退出市场行为的作用机制与异质性效果，并且实证结果和理论推断完全一致。

三、我国的最低工资制度与数据说明

（一）我国的最低工资制度

为了适应社会主义市场经济发展的需要，保护劳动者个人及其家庭成员的基本生活和劳动者的合法权益，促进劳动者素质的提高和企业公平竞争，1993 年 11 月，我国劳动部发布了《企业最低工资规定》（以下简称《规定》）的通知。该通知中明确规定，国务院劳动行政主管部门对全国最低工资制度实行统一管理；省、自治区、直辖市人民政府劳动行政主管部门对本行政区域最低工资制度的实施实行统一管理。最低工资率在国务院劳动行政主管部门的指导下，由省、自治区、直辖市人民政府劳动行政主管部门会同同级工会、企业家协会研究确定。最低工资率一般按月确定，也可按周、日或小时确定。在《规定》中劳动部和人事部重点介绍了国际上通行的确定最低工资率的两种方法：比重法和恩格尔系数法。比重法，即根据城镇居民家计调查资料，确定一定比例的最低人均收入户为贫困户，统计出贫困户的人均生活费用支出水平，乘以每一就业者的赡养系数，再加上一个调整系数。恩格尔系数法，即根据国家营养学会提供的年度标准食物食谱及标准食物摄取量，结合标准食物的市场价格，计算出最低食物支出标准，除以恩格尔系数，得出最低生活费用标准，再乘以每一就业者的赡养系数，最后加上一个调整数。由以上方法计算出最低工资率后，再根据当地职工平均工资水平、社会救济金和待业保险金标准、就业状况、劳动生产率水平和经济发展水平等进行必要的修正。

1994 年 7 月第八届全国人民代表大会常务委员会第八次会议通过了《中华人民共和国劳动法》，确立了最低工资的法律地位。但实施之初，它只在部分城市和地区得到执行，1995 年全国仅约 130 个城市采用该政策（马双、甘犁，2013）。2004 年 1 月，劳动和社会保障部通过了《最低工资规定》，将最低工资制度推广至全国。2004 年底，我国 31 个省、自治区和直辖市都建立了最低工资制度，采用月最低工资标准（马双、甘犁，2013）。

（二）数据说明

借鉴现有文献（David and Wei，2007）的做法，本文根据企业实收资本占比来界定企业的所有制。结合本文的研究问题，我们只使用了外资企业样本。表 1 给出了相关变量的描述性统计。

表 1　　变量的描述性统计

变量		观察值	均值	标准差	p5	p95
企业层面变量	是否退出	379902	0. 138	0. 345	0	1
	固定资产（千元）	378545	41801. 33	319067. 8	183	138950
	资本劳动比（千元/人）	365607	151. 879	2296. 585	3. 333	493. 297
	人年平均工资（千元）	319448	22. 454	92. 836	5	55. 333
	是否纯出口企业	364975	0. 228	0. 42	0	1
	是否获得补贴	315260	0. 125	0. 331	0	1
	所得税税率	348659	0. 085	0. 888	0	0. 325
地区层面变量	月最低工资（元）	2569	444. 176	147. 757	240	700
	人均 GDP（元）	2532	24632. 19	19450. 95	5283. 8	62522
	职工年平均工资（元）	2535	18468. 68	8189. 985	8437. 36	33665. 88
	平均房价（元/平方米）	2529	2019. 738	1376. 199	829. 8755	4393. 471
行业层面变量	CR8	4584	0. 397	0. 232	0. 109	0. 872
	初中及以下劳动力占比	523	0. 538	0. 131	0. 287	0. 719

注：CR8 表示每年每个 4 位数行业中销售额最大的前 8 家企业的市场份额。

资料来源：《中国工业企业数据库》《中国城市统计年鉴》《中国区域经济统计年鉴》，以及作者搜集整理。

四、理论分析与计量经济学模型

从理论上来看，经济发展与劳动力市场的价格管制都会影响外资企业的退出市场行为。邓宁（Dunning，1981）的投资发展路径理论认为，随着一国经济发展水平的不断提高，本国企业的内部化优势与所有权优势会不断增加，竞争力不断增强；而外国子公司的所有权优势相对下降，竞争力不断下降。随着本国经济的不断发展，本国企业优势增加的结果是开始通过对外直接投资来开拓国际市场，而国外子公司优势下降的结果是开始自发地退出市场。该理论推断经济发展会提高外资企业退出市场的概率。改革开放之初，我国的劳动力成本相对较低，比较优势主要体现在劳动密集型产业上（林毅夫等，1994），低廉的劳动力成本是吸引外资流入的重要决定因素（Cheng and Kwan，2000）。由此可知，最低工资上升会提高企业用工成本，增加外资企业退出市场概率。为研究经济发展与最低工资对外资企业退出市场行为的影响，本文设定如下形式的回归模型：

$$exit_{cift} = \alpha + \beta_1 \ln gdppc_{ct} + \beta_2 \ln MW_{c,t-1} + \gamma X_{ft} + \delta Z_{ct} + \theta_f + \vartheta_t + \mu_{cift} \quad (1)$$

其中，α、β_1、β_2、γ、δ、θ和ϑ为待估计参数，本文主要关心的系数是β_1与β_2。c，i，f与t分别表示地级市、四位数行业、企业与年份；μ_{cift}表示随机扰动项。式（1）中$exit_{cift}$表示外资企业在第t年是否退出市场，退出市场取值为1；否则取值为0。$\ln gdppc_{ct}$表示c地级市t年人均GDP的对数。$\ln MW_{c,t-1}$表示企业所在c地级市第$t-1$年最低工资的对数；和甘犁（Gan et al.，2016）的做法一致，本文对其取对数。企业规模会影响其退出市场行为（张维迎等，2003），为此，本文控制用企业固定资产对数衡量的企业规模。Z_{ct}表示企业所在地级市在t年的特征，包括市辖区内职工年平均工资收入的对数和平均房价的对数。① 这些地区层面的变量可以控制基于地区经济发展水平和工资水平的考虑而制定最低工资标准所导致的内生性问题（马双、甘犁，2013）。θ_f表示企业固定效应，以控制企业层面不随时间改变的不可观测因素对估计结果的影响。ϑ_t表示年份固定效应，以控制全国年份层面逐年变化的不可观测混杂因素，如宏观经济周期。

考虑到经济发展与最低工资对外资企业退出市场行为的影响可能存在企业层面的异质性，本文还考虑了如下形式的交互项模型：

$$exit_{cift} = \alpha + \beta_1 \ln gdppc_{ct} + \beta_2 \ln MW_{c,t-1} + \beta_3 \ln gdppc_{ct} \times X_{ft} + \beta_4 \ln MW_{c,t-1} \times X_{ft} + \gamma X_{ft} + \delta Z_{ct} + \theta_f + \vartheta_t + \mu_{cift} \quad (2)$$

其中，X_{ft}表示企业层面的特征变量。

第一，X_{ft}包括企业资本劳动比的对数。在经济发展的初期，由于资本相对稀缺，一个国家或地区会通过发展劳动密集型产业来积累利润，进而积累资本（林毅夫等，1994）。随着经济的发展，一个国家或地区的比较优势会逐步从劳动密集型产业转向资

① 借鉴陆铭等（2015）的做法，本文所用房价数据来自历年《中国区域经济统计年鉴》，该年鉴在“商品房屋销售情况”一栏下公布了各地级市的商品房屋销售额与销售面积，本文据此计算出各地级市历年商品房屋销售的平均价格。

本密集型产业，劳动密集型的外资企业会因为逐渐失去比较优势而退出市场。因此，经济发展对外资企业退出市场行为的不利影响在劳动密集度越高的企业中越大；因而我们预期地区人均 GDP 对数与企业资本劳动比对数交互项的系数显著为负。其他条件相同时，一个企业的资本劳动比越低，总成本中劳动成本占比越高①，最低工资上升带来的劳动成本上升对总成本的影响会越大。因此，最低工资上升对企业退出市场行为的不利影响会随着企业资本劳动比的降低而增加；因而本文预期最低工资对数与企业资本劳动比对数交互项的系数显著为负。

第二，X_{ft}包括企业平均工资的对数。随着一个国家或地区经济发展水平的提高，其工业产值占 GDP 的比重会先上升后下降（Kuznets，1966），产业结构会不断升级，进而技术水平比较低的企业就会逐步退出市场。考虑到技术水平比较低的企业平均工资也较低，因而本文预期地区人均 GDP 对数与企业平均工资对数交互项的系数显著为负。尽管企业的平均工资水平并不能完全反映企业的工资结构，但可以比较合理地推断：在平均工资较低的企业中，低分位数工资与最低工资标准的差距会更小，提高最低工资标准对这些企业的影响也应该会更大（丁守海，2010）。因此，最低工资上涨对企业退出市场行为的不利影响应该会随着企业平均工资的降低而增加，因而我们预期最低工资对数与企业平均工资对数交互项的系数显著为负。

第三，X_{ft}包括“是否纯出口企业”虚拟变量。来我国投资的外资企业大致可以分为两类：“市场导向型”与“成本导向型”（李玉梅等，2016；曹晓蕾，2006）。“市场导向型”外资企业主要看中我国的国内市场，表现为出口产值占销售额的比例较低；且这类外资企业进入我国市场时发挥了母国资金充裕的优势，表现为资本劳动比比较高。而“成本导向型”外资企业主要看中我国廉价劳动力的比较优势，表现为资本劳动比较低；且这类外资企业主要面向国际市场，表现为出口产值占销售额的比例较高。随着我国经济的不断发展，居民收入不断增加，国内消费者对“市场导向型”外资企业所生产产品的需求会不断增加。因此，相比“市场导向型”外资企业，“成本导向型”外资企业更容易因为本国经济发展而退出市场。最低工资上升时，相比看中我国国内市场的“市场导向型”外资企业，看中我国廉价劳动力的“成本导向型”外资企业越容易因为受到最低工资提高带来的劳动力成本上升而退出市场。为此，本文构建了“是否纯出口企业”虚拟变量作为是否为“成本导向型”外资企业的代理变量。预

① 不妨假设生产函数是规模报酬不变的，则总产出 Y 刚好全部分配给劳动所有者（wL）与资本所有者（rK）。进而，劳动成本占总成本的比例为$\frac{wL}{wL+rK}=\frac{w}{w+r\left(\frac{K}{L}\right)}$，$\frac{K}{L}$越低，劳动成本占总成本的比例越高。

期地区人均 GDP 对数与该虚拟变量交互项的系数显著为正，最低工资对数与该虚拟变量交互项的系数也显著为正。

第四，X_{ft}还包括企业固定资产的对数。规模越大的企业，越有可能通过其他方式来抵消掉经济发展、最低工资上涨给自身造成的不利影响。例如，最低工资上涨使企业的劳动力成本增加时，相比小规模企业，固定资产规模大的企业更有可能通过提供抵押品从金融市场或其他途径融资，缓解劳动力成本上升给自身带来的不利影响。因而，本文预期地区人均 GDP 对数与企业固定资产对数交互项的系数显著为负，最低工资对数与企业固定资产对数交互项的系数也显著为负。

最后，本文还考虑了经济发展与最低工资上升对外资企业退出市场行为影响在行业层面的异质性：

$$exit_{cift} = \alpha + \beta_1 \ln gdppc_{ct} + \beta_2 \ln MW_{c,t-1} + \beta_3 \ln gdppc_{ct} \times I_{it} + \beta 4 \ln MW_{c,t-1} \times I_{it} + \gamma I_{it} + \delta Z_{ct} + \theta_f + \vartheta t + \mu_{cift} \quad (3)$$

其中，I_{it}表示四位数行业层面的特征。

第一，I_{it}包括四位数行业层面的低技能劳动力占比。一个行业中“初中及以下学历员工占比”越高，它的技术水平通常来说也越低，该行业中的企业越容易因为经济发展而退出市场。类似地，一个行业中“初中及以下学历员工占比”越高，它的平均工资水平越低，最低工资对该行业的约束更紧，这些行业中企业成本因为最低工资提高而导致的上升幅度越大，越有可能退出市场。为此，本文利用 2004 年我国工业普查数据，计算了我国 2004 年制造业四位数行业层面初中及以下劳动力的平均占比，预期此时地区人均 GDP 对数与该变量交互项的系数显著为正，最低工资对数与该变量交互项的系数也显著为正。

第二，I_{it}还包括行业层面的竞争激烈程度。改革开放以来，我国的市场化程度不断提高，产品市场的竞争日趋激烈。行业竞争越激烈，企业的利润越微薄（白东放、徐艳梅，2006）；经济发展或最低工资上升时，这些行业中的企业相比竞争没那么激烈的行业中的企业，更难以用利润来冲销最低工资带来的不利影响。因而，经济发展与最低工资对企业退出市场行为的不利影响应该在竞争越激烈的行业中越大。为此，借鉴现有文献（方芳、蔡卫星，2016；马建堂，1993）的做法，本文利用我国工业企业数据库，计算了我国四位数制造业行业年份层面的 CR8 指数——每一年中每个行业销售额最大的前 8 家企业的市场份额；该指数取值越小，表示行业层面的竞争越激烈。预期此时地区人均 GDP 对数与该变量交互项的系数显著为负，最低工资对数与该变量交互项的系数也显著为负。

第三，I_{it}还包括外资企业所在行业在当地的产业配套情况。企业在考虑是否离开一个地区时，不仅会考虑当地的经济发展水平与劳动力成本，还会考虑企业所在行业在当地的产业配套情况：外资企业所在行业在当地良好的产业配套，可能会在一定程度上抵消经济发展与劳动力成本上升给外资企业带来的不利影响。本文借助产品空间（product space）文献的最新进展，度量了每个地级市 c 中每个外资企业所在行业 i 在当地的产业配套情况，将其记为 $Density_i^c$。[①] 该指标度量了与行业 i 联系紧密的那些行业在地级市 c 的比较优势情况，例如，生产手机需要很多配套行业，如果深圳在生产手机的很多配套行业上有比较优势的话，就意味着深圳在手机生产上的产业配套或产业基础较好；$Density_i^c$ 的取值越大，代表城市 c 在行业 i 上的产业配套越好。进一步根据 $Density_i^c$ 的中位数构建了一个代表外资企业所在行业在当地产业配套好坏的虚拟变量，该变量取值为 1 时表示外资企业所在行业在当地的产业配套较好，取值为 0 时表示产业配套较差。预期此时地区人均 GDP 对数与该虚拟变量交互项的系数显著为负，最低工资对数与该虚拟变量交互项的系数也显著为负。

本文使用的是企业层面面板数据，而关键解释变量是地级市年份层面数据，考虑到同一地级市内不同企业的随机扰动可能存在相关性，借鉴伯特兰等（Bertrand et al.，2004）的做法，本文将标准误聚类到地级市层面。

五、回归分析

本部分中，我们首先根据回归方程（1）进行逐步回归，然后分别根据回归方程（2）和回归方程（3）检验企业层面与行业层面的异质性。

（一）基本模型：逐步回归

根据回归方程（1），表 2 汇报了基本模型的逐步回归结果，本文主要关心人均 GDP 对数与最低工资对数这两个变量系数的符号与大小。第（1）列只控制了地级市层面人均 GDP 的对数，该变量在 1% 的水平上显著为负。第（2）列进一步控制了企业固定效应。此时，人均 GDP 对数的系数大小大幅度减小，且不再显著；而地级市层面最低工资的对数在 1% 的水平上显著为正。第（3）列进一步控制了企业规模与年份固定效应。同现有文献的发现一致，规模越大的企业，退出市场的概率越低（张维迎等，

① $Density_i^c$ 指标的经济学逻辑与具体构建过程见陈等（Chen et al.，2017）的研究。

2003）。第（4）列进一步控制了市辖区年平均工资的对数，以控制地区层面一般性的工资变化对外资企业退出市场行为的影响。同预期一致，市辖区年平均工资越高，外资企业退出市场的概率越高。陆铭等（2015）发现，房价会通过影响工资来影响企业的竞争力，为此第（5）列进一步控制了市辖区层面年平均房价的对数。估计结果显示，市辖区房价的对数并不影响外资企业的退出概率。

表 2　　基本模型：逐步回归结果

变量	*exit*	*exit*	*exit*	*exit*	*exit*
	(1)	(2)	(3)	(4)	(5)
地级市经济发展	-0.0539*** (0.0075)	0.0206 (0.0151)	-0.0052 (0.0177)	-0.0070 (0.0178)	-0.0054 (0.0185)
地级市最低工资		0.1601*** (0.0160)	0.0526** (0.0258)	0.0549** (0.0269)	0.0548** (0.0264)
企业固定资产的对数			-0.0231*** (0.0031)	-0.0230*** (0.0031)	-0.0231*** (0.0031)
地级市平均工资的对数				0.0553* (0.0319)	0.0494 (0.0321)
地级市房价的对数					-0.0224 (0.0151)
企业固定效应	No	Yes	Yes	Yes	Yes
年份固定效应	No	No	Yes	Yes	Yes
观测值个数	321245	320779	308804	306159	304405
R^2	0.009	0.024	0.041	0.042	0.042
企业个数		101717	93400	93336	93045

注：观测值为企业层面。***、** 和 * 分别表示参数的估计值在 1%、5% 和 10% 的统计水平上显著，括号内为标准误。表中所有回归结果的标准误均经过地级市层面聚类调整。为节省篇幅，未报告常数项。

资料来源：作者计算整理。

在控制企业固定效应之后的第（3）~第（5）列中，地级市人均 GDP 对数与最低工资对数对外资企业退出市场概率的影响非常稳健。控制最严格的第（5）列的结果表明：平均来说，地区经济发展对外资企业退出市场行为的影响不显著；而最低工资提高会显著地增加外资企业退出市场的概率。具体而言，当最低工资从 25 分位数提高至

75 分位数时，最低工资的提高幅度约占其平均值的 50%。[①] 这会使得外资企业退出市场的概率提高约 2.74%（=50%×0.0548）。而样本期间，外资企业的平均退出概率约为 13.8%。这意味着当最低工资从 25 分位数提高至 75 分位数时，大约能解释外资企业退出市场概率平均值的 20%（=2.74%/13.8%），系数大小的经济意义比较合理。表 2 中的结果与李玉梅等（2016）发现我国东部沿海地区生产要素成本上升增加了外资企业的撤资倾向的结论是类似的；不过本文发现的是真实的退出市场行为，而李玉梅等（2016）调查的仅仅是撤资倾向。

（二）企业层面的异质性

根据回归方程（2），表 3 报告了地区经济发展水平与最低工资对外资企业退出市场行为的影响在企业层面的异质性。具体而言，第（1）列中控制了地级市人均 GDP 对数、最低工资对数同企业资本劳动比对数的交互项。估计结果显示，经济发展水平并不影响外资企业的退出市场行为。而最低工资越高，外资企业退出市场的概率越高；并且同经济学逻辑一致，最低工资对外资企业退出市场行为的负向影响在劳动密集型企业中显著更大。第（2）列中控制了地级市人均 GDP 对数、最低工资对数同企业平均工资对数的交互项。估计结果显示，经济发展水平仍然不影响外资企业的退出市场行为。而最低工资越高，外资企业退出市场的概率越高；并且同经济学逻辑一致，最低工资对外资企业退出市场行为的负向影响在平均工资水平低的企业中更大。

第（3）列中控制了地级市人均 GDP 对数、最低工资对数与“是否纯出口企业”虚拟变量的交互项。估计结果显示，经济发展水平仍然不影响外资企业的退出市场行为。而最低工资越高，外资企业的退出市场概率越高；并且相比利润率更高的非纯出口企业，利润率微薄的纯出口企业越容易因为最低工资的提高而退出市场。第（4）列中控制了地级市人均 GDP 对数、最低工资对数与企业规模的交互项。估计结果显示，经济发展水平仍然不影响外资企业的退出市场行为。而最低工资越高，外资企业的退出市场概率越高；并且相比规模较大的外资企业，规模越小的外资企业越容易因为最低工资的提高而退出市场。

---

① 平均工资的 75 分位数 25 分位数分别为 550 与 330，（550－330）/444.1763≈50%。

表 3 企业层面的异质性

变量	exit (1)	exit (2)	exit (3)	exit (4)
地级市经济发展	-0.0016 (0.0163)	0.0238 (0.0181)	0.0006 (0.0169)	-0.0118 (0.0325)
地级市最低工资	0.1610*** (0.0288)	0.1095** (0.0477)	0.0446* (0.0254)	0.3997*** (0.0529)
地级市经济发展×企业资本劳动比的对数	0.0001 (0.0021)			
地级市最低工资×企业资本劳动比的对数	-0.0290*** (0.0028)			
地级市经济发展×企业平均工资的对数		-0.0112 (0.0096)		
地级市最低工资×企业平均工资的对数		-0.0206* (0.0117)		
地级市经济发展×企业是否纯出口企业			0.0012 (0.0074)	
地级市最低工资×企业是否纯出口企业			0.0382*** (0.0094)	
地级市经济发展×企业固定资产的对数				0.0011 (0.0034)
地级市最低工资×企业固定资产的对数				-0.0380*** (0.0045)
企业特征变量	Yes	Yes	Yes	Yes
地级市特征变量	Yes	Yes	Yes	Yes
企业固定效应	Yes	Yes	Yes	Yes
年份固定效应	Yes	Yes	Yes	Yes
观测值个数	303468	303435	298905	304405
R^2	0.050	0.042	0.043	0.046
企业个数	92695	92506	90443	93045

注：观测值为企业层面。*** 、** 和 * 分别表示参数的估计值在 1%、5% 和 10% 的统计水平上显著，括号内为标准误。表中所有回归结果的标准误均经过地级市层面聚类调整。为节省篇幅，未报告常数项。

资料来源：作者计算整理。

（三）行业层面的异质性

根据回归方程（3），表 4 报告了地区经济发展水平与最低工资对外资企业退出市场行为的影响在行业层面的异质性。具体而言，第（1）列中控制了地级市人均 GDP 对数、最低工资对数与行业低技能劳动力占比之间的交互项。估计结果显示，经济发展水平仍然不影响外资企业的退出市场行为；同时，最低工资上升对外资企业退出市场行为的影响主要集中于低技能密集型行业。第（2）列中控制了地级市人均 GDP 对数、最低工资对数与行业竞争激烈程度变量之间的交互项。估计结果显示，经济发展水平仍然不影响外资企业的退出市场行为。而最低工资越高，外资企业退出市场的概率越高；并且相比竞争不那么激烈的行业，竞争越激烈的行业中外资企业越容易因为最低工资的提高而退出市场。表 4 第（3）列控制了地级市经济发展水平、地级市最低工资分别与外资企业所在行业产品配套好坏的交互项。第（3）列的估计结果表明，地级市最低工资与产业配套好坏的交互项显著为负。这意味着：企业所在行业在当地良好的产业配套，确实会在一定程度上抵消劳动力成本上升给外资企业带来的不利影响。这一发现也同现实一致：《华尔街日报》（*The Wall Street Journal*）的报道显示①：伴随着中国最低工资的上升与近两年美国对中国生产产品关税征收的是，一些企业从中国转移到越南等东南亚国家，但因为这些国家的产业配套能力远不如中国，所以转移过去的主要是一些生产链条较短、对产业配套需求相对较低的劳动密集型企业，例如衣服、鞋子、玩具等生产企业；即便有些像佳能（Canon）这样生产链条较长、对产业配套需求相对较高的电子产品生产企业转移过去了，但它在越南等东南亚国家当地也主要是生产这些电子产品的塑料部件或包装材料等，而生产这些电子产品所需的对产业配套需求较高的其他中间投入品还是从中国或日本进口。

表 4　行业层面的异质性

变量	*exit*	*exit*	*exit*
	(1)	(2)	(3)
地级市经济发展	-0.0277 (0.0354)	-0.0120 (0.0192)	-0.0004 (0.0123)

① “Manufacturers Want to Quit China for Vietnam. They're Finging It Impossible”, https: //www. wsj. com/articles/for - manufacturers - in - china - breaking - up - is - harg - to - go - 11566397989，访问时间：2020 年 1 月 23 日。

续表

变量	exit	exit	exit
	(1)	(2)	(3)
地级市最低工资	0.0042 (0.0317)	0.0736*** (0.0276)	0.0604** (0.0260)
地级市经济发展×行业的低技能劳动力占比	0.0390 (0.0391)		
地级市最低工资×行业的低技能劳动力占比	0.0837** (0.0418)		
地级市经济发展×行业的市场集中度		0.0304 (0.0201)	
地级市最低工资×行业的市场集中度		-0.0906*** (0.0330)	
地级市经济发展×产业配套好坏			-0.0078 (0.0195)
地级市最低工资×产业配套好坏			-0.0372** (0.0145)
企业特征变量	Yes	Yes	Yes
地级市特征变量	Yes	Yes	Yes
企业固定效应	Yes	Yes	Yes
年份固定效应	Yes	Yes	Yes
观测值个数	304350	304350	298278
R^2	0.042	0.042	0.042
企业个数	93038	93038	91569

注：观测值为企业层面。***、** 和 * 分别表示参数的估计值在 1%、5% 和 10% 的统计水平上显著，括号内为标准误。表中所有回归结果的标准误均经过地级市层面聚类调整。为节省篇幅，未报告常数项。

资料来源：作者计算整理。

六、内生性处理与稳健性检验

（一）内生性处理

从卡得和克鲁格（Card and Krueger，1994）比较地理相邻的新泽西州与宾夕法尼亚州来研究最低工资对就业影响的经典文献开始，现有文献主要通过比较跨州（省）交界的市（县）中个体的行为差异来处理最低工资经济影响估计中的内生性问题（Dube et al.，2010）。这一做法主要基于以下逻辑：一方面，最低工资主要由州（省）决定，这样，不同的州（省）下的市（县）就有不同的最低工资；另一方面，跨州（省）交界的市（县）之间因为地理上的邻近在很多方面是可比的。甘犁等（Gan et al.，2016）在研究我国最低工资对企业出口行为的影响时，利用地理上相邻的广东省与福建省中的企业样本处理了其估计过程中可能存在的内生性。仅仅使用部分跨省相邻样本的不足之处在于，估计结果不一定具有外部有效性。范等（Fan et al.，2018）在研究我国最低工资提高对企业对外直接投资的影响时，使用了全部跨省相邻的地级市样本来处理其中的内生性问题，这一做法同杜贝等（Dube et al.，2010）一致。本文借助现有文献（Dube et al.，2010；Fan et al.，2018）的做法，使用全部跨省相邻的地级市样本来处理可能存在的内生性问题。具体而言，第一步，我们构建一个跨省交界的地级市对数据库：如果两个地级市交界但各属于不同的省，则这两个地级市属于一个地级市对。我们给每一个地级市对一个独特的地级市对代码 p。[①] 第二步，我们将地级市对数据库与之前使用的企业层面面板数据库合并。使用合并的数据库可以有效地减少估计过程中的内生性问题（Fan et al.，2018）：因为此时我们可以控制地级市对固定效应与年份固定效应的交互项，这就有效地控制了地级市对随时间变化的不可观测因素的潜在影响。正如杜贝等（Dube et al.，2010）所述，跨州（省）交界的市（县）之间因为地理上的邻近在很多方面是可比的。表 5 第（1）列报告了使用跨省交界地级市

① 一个地级市可能同多个地级市跨省交界，例如，河北省的石家庄市同时与山西省的阳泉市、晋中市、忻州市交界。这样，石家庄市在地级市对数据库中就出现 3 次：石家庄市－阳泉市，石家庄市－晋中市，石家庄市－忻州市。石家庄市在地级市对数据库中也就有 3 个不同的地级市对代码。为处理这种一个地级市在地级市对数据库中出现多次对估计结果的影响，借鉴现有文献（Fan et al.，2018）的做法，我们报告加权回归结果，其权重为一个地级市在地级市对数据库中出现次数的倒数。

样本的回归结果。① 此时，地区经济发展仍然不影响外资企业的退出，而提高最低工资显著地促进了外资企业退出市场。

表 5　　使用地级市对内的企业

变量	*exit*	*exit*
	(1)	(2)
地级市经济发展水平	-0.0171 (0.0458)	-0.0139 (0.0091)
地级市最低工资	0.0719 * (0.0409)	0.0994 *** (0.0372)
企业特征变量	Yes	Yes
地级市特征变量	Yes	Yes
企业固定效应	Yes	Yes
地级市对-年份固定效应	Yes	Yes
行业-年份交互项的固定效应	Yes	Yes
观测值个数	198197	963556
R^2	0.658	0.588
标准误聚类	地级市对-年份与地级市	地级市对-年份与地级市

注：观测值为企业层面。*** 、** 和 * 分别表示参数的估计值在 1% 、5% 和 10% 的统计水平上显著。括号内为标准误，按照范等（Fan et al.，2018）的做法，我们将标准误聚类在地级市对-年份与地级市层面。地级市对年份固定效应表示地级市对固定效应与年份固定效应的交互项，行业年份固定效应表示行业固定效应与年份固定效应的交互项。为节省篇幅，未报告常数项。

资料来源：作者计算整理。

可能有人会担心，跨省交界的地级市除了在最低工资与经济发展水平上有差异之外，还可能在经济政策上有差异，因为不同省份可能有不同的经济政策，因而跨省交界的地级市之间的可比性可能不如省内交界的地级市之间的可比性。为此，我们构建了省内交界的地级市对数据库：如果两个地级市交界且属于同一个省，则这两个地级市属于一个地级市对。表 5 第（2）列报告了使用省内交界地级市样本的回归结果。②

① 表 5 第（1）列中观测值的个数小于正文中基准回归中观测值的个数，是因为我们在使用跨省交界地级市样本时，删除了一个省份中未与其他省份的地级市交界的那些地级市，这些被删除的地级市通常处于一个省份的地理中心，是经济发达地区，删除这些地级市时损失了样本。

② 表 5 第（2）列中观测值的个数大于正文中基准回归中观测值的个数，是因为当一个地级市同多个地级市省内交界时，该地级市在省内地级市对数据库中会出现多次。

此时，地区经济发展仍然不影响外资企业的退出，而提高最低工资显著地促进了外资企业退出市场。

（二）稳健性检验

本小节主要进行了如下 5 个方面的稳健性检验。（1）使用 2003 ~ 2014 年上市公司前十大股东数据，考察了研究的时效性。（2）通过进一步控制当地的营商环境与外资企业所在行业在当地的产业配套好坏，来进一步缓解遗漏变量问题对估计结果的干扰。（3）通过控制企业是否获得补贴与企业的所得税税率来控制地级市政府可能存在的策略性反应。（4）检验最低工资对外资企业退出市场概率的影响是否在 2004 年之后因为政策实施强度提高而增加。（5）通过改变企业进入样本的门槛值来尽可能缓解被解释变量的测量误差。在上述稳健性检验中，本文的结论仍然成立。①

七、结论与讨论

近年来，在推动我国经济宏观增长与提升企业微观表现方面做出重要贡献的外资企业呈现出退出我国市场的迹象，引发了社会广泛的关注。一种观点认为，外资退出中国市场是我国经济发展、自有资金日渐充足的自发结果，表明外资企业对于我国经济的价值在降低。另一种观点则认为，相比改革开放之初，我国的资金确实日益充足，但外资背后不仅仅是资金，还包括知识、技术、人才与先进管理经验等，这些生产要素对于我国产业向全球价值链高端跃升仍然具有非常重要的价值；外资企业退出中国市场是因为劳动力市场的一些价格管制，如最低工资，降低了我国在劳动力密集型与低技能密集型产业上的比较优势所致。本文的估计结果显示，地区经济发展水平对外资企业退出市场概率没有显著影响；而最低工资从 25 分位数提高至 75 分位数时，能解释样本期间外资企业退出概率平均值的 20%。相比“市场导向型”外资企业，“成本导向型”外资企业更容易因为最低工资提高而退出市场。需要指出的是，本文仍然存在如下方面的不足，值得进一步改进。外资企业退出市场有两种情形：一种是迁往了外地，另一种是直接停止经营。这两种退出市场的性质不同，其决定因素也可能不同。并且这两种退出市场行为也有着不同的福利含义：如果只是迁往外地，毕竟还在营业，

① 限于篇幅，本文在发表版本中删除了这些结果，欢迎感兴趣的读者来函索取。

还在创造 GDP 与就业；如果直接停止经营，则不再创造 GDP 与就业了。如果能够对外资企业退出市场行为的这两种情形进行区分，在文献上与政策含义上都具有重要价值。由于这方面数据可得性的限制，本文未能对这两种情形进行区分，期待拥有相关数据的研究者能够在后续研究中弥补本文的这一不足之处。

参考文献

［1］包群，叶宁华，王艳灵．外资竞争、产业关联与中国本土企业的市场存活［J］．经济研究，2015，50（7）：102－115.

［2］曹晓蕾．跨国公司撤资问题探讨——以在华韩资企业为例［J］．世界经济与政治论坛，2006（5）：14－19.

［3］丁守海．最低工资管制的就业效应分析——兼论《劳动合同法》的交互影响［J］．中国社会科学，2010（1）：85－102，223.

［4］方芳，蔡卫星．银行业竞争与企业成长：来自工业企业的经验证据［J］．管理世界，2016（7）：63－75.

［5］胡兴球．跨国公司在华撤资动因分析［J］．亚太经济，2004（6）：32－34.

［6］蒋殿春，张宇．经济转型与外商直接投资技术溢出效应［J］．经济研究，2008（7）：26－38.

［7］蒋灵多，陆毅．最低工资标准能否抑制新僵尸企业的形成［J］．中国工业经济，2017（11）：118－136.

［8］李玉梅，刘雪娇，杨立卓．外商投资企业撤资：动因与影响机理——基于东部沿海 10 个城市问卷调查的实证分析［J］．管理世界，2016（4）：37－51.

［9］林毅夫，蔡昉，李周．中国的奇迹：发展战略与经济改革［M］．上海：上海三联书店，1994.

［10］刘贯春，陈登科，丰超．最低工资标准的资源错配效应及其作用机制分析［J］．中国工业经济，2017（7）：62－80.

［11］陆铭，张航，梁文泉．偏向中西部的土地供应如何推升了东部的工资［J］．中国社会科学，2015（5）：59－83，204－205.

［12］陆瑶，施新政，刘璐瑶．劳动力保护与盈余管理——基于最低工资政策变动的实证分析［J］．管理世界，2017（3）：146－158.

［13］马建堂．中国行业集中度与行业效绩［J］．管理世界，1993（1）：131－136.

［14］马双，甘犁．最低工资对企业在职培训的影响分析［J］．经济学（季刊），2014，13（1）：1－26.

［15］马双，张劼，朱喜．最低工资对中国就业和工资水平的影响［J］．经济研究，2012，47

(5)：132 – 146.

[16] 毛其淋，许家云．跨国公司进入与中国本土企业成本加成——基于水平溢出与产业关联的实证研究［J］．管理世界，2016（9）：12 – 32，187.

[17] 孙楚仁，田国强，章韬．最低工资标准与中国企业的出口行为［J］．经济研究，2013，48（2）：42 – 54.

[18] 杨天宇，张蕾．中国制造业企业进入和退出行为的影响因素分析［J］．管理世界，2009（6）：82 – 90.

[19] 张晶，陆毅，杨治．我国最低工资水平对民营企业创新行为的影响［Z］．经济研究工作论文，2014.

[20] 张维迎，周黎安，顾全林．经济转型中的企业退出机制——关于北京市中关村科技园区的一项经验研究［J］．经济研究，2003（10）：3 – 14，90.

[21] 赵文军，于津平．贸易开放、FDI 与中国工业经济增长方式——基于 30 个工业行业数据的实证研究［J］．经济研究，2012，47（8）：18 – 31.

[22] 自东放，徐艳梅．跨国公司撤资的实证研究［J］．统计研究，2006（2）：13 – 16，81.

[23] Belderbos R，Zou J. Real Options and Foreign Affiliate Divestments：A Portfolio Perspective［J］. Journal of International Business Studies，2009，40（4）：600 – 620.

[24] Bernard A B，Jensen J B，Schott P K. Survival of the Best Fit：Exposure to Low-Wage Countries and the（uneven）Growth of U. S. Manufacturing Plants［J］. Journal of International Economics，2006，68（1）：219 – 237.

[25] Bertrand M，Duflo E，Mullainathan S. How Much Should We Trust Difference-in-Differ-ences Estimates?［J］. Quarterly Journal of Economics，2004，119（1）：249 – 275.

[26] Card D，Krueger A B. Minimum Wages and Employment：A Case Study of the FastFood Industry in New Jersey and Pennsylvania［J］. American Economic Review，1994，84（4）：772 – 793

[27] Cheng L K，Kwan Y K. What Are the Determinants of the Location of Foreign Direct Investment? The Chinese Experience［J］. Journal of International Economics，2000，51（2）：379 – 400.

[28] Chen Z，Poncet S，Xiong R. Inter-industry Relatedness and Industrial policy Efficiency：Evidence from China's Export Processing Zones［J］. Journal of Comparative Economics，2017，45（4）：809 – 826.

[29] Che Y，Lu Y，Tao Z. Institutional Quality and New Firm Survival［J］. Economics of Transition，2017，25（3）：495 – 525.

[30] David D，Wei S. Das（Wasted）Kapital：Firm Ownership and Investment Efficiency in China［R］. NBER WorKing Paper，2007.

[31] Donaubauer J，Dreger C. The End of Cheap Labour：Are Foreign Investors Leaving China?［R］. IZA WorKing Paper，2016.

[32] Draca M，Machin S，Reenen J V. Minimum Wages and Firm Profitability［J］. American Econom-

ic Journal: Applied Economics, 2011, 3 (1): 129 -151.

[33] Dube A, Lester T, Reich M. Minimum Wage Effects Across State Borders: Estimates Using Contiguous Counties [J]. Review of Economics and Statistics, 2010, 92 (4): 945 -964.

[34] Du L, Harrison A, Jefferson G. FDI Spillover and Industrial Policy: The Role of Tariffs and Tax Holidays [J]. World Development, 2014, 64: 366 -383.

[35] Dunning J H. Explaining the International Direct Investment Position of Countries: Towards a Dynamicor Developmental Approach [J]. Weltwirtschaftliches Archiv, 1981, 117 (1): 30 -64.

[36] Fan H, Lin F, Tang L. Minimum Wage and Outward FDI from China [J]. Journal of Development Economics, 2018, 135: 1 -19.

[37] Gan L, Hernandez M A, Ma S. The Higher Cost of Doing Business in China: Minimum Wages and Firms' Export Behavior [J]. Journal of International Economics, 2016, 100: 81 -94.

[38] Hau H, Huang Y, Wang G. Firm Response to Competitive Shocks: Evidence from China's Minimum Wage Policy [J]. Review of Economic Studies, 2020, 87 (6): 2639 -2671.

[39] Kee H T, Tang H. Domestic Value Added in Exports: Theory and Evidence from China [J]. American Economic Review, 2016, 106 (6): 1402 -1436.

[40] Kuznets S. Modern Economic Growth: Rate, Structure and Spread [C]. New Haven: Yale University Press, 1966.

[41] Long C, Yang J. How Do Firms Respond to Minimum Wage Regulation in China? Evidence from Chinese Private Firms [J]. China Economic Review, 2016, 38: 267 -284.

[42] Mayneris F, Sandra P, Zhang T. The Cleansing Effect of Minimum Wages: Minimum Wages, Firm Dynamics and Aggregate Productivity in China [R]. IRES WorKing Paper, 2014.

[43] McDermott M C. Foreign Divestment: The Neglected Area of International Business? [J]. International Studies of Management and Organization, 2010, 40 (4): 37 -53.

[44] Regional Economic and Social Analysis Unit (RESA). Wages in the Asiaand Pacific: Steady, but Heterogeneous Real Growth [R]. Global Wage Report 2016/17 Asiaand Pacific supplement, ILO, 2017: 1 -4.

FDI和OFDI的互动机制与经济增长质量提升

——基于狭义技术进步效应和资源配置效应的分析*

傅元海** 林剑威

摘 要 "引进来"和"走出去"的良性互动是形成国内国际双循环相互促进新发展格局的重要途径，通过促进技术进步和改善资源配置推动经济高质量增长。东道国引进FDI产生技术溢出促进技术进步，一方面为本地企业进行OFDI扩张提供了能力，促进本地企业能力提高；另一方面通过促进本地产业升级促使以OFDI为载体的边际产业转移，提高要素配置效率。东道国本地企业能力提高和边际产业转移则吸引高质量的FDI进入，促进技术升级和产业结构优化，如此循环往复。二者形成良性互动机制产生技术进步效应和促进产业结构优化的资源配置效应，提升了经济增长质量。利用2004~2017年中国30个省份的面板数据对理论分析进行实证研究发现：FDI和OFDI的交互作用促进经济增长质量提高，在考虑内生性以及进行各种稳健性检验后结论依然成立。进一步检验发现FDI和OFDI的交互作用通过促进产业结构优化提高经济增长质量；分解宏观TFP增长率发现：FDI和OFDI的交互作用没有促进资本要素配置效率的提高，甚至产生抑制作用，二者的交互作用主要通过促进技术进步及劳动要素配置效率的提升促进中国经济高质量增长。

关键词 FDI OFDI 高质量增长

依托大市场优势，形成国内大循环为主、国内国际双循环相互促进的新发展格局，就是以深化国内分工为载体，以提升技术能力为着力点，打通断点、堵点，延长并完善产业链、供应链，不断补齐供给短板，促进供给结构与需求结构的协同，推动产业升级，提升产品产业附加值，实现中国经济高质量发展。引进外商直接投资（FDI）和对外直接投资（OFDI）是连接国内外两个市场的主要途径，是国内国际双循环的重要途径，构建FDI和OFDI协调互动机制是形成国内国际双循环相互促进的新发展格局、

---

* 本文原载于《中国软科学》2021年第2期。

** 作者简介：傅元海，经济学博士，广州大学经济与统计学院院长、教授。

推动经济高质量增长的重要途径。

随着我国长期以来依托成本优势吸引 FDI 参与国际分工的模式带来资源能源的过度消耗、部分关键核心技术受制于人等弊端的显现，特别是在近年来全球市场萎缩、保护主义上升、大国博弈由贸易向科技领域转化以及新冠肺炎疫情冲击的复杂背景下，促使 FDI 和 OFDI 形成良性互动机制具有重要的现实意义。FDI 和 OFDI 的良性互动可以通过促进技术水平提升和产业结构升级畅通国内市场循环、推动国内循环国际循环相互促进，从而深化国内市场分工，延长产业的国内价值链，增加创造的附加值，促进经济发展质量提升。具体来说，依托我国大市场的优势，不断吸引高质量 FDI 流入，提高外资企业的生产本地化水平，扩大技术溢出效应，促进本地企业技术进步。通过吸收 FDI 的技术溢出，中国企业逐渐提高对外投资的能力，通过 OFDI 在全球范围内组合生产要素，在国际市场经营面临的竞争以及获得的利润可以促使中国企业加大研发投入，提升企业技术能力，从而提升中国企业在国内外市场的竞争力。而这又会迫使在中国的外资企业进行技术改造升级或者吸引高技术含量的 FDI 进入以适应中国市场更加激烈的竞争，高质量的 FDI 则溢出更先进技术进一步促进本地企业技术升级，又促使中国企业 OFDI 规模扩大，竞争力提升，继而进一步影响进入中国市场的 FDI 质量及技术水平，如此循环往复。通过吸收 FDI 并发挥国内大市场的优势和国内大循环的作用促进 OFDI，国内循环推动国际循环，FDI 和 OFDI 形成良性互动，实现中国企业技术水平螺旋式上升，提高技术进步对经济增长的贡献，实现经济增长质量提升。此外，FDI 技术溢出促进本地企业技术进步会提高要素报酬，促使要素流动，提高资源配置效率，而这又能促进我国不断提高引进 FDI 的质量。总之，通过 FDI 和 OFDI 的协调互动能够不断推动吸收外商直接投资和对外投资走向更高水平，促进本国技术升级和资源优化配置，从而促进国内循环和国际循环的有效对接，促进经济高质量发展。

吸引 FDI 流入产生技术溢出也能够促进本地企业技术进步，促进产业升级和经济增长，推动劳动、土地等要素价格上升，而成本上涨又促使丧失比较优势的边际产业通过 OFDI 向海外转移，释放了不能随边际产业跨国转移的生产要素如劳动力、土地等，由于只有边际产出更高的 FDI 才能承担提高的要素成本，边际产业转移释放的要素将引导更高质量的 FDI 进入，进而高质量的 FDI 通过技术溢出促进中高端产业发展，加快产业结构升级，而这又会促使要素成本进一步上升，加快以 OFDI 为载体的边际产业向海外转移，继而促使流入的 FDI 质量进一步提高，如此循环往复。因此，FDI 流入不断促使 OFDI 流出，国际循环和国内循环相互促进，促使不能跨国流动的劳动力、土地等要素重新配置到边际产出更高的产业，从而促进资源利用效率提高，促进经济增长质量提升。

总之，FDI 和 OFDI 的良性互动促进了国内国际市场的联动和对接，二者的良性互动不断提高流入的 FDI 技术水平和流出的 OFDI 质量，可以不断促进我国技术进步和产业升级并改善资源配置，不仅有利于提高中国产业链的自主可控能力，完善内部循环，而且有利于提高中国在全球供应链、价值链的地位。实质上，FDI 和 OFDI 是在协调互动中通过促进技术进步和改善资源配置提高中国经济增长质量，FDI 和 OFDI 并非相互割裂，而是相互关联、相互影响的，FDI 和 OFDI 的互动机制对提高经济增长质量的作用不可忽视。但是，现有文献主要是探究 FDI 技术外溢对技术进步或经济增长的作用，或讨论了 OFDI 对技术进步、资源配置的影响，很少有文献综合考察 FDI 和 OFDI 对经济增长质量的作用，即使少数文献关注了二者的相互作用，也鲜有探讨二者协调互动对经济增长质量的影响。在构建国内国际双循环相互促进的新发展格局背景下，FDI 与 OFDI 的互动对经济增长质量的影响及其作用机制有待深入分析。

本文的主要贡献在于：在理论上详细分析了 FDI 和 OFDI 的互动机制及其对经济增长质量的作用，并实证检验了 FDI 和 OFDI 的互动效应对经济增长质量的影响；通过对宏观全要素生产率增长率的分解，进一步检验了二者的交互作用对技术进步、资本和劳动要素配置效应的作用，进一步判断 FDI 和 OFDI 的互动影响经济增长质量的机制。本文其余部分安排如下：第一节是文献回顾，第二节是理论分析，第三节是计量模型构建与变量说明，第四节是实证结果与分析，第五节是稳健性检验，第六节是本文的结论及政策建议。

一、文献回顾

经济增长来源于要素投入的增长和要素使用效率的提高，面对土地、资源、环境供给不足的硬约束，转向依靠要素使用效率提高的集约型经济增长方式体现了经济增长的质量和效率（洪银兴，2015），因此尽管经济增长质量是一个综合性概念，但经济增长集约化水平或者说以经济增长集约化水平反映的经济增长方式可以较好地度量经济增长质量。经济增长集约化体现的经济增长质量提升实质上来源于全要素生产率增长（称为广义技术进步，包括狭义技术进步和资源配置效率）对经济增长的贡献提升，由于宏观 TFP 增长率可以分解为衡量整体技术进步的技术进步效应（指狭义技术进步）以及要素在部门间流动带来的结构变化效应（或称资源配置效应）（蔡跃洲，2017），因此经济增长质量提升实质上既包括狭义技术进步对经济增长贡献提升，也包括资源配置效应对经济增长贡献的提升。已有研究主要讨论了 FDI 或 OFDI 对技术进步、资源配置效率某一方面的影响，不能全面反映 FDI 或 OFDI 对经济增长质量的作用，更没有讨论二者相互作用对经济增长质量的影响。以下从三方面对相关研究进行简要归纳和评述。

（一）FDI 技术溢出的研究

FDI 对东道国经济增长的影响不仅体现在弥补资本缺口、促进国际贸易，更重要的是其技术溢出对东道国经济发展的作用，已有研究主要聚焦 FDI 的技术溢出效应。FDI 通过竞争效应和示范效应、行业间的关联效应以及人员流动等渠道产生技术溢出（Blomstr and Kokko，2001），由 FDI 带来的技术溢出对东道国技术进步具有重要的推动作用，并最终促进东道国的经济增长（Alfaro，Charda and Kalemli-Ozcan et al.，2004）；相关实证研究则是以技术创新、技术进步（用劳动生产率测度）或全要素生产率为被解释变量（包群、赖明勇，2002；Lu，Tao and Zhu，2017；田红彬、郝雯雯，2020），或者以工业产出增长、经济增长或经济增长绩效为被解释变量（潘文卿，2003；姚树洁、冯根福和韦开蕾，2006；傅元海、唐未兵和王展祥，2010），检验 FDI 技术溢出效应是否存在。但 FDI 对全要素生产率增长或经济增长的影响并不意味着 FDI 对经济增长质量的作用，如果 FDI 的进入引致大规模的要素重复投入和环境破坏、大量资源消耗，经济增长也可能在全要素生产率提高的同时趋向粗放型（赵文军、于津平，2012）。

一些研究则进一步考察了 FDI 对经济增长方式转变或经济增长质量的影响，如赵文军、于津平（2012）用全要素生产率增长对工业产出增长的贡献率衡量工业经济增长方式，研究发现 FDI 技术溢出促进中国工业增长方式转变；唐未兵等（2014）将经济增长集约化水平界定为全要素生产率增长率对经济增长率的贡献与生产要素（资本和劳动）增长率对经济增长率的贡献之比，研究发现 FDI 技术溢出有利于经济增长集约化水平的提升。这些研究主要局限于讨论 FDI 技术外溢通过广义技术进步影响经济增长质量，并未深入考察尤其是从实证上识别 FDI 是否通过狭义技术进步效应、资源配置效应促进经济增长质量提升的机制。并且 FDI 和 OFDI 是相互影响、相互关联的，仅从 FDI 的角度探讨其影响可能是不完整的，而上述研究也并未将 OFDI 纳入考察，尤其是也并未考察二者相互作用对经济增长质量的影响，未深入分析和实证检验二者互动作用通过促进狭义技术进步及促进产业结构优化改善资源配置效率从而促进经济增长质量提高的机制。

（二）OFDI 的逆向技术溢出效应和资源配置效应的研究

投资发展路径理论认为，随着 FDI 流入的扩大，一国经济发展后将积累技术能力并进行对外直接投资。随着中国经济高速增长，2004 年后进入 OFDI 高速增长时期，关于中国 OFDI 的研究也开始逐渐增多，这些研究并未直接考察 OFDI 对经济增长或经济增长质量的影响，而是从逆向技术溢出和边际产业转移两方面，探讨 OFDI 对技术进步或资源配置的影响。关于 OFDI 逆向技术溢出的研究认为，母国企业通过并购国外企业直接掌握国外企业先进技术或者通过在境外设立新企业（即绿地投资）获取当地的人才、专利等特定生产要素，通过人员流动、再出口等方式向母国产生逆向技术溢出（Pottelsberghe and Lichtenberg，2001）；对中国 OFDI 的实证研究表明，OFDI 逆向技术溢出促进了全要素生产率提升（陈强、刘海峰和伍冬华等，2016），但是 OFDI 逆向技术溢出存在明显的地区差异和门槛效应（李梅、柳士昌，2012；李梅，2014），甚至抑制国内技能偏向性技术进步（沈春苗、郑江淮，2019）。关于 OFDI 转移边际产业的研究认为，随着产业结构升级，一个国家将逐渐失去比较优势的产业以 OFDI 的形式向海外迁移（Kojima，1978），通过边际产业转移释放的生产要素转移到其他产业，促进资源的重新配置，提高资源配置效率，并以中国为样本的实证研究验证了这一结论（白俊红、刘宇英，2018）。上述文献对 OFDI 的研究主要探讨其逆向技术溢出和边际产业转移的资源配置效应，鲜有涉及经济增长或经济增长质量，而且也未结合 FDI 深入分析和实证检验 OFDI 的逆向技术溢出效应和资源配置效应。

（三）FDI 与 OFDI 相互作用的研究

将 FDI 与 OFDI 纳入统一框架进行研究的文献，局限于讨论二者的相互影响，很少涉及 FDI 与 OFDI 的相互作用对经济增长质量的影响。为数不多的研究成果探讨了 FDI 与 OFDI 的相互影响。经典的投资发展路径理论认为，东道国吸引 FDI 促进经济增长并逐步形成了对外直接投资的能力，即引进 FDI 会促进 OFDI，潘文卿等（2015）、姚树洁（Yao et al.，2016）的实证研究验证了这一观点。李磊等（2018）利用中国企业微观数据不仅验证 FDI 显著地促进中国企业 OFDI 的结论，而且进一步识别了 FDI 促进企业 OFDI 的机制，即 FDI 技术溢出促进本地企业技术进步，提高企业生产率，进而本地企业具有承担跨国经营高成本的能力，通过 OFDI 积极融入国际分工以追求利润最大化。但是上述研究均没有讨论 OFDI 对 FDI 的影响。相对来说，研究 OFDI 影响 FDI 的文献则更少，少数文献如聂飞、刘海云（2019）研究认为，OFDI 通过汇率传导和产业结构升级吸引 FDI 流入。可见，无论是研究 FDI 影响 OFDI 的文献，还是研究 OFDI 影响 FDI 的文献，并没有考察二者的互动效应，黄凌云等（2018）则在一定程度上弥补了这方面研究的不足，利用中国行业面板数据构造面板向量自回归模型，直接验证了 OFDI 和引进 FDI 间互动效应的存在，但是其也并未探讨二者互动带来的影响。综上所述，现有研究 FDI 与 OFDI 之间作用关系的文献多是聚焦 FDI 对 OFDI 的单向影响，关注 OFDI 对 FDI 的影响或二者相互作用的文献很少，而关注二者相互作用带来的经济效应如二者互动对经济增长质量影响的文献则更少。

总之，研究 FDI 和 OFDI 的文献具有以下特点：集中讨论 FDI 技术溢出对技术进步或对经济增长及其质量的影响，或者讨论 OFDI 逆向技术溢出的技术进步效应和 OFDI 边际产业转移的资源配置效应，少有文献将 FDI 的技术溢出效应、OFDI 的逆向技术溢出效应与资源配置效应同经济增长质量的狭义技术进步、资本配置效应、劳动配置效应等变化机制联系起来，也没有将 FDI 和 OFDI 结合起来进行研究；随着研究 FDI 或 OFDI 的深入，一些文献虽然关注到了 FDI 与 OFDI 之间的影响和相互作用，但局限于探讨 FDI 对 OFDI 的单向作用或 OFDI 对 FDI 的单向作用，并未讨论二者相互作用对经济增长质量的影响及其作用机制。为弥补现有研究的不足，本文将深入讨论 FDI 与 OFDI 的相互作用及二者的互动效应对经济增长质量的影响机制，以期通过本文的研究和探讨，能有助于相关政策实践。

二、理论分析

东道国引进 FDI 产生技术外溢促进技术进步，既为本地企业 OFDI 扩张提供了能力基础，也通过促进产业升级促使以 OFDI 为载体的边际产业转移——前者将促进本地企业技术水平进一步提高，而后者通过转移边际产业释放土地、劳动和机器设备等生产要素，这些要素配置到边际报酬更高的高层次产业，提高要素配置效率。本地企业的能力提高和边际产业转移又会促使更高质量的 FDI 进入，即 OFDI 促进 FDI 的质量提高。高质量 FDI 进入将溢出更先进的技术，促进新一轮技术进步和产业结构优化，促使 OFDI 的质量提升，如此循环往复。FDI 和 OFDI 形成的良性互动机制将促进东道国技术进步，同时通过促进产业结构优化提高要素配置效率，提高全要素生产率增长对经济增长的贡献，提升经济增长质量。以下具体讨论 FDI 和 OFDI 的互动对狭义技术进步、要素配置效率进而对经济增长质量的影响。

(一) FDI 和 OFDI 良性互动通过促进狭义技术进步提升经济增长质量

FDI 通过竞争效应、示范效应、关联效应以及人员流动效应等渠道溢出技术，促进东道国本地企业技术进步（Alfaro，Chanda and Kalemli-Ozcan et al.，2004），提高企业生产率，使得本地企业具有承担海外市场经营风险和更高经营成本的能力，本地企业通过海外投资开拓国际市场，提高了在国际市场的竞争力，促进技术水平提升。一方面，海外投资可以获取更多的利润，可能促使企业增加研发投入，促进企业技术能力提升，而且企业在海外投资和经营所面临的不确定性和市场竞争将更大，也会迫使有海外投资的企业加大技术研发投入和创新力度，提高企业技术水平。另一方面，FDI 进入东道国凭借技术优势抢夺本地企业的市场份额，这将迫使本地企业或者利用跨国并购直接获取相关企业的技术性战略资产，或者在境外设立新企业（即绿地投资）获取当地的人才、专利等特定生产要素，通过人员流动、再出口等形式传递回母国（Pottelsberghe and Lichtenberg，2001），即 OFDI 通过逆向技术溢出效应提高本地企业的创新能力和技术水平，促进技术进步。此外，FDI 持续大规模进入东道国，促进东道国经济发展的同时，也扩大了对自然资源的需求，可能造成自然资源供给不足，而且提高了资源价格，可能促使东道国企业通过 OFDI 获取海外自然资源，降低东道国企业获取原材料的成本，使得东道国本地企业有更多利润投向技术研发或创新，进而提高企业技术水平。总之，FDI 可能促使东道国本地企业对外直接投资并进一步促进其技术进步，海外投资的动机不同促进东道国对外投资企业技术进步的机制不同。

FDI 进入促使 OFDI 扩张进而促进企业技术能力提升，又可能吸引更高质量的 FDI 流入。因为本地企业技术水平提升可以提高其为外资企业的生产配套能力，或者提升本地企业在全球价值链上的地位，这为高技术外资企业提供了更广阔的产品市场需求和发展前景，技术水平高的外资企业为获得更多市场份额和更高的利润水平会扩大其投资份额，或者吸引更多技术水平高的外资企业进入（黄凌云、刘冬冬和谢会强，2018）。因此，FDI 进入促使 OFDI 扩张并促进本地企业技术能力提升，可以促使既有 FDI 企业进行技术改造升级或吸引技术含量更高的 FDI。另外，东道国本地企业技术进步将提高其在国内外市场的竞争能力，竞争加剧也会迫使 FDI 提高技术水平以获得或保持竞争优势，同时 OFDI 传递了对外直接投资国家的技术水平和经营能力的信号，意味着只有技术含量较高的 FDI 才能获得竞争优势，自动阻止技术水平较低的 FDI 流入。不论是既有 FDI 企业技术升级还是流入的 FDI 技术水平提高，都可能溢出更先进技术并进一步提高 OFDI 的技术水平，如此循环往复，FDI 和 OFDI 相互作用不断促进东道国技术升级，不断提高技术进步对经济增长的贡献，提升经济增长质量。

（二）FDI 和 OFDI 的良性互动通过改善要素配置提高经济增长质量

FDI 技术外溢促进东道国企业技术进步，既会直接提高要素边际报酬，又会通过促进产业结构升级而提高要素边际报酬。如果要素报酬在区域间或行业间存在差异，将引发要素流动，在完全竞争条件下，直至所有区域或行业要素边际报酬相等，全社会要素报酬得到提高。要素报酬提高意味着要素成本上升，低技术的劳动密集型等产业利润下降，难以生存，迫使这些边际产业以 OFDI 为载体向要素成本更低的海外地区转移。因此，FDI 技术溢出促进东道国技术进步，推动产业结构升级，促使东道国通过 OFDI 转移边际产业。FDI 进入后再通过 OFDI 转移边际产业实现产业升级，不仅是促进和推动生产率较高的中高端产业发展，吸引 FDI 流向高层次的产业，加快产业结构的迭代，而且边际产业转移将释放劳动、土地及机器设备等难以转移的生产要素，为要素向高生产率的生产前沿配置打开空间（袁富华、张平，2017），劳动力通过干中学可以促使劳动技能提升，产业发展则会促使土地的区位优势提升，产业升级淘汰的机器设备虽然不能转移，但可以通过折旧重置配置到高层次产业，促使资本质量提升，即在此过程中会提高释放要素的质量，而劳动、土地和资本要素质量的提升自然又会吸引 FDI 流入的质量提升。高质量的 FDI 技术含量更高，溢出先进技术，促使东道国本地企业技术升级，产业进一步迈向高端，直接或间接推动要素报酬进一步上升，要素流动进一步改善配置效率，提高要素配置效应对经济增长的贡献，促进经济增长质量提高。同时，高质量的 FDI 进一步推动要素成本上升和中高端产业发展，将加快以 OFDI 为载体的边际产业向海外转移，加上要素质量提高，促使流入的 FDI 质量不断提高，如此循环往复。FDI 和 OFDI 的互动不断推动要素报酬提高和促进产业结构升级，促使要素不断流动，实现了资源再配置，提高了要素利用效率和要素配置效率，从而提高了全要素生产率增长对经济增长的贡献，促进经济增长质量提升。

总之，FDI 进入产生技术溢出促进东道国企业技术进步，促使本地企业通过 OFDI 开拓国际市场、寻求技术和寻求廉价的资源等，从而进一步促进企业技术进步，进而促使流入东道国的 FDI 质量提高，高质量的 FDI 则又促使东道国企业 OFDI 质量提高，如此循环，二者形成良性互动促进技术升级，提高了狭义技术进步对经济增长的贡献。同时，FDI 技术溢出促进技术进步会提高要素报酬和推动产业结构升级，这意味着成本上升和中高端产业发展，促使本地企业以 OFDI 为载体转移边际产业，也提高了流入

FDI 的质量，在二者良性互动的过程中引发要素再配置，提高要素利用效率，通过提高资源配置效率而提升全要素生产率增长对经济增长的贡献。因此，FDI 和 OFDI 形成的良性互动通过促进狭义技术进步和改善要素配置而提升经济增长质量。

三、计量模型、变量与数据

（一）计量模型

为考察 FDI 和 OFDI 的相互作用对经济增长质量的影响，借鉴苏丹妮等（2020）采用连乘项捕捉互动效应的做法构造 FDI 与 OFDI 连乘式，连乘式体现了变量之间的交互作用或“联动效应”，本文中 FDI 和 OFDI 的互动对经济增长质量的影响在直观上可以理解为 OFDI“调节”了 FDI 对经济增长质量的作用或者 FDI“调节”了 OFDI 对经济增长质量的作用。借鉴已有研究经济增长的文献，本文构建如下的计量模型：

$$growq_{it} = \varphi_0 + \varphi_1 FDI_{it} + \varphi_2 OFDI_{it} + \varphi_3 FDI_{it} \times OFDI_{it} + \gamma X_{it} + c_i + \eta_t + \varepsilon_{it} \quad (1)$$

下标 i 表示地区，下标 t 表示年份，$growq_{it}$代表经济增长质量，FDI_{it}代表外资参与度，$OFDI_{it}$代表对外直接投资水平，X_{it}代表一系列控制变量，c_i 和 η_t 分别代表非观测的地区和时间特定效应，ε_{it}为随机误差项。$FDI_{it} \times OFDI_{it}$为外资参与度与对外直接投资水平的交互项，反映二者的相互作用；如果交互项的估计系数显著，表明 FDI 和 OFDI 存在互动关系，如果 $\varphi_3 > 0$ 且显著，表明引进来与走出去产生了良性互动，促进了经济增长质量的提升，如果 $\varphi_3 < 0$ 且显著，则表明二者的互动抑制了经济增长质量的提升。

（二）指标的测算与度量

1. 经济增长质量的度量

借鉴已有文献，本文以经济增长集约化水平来度量经济增长质量。唐未兵等（2014）以全要素生产率增长率对经济增长率的贡献与生产要素增长率对经济增长率的贡献之比来度量经济增长集约化水平：

$$\begin{aligned} growq &= (gtfp/g)/[(\alpha \times gl + \beta \times gk)/g] \\ &= gtfp/(\alpha \times gl + \beta \times gk) \end{aligned} \quad (2)$$

其中，$growq$ 为经济增长集约化水平，即经济增长质量，$gtfp$ 为全要素生产率增长率，g 为经济增长率，gl 和 gk 分别为劳动和资本增长率，α 和 β 分别为劳动和资本产出弹性。如果全要素生产率的增长对经济增长的贡献大于要素投入扩张对经济增长的贡献，则经济增长集约化水平提高，说明经济增长质量提升；反之，则表明经济增长质量下降。

2. 宏观全要素生产率增长率的测算与分解

测算经济增长质量需要测算全要素生产率增长率。微观企业 TFP 增长率测算与分解一般从生产前沿面出发，将 TFP 分解为体现技术进步的生产前沿面移动部分和体现技术效率变化的技术水平相对生产前沿面变化的部分，根据距离函数表达方式的不同，前沿面测算方法可以分为数据包络分析（data envelopment analysis，DEA）和随机前沿分析（stochastic frontier analysis，SFA），宏观 TFP 增长率测算则在思路与方法上与微观有较大差别（蔡跃洲、付一夫，2017）。宏观层面的 TFP 增长率测算则主要可以分为两条脉络：一条脉络是随着测算技术的发展，不少学者利用 DEA 或 SFA 等方法测算地区或行业的 TFP 指数，也有部分学者进一步结合 Malmquist 指数方法将 TFP 指数分解为技术进步、技术效率变化、规模效率、纯技术效率等部分；另一条脉络是在索洛增长模型和索洛余值基础上衍生出的增长核算方法。在增长核算框架下，宏观 TFP 增长率可以分解为各部门加权 TFP 增长率以及要素在部门间流动带来的结构变化，前者为衡量整体技术进步的技术效应，后者为衡量结构转换的结构效应（蔡跃洲、付一夫，2017；Massell，1961）。考虑到本文的研究目的，本文沿用增长核算方法测算 TFP 增长率，并借鉴马塞尔（Massell，1961），蔡跃洲、付一夫（2017）的方法，将宏观 TFP 增长率进一步分解为技术效应、资本要素结构效应、劳动要素结构效应三部分，与之不同的是，其假设生产函数规模报酬不变（即 $\alpha+\beta=1$），将宏观 TFP 增长率表示为[①]：

$$\frac{\dot{A}}{A}=\sum_j w_j(\dot{A}_j/A_j)+\sum_j w_j[(1-\alpha_j)\dot{s_j^K}/s_j^K-(\alpha_j-\alpha)\dot{K}/K]+\sum_j w_j[\alpha_j\dot{s_j^L}/s_j^K-(\alpha_j-\alpha)\dot{L}/L]$$

本文放松生产函数规模报酬不变的假设，进行同样推导，将 TFP 增长率表示为：

$$\frac{\dot{A}}{A}=\sum_j w_j(\dot{A}_j/A_j)+\sum_j w_j[\beta_j\dot{s_j^K}/s_j^K-(\beta_j-\beta)\dot{K}/K]+\sum_j w_j[\alpha_j\dot{s_j^L}/s_j^K-(\alpha_j-\alpha)\dot{L}/L] \tag{3}$$

其中，下标 j 代表产业部门，A 为全要素生产率，K 为资本投入；L 为劳动投入；$\dot{A}$、

① 详细的推导细节及说明可见蔡跃洲和付一夫（2017）的文献，限于篇幅，此处未详细列出。

$\dot{K}$、$\dot{L}$ 分别表示全要素生产率、资本和劳动对时间的微分；w_j 代表各产业部门产出在总价值中所占的份额，且 $\sum w_j = 1$，$w_j \geqslant 0$；s_j^K 和 s_j^L 分别为各产业部门资本投入、劳动投入占总投入的比重，即 $s_j^K = K_j/K$，$s_j^L = L_j/L$，$s_j^{\dot{K}}$ 和 $s_j^{\dot{L}}$ 分别为各部门资本投入份额、劳动投入份额对时间的微分；α_j 和 β_j 分别表示各行业的劳动和资本的产出弹性。进一步地，令：

$$\lambda_1 = \sum_j w_j(\dot{A}_j/A_j) \tag{4}$$

$$\lambda_2 = \sum_j w_j[\beta_j s_j^{\dot{K}}/s_j^K + (\beta_j - \beta)\dot{K}/K] \tag{5}$$

$$\lambda_3 = \sum_j w_j[\alpha_j s_j^{\dot{L}}/s_j^K + (\alpha_j - \alpha)\dot{L}/L] \tag{6}$$

从而，$\dot{A}/A = \lambda_1 + \lambda_2 + \lambda_3$，如果将各行业的 TFP 增长率看成各行业的技术进步，λ_1 为各行业技术进步的权重和，代表了宏观 TFP 增长率中的技术效应。λ_2 和 λ_3 分别反映了资本和劳动在行业间的流动和配置情况，衡量了资本和劳动在部门间流动带来的结构变化，λ_2 代表了宏观 TFP 增长中的资本结构效应，λ_3 则代表了宏观 TFP 增长中的劳动结构效应，λ_2、λ_3 为正分别表明更多份额的资本、劳动被配置到边际产出较高的行业。

本文测算的是各省 TFP 增长率，使用各省份样本期内各产业的产出、资本投入以及劳动投入数据。各省份分行业产出数据为各行业的增加值，由于没有直接的 GDP 平减指数，本文根据地区生产总值指数（上一年 = 100）计算出以 2003 年为基期的实际 GDP 增长率，然后计算各年以 2003 年为价格基期的实际 GDP，结合名义 GDP 计算得到各年的 GDP 平减指数，据此将各年各行业的名义增加值换算为以 2003 年为基期的实际值。各省份各行业的劳动投入为从业人数，由于各省份仅统计了全部行业的总从业人数，细分行业的从业人员数仅统计了城镇单位从业人数，借鉴王恕立等（2015）的做法，本文以各行业的城镇单位从业人数占城镇单位从业人数的比重推算各行业的从业人数。各省份各行业的资本投入采用物质资本存量衡量，借鉴单豪杰（2008）的方法，运用永续盘存法 $K_{jt} = K_{jt-1}(1 - \delta_{jt}) + I_{jt}$ 估算资本存量。资本投资额 I_{jt} 为各行业各年的全社会固定资产投资额，根据各省的固定资产投资价格指数换算为以 2003 年为基期的实际值，且本文测算的是分行业的资本存量，如果全部行业采用统一的折旧率可能会由于忽视行业间的差异性而造成测算偏差，因此折旧率 δ_{jt} 采用田友春（2016）转换率为 100% 的分行业折旧率。需要说明的是，蔡跃洲和付一夫（2017）以各行业劳动者报酬占增加值的比重直接视为 α_j，进而根据索洛余值法计算得到 TFP 增长率，而本文 α_j 和 β_j 分别来源于各行业产出对各行业劳动投入和资本投入回归所得系数，再根据索洛余值法得到分行业的 TFP 增长率，α 和 β 则来源于总产出对总劳动投入和总资本投入的回归结果所得系数，最后根据索洛余值法得到分行业的 TFP 增长率，再根据式（3）计算得到各省份的宏观 TFP 增长率及分解结果。最后，将式（3）所得的宏观 TFP 增长率代入式（2），进一步得到各省份的经济增长质量指标。

3. 解释变量的测度

FDI×*OFDI* 为本文的核心解释变量，其中 *FDI* 表示外资参与度，测度外资技术溢出，采用三资企业就业人数的比例衡量，*OFDI* 表示对外直接投资水平，采用非金融类对外直接投资存量占 GDP 的比重衡量。借鉴盛斌等（2011）、李锴等（2011）的研究，选择人力资本、市场化程度、人均资本存量、政府支出规模为控制变量。①人力资本水平采用劳动力人口平均受教育年限来衡量；具体而言，将小学、初中、高中、大专以上的受教育年限分别赋值为 6 年、9 年、12 年、16 年，再分别乘以小学、初中、高中、大专以上文化程度就业人员占比并求和。②市场化程度采用非国有工业企业销售产值占工业企业销售产值的比重衡量。③人均资本存量采用资本形成总额除以从业人员数来衡量。④政府支出规模采用各省财政支出占 GDP 的比重来衡量，政府支出规模表征政府对经济发展的干预，会影响地区的经济增长及其质量和效率。考虑到吸引外资较多的地区对外开放水平较高，可能对外投资也较多，即 *FDI* 和 *OFDI* 两个变量间可能存在共线性，但共线性检验表明，所有解释变量的方差膨胀因子（virance inflation factor，VIF）最高只有 2.51，远低于 VIF = 10 的经验值，因此可以认为解释变量之间不存在严重的多重共线性问题。

（三）数据来源与说明

2004～2017 年中国 30 个省份[①]数据来自《中国统计年鉴》《新中国 60 年统计资料汇编》以及各省份统计年鉴、统计年报。个别缺失的数据由线性插值法补充。另外，在测算 TFP 时，贵州省统计的就业人口由于 2010 年的人口普查，对 2008 年和 2009 年的数据进行了调整，由于调整后的就业人口与原数据差距较大，考虑到数据的严谨性和现实情况，2008 年和 2009 年就业数据使用 2010 年统计年鉴中调整后的数据。

① 西藏自治区由于数据缺失较多，暂未予考虑。此外，中国台湾、中国香港和中国澳门由于数据统计口径等原因，亦暂未予考虑。

四、检验结果及分析

(一) 基本回归

结果表 1 报告了模型的基本回归结果，其中，第（1）~（4）列分别报告了 OLS、仅考虑个体效应、仅考虑个体效应和时间效应、考虑个体效应、时间效应和控制变量的回归结果。为了便于比较，第（5）列还报告了面板混合 OLS 的估计结果。Hausman 检验表明，随机效应的假设前提得不到满足，因此应该选择固定效应模型，本文以固定效应模型作为后续的估计基础。谢宇（2018）认为构建包含连乘项的模型应保留低次项，但是添加连乘式后可能导致低次项的检验结果变化，并且本文关注的重点是 FDI 和 OFDI 的相互作用对经济增长质量的影响，即 FDI 和 OFDI 的交互项，而不是 FDI 或 OFDI 的作用，因此借鉴邵宜航等（2018）的做法，在包含连乘项的模型中仅关注连乘项的作用，不关注构成连乘项的低次项。估计结果表明：*FDI*×*OFDI* 的估计系数在 1% 的显著性水平上显著为正，FDI 和 OFDI 的互动效应促进了经济增长质量提高。

表 1　基本回归结果

变量	*growq*	*growq*	*growq*	*growq*	*growq*
	(1)	(2)	(3)	(4)	(5)
FDI×*OFDI*	0.310* (0.162)	0.408*** (0.138)	0.699*** (0.207)	0.602*** (0.202)	0.353* (0.184)
FDI	2.330*** (0.629)	−0.002 (0.665)	0.806 (0.976)	0.199 (0.975)	3.022* (1.680)
OFDI	0.017 (2.579)	−5.477** (2.490)	−13.110** (5.841)	−10.270 (7.268)	−5.800 (5.295)
常数项	0.120** (0.056)	0.320*** (0.050)	0.120 (0.102)	0.018 (1.840)	−2.354** (1.049)
控制变量	N	N	N	Y	Y
个体效应	N	Y	Y	Y	
时间效应	N	N	Y	Y	Y

续表

变量	growq	growq	growq	growq	growq
	(1)	(2)	(3)	(4)	(5)
F 统计量	13.790***	26.700***	57.310***	61.020***	56.660***
模型类型	OLS	FE	FE	FE	混合 OLS
样本数	420	420	420	420	420

注：*、**、*** 分别为 10%、5%、1% 显著水平；估计系数下方括号内数值为稳健标准误。下同。

（二）内生性问题及工具变量估计

理论上，地区经济增长质量提升会提高对外资的吸引力，即经济增长质量可能影响地区利用外资水平；同时，对外直接投资可能比国内投资面临更大的不确定性和更高的成本，地区经济增长质量提高意味着地区技术水平和企业竞争力提高，有能力承担海外投资的高成本，进而扩大对外直接投资，即地区经济增长质量提高也可能影响对外直接投资，这意味着主要解释变量与经济增长质量可能存在双向因果关系，内生性问题可能导致模型的估计结果有偏、不一致。因此，本文进一步采用工具变量法进行估计。

工具变量一般要求严格外生且与内生解释变量高度相关，学界常常从地理或历史视角选择工具变量。黄玖立等（2006）以各省份到海岸线的距离的倒数再乘以 100（即与海外市场的相对距离）作为各省出口贸易的工具变量。此后，在贸易开放、对外投资等领域的研究中，诸多学者延续了这一做法，如盛斌等（2011）、李雪松等（2017）都采用了同样的工具变量，原因在于：海运是贸易运输的主要形式，与海岸线距离越近的省份意味着与海外市场距离越近，其贸易优势也就越明显，而外资进入中国主要以加工贸易为主，因此各省份与海外市场的距离是影响外资进入的重要影响因素，满足工具变量的相关性要求，而该工具变量的构造主要取决于地理距离，也满足外生性特征。因此，借鉴已有研究成果，本文同样以海外市场的相对距离作为 FDI 的工具变量①。具体来说，内陆省份到海岸线的距离为该省份到最近沿海省份的距离加上沿海省份的内部距离，内陆省份到最近沿海省份的距离为两省会城市的经纬度计算得

① 本文亦考虑到了海外市场接近度和 OFDI 的关系，但是在现代金融体系下，资本跨国流动与地理因素的关系已经十分微弱，且在工具变量法第一阶段回归中，OFDI 对海外市场接近度的回归系数并不显著，也表明二者不存在明显相关关系。因此，海外市场接近度只影响 FDI，作为 FDI 的工具变量是合理的。

到的球面距离，沿海省份到海岸线的距离为其内部距离①。此外，在大样本下增加工具变量能得到更加有效的估计结果，借鉴盛斌等（2011）、郭峰等（2013）的做法，本文再引入一个具有历史特征的工具变量，以 1995 年外资占 GDP 的比重即 1995 年的外资依存度作为 FDI 的第二个工具变量，原因在于，我国在 1995 年刚形成扩展至全国的对外开放区域，同年首次发布的《外商投资产业指导目录》成为引入外资的指引，此后外资不断进入高新技术、服务贸易、金融等领域，因而 1995 年利用外资水平无疑对后续吸引外资有重要影响。由于非时变工具变量在固定效应模型中没有意义，为了使其具有动态特征，因此本文与毛其淋等（2011）、郭峰等（2013）、张远军（2014）等绝大部分文献相同，海外市场的相对距离以人民币兑美元汇率进行调整，1995 年外资依存度以人民币实际汇率进行调整，即用海外市场的相对距离与各年人民币兑美元汇率相乘，1995 年外资依存度与各年人民币实际汇率相乘，将之作为最终的工具变量。汇率是国际投资的影响因素之一，且一国汇率往往并非一个省份可以控制，对各个省份来说亦可以视为外生给定的。历年人民币兑美元汇率数据来自国家统计局，人民币实际汇率数据来自 IMF 国际金融统计数据库。借鉴现有文献常用滞后期的内生变量作为工具变量的方法，本文以滞后一期 OFDI 存量对数作为 OFDI 的工具变量。

由于模型可能存在异方差问题以及本文使用了多个工具变量，考虑到 GMM 方法的优势，本文使用工具变量法两阶段 GMM 方法进行估计。表 2 报告了工具变量法两阶段 GMM 估计结果。在工具变量检验上，Kleibergen-Paap rk LM 统计量均大于 1% 显著性水平的临界值，拒绝工具变量识别不足的原假设，Kleibergen-Paap Wald rk F 统计量均大于 Stock-Yogo 检验在 10% 显著性水平的临界值，可以拒绝工具变量是弱识别的原假设，意味着工具变量和内生性变量之间具有较强的相关性；在工具变量数大于内生变量数的回归模型中，过度识别检验中的 Hansen 检验的 P 值均大于 0.05，不能拒绝工具变量是过度识别的原假设，可以认为工具变量是外生的。因此，上述工具变量的选取是合理的。表 2 第（1）列报告了仅考虑 FDI 为内生变量的估计结果，第（2）列报告了仅考虑 OFDI 为内生变量的估计结果，第（3）列则报告了考虑 FDI 和 OFDI 同时为内生变量的估计结果。运用工具变量的估计结果与表 1 的估计结果基本一致，FDI 和 OFDI 交互项的估计系数在 1% 显著性水平上显著为正，表明 FDI 和 OFDI 的相互作用促进了经济增长质量提升，进一步验证了本文的基本结论。

① 内部距离 $D_i = 2\sqrt{S_i}/3\sqrt{\pi}$，其中 S_i 为省份 i 的陆地面积。

表 2 模型 IV-GMM 估计结果

变量	*FDI* 为 内生变量	*OFDI* 为 内生变量	*FDI* 和 *OFDI* 为 内生变量
	(1)	(2)	(3)
FDI×OFDI	0. 513*** (0. 171)	1. 138* (0. 591)	0. 867*** (0. 316)
FDI	4. 028 (3. 347)	-1. 820 (2. 370)	0. 552 (2. 896)
OFDI	-8. 170** (3. 956)	-32. 190** (13. 280)	-15. 170** (6. 588)
控制变量	Y	Y	Y
个体效应	Y	Y	Y
时间效应	Y	Y	Y
Kleibergen-Paap rk LM 统计量	15. 817***	28. 448***	26. 221***
Kleibergen-PaapWald rk F 统计量	12. 858	12. 270	9. 753
Hansen 检验的 P 值	0. 768	—	0. 257
样本数	420	420	420

(三) 进一步分析

固定效应模型回归结果和 IV-GMM 回归结果均验证了本文基本结论。但是由于宏观数据难以区分 OFDI 的动机和类型，难以进一步识别和区分 OFDI 的逆向技术溢出效应和边际产业转移效应，而且也难以定量判断 FDI 的技术水平，为进一步探究 FDI 和 OFDI 相互作用影响经济增长质量的机制并检验理论，以下从宏观 TFP 增长率分解和产业结构优化两个视角，讨论 FDI 与 OFDI 相互作用影响经济增长质量的机制。

1. FDI 与 OFDI 互动对基于宏观 TFP 增长率分解的经济增长质量结构的影响

理论分析表明，FDI 和 OFDI 的互动促进经济增长质量的提高主要表现在两个方面。一是 FDI 和 OFDI 的相互作用促进技术进步，进而提高技术进步对经济增长的贡献，因为 FDI 技术外溢促进中国企业技术进步，为中国企业提供了 OFDI 扩张的能力和动机，跨国经营企业获得更多利润也能促使中国企业增加创新投入，促进本地企业技术能力提升，从而 OFDI 不仅有利于提高本国对高技术含量的 FDI 的吸引力，而且迫使企业加大创新力度应对跨国经营的更高成本，而随着本地企业技术能力和竞争能力提高，迫使既有 FDI 企业进行技术改造升级或进入中国市场的 FDI 包含更高的技术含量，以适应更加激烈的竞争，从而更高技术含量的 FDI 向中国企业溢出更先进的技术，如此循环往来，FDI 和 OFDI 相互作用必然提高技术进步对经济增长的贡献，提高经济增长质量。二是 OFDI 和 OFDI 的相互作用促进技术进步，高技术水平的企业对要素的利用效率高，要素报酬高，要素报酬的差异将引发行业间、行业内或区域间、区域内要素从低报酬企业流出，必然提高资源配置效率，进而提高全要素生产率增长对经济增长的贡献。因此，OFDI 和 OFDI 相互作用体现在不断促进技术进步和改善要素配置以提升经济增长质量，具体表现为促进地区技术水平提高和要素结构效应变化。由此，可以进一步考察 FDI 和 OFDI 的相互作用是否影响狭义技术进步对经济增长的贡献以及要素（主要考虑资本和劳动）结构效应对经济增长的贡献。具体来说，以宏观 TFP 增长率的分解为基础，将经济增长质量分为狭义技术进步效应对经济增长的贡献 *techeffect*、资本结构效应对经济增长的贡献 *capeffect*、劳动结构效应对经济增长的贡献 *labeffect* 三个部分（即三个被解释变量），检验 FDI 与 OFDI 的相互作用对三个被解释变量的影响，可以理解为探究二者相互作用影响经济增长质量的机制。

表 3 报告了狭义技术进步效应对经济增长的贡献 *techeffect*、资本结构效应对经济增长的贡献 *capeffect*、劳动结构效应对经济增长的贡献 *labeffect* 为被解释变量的 IV-GMM 估计结果，在模型中，将 FDI 和 OFDI 均视为内生变量。同样地，在所有模型中，Kleibergen-Paap rk LM 统计量均大于 1% 显著性水平的临界值，在 1% 显著性水平上拒绝工具变量识别不足的原假设，同时 Kleibergen-Paap Wald rk F 统计量均大于 Stock-Yogo 检验在 10% 显著性水平的临界值，可以拒绝工具变量是弱识别的原假设，可以认为工具变量和内生变量之间具有较强的相关性，同时，过度识别检验中 Hansen 检验的 P 值均大于 0.05，不能拒绝工具变量是过度识别的原假设，可以认为所选的工具变量是外生的。总之，关于工具变量的相关检验同样表明模型运用工具变量法是合理的。

表 3　经济增长质量分解为被解释变量的 IV-GMM 估计结果

变量	*techeffect*	*capeffect*	*labeffect*
	(1)	(2)	(3)
FDI×OFDI	0.368* 0.211	-0.203* 0.108	0.221** 0.097
FDI	-0.555 1.838	-1.459 0.915	-1.930* 0.880

续表

变量	*techeffect*	*capeffect*	*labeffect*
	(1)	(2)	(3)
OFDI	-5.964 3.965	0.731 2.005	-2.048 1.680
控制变量	Y	Y	Y
个体效应	Y	Y	Y
时间效应	Y	Y	Y
Kleibergen-Paap rk LM 统计量	26.221***	26.221***	26.221***
Kleibergen-Paap Wald rk F 统计量	9.753	9.753	9.753
Hansen 检验的 P 值	0.347	0.065	0.586
样本数	420	420	420

表 3 第（1）列是狭义技术进步对经济增长的贡献为被解释变量的估计结果，*FDI×OFDI* 的估计系数在 10% 显著性水平上显著为正，表明 FDI 和 OFDI 的相互作用通过促进技术进步提高经济增长质量。表 3 中第（2）列是资本结构效应对经济增长的贡献为被解释变量的估计结果，*FDI×OFDI* 的估计系数在 10% 显著性水平上显著为负，表明 FDI 和 OFDI 的相互作用降低了资本的配置效率。表 3 第（3）列是劳动结构效应对经济增长的贡献为被解释变量的估计结果，*FDI×OFDI* 的估计系数在 5% 显著性水平上显著为正，表明 FDI 和 OFDI 的相互作用通过改善劳动要素的配置促进经济增长质量提升。可见，FDI 和 OFDI 互动主要是通过促进狭义技术进步和改善劳动配置效率而促进经济增长质量提高，而 FDI 和 OFDI 的相互作用降低资本配置效率抑制了经济增长质量提升，后文将详细讨论原因。

2. FDI 与 OFDI 相互作用对产业结构优化的影响

FDI 和 OFDI 的相互作用会促进产业结构优化，产业结构优化包括产业结构高级化和产业结构合理化，产业结构高级化意味着升级产业的要素边际产出增加，产业结构合理化是指产业结构升级提高要素边际报酬，引发要素在产业间的流动，直至产业间要素报酬趋于一致，意味着资源配置改善。产业结构趋于高级化和合理化都会提升资源利用效率，体现为全要素生产率增长对经济增长的贡献上升，经济增长质量提高。FDI 和 OFDI 的相互作用促进产业结构优化的原因是：FDI 技术溢出促进了产业升级，升级产业的要素边际报酬提高，引发要素流动，进而提高所有行业要素报酬，这也意味着要素成本上升，使得低技术水平的劳动密集型等产业被迫通过 OFDI 方式向低成本的国家或地区转移，OFDI 转移边际产业释放难以跨国转移的劳动力、土地等要素，可能吸引技术含量更高、要素报酬更高的 FDI 流入，技术含量高的 FDI 产生溢出效应促进新一轮产业升级，促使新一轮 OFDI 转移淘汰边际产业，如此循环往复，FDI 和 OFDI 的相互作用会促进产业结构高级化和合理化，提高资源利用效率，促进经济高质量增长。因此，FDI 和 OFDI 的相互作用促进了产业结构优化，即 FDI 和 OFDI 的相互作用通过产业结构优化而影响经济增长质量。本文以产业结构优化作为被解释变量，考察 FDI 和 OFDI 的相互作用对产业结构优化的影响，以进一步推断 FDI 和 OFDI 的相互作用对经济增长质量的作用。

产业结构合理化是指产业之间的协调，傅元海等（2014）采用泰尔指数反映产业结构合理化水平，由于泰尔指数与产业合理化水平负相关，为便于分析，本文以泰尔指数的相反数 *indrs* 反映产业结构合理化，二者表现为正相关关系，即：

$$indrs = -\sum_{j}^{n}(Q_j/Q)\ln[(Q_j/L_j)/(Q/L)]$$

其中，Q 表示全部制造行业的工业总产值，L 表示全部制造行业的从业人员数，Q_j 为制造行业 j 的工业总产值，L_j 为制造行业 j 的从业人员数，n 为制造行业总数，据此测算各省份每年的产业结构合理化水平。

产业结构高度化是指产业结构由低水平向高水平的演进，既体现为产业比例关系的改变，也体现为劳动生产率的提高，可以采用各产业的比例或者利用相对劳动生产率赋予产业比例相应的权重计算各产业比例之和来衡量（韩永辉等，2017），借鉴刘伟等（2008）、韩永辉等（2017）的测算方法，本文以各产业产出占比乘以该产业相对劳动生产率的加权和来度量产业结构高度化水平，其基本思想是劳动生产率高的产业产值比重越高，产业结构高度化指数 *SH* 越大，产业结构高度化水平越高。具体而言：

$$SH = \sum_{j}^{n}(Q_j/Q)(LP_j/LP_{jf})$$

其中，LP_j 为制造行业 j 的劳动生产率，LP_{jf} 为刘伟等（2008）的产业结构标准化阶段模型中制造行业 j 在完成工业化后的劳动生产率，据此测算各省份每年的产业结构高度化水平 *SH*。产业结构合理化水平和产业结构高度化水平的测算使用的数据为各个省份的 29 个制造业细分行业的工业总产值和从业人数数据，数据均来自各省份统计年鉴。由于部分省份未公布 2017 年分行业工业总产值数据，对此，对于个别在统计公报中公布 2017 年分行业工业总产值增长率的省份，本文以其 2016 年分行业工业总产值乘以 2017 年分行业工业总产值增长率计算 2017 年分行业工业总产值，个别省份仅在统计年报中公布 2017 年全部制造行业工业总产值增长率，本文以该增长率推算 2017 年分行业的工业总产值。极个别省份中有部分行业均未公布 2017 年工业总产值相关数据，采用插值法补充①。

表 4 报告了产业结构合理化和产业结构高度化为模型被解释变量的估计结果，其中，第（1）列和第（3）列为固定效应模型估计结果，第（2）列和第（4）列为 IV-GMM 方法的估计结果，在模型中，将 FDI 和 OFDI 均视为内生变量，模型均通过了工具变量的相关检验。估计结果显示，无论是固定效应模型还是 IV-GMM 模型，*FDI* × *OFDI* 的估计系数均为正，显著水平为 5% 或 10%，表明 FDI 和 OFDI 的相互作用促进了产业结构趋于高级化和合理化。由于产业结构升级是技术进步的结果，FDI 和 OFDI 的相互作用促进产业结构趋于高级化与其提高狭义技术进步对经济增长贡献的结果相互印证；FDI 和 OFDI 相互作用促进产业结构合理化与 FDI 和 OFDI 相互作用提高劳动配置效应对经济增长贡献的结果相互印证，但与 FDI 和 OFDI 相互作用降低资本配置效应对经济增长贡献的结果相悖。

表 4　　产业结构优化为被解释变量的估计结果

变量	产业结构高度化	产业结构高度化	产业结构合理化	产业结构合理化
	(1)	(2)	(3)	(4)
FDI × *OFDI*	0.167* 0.096	0.288* 0.112	0.048* 0.027	0.179* 0.088
FDI	-0.507 0.396	-1.383* 0.764	-0.261 0.296	-0.700 0.661
OFDI	-2.870* 1.486	-6.732*** 2.366	-0.719** 0.289	-4.359** 1.894
常数项	-0.009 0.126		0.290* 0.147	
控制变量	Y	Y	Y	Y
个体效应	Y	Y	Y	Y
时间效应	Y	Y	Y	Y
F	10.79*		21.24*	

① 本文亦将这部分估算的数据剔除后重新回归，回归结果是相似的，并不影响本文结论和分析。

续表

变量	产业结构高度化	产业结构高度化	产业结构合理化	产业结构合理化
	(1)	(2)	(3)	(4)
Kleibergen-Paap rk LM 统计量		27.260*		26.221*
Kleibergen-Paap Wald rk F 统计量		9.159		9.753
Hansen 检验 P 值		0.104		0.123
模型类型	FE	IV-GMM	FE	IV-GMM
样本数	420	420	420	420

（四）FDI 和 OFDI 的互动机制促进中国经济高质量发展的内在逻辑

实证结果表明，FDI 和 OFDI 的相互作用促进了中国经济增长质量的提升；通过对宏观 TFP 增长率的分解将经济增长质量分为三部分研究发现，二者的相互作用通过促进狭义技术进步和改善劳动配置效率提升经济增长质量，却降低了资本配置效率而抑制经济增长质量提升；进一步检验发现，FDI 和 OFDI 的相互作用促进了产业结构趋于高级化和合理化，可以推断，二者的相互作用通过促进产业结构优化提升经济增长质量。FDI 和 OFDI 的相互作用通过促进产业结构升级提升经济增长质量与二者相互作用促进狭义技术进步而提升经济增长质量一致，二者的相互作用通过促进产业结构合理化提升经济增长质量与二者的相互作用通过改善劳动的配置效率提升经济增长质量一致，但与二者的相互作用降低资本配置效率抑制了经济增长质量提升相反。上述结论存在合理的逻辑。

改革开放以来，中国利用要素禀赋的优势吸引 FDI 承接国际产业转移，促进了经济快速发展，同时 FDI 产生技术溢出促进本土企业技术进步，推动中国产业结构升级（刘建丽，2019），推进了工业化进程，为中国进行海外投资提供了产业基础，技术水平的提升为本地企业进行 OFDI 提供了动机。特别是随着经济发展水平提高，中国企业进行 OFDI 更多是在贯彻国家战略（钟宁桦、温日光和刘学悦，2019），OFDI 承担着转移边际产业、谋求产业升级和全球价值链升级以促进经济高质量发展的任务。已有的研究发现中国的 OFDI 具有多重动机：在投资动机上，既表现出寻求市场、获取自然资源和获取技术性战略资产的动机，同时也表现出转移部分产业或生产环节以降低生产成本的动机（王永钦、杜巨澜和王凯，2014；刘青、陶攀和洪俊杰，2017）；在分布区位上，中国 OFDI 投资遍布全球超过 80% 的国家或地区，既有为获取逆向技术溢出和扩张海外市场向发达国家的“逆梯度 OFDI”，也有为获取自然资源和转移边际产业的向发展中国家的“顺梯度 OFDI”。因此，FDI 产生技术溢出与中国不同动机的 OFDI 形成良性互动促进经济增长质量提高：一是 FDI 与中国寻求市场或获取技术的 OFDI 相互作用促进技术动态进步以提高狭义技术进步对经济增长的贡献；二是 FDI 技术溢出促进产业结构升级，促使中国通过 OFDI 转移边际产业以降低经营成本，在这个过程中释放的要素有利于吸引高质量的 FDI 流入，既有研究也发现中国的 OFDI 会影响 FDI 质量而促进产业结构升级，因此 FDI 与 OFDI 相互作用促使产业结构动态演进，通过优化资源配置促进经济增长质量提高。

实证检验发现 FDI 与 OFDI 的相互作用提高了全要素生产率增长对经济增长的贡献，从理论上推断 FDI 与 OFDI 的相互作用可能通过改善要素配置效率来提高全要素生产率增长对经济增长的贡献，进一步实证检验发现，二者的相互作用对产业结构高级化和合理化具有促进作用，与理论推断相符。进一步将资源配置效应分解为劳动和资本配置效应进行检验发现，中国 FDI 与 OFDI 的相互作用改善了劳动的配置效率，但是与理论推断相反，中国 FDI 与 OFDI 的互动降低了资本的配置效率，可能的原因如下。

FDI 与 OFDI 的相互作用无论是促进技术进步，还是促进产业结构优化，都会提高劳动报酬，吸引大量的劳动力流向利用外资水平和对外投资水平均较高的地区，如中国东部沿海地区既是外资流入多的区域，也是对外投资水平高的区域，吸引了中西部地区劳动力大规模向东部沿海地区的外资企业和本地企业流动，优化劳动的配置。外资企业及获得外资技术溢出的本地企业主要是制造企业或服务企业，大量初级劳动力通过在制造业或服务业的干中学，掌握了劳动技能，成为熟练型技能人才或技工，提升中国人力资本水平，必然提高劳动生产率，劳动配置效应进一步提高。从而 FDI 与 OFDI 的相互作用对于劳动的配置效率产生积极作用，促进了经济增长质量提高。

FDI 流入产生技术溢出促进了中国技术进步和产业结构升级，推动了中国进行海外投资，理论上具有引导过剩资本向海外配置，提高资本配置效率的作用，但是部分地方政府仍然利用土地、贷款等优惠政策招商引资，地方政府之间招商引资的竞争干预了市场的配置作用，而导致了流入境内的外资和境内资本配置的扭曲，降低了外资和国内投资在要素配置上的效率，这就意味着要素配置效率较低的外资和国内投资将抵消 OFDI 可能的优化资本配置的作用，从而 FDI 和 OFDI 的互动作用降低了中国资本配置效率，抑制经济增长质量提升。流入的 FDI 促使劳动密集型等边际产业通过 OFDI 转移后，尽管 OFDI 释放的要素可能吸引新的 FDI 流入资本密集型或技术密集型产业，但是这些 FDI 可能多是从事加工贸易，一个典型的事实是外资企业在我国加工贸易中的比重始终保持在 80% 左右（王岚、李宏艳，2015）。现有研究表明，在中国制造业产品出口中，越是高技术产业，其出口产品的国内附加值越低。如唐东波（2012）研究发现我国资本密集型和技术密集型产业出口的国内附加值率明显偏低，尤其以高技术产业的国内附加值率偏低更加突出；戴翔（2015）的测算也表明我国在高技术产业领域的贸易附加值偏低且无明显改善趋势。因此，所谓高技术的 FDI 企业很可能多是跨国公司转移资本密集型或技术密集型产业的加工组装工序，享有税收等优惠政策，企业生产率不一定比内资企业高。换言之，通过“腾笼换鸟”吸引高技术行业的 FDI 进入可能仍然只是在高技术产业的产业链低端“铺摊子”，尽管吸引新的 FDI 流入了资本密集型或技术密集型产业，但这些 FDI 并未带来实质性的高技术，使得新进入的 FDI 依旧对要素利用效率和配置效率的改善作用不高。特别是，近年来我国外贸出口和地方经济增长面临较大压力，在产业转移升级、转型升级的阵痛期，要素成本的攀升使得一些企业通过 OFDI 转移后，地方政府仍然存在规模导向的引资冲动，“重引进轻效果、重规模轻效益”，高能耗、低技术项目有回流倾向，这不仅会导致低水平重复引进和重复建设问题，而且会扩大本就庞大的资本投入规模，强化投资驱动增长的倾向，进一步降低资本边际报酬，从而造成资本配置扭曲。FDI 流入促使 OFDI，但是厂房、机器设备等资本难以及时随 OFDI 退出，OFDI 释放的要素吸引更高质量的 FDI 流入也需要较长的时间，意味着“腾笼换鸟”可能出现“鸟飞走了，笼子还空着”的情况（刘志彪，2015），也就是说 OFDI 可能导致不能转移的资本形成沉淀资本而进一步降低资本配置效率。综上所述，中国 FDI 和 OFDI 的互动并没有促进资本向本国生产率更高的部门流动，反而降低了资本配置效率，抑制中国经济增长质量提升。这也表明我国需要进一步把控好引进外资的质量，处理好 FDI 技术引进和产业转移的问题，提高 FDI 和 OFDI 与产业升级目标的契合度。

五、稳健性检验

由于变量影响存在滞后以及变量内生性等问题，可能影响估计结果的可靠性，为提高估计结果的可靠性，本文从以下四方面进行稳健性检验。

（1）FDI 滞后一阶。理论上，FDI 与 OFDI 的互动促进经济高质量增长，是基于 FDI 流入后产生技术外溢促进本地企业技术进步和产业升级，进而逐渐形成 OFDI 的能力，意味着 FDI 与 OFDI 的互动在时间上可能存在“先后”，或者说 FDI 进入后需要较长时间才能促使 OFDI 流出，进而促进经济增长质量提高。这在计量模型上体现为 FDI 对 OFDI 的调节作用可能存在滞后效应。因此，为保证估计结果的科学性，本文将 FDI 滞后一阶后再构造其与 OFDI 的连乘式，考察二者的相互作用。表 5 的第（1）列为包含 FDI 滞后一阶与 OFDI 连乘项模型的 IV-GMM 估计结果，结果表明：工具变量是有效的，*FDI×OFDI* 的系数在 1% 显著水平上为显著为正，与前文的估计结果基本相同。

表 5　　稳健性检验结果

变量	FDI 滞后一阶	动态面板估计	Ⅳ-LIML 估计	处理异常值
	（1）	（2）	（3）	（4）
FDI×OFDI	0.921*** 0.322	0.830*** 0.304	1.031*** 0.333	0.616*** 0.162
FDI	0.776 3.097	−0.121 3.788	0.233 3.369	−1.986 1.870
OFDI	−18.030** 7.464	−8.243 5.605	−17.420** 7.115	−12.340*** 2.694
$growq_{it-1}$		−0.420* 0.176		
控制变量	Y	Y	Y	Y
个体效应	Y	Y	Y	Y
时间效应	Y	Y	Y	Y
Kleibergen-Paap rk LM 统计量	27.023***		26.221***	26.221***
Kleibergen-Paap Wald rk F 统计量	10.965		9.753	9.753
Hansen 检验的 P 值	0.301	0.572	0.258	0.309
二阶自相关检验 P 值		0.241		
样本数	390	420	420	420

（2）动态面板估计。考虑到经济增长质量的提高可能是一个缓慢且有延续性的过程，当前经济增长质量提高可能受前期经济增长质量水平的影响，为了反映这一过程，

本文在计量模型中进一步引入被解释变量的滞后一期，将模型设定为动态面板模型，采用两步系统 GMM 方法进行估计，这一做法同时也能降低模型的设定偏误，降低内生性对估计结果准确性的影响。表 5 的第（2）列为动态面板模型的估计结果，二阶自相关检验 P 值为 0.241，大于 0.1，不能拒绝不存在二阶自相关的原假设，Hansen 检验 P 值为 0.572，大于 0.1，也不能拒绝工具变量过度识别的原假设，表明工具变量有效，因此构建动态面板模型是合适的。估计结果表明，连乘项的估计系数仍然在 1% 显著水平上显著为正，与前文估计结果相同，进一步说明本文结果是稳健的。

（3）采用有限信息最大似然估计方法。考虑到潜在的弱工具变量问题可能导致有偏的估计结果，本文进一步采用对弱工具变量较不敏感的有限信息最大似然估计（LIML）方法替换原来的 IV-GMM 方法对模型重新估计以提高估计结果的准确性，表 5 的第（3）列报告了这一估计结果。结果表明，连乘项系数的符号和显著性并没有发生明显变化，估计结果受弱工具变量的影响较小，回归结果是稳健的。

（4）处理异常值。由于我国不同地区在经济、社会发展上具有较大差异，意味着不同省份的经济增长质量也存在较大差异，测度被解释变量的数值可能出现异常值，从而个别异常样本点可能影响估计结果的准确性。考虑到样本有限，本文将被解释变量数值上下 5% 的样本进行缩尾处理，然后对模型重新进行估计，估计结果报告在表 5 的第（4）列。结果显示，连乘项的估计系数的符号和显著性没有发生明显变化，表明估计结果未受异常值的实质影响，再次表明估计结果是稳健的。

六、结论与政策建议

形成以国内循环为主、国内国际双循环相互促进的新发展格局，可以深化国内分工，延长和完善产业链供应链，促进产业升级，增加产品和产业附加值，促进经济高质量发展，而其关键是提高内生的技术能力。大规模“引进来”与大规模“走出去”，不仅是中国当前对外开放的一个重要特征，而且是实现国内国际双循环相互促进并实现经济高质量发展的重要途径。FDI 和 OFDI 的良性互动是中国构建对外开放新格局的内在要求，对于国内国际双循环的相互促进、提高我国经济增长质量具有重要意义。本文得到如下的研究结论和政策建议。

（一）研究结论

“引进来”和“走出去”的良性互动能促进经济高质量增长：因为引进 FDI 产生技术溢出促进东道国企业技术进步，为发展中国家进行海外投资提供了能力和基础，发展中国家通过 OFDI 则利用国际市场竞争进一步提升企业技术水平和经营能力，这不仅向跨国公司传递了本国技术水平和经营能力的信号，而且加剧本国企业与外资企业的竞争，促使既有 FDI 企业进行技术升级或技术含量更高的 FDI 进入，以适应东道国更加激烈的竞争，进而向发展中国家溢出更先进技术，进一步提升本地企业技术水平和经营能力，提高对外投资质量，如此循环往复，二者形成良性互动，不断推动技术进步，通过提高狭义技术进步对经济增长的贡献促进经济增长质量提升。同时，FDI 技术溢出促进东道国技术进步会促进产业结构升级，产业结构升级则淘汰落后产业，促使东道国通过 OFDI 转移落后产业，转移边际产业可以释放劳动力、土地等要素，吸引高质量的 FDI 不断流向中高端产业，推动中高端产业发展，加快产业结构升级和以转移边际产业为目标的对外直接投资，从而 FDI 和 OFDI 相互作用促进产业结构升级并提高要素报酬，进而引发要素流动，实现资源再配置，提高要素利用效率和要素配置效率，即 FDI 和 OFDI 相互作用通过产业结构高级化和合理化提高要素配置效率对经济增长的贡献，促进经济增长质量提升。利用 2004～2017 年中国 30 个省份的面板数据对理论分析进行实证检验，结果表明：FDI 和 OFDI 的相互作用促进了中国经济增长质量的提升，在考虑内生性以及进行各种稳健性检验后结论依然成立。FDI 和 OFDI 的相互作用通过促进产业结构高级化和合理化提高了经济增长质量；通过对宏观 TFP 增长率进行分解并进一步检验发现，FDI 和 OFDI 的相互作用主要通过促进狭义技术进步及提升劳动要素配置效率而促进我国经济增长质量提升，这与二者相互作用促进产业结构高级化和合理化的结论相互印证，但是 FDI 和 OFDI 的相互作用却降低资本配置效率而抑制了经济增长质量提高，与二者相互作用促进产业结构合理化的结论相悖。

（二）政策建议

上述理论研究和实证检验对我国加快构建国内国际双循环相互促进的新发展格局、推动经济高质量发展具有一定的政策启示。第一，形成“引进来”和“走出去”良性互动才能通过提高狭义技术进步对经济增长的贡献来促进经济增长质量提升，为此必须提高引进 FDI 质量和对外直接投资质量，因为高质量的 FDI 可能为中国本地企业带来先进技术，中国本地企业依托我国市场规模优势对获得的外资技术不断改进创新和规模化应用，提高 OFDI 时的竞争优势；同时，可以鼓励中国企业积极收购国外高新技术等战略资产，通过 OFDI 直接获取国际先进技术，提高 OFDI 质量，进而通过引进高质量 FDI 和高质量 OFDI 促进中国技术进步，提高技术自主化水平，保障国内产业链的自主可控和畅通运转，提升经济增长质量。

第二，形成“引进来”和“走出去”良性互动才能通过产业结构优化提高要素配置效率对经济增长的贡献来促进经济增长质量提升，为此需要处理好利用 OFDI 转移边际产业、利用 FDI 承接新产业的关系，不仅需要清除妨碍国内要素流动的障碍，保障国内要素的流动循环，而且需要提高要素在国内循环的效率，促使可流动的生产要素及时、充分地流向效率更高的产业，促使不可流动的土地等要素能及时与可流动的要素重新组合；并且，利用 OFDI 转移边际产业释放要素后及时引导高技术、高质量的 FDI 流入，以获得更先进的技术，提高资源的配置效率。

第三，不断深化供给侧结构性改革，切实优化营商环境。一方面，通过优化营商环境降低内外资企业经营的交易成本来取代以土地、贷款等吸引外资的优惠政策，因为地方政府间招商引资的竞争往往以各种优惠政策吸引资本流入，这会导致大量的境内外资本竞相流向给予优惠政策但资本效率低的地区，造成资本配置扭曲，降低资源利用效率，通过优化营商环境则是更有利于形成公平竞争的环境，使得区域内外的资本更加充分竞争，提高资本配置效率。另一方面，通过打造市场化、法治化和国际化的营商环境，既增强外资企业投资信心，提高对高质量外资的吸引力，又提升我国企业规范化、国际化经营的能力，通过优化营商环境便利资本等要素在国内外合理、顺畅地循环。

总之，FDI 和 OFDI 的良性互动是国内国际双循环相互促进的新发展格局本身的应有之义，不断化解“引进来”和“走出去”循环中的断点、堵点，构建 FDI 和 OFDI 相互促进、有序循环、良性互动的对外开放新格局，保障国内循环和国际循环的互促共进，是促进我国经济高质量发展的必由之路。

参考文献

[1] 白俊红，刘宇英．对外直接投资能否改善中国的资源错配［J］．中国工业经济，2018（1）：60－78.

[2] 包群，赖明勇．中国外商直接投资与技术进步的实证研究［J］．经济评论，2002（6）：

63 - 66, 71.

[3] 蔡跃洲，付一夫．全要素生产率增长中的技术效应与结构效应——基于中国宏观和产业数据的测算及分解［J］. 经济研究，2017，52（1）：72 - 88.

[4] 陈强，刘海峰，汪冬华，等．中国对外直接投资能否产生逆向技术溢出效应？［J］. 中国软科学，2016（7）：134 - 143.

[5] 戴翔．中国制造业国际竞争力——基于贸易附加值的测算［J］. 中国工业经济，2015（1）：78 - 88.

[6] 单豪杰．中国资本存量 K 的再估算：1952—2006 年［J］. 数量经济技术经济研究，2008，25（10）：17 - 31.

[7] 傅元海，唐未兵，王展祥．FDI 溢出机制、技术进步路径与经济增长绩效［J］. 经济研究，2010，45（6）：92 - 104.

[8] 傅元海，叶祥松，王展祥．制造业结构变迁与经济增长效率提高［J］. 经济研究，2016，51（8）：86 - 100.

[9] 郭峰，洪占卿．贸易开放、地区市场规模与中国省际通胀波动［J］. 金融研究，2013（3）：73 - 86.

[10] 韩永辉，黄亮雄，王贤彬．产业政策推动地方产业结构升级了吗？——基于发展型地方政府的理论解释与实证检验［J］. 经济研究，2017，52（8）：33 - 48.

[11] 洪银兴．产业化创新及其驱动产业结构转向中高端的机制研究［J］. 经济理论与经济管理，2015（11）：5 - 14.

[12] 黄玖立，李坤望．出口开放、地区市场规模和经济增长［J］. 经济研究，2006（6）：27 - 38.

[13] 黄凌云，刘冬冬，谢会强．对外投资和引进外资的双向协调发展研究［J］. 中国工业经济，2018（3）：80 - 97.

[14] 李锴，齐绍洲．贸易开放、经济增长与中国二氧化碳排放［J］. 经济研究，2011，46（11）：60 - 72，102.

[15] 李磊，冼国明，包群．"引进来"是否促进了"走出去"？——外商投资对中国企业对外直接投资的影响［J］. 经济研究，2018，53（3）：142 - 156.

[16] 李梅．金融发展、对外直接投资与母国生产率增长［J］. 中国软科学，2014（11）：170 - 182.

[17] 李梅，柳士昌．对外直接投资逆向技术溢出的地区差异和门槛效应——基于中国省际面板数据的门槛回归分析［J］. 管理世界，2012（1）：21 - 32，66.

[18] 李雪松，赵宸宇，聂菁．对外投资与企业异质性产能利用率［J］. 世界经济，2017，40（5）：73 - 97.

[19] 刘建丽．新中国利用外资 70 年：历程、效应与主要经验［J］. 管理世界，2019，35（11）：19 - 37.

［20］刘青，陶攀，洪俊杰．中国海外并购的动因研究——基于广延边际与集约边际的视角［J］．经济研究，2017，52（1）：28－43.

［21］刘伟，张辉，黄泽华．中国产业结构高度与工业化进程和地区差异的考察［J］．经济学动态，2008（11）：4－8.

［22］刘志彪．提升生产率：新常态下经济转型升级的目标与关键措施［J］．审计与经济研究，2015，30（4）：77－84.

［23］聂飞，刘海云．中国 OFDI 对 IFDI 规模和质量的影响：理论机制与实证［J］．国际贸易问题，2019（1）：93－105.

［24］潘文卿，陈晓，陈涛涛，等．吸引外资影响对外投资吗？——基于全球层面数据的研究［J］．经济学报，2015，2（3）：18－40.

［25］潘文卿．外商投资对中国工业部门的外溢效应：基于面板数据的分析［J］．世界经济，2003（6）：3－7，80.

［26］邵宜航，张朝阳，刘雅南，等．社会分层结构与创新驱动的经济增长［J］．经济研究，2018（5）：44－57.

［27］沈春苗，郑江淮．中国企业“走出去”获得发达国家“核心技术”了吗？——基于技能偏向性技术进步视角的分析［J］．金融研究，2019（1）：111－127.

［28］盛斌，毛其淋．贸易开放、国内市场一体化与中国省际经济增长：1985—2008 年［J］．世界经济，2011（11）：44－66.

［29］苏丹妮，盛斌，邵朝对，等．全球价值链、本地化产业集聚与企业生产率的互动效应［J］．经济研究，2020（3）：100－115.

［30］唐东波．贸易政策与产业发展：基于全球价值链视角的分析［J］．管理世界，2012（12）：13－22.

［31］唐未兵，傅元海，王展祥．技术创新、技术引进与经济增长方式转变［J］．经济研究，2014，49（7）：31－43.

［32］田红彬，郝雯雯．FDI、环境规制与绿色创新效率［J］．中国软科学，2020（8）：174－183.

［33］田友春．中国分行业资本存量估算：1990—2014 年［J］．数量经济技术经济研究，2016，33（6）：3－21，76.

［34］王岚，李宏艳．中国制造业融入全球价值链路径研究——嵌入位置和增值能力的视角［J］．中国工业经济，2015（2）：76－88.

［35］王恕立，滕泽伟，刘军．中国服务业生产率变动的差异分析——基于区域及行业视角［J］．经济研究，2015（8）：75－86.

［36］王永钦，杜巨澜，王凯．中国对外直接投资区位选择的决定因素：制度、税负和资源禀赋［J］．经济研究，2014，49（12）：126－142.

[37] 谢宇. 回归分析 [M]. 北京：社会科学文献出版社，2013.

[38] 姚树洁，冯根福，韦开蕾. 外商直接投资和经济增长的关系研究 [J]. 经济研究，2006 (12)：35-46.

[39] 袁富华，张平. 雁阵理论的再评价与拓展：转型时期中国经济结构问题的诠释 [J]. 经济学动态，2017 (2)：4-13.

[40] 张远军. 城市化与中国省际经济增长：1987—2012——基于贸易开放的视角 [J]. 金融研究，2014，409 (7)：49-62.

[41] 赵文军，于津平. 贸易开放、FDI 与中国工业经济增长方式——基于 30 个工业行业数据的实证研究 [J]. 经济研究，2012 (8)：18-31.

[42] 钟宁桦，温日光，刘学悦. "五年规划"与中国企业跨境并购 [J]. 经济研究，2019，54 (4)：149-164.

[43] Alfaro L, Chanda A, Kalemli-Ozcan S, et al. FDI and Economic Growth: The Role of Local Financial Markets [J]. Journal of International Economics, 2004, 64: 89-112.

[44] Blomstr M M, Kokko A. Foreign Direct Investment and Spillovers of Technology [J]. International Journal of Technology Management, 2001, 22 (5): 435-454.

[45] Kojima K. Direct Foreign Investment: A Japanese Model of Multinational Business Operation [M]. London: Croom Helm Press, 1978.

[46] Lu Y, Tao Z, Zhu L. Identifying FDI Spillovers [J]. Journal of International Economics, 2017 (107): 75-90.

[47] Massell B F. Adisaggregated View of Technical Change [J]. Journal of Political Economy, 1961, 69 (6): 547-557.

[48] Pottelsberghe V B, Lichtenberg F. Does Foreign Direct Investment Transfer Technology Across Borders? [J]. Review of Economics and Statistics, 2001, 83 (3): 490-497.

[49] Yao S J, Wang P, Zhang J, et al. Dynamic Relationship Between China's Inward and Outward Foreign Direct Investments [J]. China Economic Review, 2016 (40): 54-70.

产业集聚模式选择与城市人口规模变化
——来自285个地级及以上城市的经验证据*

袁冬梅** 信超辉 袁 瑞

摘 要 本文构建了引入人口规模约束的产业集聚函数，探讨不同的人口规模区间专业化集聚与多样化集聚促进城市经济增长的机理，利用2004～2017年285个地级及以上城市样本进行动态面板门槛模型估计。研究结果表明：第一，当城市人口规模在147.59万～211.71万时，专业化和多样化两种产业集聚模式均有利于经济增长，当人口规模在此区间以下时，城市产业宜选择专业化集聚模式，当人口规模在此区间以上时，城市产业宜选择多样化集聚模式；第二，专业化集聚因劳动力的吸纳能力和产品多样化的供给能力有限而限制了城市人口规模的扩张，多样化集聚则能更好地发挥雅各布斯（Jacobs）外部性促进家庭和企业关联效应的良性循环，有利于人口集聚和城市规模扩张。中国中小城市专业化水平的不断提升将加快本地剩余劳动力向多样化程度高的大城市迁移。因而，各地方政府应充分意识到"小而全""大而全"、产业结构同质化的危害，顺应市场需求和城市人口两极分化的趋势，鼓励中小城市选择专业化为主的产业发展模式，鼓励大城市根据资源条件和功能定位选择适度多样化的产业发展模式。

关键词 专业化 多样化 城市人口规模 门槛效应

一、引言

城市的存在得益于集聚经济的规模报酬递增，而集聚经济的本质是产业与人口在空间上的协同集聚，因而城市的可持续发展取决于产业集聚模式的动态变化与人口规模变化的相互协调。专业化和多样化是两种常见的产业集聚模式，二者的外部性存在

---

* 本文原载于《中国人口科学》2019年第6期，第46～58页、第127页。

** 作者简介：袁冬梅，经济学博士，湖南师范大学商学院教授，博士生导师，湖南师范大学大国经济研究中心研究员。

显著差异。人口规模较大的城市若产业发展过于专业化，往往面临主导产业转移、人口大量迁出从而城市陷入衰落的风险。人口规模较小的城市若热衷于多样化发展和“小而全”的发展模式，往往面临专业化优势与地方特色不能发挥，人口规模与资源禀赋难以支撑的风险，最终也无法实现经济的长期增长。有关城市最优产业集聚模式的选择是理论界长期探讨的问题，以往的研究更多关注历史条件、技术进步、区位选择、要素投入等因素的影响，而忽略了城市人口规模的约束作用。事实上，城市发展很大程度上依赖于人口规模及市场潜力，人口规模的差距也会加剧城市发展的不平衡、不充分（高春亮、李善同，2019）。纵观欧美发达国家城市发展史，大城市普遍呈现多样化产业集聚模式，中小城市则大多表现为以某一特色产业为主导的专业化集聚模式，城市的兴衰往往伴随着产业演变和城市人口规模的显著变化。一直以来，中国城市普遍钟情于“大而全”“小而全”的发展模式，尤其是许多中小城市不考虑资源禀赋、城市人口规模和消费能力，盲目发展以房地产为主的第三产业，不仅带来产能严重过剩、重复建设及地方债务等问题，且无法形成规模经济和竞争优势，对原有的优势产业也会造成不利影响，因此城市产业发展模式的选择应该考虑城市的人口规模与供给能力。

过去较长一段时期，由于户籍制度和大城市承载能力的约束，中国人口不能顺应经济发展的需要在城乡之间、不同规模的城市之间自由流动。随着新型城镇化的推进和户籍制度的改革，中国城市人口分布出现了新变化。国家发展改革委从 2016 年起相继出台《推动 1 亿非户籍人口在城市落户方案》等多个文件，大力推进新型城镇化和农业人口市民化，使落户限制全面取消的城市范围不断扩大，超大特大城市的落户条件也有一定的放松。此外，交通基础设施网络体系的日趋完善，尤其是高铁的建设为人口跨区域流动提供了便利条件。本文根据《中国城市统计年鉴》市辖区人口数据测算发现，2016 ~ 2017 年中国 290 个地级及以上城市中，有 62 个城市市辖区人口出现负增长，其中一半是 100 万人以下的中小型城市，100 万 ~ 300 万人之间的Ⅱ型大城市约占 47%。可见，户籍限制取消或放宽、交通基础设施的完善势必造成大城市和区域中心城市的人口规模进一步扩大，加速中小城市的收缩。国家发改委印发的《2019 年新型城镇化建设重点任务》首次提出收缩型城市概念。

在城市人口分布两极化趋势明显的背景下，探讨不同人口规模城市的产业集聚模式选择，评估不同城市专业化集聚和多样化集聚的经济增长效应，对引导城市根据人口规模动态变化科学确定产业定位，避免同质化竞争，推动中国城市高质量发展具有重要意义。

二、文献综述

关于不同城市产业集聚模式的选择，现有研究主要基于产业集聚的外部性探讨专业化和多样化对城市经济增长的作用，并未结合城市人口规模的变化进行综合分析，且研究的结论存在较大的分歧，主要表现为以下三类观点。第一类观点认为专业化集聚模式表现的 MAR 外部性更有利于城市经济增长。即同一产业的厂商在特定区域大量集中，能促进知识和技术的溢出、共享专业化劳动力和中间产品、节约生产成本及促进竞争与合作等，从而有利于行业规模的壮大、部门生产率的提高及城市经济增长（Marshall，1890；Romer，1986）。梁琦、詹亦军（2006）对长三角地区 16 个城市进行实证分析，发现选择专业化发展模式的城市技术进步的增长率和经济的贡献率都大大超过了非专业化城市。栗原等（Kurihara et al.，2016）研究发现，专业化集聚对发达国家经济增长有显著促进作用。第二类观点认为，多样化集聚模式所具有的雅各布斯（Jacobs）外部性比专业化集聚更有利于城市经济增长。即不同产业的厂商在同一区域大量集中，不仅可以共享城市基础设施，还能促进知识和技术在不同产业之间的溢出，有利于跨产业的知识互补和创新搜寻，因而更能促进城市经济增长（Jacobs，1969）。格莱泽等（Glaeser et al.，1992）、凯内利等（Cainelli et al.，1999）、亨德森（Henderson，2003）、米赫耶娃（Mikheeva，2017）分别利用美国、意大利、韩国和俄罗斯的数据进行实证分析发现，多样化集聚对城市经济增长的促进作用更显著，而专业化集聚与城市经济增长之间的关系不明显，或者负相关。李金滟和宋德勇（2008）、任晶和杨青山（2008）、沈鸿和向训勇（2017）也发现，多样化集聚模式更能刺激创新和技术进步，促进生产率提高和经济增长。第三类观点考虑到了城市最优产业集聚模式的动态变化及其空间差异。如一些学者发现，产业专业化、多样化水平与城市经济增长之间并非线性关系，而是存在倒 U 形特征（贺灿飞、潘峰华，2009；苏红键、赵坚，2011；孙浦阳等，2012），中国不同地区和不同类型的制造业集聚也存在显著的增长差异（吴三忙、李善同，2011）。

值得注意的是，城市规模在集聚经济中的作用也较早地被学者们关注到。亨德森（Henderson，1986）发现专业化集聚模式对城市经济增长的促进作用将随着城市规模不断扩大而逐渐消失。孙晓华、周玲玲（2013）发现小型城市专业化集聚正向经济增长效应显著，大城市产业多样化集聚正向经济增长效应更显著。罗森塔尔等（Rosenthal et al.，2004）指出，城市人口规模是影响产业集聚外部性产生的重要原因。不仅如此，产业集聚也影响城市人口规模扩张，在现有产业集聚模式下，多数 300 万及以上人口的大城市依然具有较强的人口吸纳能力（韩峰、李玉双，2019）。同时，产业结构和城市规模对城市经济效益存在协同影响机制，城市需要达到一定的门槛规模才能从上下游产业关联中获得效益（柯善咨、赵曜，2014），而且不同规模的企业受益也存在差异，小型企业在不同规模的城市均易受益于外部经济，大型企业即使在特大和超大城市中也很少得益于雅各布斯（Jacobs）外部经济（傅十和、洪俊杰，2008）。与前面忽视人口规模而研究产业集聚的 3 种观点相比，这些研究基于城市规模不仅探讨了产业集聚外部性的差异，而且分析了产业集聚对城市人口规模的影响。

上述文献为本研究奠定了基础，但也不同程度地存在不足，主要表现为：在理论层面均未深入探讨城市动态演进过程中不同人口规模如何影响产业集聚模式选择，未能揭示其中的作用机制；在研究方法上主要按照城市分类标准直接确定城市的规模层级，未依据理论模型估计出专业化和多样化适应的城市人口规模区间。为避免上述问题，本文将城市人口规模纳入生产函数，探讨城市人口规模约束产业集聚模式选择和经济增长效应的理论机制；并借鉴汉森（Hansen，1999）和赛奥等（Seo et al.，2016）提出的方法，以城市人口规模为门槛变量构建动态面板门槛模型进行实证检验，估计与产业集聚模式相适应的人口规模区间；同时参考韩峰、李玉双（2019）的方法，用中国工业企业数据匹配城市产业就业数据，重新测算各大城市专业化和多样化水平，并进行稳健性检验。

三、理论分析与待检验假说

本文借鉴吴三忙、李善同（2011）的方法，以两要素（资本和劳动）的柯布道格拉斯生产函数为基础分析城市人口规模约束下产业集聚模式与城市经济增长之间的关系。即：

$$Y_{it} = A_{it} K_{it}^{\alpha} L_{it}^{1-\alpha} \tag{1}$$

其中，Y_{it}表示 i 城市 t 时期的产出，A_{it}表示 i 城市 t 时期的技术水平，K_{it}表示 i 城市 t 时期的资本投入，L_{it}为 i 城市 t 时期的劳动力投入，α 为资本的投入份额。在式（1）两边同时除以 L_{it}得到：

$$\frac{Y_{it}}{L_{it}} = A_{it}\left(\frac{K_{it}}{L_{it}}\right)^{\alpha} \tag{2}$$

定义人均形式的产出为 $y_{it}=\frac{Y_{it}}{L_{it}}$，人均形式的资本投入为 $k_{it}=\frac{K_{it}}{L_{it}}$，代入式（2），并在式（2）两边同除以滞后一阶项，即：

$$\frac{y_{it}}{y_{it-1}}=\frac{A_{it}}{A_{it-1}}\left(\frac{k_{it}}{k_{it-1}}\right)^{\alpha} \tag{3}$$

式（3）表明城市人均产出的增长取决于技术进步增长和人均资本的投入增长。将式（3）两边同时取对数得到：

$$\ln\frac{y_{it}}{y_{it-1}}=\ln\frac{A_{it}}{A_{it-1}}+\alpha\ln\left(\frac{k_{it}}{k_{it-1}}\right) \tag{4}$$

假定技术进步取决于专业化集聚 MAR 外部性和多样化集聚雅各布斯（Jacobs）外部性，专业化集聚和多样化集聚的外部性作用受到城市人口规模的制约（Rosenthal et al.，2004；傅十和、洪俊杰，2008），因而在式（4）中专业化程度和多样化程度对 A 的增长作用受到城市人口规模的约束，引入城市人口规模约束下的产业集聚函数 $F[g_1(N)\times RZI_{it},\ g_2(N)\times RDI_{it}]$，则有：

$$\ln\frac{y_{it}}{y_{it-1}}=F[g_1(N)\times RZI_{it},\ g_2(N)\times RDI_{it}]+e_{it} \tag{5}$$

其中，RZI_{it}代表 i 城市 t 时期专业化水平，RDI_{it}代表 i 城市 t 时期多样化水平，$g_1(N)$、$g_2(N)$ 分别表示影响专业化和多样化外部性的函数，该函数取决于城市人口规模 N。

将式（5）代入式（4），整理后得到：

$$\ln\frac{y_{it}}{y_{it-1}}=F[g_1(N)\times RZI_{it},\ g_2(N)\times RDI_{it}]+\alpha\ln\frac{k_{it}}{k_{it-1}}+e_{it} \tag{6}$$

从式（6）可以得到专业化集聚和多样化集聚对城市经济增长的边际影响，可分别表示为$\frac{\mathrm{d}\ln\frac{y_{it}}{y_{it-1}}}{\mathrm{d}RZI_{it}}=g_1(N)\times F_{RZI_{it}}$和$\frac{\mathrm{d}\ln\frac{y_{it}}{y_{it-1}}}{\mathrm{d}RDI_{it}}=g_2(N)\times F_{RDI_{it}}$。

基于式（6）分析城市人口规模约束下两种不同集聚模式对城市经济增长的作用机制并提出相应研究假说。

第一阶段（起步阶段）：当城市人口规模较小时，城市资本、劳动、土地和技术等要素资源匮乏，市场容量小，需求较为单一。此时发展多样化集聚模式不但无法发挥雅各布斯外部性对城市的正向经济增长效应，而且会加剧城市资源的匮乏程度，降低资源配置效率，无法实现规模化优势，因而不利于城市经济增长。发展专业化集聚模式则可以充分利用比较优势，集中资源发展特色产业，短时间内完成资本和技术积累，形成规模优势，提高城市产业生产率和经济增长，此时专业化集聚对城市表现为正向经济增长效应；多样化集聚对城市表现为负向的经济增长效应。

第二阶段（过渡或转型阶段）：随着城市人口规模的扩大和城市的发展，城市基础设施、市场空间、公共物品的数量和质量、资本和劳动力等方面的供给都有一定程度的提高。一方面专业化集聚的 MAR 外部性进一步得到加强，另一方面市场扩大和要素供给的多样化使多样化集聚雅各布斯外部性作用开始显现，此时两种产业集聚模式的外部性均呈现正向的经济增长效应。

第三阶段：当城市人口规模足够大并趋于稳定时，城市基础设施完善，产品需求多样化，产品市场扩大；各种类型的劳动力集聚，知识和技术外溢效应明显，资本较为充足、土地资源得到进一步开发和利用。此时，专业化集聚模式已经不能满足人口规模扩大带来的就业需求，造成资源浪费和配置效率下降。同时，随着城市人口规模的扩大，如果仅发展专业化集聚模式，其中间产品成本、劳动力要素成本、土地成本较高，导致专业化产业利润率下降，从而阻碍城市经济增长。此时专业化集聚 MAR 外部性边际影响下降，甚至表现为较强的负向经济增长效应。而发展多样化集聚模式不仅能满足城市多样化需求，扩大市场份额，而且可以充分利用各类劳动力要素和中间品，降低搜寻成本和投入成本，提高企业利润率。同时各类娴熟劳动力在行业之间的溢出效应明显，有利于产业互补、知识的交换和创新成果的出现，促进产业部门生产率的提高和城市经济增长。此阶段专业化集聚对城市表现为负向的经济增长效应，多样化集聚表现为正向的经济增长效应。

基于上述分析，本文提出以下 3 个假说：假说 1：对专业化集聚模式而言，存在一个结构突变点的城市人口规模 n_1，当城市人口规模低于 n_1 时，专业化集聚外部性有正向的经济增长效应，当城市人口规模高于 n_1 时，专业化集聚外部性有负向的经济增长效应。假说 2：对多样化集聚模式而言，也存在一个结构突变点的城市人口规模 n_2，当城市人口规模低于 n_2 时，多样化集聚外部性有负向的经济增长效应，当城市人口规模高于 n_2 时，多样化集聚外部性有正向的经济增长效应。假说 3：综合来看，存在一个城市人口规模区间（n_3，n_4），当城市人口规模处于该区间时，专业化集聚和多样化集聚外部性均呈现正向的经济增长效应。

四、实证分析

（一）模型设定

由前文分析可知，城市人口规模约束下产业集聚模式与城市经济增长存在较强的非线性关系或门槛效应，探讨二者关系比较常用的方法是采用分组回归、交互项回归，但前者对分组的标准难以把握，后者能估计结构突变点却无法检验突变点的显著性。为了解决上述问题，本文参考汉森（Hansen，1999）和赛奥等（Seo et al.，2016）的方法构建动态面板门槛模型，通过模型自身确定门槛值并对其进行显著性检验，由此得到：

$$\ln PGDP_{it} = (\phi_1 \ln PGDP_{it-1} + \theta_{11} RZI_{it} + \beta_{j1} control_{it}) 1\{TPC_{it} < \eta_1\} + (\phi_2 \ln PGDP_{it-1} + \theta_{12} RZI_{it} + \beta_{j2} control_{it}) 1\{TPC_{it} > \eta_1\} + \alpha_i + v_{it} \quad (7)$$

$$\ln PGDP_{it} = (\phi_1 \ln PGDP_{it-1} + \theta_{11} RDI_{it} + \beta_{j1} control_{it}) 1\{TPC_{it} < \eta_1\} + (\phi_2 \ln PGDP_{it-1} + \theta_{12} RDI_{it} + \beta_{j2} control_{it}) 1\{TPC_{it} > \eta_1\} + \alpha_i + v_{it} \quad (8)$$

其中，下标 i 表示城市，t 表示年份；η 为待估计的门槛值，$1\{\cdot\}$ 为示性函数，若 $\{\cdot\}$ 内表达式为真取 1，反之取 0。门槛变量 TPC_{it} 表示 i 城市在 t 时期的城市人口规模；$\ln PGDP_{it}$ 表示 i 城市在 t 时期的经济增长；RZI_{it} 表示 i 城市在 t 时期的专业化水平；RDI_{it} 表示 i 城市在 t 时期的多样化水平。*control* 表示控制变量，包括人均资本投入 INV_{it}、产业结构升级 IS_{it}、财政支出水平 FIS_{it}、人力资本水平 EDU_{it}；α_i 是不随时间变化的各城市截面的个体差异；v_{it} 是随机干扰项，假设它服从均值为 0 且方差有限的正态分布。

（二）变量测算与数据说明

本文被解释变量 ln*PGDP* 以该城市当年人均 GDP 的对数值衡量。核心解释变量专业化水平最常用的指标是地区专业化指数，该指数越高，表明地区专业化水平越高。为便于比较，本文引入相对专业化指数（RZI）作为测度城市专业化水平的指标，即：$RZI_i = \max_j \frac{s_{ij}}{s_j}$。其中，$s_{ij}$ 表示城市 i 中产业 j 的就业人数占该城市总就业人数比重，s_j 表示 j 产业的就业人数在全国产业就业总人数中所占的份额。

多样化水平一般采用赫芬达尔指数（HHI）的倒数来衡量，为横向比较不同城市之间产业多样化的水平，本文引入相对多样化指数作为测度多样化水平指标，即：$RDI_i = \frac{1}{\sum_j |s_{ij} - s_j|}$。$RDI_i$ 的数值越大，表示该城市的产业多样化程度相对全国水平越高。

本文借鉴李金滟和宋德勇（2008）、孙晓化和周玲玲（2013）的方法，以历年《中国城市统计年鉴》中 19 个行业就业数据测算城市的专业化和多样化水平。此处选取 2004 年、2010 年和 2017 年中国 285 个地级及以上城市专业化水平和多样化水平测算结果，并根据2014年新的城市规模分类标准，对比分析各类型城市平均专业化水平和多样化水平的现状（见表1、表2）。

表1　中国不同规模城市的相对专业化水平

城市类型		2004年	2010年	2017年
超大城市（1000万人以上）		2.4685	2.5144	2.7163
特大城市（500万～1000万人）		2.5336	2.4153	2.1540
大城市	Ⅰ型大城市（300万～500万人）	2.0169	2.7267	2.7594
	Ⅱ型大城市（100万～300万人）	2.8527	3.3247	4.2258
中等城市（50万～100万人）		4.3343	5.4748	6.2486
小城市（50万人以下）		4.6323	5.3907	7.2736

表2　中国不同规模城市的相对多样化水平

城市类型		2004年	2010年	2017年
超大城市（1000万人以上）		3.1489	2.9631	3.4362
特大城市（500万～1000万人）		4.4771	3.4873	3.2488
大城市	Ⅰ型大城市（300万～500万人）	3.7403	2.2260	2.7519
	Ⅱ型大城市（100万～300万人）	2.4889	2.0262	2.1658
中等城市（50万～100万人）		202458	2.0461	2.0362
小城市（50万人以下）		2.0529	1.7766	1.6088

注：根据2005年、2011年和2018年《中国城市统计年鉴》相关数据整理。

表1和表2表明，在不同类型的城市中，随着人口规模的扩大，专业化水平大致呈下降趋势，多样化水平大致呈上升趋势；随着时间的推移，专业化水平大致呈上升趋势（特大城市除外），多样化水平大致呈下降趋势，但超大城市和Ⅰ型大城市多样化水平在上升。总体来看，中小城市专业化水平最高且在过去一段时间有所提升，符合中国提倡的发展特色城镇的要求，但中等人口规模（50万～100万人）的城市仍保持较高的多样化水平。而Ⅰ型和Ⅱ型大城市2010年以来专业化水平和多样化水平都有所提升，Ⅱ型大城市专业化水平提升更快，表明300万人口以下的城市更重视专业化发展。特大城市曾是中国多样化水平最高的城市，近年有所下降，超大城市在保持较高

多样化水平的同时，近年专业化水平也在提升。这可能与这些城市不同时期产业结构的调整和对人口流入的限制有关。由于特大城市、超大城市均不同程度地存在城市拥挤、公共服务水平滞后等问题，通过排挤或转移低端产业降低多样化水平、提升专业化水平。由此可见，中小城市主要选择的是专业化发展道路，大城市产业专业化和多样化水平都较高，特大城市以多样化发展为主，超大城市在多样化基础上适度提升了专业化水平。随着国家日益强调城市功能定位与产业发展的协调性，不同规模城市在产业发展模式的选择上将会更趋向于科学合理。

门槛变量城市规模以各城市年末市辖区人口数来衡量。控制变量人均资本投入 *INV* 用城市当年全市人均固定资产投资取对数衡量，产业结构升级 *IS* 用第三产业总产值与第二产业总产值之比表示，财政支出水平 *FIS* 为该城市地方政府一般预算内支出占地方生产总值的比重，人力资本水平 *EDU* 以城市每万人在校大学生人数取对数衡量。

本文数据来自历年《中国城市统计年鉴》，剔除缺失较为严重的城市，最终选取 285 个地级及以上城市 2004 ~ 2017 年的面板数据作为估计样本，描述性统计如表 3 所示。

表 3　　变量描述性统计（N = 3990）

变量	均值	标准差	最小值	最大值
人均国内生产总值 ln*PGDP*	10.50	0.75	7.52	15.68
城市人口规模 *TPC*（万人）	140.74	180.00	14	2451
财政支出水平 *FIS*	0.15	0.10	0.02	2.70
人均资本投入 ln*INV*	14.66	1.32	5.71	18.81
产业结构升级 *IS*	0.99	0.59	0	5.29
人力资本水平 ln*EDU*	3.60	1.08	1.42	8.73
专业化水平 *RZI*	4.37	5.82	1.26	106.60
多样化水平 *RDI*	2.18	0.88	0.74	6.53

（三）实证结果与分析

从表 4 的估计结果看，门槛效应检验自抽样 p 值为 0.000，拒绝了不存在门槛效应的原假设，说明专业化集聚对城市经济增长存在基于城市人口规模的门槛效应，门槛值为211.71万人，样本数据显示，处于门槛值以上的城市占23.78%，大部分城市处于门槛值以下。门槛值两边的估计结果存在显著差异，当城市人口规模低于211.71万人时，专业化集聚 *RZI* 的系数显著为正，而当城市人口规模高于211.71万人时，专业化集聚 *RZI* 的系数转变为 -0.0939，并在1%的水平上显著，验证了假说1。这说明当城市人口规模在211.71万人以下时，专业化集聚对城市的经济增长有显著的促进作用，而处于门槛值以上时，专业化集聚的经济增长效应显著为负。这是因为当城市人口规模较大时，只有部分劳动力能从事本城市专业化产业的工作，大量的劳动力剩余和需求的多样化难以满足，会造成资源配置效率的下降，不利于城市经济增长。在劳动力可自由流动的情况下，城市专业化水平提升所带来的本地剩余劳动力会不断流入其他劳动力短缺的城市。不考虑其他因素的影响，本城市的净迁入人口将会持续为负，直到城市人口规模下降到本地专业化集聚门槛值以下。

表4　　专业化门槛模型参数估计结果

ln*PGDP*		系数	标准误	*Z* 值	[95%置信区间]
TPC < 211.71万人	L. ln*PGDP*	0.8387***	0.0060	139.20	[0.8269, 0.8505]
	FIS	0.0440***	0.0100	4.40	[0.0244, 0.0636]
	INV	0.0205***	0.0031	6.52	[0.0144, 0.0267]
	IS	-0.1370***	0.0037	-36.91	[-0.1443, -0.1298]
	EDU	-0.1170***	0.0046	-25.20	[-0.1261, -0.1079]
	RZI	0.0007**	0.0003	2.39	[0.0001, 0.0013]
	*cons_*	0.6712*	0.3979	1.69	[-0.1086, 1.4512]
TPC > 211.71万人	L. ln*PGDP*	-1.7190***	0.0876	-19.62	[-1.8908, -1.5473]
	FIS	-2.2644***	0.4864	-4.65	[-3.2179, -1.3109]
	INV	1.1262***	0.0617	18.24	[1.0052, 1.2472]
	IS	0.4140***	0.0541	7.64	[0.3078, 0.5201]
	EDU	0.1534***	0.0150	10.19	[0.1239, 0.1829]
	RZI	-0.0939***	0.0092	-10.21	[-0.1119, -0.0759]
	门槛值	211.71***	1.5674	135.07	[208.6348, 214.779]

注：门槛值以上样本占比为23.78%；矩条件为216；p值与临界值均为采用"bootstrap法"模拟300次后得到的结果；*、**、***分别表示在10%、5%、1%的水平上显著。

从各个控制变量的结果来看，当城市人口规模在 211.71 万人门槛值以下时，人力资本水平 *EDU* 和产业结构升级 *IS* 系数显著为负，而经济增长的滞后项 L. ln*PGDP*、财政支出 *FIS* 和人均资本投入 *INV* 的系数则显著为正；当城市人口规模处于门槛值以上时，L. ln*PGDP* 和 *FIS* 系数由显著为正转变为显著为负，*EDU* 和 *IS* 系数由显著为负变为显著为正，而 *INV* 的系数则进一步扩大。以上结果主要有以下含义：第一，专业化集聚产生的经济增长效应具有内在的惯性，在人口规模达到门槛值上限前，这种惯性有利于城市经济增长。第二，政府有形的手对城市经济增长的带动作用在中小城市明显，而在大城市则扭曲了市场，不利于经济增长。人均资本投入无论在大城市还是中小城市，对经济增长均有正向作用。第三，人力资本和产业结构升级只对大城市的经济增长有利，不利于中小城市的经济增长。这是因为中小型城市在基础设施、社会保障及收入等方面远不及大城市，人力资本投资回报低，对高端人才缺乏吸引力。同时，不少中小型城市盲目发展以房地产为主的第三产业，导致政府债务和产能过剩，也不利于经济的可持续增长。

从表 5 多样化参数估计的结果来看，门槛效应检验自抽样 p 值为 0.000，拒绝了不存在门槛效应的原假设，说明多样化集聚对城市经济增长存在基于城市人口规模的门槛效应，门槛值为 147.59 万人，根据样本的数据来看，处于门槛值以上的城市占 26.42%，大部分城市处于门槛值以下。门槛值两边的估计结果存在显著差异，与专业化集聚估计结果相反，当城市人口规模低于 147.59 万人时，多样化集聚 *RDI* 的系数为 -0.0301，并在 1% 的水平上显著，而当城市人口规模高于 147.59 万人时，多样化集聚 *RDI* 的系数转变为 0.1164，并在 1% 的水平上显著，验证了假说 2。这说明当城市人口规模在 147.59 万人以下时，多样化集聚对城市的经济增长有显著的阻碍作用，而处于门槛值 147.59 万人以上时，多样化集聚则能显著推动城市的经济增长。这是由于在城市发展初期，由于资金、劳动力、资本和技术等要素资源有限，发展多样化产业集聚模式会加剧不同产业对有限资源的争夺，不仅无法发挥多样化的 Jacobs 外部性作用，反而会造成社会总福利的损失和阻碍城市经济增长。当城市人口跨越结构突变点为 147.59 万人时，城市的资本、劳动力、技术等要素有了一定的积累甚至有富余，为发挥多样化集聚雅各布斯外部性提供了条件，此时发展多样化产业有利于合理配置资源，发挥多样化集聚的正向经济增长效应。

表 5 多样化门槛模型参数估计结果

lnPGDP		系数	标准误	Z 值	[95% 置信区间]
TPC < 147.59 万人	L. lnPGDP	0.8437***	0.0254	33.18	[0.7938, 0.8935]
	FIS	0.1002***	0.0295	3.39	[0.0423, 0.1581]
	INV	0.0166	0.0124	1.34	[-0.0076, 0.0410]
	IS	-0.2297***	0.0149	-15.36	[-0.2590, -0.2004]
	EDU	-0.1433***	0.0103	-13.80	[-0.1636, -0.1229]
	RDI	-0.0301***	0.0064	-4.65	[-0.0428, -0.0174]
	cons_	0.1938	0.3388	0.57	[-0.4702, 0.8579]
TPC > 147.59 万人	L. lnPGDP	1.0595***	0.0304	-34.80	[-1.1192, -0.9999]
	FIS	0.3732	0.2525	1.48	[-0.1216, 0.8682]
	INV	0.6340***	0.0238	26.61	[0.5873, 0.6807]
	IS	0.4586***	0.0323	14.19	[0.3953, 0.5220]
	EDU	0.3033***	0.0259	11.69	[0.2524, 0.3541]
	RDI	0.1164***	0.0108	10.72	[0.0951, 0.1377]
	门槛值	147.59***	9.0182	16.37	[129.9108, 165.2616]

注：门槛值以上样本占比为26.42%；矩条件为216；p值与临界值均为采用“bootstrap法”模拟300次后得到的结果；*、**、*** 分别表示在10%、5%、1%的水平上显著。

综合专业化集聚和多样化集聚参数估计结果来看，两种集聚模式的经济增长效应均受到城市人口规模的约束，当城市人口低于147.59万人时，多样化集聚 *RDI* 系数显著为负，而专业化集聚 *RZI* 系数显著为正，说明专业化集聚更有利于城市经济增长；当城市人口规模高于211.71万人时，专业化集聚 *RZI* 系数显著为负，多样化集聚 *RDI* 显著为正，说明此时选择多样化集聚更能推动城市经济增长。而当城市人口规模处于147.59万~211.71万人时，*RZI* 和 *RDI* 系数均显著为正，说明无论是专业化集聚还是多样化集聚，对城市都有正向的经济增长效应，此时两种集聚模式均有利于城市经济增长，验证了假说3。如前所述，专业化集聚和多样化集聚所带来的经济增长效应依赖于城市人口规模，专业化集聚对劳动力的吸纳能力和产品多样化的供给能力有限，其正向经济增长效应存在一个城市人口规模的上限。而多样化集聚则因为家庭和企业前后向关联效应的良性循环，对城市经济增长的带动作用存在一个城市人口规模下限。在这个城市人口规模区间，两种集聚模式均有利于经济增长。

（四）稳健性检验

为进一步检验上述实证结果的稳健性，本文参考相似的测度专业化和多样化指标的方法，使用中国工业企业数据重新测算各个城市的专业化和多样化指标。这样可以解决《中国城市统计年鉴》中 19 个行业大类没有对制造业进行细分的问题，从而更好地反映中国城市专业化集聚和多样化集聚特征①。为得到城市—产业层面的数据，本文借鉴韩峰和李玉双（2019）的方法进行以下数据处理：（1）对《中国工业企业数据库》的指标异常值进行处理，并剔除就业人数小于 8 人和年销售额低于 500 万元的企业；（2）将企业 3 位行业代码统一为国民经济行业分类（GB/T 4754—2002）标准；（3）将就业人数加总到城市层面，得到城市 - 产业层面就业数据。由于中国工业企业数据只统计到 2013 年，并且 2010 年后数据统计指标存在较大变化，因此，本文新构建的面板数据仅包括 283 个地级及以上城市 2003 ~ 2010 年数据。对式（7）和式（8）分别进行门槛估计，结果如表 6 所示。

表 6　稳健性检验结果

变量	系数估计值	变量	系数估计值
RZI（TPC < 196.03 万人）	0.1549** (1.99)	RDI（TPC < 165.86 万人）	−0.0473** (−2.12)
RZI（TPC > 196.03 万人）	−1.8851*** (−8.19)	RDI（TPC > 165.86 万人）	1.0422*** (7.83)
门槛值	196.0345*** (11.45)	门槛值	165.8621*** (14.18)
门槛值以上样本占比（%）	13.83	门槛值以上样本占比（%）	19.13
门槛效应检验（p 值）	0.000	门槛效应检验（p 值）	0.000
矩条件	180	矩条件	180

注：括号内数据为 Z 值。*、**、*** 分别表示在 10%、5%、1% 的水平上显著。

① 中国工业企业数据提供 1998 ~ 2013 年“全部国有及规模以上非国有企业数据”，数据来自国家统计局依据《工业统计报表制度》而进行的工业调查统计。其统计口径为“采掘业”“制造业”“电力燃气及水的生产与供应业”3 个门类，包括中国工业制造业 40 多个大产业，90 多个中类、600 多个子行业。本文匹配了 80 多个中类行业数据进行测算。

表6显示，门槛效应检验的p值均为0.000，拒绝了模型不存在门槛效应的原假设，说明专业化集聚和多样化集聚的经济增长效应均存在基于城市人口规模的门槛效应，门槛值分别为196.03万人和165.86万人，样本区间内门槛值以上占比分别为13.83%和19.13%。就表6左边专业化估计结果来看，当城市人口规模在196.03万人以下时，专业化 *RZI* 系数为0.1549，并在5%的水平上显著，而当城市人口规模处于196.03万人以上时，*RZI* 系数则转变为显著为负。从表6右边多样化估计结果来看，当城市人口规模在165.86万人以下时，多样化 *RDI* 系数为-0.0473，并在5%的水平上显著，而当城市人口规模跨越165.86万人的门槛值时，*RDI* 系数则显著为正。以上结果说明了当城市人口处于196.03万人以下时更适合发展专业化集聚模式；而当城市人口规模在164.86万人以上时更适合发展多样化集聚模式；当城市人口规模处于165.86万~196.03万人时，两种产业集聚模式均有利于城市经济增长。与前文相比，虽然专业化门槛值相对下降，多样化门槛值相对提升，有利于两种产业集聚模式的城市人口规模区间有所收窄，但估计结果与前文基本一致，说明结果是稳健的。

五、结论与政策建议

本文探讨了人口规模约束下城市最优产业集聚模式的选择问题，通过构建动态面板门槛模型研究发现：第一，专业化集聚和多样化集聚在人口规模的约束下对城市经济增长的影响均存在显著的门槛效应。就专业化集聚而言，当城市规模低于211.71万人时，专业化集聚有显著的正向经济增长效应，高于211.71万人时则对城市经济增长有显著的负向效应。而多样化集聚在人口规模低于147.59万人时对城市经济有显著的负向影响，在人口规模高于147.59万人时则呈现显著正向经济增长效应。当城市人口规模处于147.59万~211.71万人时，专业化集聚和多样化集聚均有显著的正向经济增长效应。第二，专业化集聚受产业专业化和产品多样化供给能力的限制不利于城市人口规模扩张，多样化集聚由于产业多元化和雅各布斯（Jacobs）外部性有利于人口集聚和城市扩张。从目前中国各类型城市人口规模和专业化与多样化水平看，随着人口迁移限制因素的逐渐消失，人口从专业化水平高的中小城市流向多样化水平高的大城市的趋势将会更加明显。本文研究结果验证了多样化集聚更有利于大城市经济增长，专业化集聚更有利于中小城市经济增长，并在现有研究的基础上更精确地估计出了最优产业集聚模式下具体的城市人口规模区间。

本文的发现有以下政策启示：第一，不同规模等级的城市在制定产业发展政策时应充分考虑自身的人口规模，避免盲目追求单纯的专业化或者多样化的产业集聚模式，而是应该根据人口规模变化动态地选择合适的产业集聚模式。对于人口规模较小（如 147.59 万人以下）的城市，更适宜以专业化集聚模式集中资源发展本地区的特色优势产业，充分发挥 MAR 外部性（本地化经济优势），并不断完善地区基础设施建设，以吸引更多优秀人才与先进企业进入；对于中型城市（147.59 万 ~211.71 万人）而言，地方政府应充分考虑当地资源特征，根据城市自身特点集中资源重点发展一类或几类优势产业，避免盲目追求产业多样化；对于大城市而言，则可利用其综合竞争优势发展现代服务业、先进制造业、高新技术产业等，通过多样化的产业集聚满足城市多样化的需求，并结合城市定位与发展战略培育和发展支柱产业带动城市经济增长；对于综合型的超大及特大城市而言，应积极通过政府减免税收或财政补贴等各项产业政策实施多样化的专业化，即专业化于多种类的产业，充分发挥雅各布斯（Jacobs）外部性（城市化经济优势），延伸产业链，同时适度控制城市人口规模，防止规模过大而导致各种“城市病”的产生而不利于城市经济的健康发展。第二，打破“小而全”“大而全”格局，促进城市群内部、不同城市之间专业化和多样化的分工协作，鼓励中小城市选择“小而专”的相对专业化的发展模式，鼓励大城市根据自身条件选择“大而多”的适度多样化的发展模式。在明确了城市人口规模对产业集聚模式选择的影响后，各地方政府应顺应市场需求与人口迁移的趋势，积极清除市场分割壁垒，促进不同规模城市之间的分工与合作，鼓励人口、产品和其他要素的自由流动，提高资源配置效率和城市的发展质量。

参考文献

[1] 傅十和，洪俊杰．企业规模、城市规模与集聚经济——对中国制造业企业普查数据的实证分析［J］．经济研究，2008，43（11）：112－125.

[2] 高春亮，李善同．人口流动、人力资本与城市规模差距［J］．中国人口科学，2019（3）：40－52，127.

[3] 韩峰，李玉双．产业集聚、公共服务供给与城市规模扩张［J］．经济研究，2019，54（11）：149－164.

[4] 贺灿飞，潘峰华．中国城市产业增长研究：基于动态外部性与经济转型视角［J］．地理研究，2009，28（3）：726－737.

[5] 柯善咨，赵曜．产业结构、城市规模与中国城市生产率［J］．经济研究，2014，49（4）：

76－88，115.

［6］李金滟，宋德勇．专业化、多样化与城市集聚经济——基于中国地级单位面板数据的实证研究［J］．管理世界，2008（2）：25－34.

［7］梁琦，詹亦军．地方专业化、技术进步和产业升级：来自长三角的证据［J］．经济理论与经济管理，2006（1）：56－62.

［8］任晶，杨青山．产业多样化与城市增长的理论及实证研究——以中国31个省会城市为例［J］．地理科学，2008（5）：631－635.

［9］沈鸿，向训勇．专业化、相关多样化与企业成本加成——检验产业集聚外部性的一个新视角［J］．经济学动态，2017（10）：81－98.

［10］苏红键，赵坚．产业专业化、职能专业化与城市经济增长——基于中国地级单位面板数据的研究［J］．中国工业经济，2011（4）：25－34.

［11］孙浦阳，韩帅，张诚．产业集聚结构与城市经济增长的非线性关系［J］．财经科学，2012（8）：49－57.

［12］孙晓华，周玲玲．多样化、专业化、城市规模与经济增长——基于中国地级市面板数据的实证检验［J］．管理工程学报，2013，27（2）：71－78.

［13］吴三忙，李善同．专业化、多样化与产业增长关系——基于中国省级制造业面板数据的实证研究［J］．数量经济技术经济研究，2011，28（8）：21－34.

［14］Cainelli G，Leoncini R. Externalities and Long-term Local Industrial Development. Some Empirical Evidence from Italy［J］. Revue D'economie Industrielle，1999，90（1）：25－39.

［15］Glaeser E L，Kallal H D，Scheinkman J A，et al. Growth in Cities［J］. Journal of Political Economy，1992，100（6）：1126－1152.

［16］Hansen B E. Threshold Effects in Non-Dynamic Panels：Estimation，Testing，and Inference［J］. Journal of Econometrics，1999，93（2）：345－368.

［17］Henderson J V. Efficiency of Resource Usage and City Size［J］. Journal of Urban Economics，1986，19（1）：47－70.

［18］Henderson J V. Marshall's Scale Economies［J］. Journal of Urban Economics，2003，53（1）：1－28.

［19］Jacobs J. The Economy of Cities［M］. New York：Vintage Books USA，1969.

［20］Kurihara Y，Fukushima A. Openness of the Economy，Diversification，Specialization，and Economic Growth［J］. Journal of Economics and Development Studies，2016，4（1）：31－38.

［21］Marshall A. Principles of Economics［M］. London：Macmillan and Co.，Ltd，1890.

［22］Mikheeva N N. Diversification of Regional Economic Structure as Growth Strategy：Pros and Cons［J］. Regional Research of Russia，2017，7（4）：303－310.

［23］Romer P M. Increasing Returns and Long-run Growth［J］. Journal of Political Economy，1986，

94（5）：1002－1037.

[24] Rosenthal S S，Strange W C. Evidence on the Nature and Sources of Agglomeration Economies [M]//Handbook of Regional and Urban Economics. Elsevier，2004：2119－2171.

[25] Seo M H，Shin Y. Dynamic Panels with Threshold Effect and Endogeneity [J]. Journal of Econometrics，2016，195（2）：169－186.

中国经济史研究

《国富论》中描述的古代中国经济*

欧阳峣**

亚当·斯密作为近代著名经济学家，其作品《国民财富的性质和原因的研究》（又称《国富论》），这部著作于1776年首次在伦敦出版，然后多次修订再版，译为多国语言，影响广泛，被视为开山之作。我们这次讲座，主要是在学习《国富论》的经济思想的同时，特别介绍一下其中关于中国经济问题的阐述。

一、《国富论》及其思想理论价值

约瑟夫·熊彼特在《经济分析史》中谈到亚当·斯密的思想贡献："似乎有必要看一看他的《国富论》，该书不仅是最为成功的经济学著作，而且也是或许除了达尔文的《物种起源》外迄今出版的最为成功的科学著作。"① 关于《国富论》在经济学理论贡献的意义，我们可以从三个方面来理解。

（1）现代经济学的开山之作。《国富论》通过梳理市场经济产生、发展和运行的逻辑，解析国民财富的源泉及其增长的原因，构建了比较完整的现代经济学体系。芝加哥学派经济学家雅各布·维纳是这样评价《国富论》的："在那本无所不包的书中，人们能想到的每一种学说都能在其中找到痕迹，一个经济学家如果不能够引用《国富论》来支持他的论题，那他一定有很特殊的理论。"（维纳谈斯密的广泛性，参见：Jacob Viner，'Adam Smith and Laissez Faire'，*Journal of Political Economy*，35.2，April 1927）英国经济学家杰西·诺曼则指出：在斯密之后的经济学家很少有人不欠他的"知识债"，"微观经济学仍然在斯密建立的对市场动态的分析框架中运作，而宏观经济学家

---

* 本文原载于《光明日报》2021年10月30日，第10版。

** 作者简介：欧阳峣，经济学博士，湖南师范大学大国经济研究中心教授、博导。

① 熊彼特：《经济分析史》第一卷，朱泱等译，商务印书馆1991年版，第283页。

则在他的利润、储蓄和投资理论中运作”。[①]

（2）马克思主义的重要来源。马克思认为：“在亚当·斯密那里，政治经济学已发展为某种整体，他所包括的范围在一定程度已经形成。”[②] 马克思和恩格斯在批判地继承斯密和李嘉图的古典政治经济学的基础上，阐述了劳动价值理论和剩余价值理论，创立了政治经济学的科学体系。列宁在分析马克思主义的思想来源时指出：马克思学说是人类在 19 世纪所创造的优秀成果——德国的哲学、英国的政治经济学和法国的社会主义的当然继承者。“亚当·斯密和大卫·李嘉图通过对经济制度的研究奠定了劳动价值论的基础，马克思继续了他们的事业。他严密地论证了并且彻底地发展了这个理论。”[③]

（3）市场化机制的理论基础。亚当·斯密是“第一个把市场、竞争和市场交换视为经济学核心问题的思想家，他意识到通过公开竞争和自愿交换达成的市场可以发挥类似自然选择的作用”。[④] 斯密指出：人们往往“受着一只看不见的手的指导，去尽力达到一个并非他本意想要达到的目的。也并不因为事非出于本意，就对社会有害，他追求自己的利益，往往使他能比真正出于本意的情况下更有效地促进社会的利益”。[⑤] 也就是说，在完全自由竞争的市场环境里，个人追求自我利益可以在市场中很好地发挥作用，从而产生更高的经济效益。这实际上就是以自我利益为动机、以价格信号为指导的经济模式，即依靠市场机制调节资源配置的模式。这种市场化机制为英国自由资本主义的发展奠定了理论基础，也为其他不同类型的国家构建市场化机制提供了理论支撑。

《国富论》最早的中文版本是严复先生翻译的《原富》，根据牛津大学出版社 1880 年英文版翻译，1901 ~ 1902 年由上海南洋公学（上海交通大学前身）译书院出版；1931 年由郭大力和王亚南先生重新译成中文由商务印书馆出版，改题为《国富论》，1965 年校订时改为原著全称《国民财富的性质和原因的研究》，并成为国内的权威版本。到目前为止，中文版本已达 20 余种，其中翻译比较规范的有南开大学杨敬年、北京大学唐日松、浙江大学贾拥民翻译的版本。

随着《国富论》在中国的传播，斯密经济思想对中国经济和文化的影响日益扩大和加深，具体可以分为三个阶段：一是从严复翻译《原富》出版到改革开放之前，斯

① 《亚当·斯密传——现代经济学之父的思想》，中信出版集团 2021 年版，序言。

② 《马克思恩格斯全集》第 26 卷，人民出版社 2014 年版，第 181 页。

③ 《列宁专题文集》，人民出版社 2009 年版，第 69 页。

④ 《亚当·斯密传》，中信出版集团 2021 年版，序言。

⑤ 《国民财富的性质和原因的研究》，商务印书馆 1974 年版。

密经济思想在知识界产生了广泛的影响；二是从20世纪80年代开始，斯密经济思想的影响由知识界扩展到经济改革的实践领域，有力地推动了市场化导向的经济改革；三是进入21世纪以后，斯密经济思想的影响在知识界和实践领域出现新的热潮，知识界和政府对市场经济机制有了更加全面和准确的理解。

二、《国富论》涉猎的中国经济问题

实际上，不仅《国富论》阐述的经济思想在中国知识界和实践领域发生了深刻影响，而且斯密在《国富论》中具体论及中国经济问题共30余处，总结和概括《国富论》中对中国经济问题的阐述，主要有以下三个方面的内容。

1. 用中国传统经济案例描述大国经济发展的典型模式

《国富论》几乎涉猎了所有的现代经济学命题，而后来的经济学家主要是对这些命题进行细化、深化和系统化的研究。例如，《国富论》通过描述当时古代中国经济繁荣的景象，提出了大国经济发展格局的雏形。斯密写道："中国幅员是那么广大，居民是那么多，气候是各种各样，因此各地方有各种各样的产物，各省间的水运交通，大部分又是极其便利，所以单单是这个广大国内市场，就够支持很大制造业。""假设能在国内市场之外，再加上世界其余各地的国外市场，那么广大的国外贸易，必能大大增加中国制造品，大大改进其制造业的生产力。"

这两段话蕴含着三个假设：一是大国人口众多和幅员辽阔，拥有极为广阔的国内市场，可以支撑制造业的分工和专业化；二是国内各区域间改善交通条件，特别是重视水运交通，有利于形成广阔的国内市场；三是通过发展对外贸易利用国外市场，可以扩大市场范围，从而增加制造业发展空间。显然，第一个假设是讲以国内市场为主体的国内经济循环；第二个假设是讲改善国内市场和国内循环的交通条件；第三个假设是讲发展对外贸易的国际经济循环。综合起来，就是一幅以国内市场为主体，同时利用国外市场的国内国际双循环的图景，这也是大国经济发展的典型模式。

斯密对于中国传统经济繁荣的描述和赞扬，散落在《国富论》的各个篇章里，概括起来包括：

其一，中国是当时世界上最富裕的国家。《国富论》第一篇就写道："中国一向是世界上最富的国家，就是说，土地最肥沃，耕作最精细，人民最多而且最勤勉的国家。"斯密认为，"一国繁荣最明确的标识，就是居民人数的增加"，那时的中国不仅人口众多，土地肥沃，而且人民勤勉，耕作技术好，这是对古代中国的客观评价。同时，斯密将中国与欧洲进行比较："中国比欧洲任何国家富裕得多，而中国和欧洲生活资料的价格，大相悬殊。中国的米价比欧洲国家的小麦价格低廉得多。"由于生活资料的价格低廉，更加有利于人口增长。"中国比欧洲任何国家都富得多，但贵金属价值在中国，却比欧洲各国高得多。"由于皇室和富豪储藏大量的金银，致使贵金属价格高。

其二，中国当时的国内交通便利，水运发达。《国富论》写道："中国的公路，尤其是通航水道，有人说比欧洲著名的水道公路要好得多。"当时中国的交通条件超过欧洲，公路很发达，水运交通更加发达。"中国东部各省也有若干大江大河，分成许许多多支流和水道，相互交通着，扩大了内地航行的范围。"由于自然条件好，加上政府组织修缮，形成了便利的交通，从而降低货物的运输费用。"在中国和印度斯坦，则因内地河港纵横，货物常由水运。所需费用，既较欧洲为少，其大部分制造品的真实价格与名义价格，就更加降低。"斯密认为，行政当局负责是中国交通便利的重要原因，在中国，"修建公路及维持通航水道这两大任务，都是由行政当局担当"。朝廷要求各省疆吏努力沿河修路，官吏在这方面的作为和绩效成为升迁的一大标准。

其三，中国当时的传统农业和手工业发达。农业是传统社会经济的重要基础，"中国的政策，就特别爱护农业，在欧洲，大部分地方的工匠的境遇优先农业劳动者，而在中国，据说农业劳动者的境遇却优先于技工。在中国，每个人都想占有若干土地或是拥有所有权或是租地"。中国的君主，收入的绝大部分都是得自地税或地租。中国"虽然没有比较丰富的金银矿山，在其他方面却比墨西哥或秘鲁更为富裕，土地耕种得更好，一切工艺和制造业更为进步"。中国的陶瓷业发达，特别受欧洲的上流社会青睐，在欧洲的消费额增长迅速。

2. 用制度因素解释中国经济停滞不前的主要原因

《国富论》不仅描述中国古代经济繁荣的状况，而且指出了中国古代经济长期停滞不前的问题，从制度因素分析了停滞不前的原因，主要是从分配不公和闭关锁国两个方面作出解释。"中国似乎长期处于静止状态，其财富也许在许久以前已完全达到该国法律制度所允许有的程度，但若易以其他法制，那么该国土壤、气候和位置所可允许的限度，可能比上述限度大得多。"经济的繁荣和发展往往受到多种因素的制约，不但受到自然条件和经济条件的制约，而且受到政治、法律和文化因素的制约。用马克思的理论来解释，旧的生产关系将会阻碍新生产力的发展，但它总是被一种新的生产力所打破。

在斯密看来，贫富悬殊是不利于经济增长的。那时中国劳动工资低廉，劳动者难于赡养家属，"中国耕作者终日劳作，所得报酬若够购买少量稻米，也就觉得满足。技工的状况更恶劣。欧洲技工总是漫无所事地在自己的工场内等候顾客，中国技工却是随身携带器具，为搜寻，或者说，为乞求工作，而不断在街市东奔西走。中国下层人民的贫困程度，远远超过欧洲最贫乏国民的贫困程度”。但是，中国封建王朝的“高宦巨豪，比欧洲最富裕的人，都有多得多的奴隶。而且这些大官富豪，持有过剩食物，于是能够支付较大数量的粮食来交换那些产额甚少的珍奇物品，例如富翁竞求的金银宝石”。中国封建王朝的帝王更是掌握巨额的财富，“中国帝王的主要收入，由帝国一切土地生产物的十分之一构成。不过，这所谓十分之一，从宽估算，以致许多地方据说还没有超过普通生产物的三十分之一”。用经济学原理分析，当时中国的这种贫富悬殊的现象，既不利于人口的增长和消费规模的扩大，又不利于调动劳动者的生产积极性，自然会阻碍经济发展。

《国富论》认为，当时的中国执行闭关锁国政策阻碍经济发展。由于近代国外通商原则以一切邻国陷于贫困境况为目标，所以使国外贸易陷于不被人注意和不被人重视的地位。“近代中国人极轻视国外贸易，不给予国外贸易以法律的正当保护。”中国和古埃及、古印度三个被一切记载推为世界上最富的国家，主要擅长农工业，他们的国外贸易并不繁荣。“中国的对外通商，向来就不发达。”他们的剩余生产物，主要是由外国人运到外国去，换回他们需要的白银等物品。本来可以通过对外经贸活动，学习世界上其他各国技术上、产业上的各种改良。“在今日中国的情况下，他们除了模仿他们的邻国日本以外，却几乎没有机会模仿其他外国的先例，来改良他们自己。”封建王朝的闭关自守法律制度和政策，也成为长期经济停滞的重要原因。

3. 用经济理论揭示古代中国经济运行机制的特殊现象

斯密的经济学理论主要源于对商业社会的研究，而商业社会应该是追求物质利益、讨价还价和自由贸易的社会，因而需要通过自我利益为动机、以价格信号为指导的市场机制去调节经济资源的配置。在《国富论》这部著作中，斯密谈到一些古代中国违背价格和价值规律的现象，特别是劳动者报酬与经济增长的关系，以及报酬结构与产业结构的关系，实际上是用市场经济原理揭示了古代中国经济运行机制存在的特殊问题。

一是劳动者报酬低，难以支撑经济发展。斯密多次提到，古代中国劳动者报酬过低，古代中国是世界上最富的国家，但是劳动者终日劳作，所得报酬却很少。“在中国和印度斯坦这两个大市场，劳动的真实价格，即劳动者得到的生活必需品的真实量，却不如欧洲劳动者。”斯密认为，如果一个国家长期“陷于停滞状态，我们就不能希望在那里找到极高的工资”。他将中国与欧洲做比较：“就生活资料价格说，中国与欧洲有很大的差异，而就劳动货币价格说，则有更大的差异。这是因为欧洲大部分处在改良进步状态，而中国似乎处在停滞状态，所以，劳动者在欧洲的真实报酬比中国高。”

根据经济学原理，如果社会进步和经济繁荣，“劳动的真实价格，必大大增高，但必要劳动量的大减少，一般是以补偿劳动价格的增高而有余”。

二是古代中国的技工报酬更低：不利于制造业发展。《国富论》认为，“中国和印度农村劳动者的地位与工资，都比大多的技工和制造工人高”。与欧洲比较，“在欧洲，大部分地方的工匠的境遇优于农业劳动者，而在中国，据说农业劳动者的境遇却优于技术”。斯密指出，这种工资结构与产业结构相联系，它有利于农业的发展，却不利于制造业的发展。这里讲的是劳动者报酬结构与产业结构的关系，这种情况应该是真实的，中国古代到近代的工匠和手工业者，生活状况和工作环境往往是非常差的，特别是采矿工人和冶炼工人，往往是做最辛苦的事情，却获得最低的报酬，这应该是中国古代制造业没有形成大产业的重要原因之一。因此斯密认为：“近代欧洲各国的政治经济学，比较有利于制造业及国外贸易，即城市产业，比较不利于农业，即农村产业；其他各国的政治经济学，则采用不同的计划，比较有利于农业，比较不利于制造业和国外贸易。”这就深刻地揭示了经济思想影响经济政策的作用，以及经济政策影响产业结构的作用。

三、对斯密所论中国经济问题的理解

综上所述，斯密在《国富论》中从诸多方面阐述和分析了中国传统社会的经济现象。接下来，我们应该进一步理解三个问题，即斯密为什么要研究中国经济现象、斯密对中国经济现象的描述是否客观真实，以及斯密关于中国经济问题相关论述的意义。

《国富论》写作的时代是农业社会向商业社会和市场经济过渡的时期，所以斯密不仅要利用英国和欧洲等新兴资本主义国家的背景材料，而且要利用当时的中国和印度等传统经济发达国家的背景材料。斯密出生在苏格兰法夫郡的柯科迪，这是一个活跃的国际港口，聚集着各种经贸信息，他后来到过格拉斯哥大学和牛津大学、伦敦和爱丁堡城。1763 年，英国财政大臣查尔斯·汤鲁德请斯密伴随年轻的巴克卢公爵游历欧洲，在图卢兹和巴黎度过了一段时间。斯密的这种经历为他了解英国和欧洲的社会经济状况提供了条件。中国是作为传统经济极为发达国家的典型而进入斯密的研究视野，他了解中国经济情况的途径，主要是通过图书馆查阅资料以及传教士和旅游者的传闻。斯密多次谈及：“今日旅行家关于中国耕作、勤劳及人口稠密状况的报告，与五百年前视察该国的马可·波罗的记述比较，几乎没有什么区别。”“关于那里的水道公路工程的报告，大都得自少见多怪的旅行者和无知好谎的传教士。”

《国富论》对中国经济状况的描述，从总体上是符合事实的，而且是在重农主义思想框架下分析中国经济问题的，体现了他对当时中国农业社会的肯定以及对封建王朝经济长期停滞不前的抨击。斯密多次谈到，中国是当时世界上最富裕的国家。根据安格斯·麦迪森的测算，在10～15世纪早期时，中国的人均收入就高于欧洲；从13～18世纪，中国长期保持人均收入的稳定增长。清华大学李稻葵教授和牛津大学史蒂芬教授的合作研究表明，中国在北宋的生活水平世界领先，但在公元1300年之前已经落后于意大利，公元1400年前后被英国超过，公元1750年之前中国的生活水平整体上已经落后于西欧。所以，斯密认为，18世纪中叶的中国与马可·波罗的13世纪末期到中国的记述几乎没有区别。斯密在第九章论重农主义中对中国重视农业和经济繁荣的状况进行了描述。斯密分析中国经济停滞不前的原因，主要是闭关锁国和劳动者报酬低，也是比较客观的。马克思也曾经批评过中国历史上的闭关锁国和安于现状："一个人口几乎占人类三分之一的大帝国，不顾时势，安于现状，人为地隔绝于世并因此竭力以天朝尽善尽美的幻想自欺。"从而演奏了一曲"奇异的悲歌"。①

学习《国富论》中对中国经济状况的描述和分析，对于我们客观地认识古代中国传统社会的国家兴盛以及长期停滞不前的原因，有着重要的借鉴价值。斯密在《国富论》中描述了中国古代经济繁荣的景象，揭示了人口众多、土地辽阔、交通便利和以广大国内市场支撑制造业发展的大国经济发展模式；同时，他强调了加上世界其余各地的国外市场提升制造业的生产力。这就说明，以国内市场为主体，同时利用好国外市场的"双循环"，乃是大国经济发展的典型格局，它体现了大国经济发展的一般规律。古代中国在唐宋时期是比较开放的，但后来因为种种原因渐渐封闭了，从而导致经济停滞不前。所以，斯密在描述中国古代的大国繁荣景象之后，转而批评了当时中国的经济封闭，认为"但在今日中国的情况下"，中国除了模仿邻国日本以外，没有机会模仿其他外国。他认为，如果中国人经营国外贸易的话，"通过更广泛的航行，中国人自会学得外国所用各种机械的使用术与建造术，以及世界其他各国技术上、产业上其他各种改良"。可见，开放是大国经济崛起和大国经济可持续发展的必由之路。中国古代曾经依托大国市场优势创造了唐宋经济繁荣的局面以及清代的康乾盛世，但封建王朝的经济封闭也阻碍了经济的发展；改革开放以来的经济开放推动了中国经济的重新崛起，在现代化建设的新时代，构建以国内大循环为主体、国内国际双循环相互促进的新发展格局，应该是符合中国国情的科学选择。

---

① 《马克思恩格斯选集》第1卷，人民出版社2012年版，第716页。

新式教育、人力资本与中国近代产业升级*

欧阳峣** 易思维

摘 要 本文整理了近代民族资本主义工业企业、新式金融企业的面板数据，并将其与人力资本数据匹配，对人力资本影响中国近代产业升级及其内在机制进行了考察。结果发现：近代中国通过新式教育提升人力资本水平，进而促进工业和新式金融业的发展，实现产业结构升级。同时，人力资本对工业部门的影响主要集中于技术水平较低的轻工业部门，而对技术水平较高的重工业和化学品制造部门无显著影响，说明人力资本促进产业升级具有门槛效应。另外，本文还发现，近代人力资本能通过促进技术进步，进而推动产业结构升级。

关键词 近代中国 人力资本 产业升级 门槛效应 技术进步

现代经济学鼻祖亚当·斯密将全体国民后天获取的有用的能力，全部算作是资本的一部分。西奥多·舒尔茨（Theodore W. Schultz）认为，“离开大量的人力投资，要取得现代农业的成果和达到现代工业的富足程度是完全不可能的”。特别是“教育的收益率足以超过物质资本投资的收益率，从而能够‘激发’出这种形式的人力资本所隐含着的更大增长率”。① 从世界范围而言，中国人是比较重视教育和人力资本投资的。在中国近代工业化开启的时候，就特别重视人力资本的积累，通过开办新式教育和留学教育，为近代工业化培养了一批新式人才，促进了中国产业结构的升级。

一、历史背景和文献梳理

我们回顾近代中国工业化的历史，就可以看到人力资本积累促进产业升级的典型

* 本文原载于《中国经济史研究》2021 年第 6 期，第 76 ~ 89 页。

** 作者简介：欧阳峣，经济学博士，湖南师范大学大国经济研究中心教授、博导。

① 舒尔茨：《论人力资本投资》，吴珠华等译，北京经济学院出版社 1990 年版，第 16、84 页。

化事实。中国古代曾经创造了经济和文化的辉煌成就，然而，面对世界范围工业革命的兴起，封建王朝采取闭关锁国政策，致使天朝大国陷入落后挨打的境地。1840年第一次鸦片战争爆发，西方列强凭借坚船利炮打开中国的大门；随着《南京条约》的签订，清政府被迫开放通商口岸，西方列强凭借特权在通商口岸投资经商，进而中国开启近代工业化的进程。

首先，近代工业企业和新式金融企业的出现。伴随着更多通商口岸的开放，近代工业和金融业得到发展。特别是以学习西方国家科学技术和增强国力为主题的“洋务运动”，兴办了一大批军事工业企业；在官办工业迅速发展的同时，民族资本主义工业也开始兴起。从1895年到1916年，新建工业企业1084家，其中民族资本主义工业占到81%左右。这些工业企业多数分布在沿海、沿江的通商口岸地区，特别是上海、武汉、广州、天津、杭州、无锡等地（梁若冰，2015）。19世纪末期，与近代工业相适应的新式金融企业逐渐成长。可见，经济开放促进了以工业为代表的第二产业和以新式金融业为代表的第三产业的发展。

其次，近代新式学堂和国外留学教育的开启。为学习西方国家先进的科学技术，开始创办以“西学”为主要授课内容的新式学堂。特别是“洋务运动”的兴起，需要培育一大批具有新思维并掌握新知识和新技术的新式人才，从而推动了新式学堂的发展。除兴办新式学堂以外，当时还派遣大批留学生赴欧美和日本学习。由于通商口岸为近代新式教育的出现提供了条件，新式学堂、教会学校和留学教育在通商口岸兴起，然后向内地推广辐射（林矗，2017）。可见，经济开放促进了以新式教育和留学教育为代表的教育事业的发展。

最后，一批新式人才进入近代工业和金融企业。1902年有新式学堂35787所、学生10余万人；1909年有新式学堂59117所、学生超过160万人。① 20世纪初期，教会办学进入鼎盛时期，1906年，教会学校的小学生数为42546人，中等高等学校学生约为15137人，总计57683人，1911年达到1025522人。② 同时，从1872年的幼童留美到甲午战争以后的留日、“庚款留美”，留学人数逐渐增加。各类新式教育培养出来的学生，多数进入沿海、沿江城市的工业企业、金融企业和教育文化机构就业。可见，新式人才为近代经济社会发展积累了相对高级的人力资本。

基于上述历史背景，我们可以对三个方面的典型化事实进行关联性分析。通商口岸城市工业企业和金融企业的发展需要新式人才，而新式教育的发展则培育了一批进

① 陈旭麓：《近代中国社会的新陈代谢》，上海人民出版社1992年版，第250～260页。

② 陈振江：《发微集》，中华书局1991年版，第189页。

入工业企业和金融企业的新式人才。显然，新式人才在三种典型化事实的关联中起着枢纽和桥梁作用，近代人力资本为新兴产业的发展注入了活力。因此，这种人力资本与新兴产业发展的关系，值得我们思考和探索，但是到目前为止，仅有个别文献涉及这个问题。曾凡（2011a）分析了上海近代崛起的人力资本因素，发现 1933 年上海人力资本总存量占当年全国人力资本总存量的 26% 以上，认为这同近代上海经济崛起有着必然联系。同时，他以 20 世纪 20 ~ 40 年代上海企业资料为基础，实证分析代表人力资本水平的教育程度、在职培训、工作经历等与工资收入之间的关系，从而得出近代上海人力资本水平深刻影响工资收入的结论（曾凡，2011b）。管汉晖等（2014）研究了经济发展与中国近代教育不平衡的关系，发现清末教育比较发达的省份，多数位于沿海、沿江地区，民国以后，除四川外仍以沿海省份较为发达，进而认为沿海和沿江省份教育发展程度高的主要原因是经济较为发达，新式工厂较多，现代工业发展对人力资本的需求更高，从而增加了教育需求。林矗（2017）分析了近代新式教育与经济发展的关系，发现近代通商口岸促进了新式教育的出现，进而促进了近代人力资本的发展，最终决定了当时的经济发展水平。可见，少数学者已经初步研究了中国近代新式教育、人力资本与经济发展的关系，发现了新式教育促进人力资本提升的作用，并且揭示了近代教育与经济发展相互影响的双向互动关系。

虽然学术界涉及中国近代教育、人力资本与经济发展关系的文献很少，研究中国近代人力资本与产业升级关系的文献匮乏，但是却有大量文献研究人力资本对产业结构升级的影响，为本文研究人力资本促进中国近代产业升级提供了理论框架。具体地说，一是提出了分析人力资本与产业升级的动态比较优势模型。代谦和别朝霞（2006）提出动态比较优势模型用于研究人力资本与发展中国家产业结构升级的关系，在这个模型中将人力资本作为内在要素，各国人力资本增长的相对大小决定要素禀赋点的相对位置，并认为人力资本水平的提高使发展中国家的比较优势向着有利的方向发展，实现经济增长和产业结构升级。二是提出了分析人力资本影响产业升级的机制框架。王健和李佳（2013）提出人力资本通过技术进步、收入提高、城市化三个机制影响产业结构升级的分析框架，并以受教育程度作为人力资本的衡量指标，检验人力资本及其结构对产业结构升级的效应，发现人力资本红利显著促进了产业结构升级。三是提出了人力资本与产业结构的动态匹配效应。靳卫东（2010）研究了人力资本与产业结构转化的动态匹配效应，认为人力资本影响产业结构转化的速度、方向和效果，人力资本与产业结构在数量、结构和类型上的匹配，将对产业结构转化产生积极效应，否则就会对就业、增长和收入分配产生不利影响。四是提出了人力资本集聚影响产业升级的机制。孙海波等（2017）研究了人力资本集聚对产业结构升级的影响，利用面板平滑迁移模型识别人力资本集聚与产业结构升级之间的非线性特征，发现两者之间存在U型关系，并探讨人力资本集聚对产业结构升级影响的区域差异，发现人力资本投资对产业结构升级存在经济发展水平的门槛效应。综上所述，这些研究在通过人力资本增长构建发展中国家动态比较优势，以受教育程度作为衡量人力资本的重要指标，人力资本应该与产业结构转化实现动态匹配，人力资本投资对产业结构升级的门槛效应等方面，为我们研究人力资本促进近代产业升级问题提供了有益的启示。

本文选择人力资本怎样促进近代产业升级的问题，整理了近代民族资本主义工业企业、新式金融企业的面板数据，并将其与人力资本数据匹配，利用双向固定效应模型和多元线性回归模型考察近代中国人力资本对产业结构升级的影响及其内在机制。结果发现，近代中国人力资本可通过促进工业和新式金融业的发展，推动产业结构升级，这一结果在控制了包括铁路、初始经济状况、政治、气候、人口规模等因素，考虑内生性估计偏差的情况下都保持稳健。在进一步考察近代中国人力资本对不同工业部门的异质性影响中发现，人力资本的影响集中于技术门槛较低的轻工业，而对技术门槛较高的重工业和化学品制造部门影响不足，难以形成完整的产业链，这说明当时的工业化仍停留在初始发展阶段。最后，我们还发现，近代中国人力资本是通过促进技术进步，进而推动产业结构升级。

本文结构安排如下：第一部分为历史背景和文献梳理；第二部分是近代中国人力资本影响产业结构升级的史实分析；第三部分是模型与数据来源说明；第四部分是近代中国人力资本影响产业结构升级的实证分析；第五部分说明近代中国人力资本影响产业结构升级的内在机制；第六部分是本文的基本结论。

二、近代中国人力资本影响产业结构升级的史实分析

近代中国的工业化始于鸦片战争之后，列强通过与清政府签订不平等条约，获得通商贸易的权利，进而拉开了中国工业化进程的序幕（梁若冰，2015）。列强在侵略中国的同时，也带来了西方先进的科学技术。当时，中国的一批有识之士认识到了西方科学技术的先进性，主张向西方学习。在19世纪60年代初洋务派兴办了大批工业企业。据统计，洋务派在1862～1894年间共创办了19家军事工业企业，在1872～1894年间兴办了27家民用工业企业。在官办工业发展的同时，民族资本主义工业也开始兴起，截止到1894年，民间资本先后创建工业企业约100余家。甲午战争以后，民族资本主义工业发展更加迅速，甲午战争前民族资本主义工业资本占本国工业资本总额之

比约为 22%，战后这一数值直接上升为 77%，但民族资本主义工业以轻工业为主，重工业很少。此后，近代中国工业发展历经北洋政府时期、南京国民政府时期，虽然工业企业的数量和规模均得到一定发展，但主要分布在沿海沿江的一些通商口岸城市（戴鞍钢、阎建宁，2000）。

在近代工业蓬勃发展的同时，新式金融业也开始发展。早期的新式金融业主要是外商投资，直到 1897 年，第一家华资银行——中国通商银行在上海成立。此后，中国的银行业发展迅速，截止到 1937 年，中国的银行总数达 164 家，其中 2/3 以上的华资银行总行设在上海。另外，证券交易所、保险公司、信托公司等新式金融机构也有了一定的发展（朱荫贵，2019）。这些新式金融企业能通过投融资等行为，为工业企业发展提供急需的资金，推动包括棉纺织、面粉等工业的发展，影响产业结构的演变（杜恂诚，2012），但它们主要分布在沿海沿江的一些通商口岸城市。以证券交易所为例，林榕杰（2011）指出，近代证券交易所主要分布在沿海沿江的通商口岸，尤其是上海、天津等地。无论是近代工业，还是新式金融业的发展，都离不开掌握先进工业技术和精通现代金融知识的新式人才。而当时中国传统的书院、私塾教育无法满足培养新式人才的需要。于是，在洋务运动早期，就兴办了大量以“西学”为主要授课内容的新式学堂，用以培养新式人才。除了引进来以外，还采取走出去的办法，清政府直接派遣大批留学生出国学习。近代新式教育与近代工业和新式金融业的分布基本重合，这些新式教育为工业和新式金融业的发展培养了技术和管理人才。在 20 世纪初，中国形成了极具影响力的“实业救国运动”，主张“实业救国”者认为：“实业以事业为主”，“教育尤实业之母”，所以他们对教育给予相当的重视（李忠，2011）。而当时中国的邻国日本，通过明治维新，迈入资本主义强国的行列，明治维新的三大方针是“文明开化”“殖产兴业”“富国强兵”，而“文明开化”是实现后两者的基础和保证，因此，大力兴办教育是日本实现近代化的关键（薛进文，2010）。又如，“湖南杨君度游于日本之高等工艺学堂，闻教员某氏之绪论曰：国中高等学问之人多，则普通学问之人亦宜更多，以备工人之用。故工业之盛衰可以视教育之盛衰为准。中国人数虽众，而会习普通，堪备职工者殊少。若能大兴教育，普及人民，将来不患不为地球上之工业国”①。可见中日两国工业水平的差距，教育是很重要的因素。在抗日战争爆发前，上海作为全国的金融中心，聚集了一大批受过高等教育、有留学背景的金融人才，他们掌握现代金融学的有关知识，在抗战爆发以后，上海陷落，他们之中的大部分人来到西南大后方从事金融工作，为大后方金融业的发展做出了积极贡献。这说明了新式金

① 《论说：论中国工业之前途》，《商务报》（北京）1904 年第 29 期。

融业的发展也离不开受过良好教育的新式人才（刘志英，2017）。以上观点也进一步得到了实证证据的支持，王于鹤和周黎安（2019）利用我国20世纪30年代县级工业数据和银行数据，实证检验了新式初等教育对工业和银行业的影响，发现新式初等教育促进了工业和银行业的发展。总之，本文通过对历史资料的梳理后不难发现，受过新式教育的新式人才，能促进工业和新式金融业的发展，进而推动产业升级。

三、模型的设定与数据来源

（一）模型的设定

为了考察近代中国人力资本对产业结构升级的影响，本文采用双向固定效应模型，模型设定如下：

$$y_{it} = \alpha_1 + \beta_1 capital_{it} + v_{it} T_{it} + \sum \gamma_t X_i I_t + \lambda i + \mu_t + \varepsilon_{it} \tag{1}$$

$$y_i = \alpha_2 + \beta_2 capital_i + u_i W_i + \delta_i \tag{2}$$

式（1）为双向固定效应模型，其中 y_{it} 是度量第 i 个府在 t 年度产业结构升级的指标；$capital_{it}$ 为第 i 个府在 t 年度人力资本的代理变量；T_{it} 是第 i 个府随时间而变的控制变量集；X_i 为第 i 个府不随时间而变的控制变量集；λ_i 是个体固定效应；μ_t 是时间固定效应；I_t 为时间虚拟变量。因为数据的限制，本文在分析近代中国人力资本对产业结构升级影响的机制时，只有横截面数据，所以采用多元线性回归模型，式（2）为多元线性回归模型，其中 y_i 是度量第 i 个府技术进步的指标；$capital_i$ 为第 i 个府人力资本的代理变量；W_i 为第 i 个府的控制变量集。ε_{it} 与 δ_i 均为随机扰动项；α_1、α_2、v_{it}、γ_t、u_i 为待估系数；β_1 与 β_2 为本文的核心估计系数，分别反映近代中国人力资本对产业结构升级和技术进步的影响。

（二）主要变量选择与数据来源说明

（1）被解释变量。近代社会缺少第一、第二、第三产业产值的具体数据，考虑到近代中国产业结构以第一产业为主，第二、第三产业体系尚未发展健全，式（1）中采用第 i 个府在 t 年度新建民族资本主义工业企业与新式金融企业的数量和资本来度量第 i 个府在 t 年度的产业结构升级，数据根据杜恂诚的《民族资本主义与旧中国政府

(1840—1937)》中的信息整理得到。[①] 另外，已有文献指出，工业革命及其以后的时代，新机器层出不穷，机器设备在生产中越来越重要，而机器的广泛应用使产出效率呈几何级数的增长（代谦、李唐，2009）。本文收集了 1932 年各府工业机器数量的横截面数据，该数据根据刘大钧的《中国工业调查报告》中的信息整理得到[②]，式（2）中用工业机器数量作为技术进步的代理变量。

（2）解释变量。近代社会也缺少人均受教育年限等指标，本文采用各府的留学生数量和新式学堂数量作为各府人力资本的代理变量。原因如下：无论是新式学堂直接培养出来的学生，还是学成归国的留学生，他们在当时都是接受过新式教育的人才，掌握先进的知识和技术，能够对社会经济发展产生重要影响。所以本文选用各府的留学生数量和新式学堂数量度量各府人力资本是较为合理的。式（1）中采用第 i 个府累积到 t 年度的留学生数量和新式学堂数量衡量第 i 个府在 t 年度的人力资本；式（2）中采用第 i 个府累积到 1930 年的留学生数量和累积到 1926 年的新式学堂数量测度第 i 个府的人力资本。这些留学生数据和新式学堂数据分别根据刘真主编的《留学教育》和陈元晖主编的《中国近代教育史资料汇编》中的信息整理得到。[③]

（3）控制变量。T_{it} 为第 i 个府随时间而变的控制变量集，此处为第 i 个府在 t 年度是否开通铁路的虚拟变量，数据根据马里千等编著的《中国铁路建筑编年简史(1881—1981)》中的信息整理得到。[④] X_i 为第 i 个府不随时间而变的控制变量集，包括初始经济状况、政治、气候、人口规模等因素。由于近代社会缺少人均 GDP 等指标衡量地区经济发展水平，许多研究采用阿西莫格鲁（Acemoglu，2002）、李楠和林矗(2015)、李楠和林友宏（2016）等的思路，用人口密度作为近代各地区经济发展水平的代理变量，这是因为在近代社会，人口密度与经济发展水平具有高度的正相关关系。因此，本文采用各府 1880 年的人口密度作为各府初始经济状况的代理变量，数据来自曹树基的《中国人口史》；[⑤] 该府是否为省级行政中心（虚拟变量，是省级行政中心记为 1，否则记为 0)，数据来自谭其骧主编的《中国历史地图集》第 8 册；[⑥] 度量气候冲击的指标根据中央气象局气象科学研究院主编的《中国近五百年旱涝分布图集》中的

① 杜恂诚：《民族资本主义与旧中国政府（1840—1937)》，上海社会科学院出版社 1991 年版，第 285 ~528 页。

② 刘大钧：《中国工业调查报告》（下），经济统计研究所 1937 年版，第 1 ~381 页。

③ 参见刘真：《留学教育》，台湾编译馆 1980 年版；陈元晖：《中国近代教育史资料汇编》，上海教育出版社 2007 年版。

④ 马里千等：《中国铁路建筑编年简史（1881—1981)》，中国铁道出版社 1983 年版，第 178 ~193 页。

⑤ 曹树基：《中国人口史》第 5 卷，复旦大学出版社 2001 年版，第 708 ~718 页。

⑥ 谭其骧：《中国历史地图集》第 8 册，中国地图出版社 1981 年版，第 3 ~4 页。

信息整理得到；[①] 因为近代府级层面的人口数据缺失较为严重，根据已收集到的数据情况，本文以各府1910年的人口数量控制各府的人口规模，数据同样来自曹树基的《中国人口史》；考虑到洋务运动可能会对各府产业结构升级造成影响，因此本文也对洋务运动进行控制，该府是否发生洋务运动（虚拟变量，发生洋务运动记为1，否则记为0），数据根据张海鹏编著的《中国近代史稿地图集》结合谭其骧主编的《中国历史地图集》第8册中的信息整理得到。[②] 而式（2）中的 W_i 包含上述所有的控制变量。表1中给出了主要变量的描述性统计。

表1 主要变量的描述性统计

变量	观察值	均值	标准差	最小值	最大值
1894～1927年新建民族资本主义工业企业数量（log）	8908	0.102	0.348	0	3.892
1894～1927年新建民族资本主义工业企业资本（万元）（log）	8908	0.261	0.919	0	7.685
1894～1927年新建民族资本主义新式金融企业数量（log）	8908	0.017	0.139	0	3.135
1894～1927年新建民族资本主义新式金融企业资本（万元）（log）	8908	0.066	0.543	0	7.357
1894～1927年累积留学生数量（log）	8908	0.454	0.823	0	5.438
1894～1926年新建民族资本主义工业企业数量（log）	8646	0.102	0.347	0	3.892
1894～1926年新建民族资本主义工业企业资本（万元）（log）	8646	0.263	0.923	0	7.685
1894～1926年新建民族资本主义新式金融企业数量（log）	8646	0.017	0.140	0	3.135
1894～1926年新建民族资本主义新式金融企业资本（万元）（log）	8646	0.065	0.539	0	7.357
1894～1926年累积新式学堂数量（log）	8646	0.237	0.603	0	3.497
1932年工业机器数量（万台）（log）	211	0.247	0.671	0	4.824
累积到1930年的留学生数量（log）	211	1.324	1.055	0	5.447

① 中央气象局气象科学研究院：《中国近五百年旱涝分布图集》，地图出版社1981年版，第321～332页。

② 张海鹏：《中国近代史稿地图集》，中国地图出版社1984年版，第47～48页。

续表

变量	观察值	均值	标准差	最小值	最大值
累积到 1926 年的新式学堂数量（log）	211	0. 487	0. 833	0	3. 497
1880 年人口密度（人/平方公里）（log）	262	4. 317	1. 030	0. 182	6. 591
是否为省级行政中心的虚拟变量	262	0. 069	0. 253	0	1
气候冲击	262	0. 804	0. 191	0. 360	1. 243
是否发生洋务运动的虚拟变量	262	0. 050	0. 218	0	1
1910 年人口数量（log）	262	13. 801	1. 049	10. 401	15. 840
1894 ~ 1927 年通铁路虚拟变量	8908	0. 155	0. 362	0	1

四、近代中国人力资本影响产业结构升级的实证分析

（一）基准回归结果

表 2 报告了以新建工业企业数量和资本代表产业结构升级，累积留学生数量和累积新式学堂数量作为人力资本代理变量，利用式（1）考察人力资本对产业结构升级影响的基准回归结果。其中第 1、第 2 列展示了累积留学生数量对新建工业企业的影响，回归系数为 0. 072 和 0. 129，均在 1% 的水平上显著为正。由此可见，留学生越多的地区，新建工业企业的数量和资本投入也会越多，这可能与留学生掌握先进的科学技术有关，能够对工业化起到推动作用。而且从第 3、第 4 列估计结果可知，工业化也受益于新式学堂的修建。新式学堂培养出来的学生，同样掌握工业生产所需的相关知识和技术，对工业化也起到促进作用。

表 2　人力资本对工业化的影响

变量	1894 ~ 1927 年		1894 ~ 1926 年	
	工业企业数量（log）	工业企业资本（log）	工业企业数量（log）	工业企业资本（log）
	OLS	OLS	OLS	OLS
留学生数量（log）	0. 072 *** （0. 018）	0. 129 *** （0. 042）		

续表

变量	1894～1927 年		1894～1926 年	
	工业企业数量（log）	工业企业资本（log）	工业企业数量（log）	工业企业资本（log）
	OLS	OLS	OLS	OLS
新式学堂数量（log）			0.119*** （0.030）	0.241*** （0.068）
控制变量（N/Y）	Y	Y	Y	Y
个体固定效应	Y	Y	Y	Y
时间固定效应	Y	Y	Y	Y
观察值	8908	8908	8646	8646
R^2	0.333	0.284	0.339	0.299

注：控制变量包括了是否开通铁路、初始经济状况、是否为省级行政中心、气候冲击指标、人口规模、是否发生洋务运动，但由于篇幅有限，本表未详细罗列相关结果。以下各表类似，不再一一说明。括号中为聚类稳健标准误统计量，***、**、*分别表示在1%、5%、10%的水平上显著。

表3呈现了以新建新式金融企业数量和资本表示产业结构升级，累积留学生数量和累积新式学堂数量衡量人力资本，利用式（1）考察人力资本对产业结构升级影响的基准回归结果。其中第1、第2列汇报了累积留学生数量对新建新式金融企业的影响，回归系数为0.020和0.075，都显著为正。这意味着，留学生掌握现代金融学的相关知识，能够促进新式金融业的发展，即留学生越多的地区，拥有着更多的新建新式金融企业数量和资本投入。第3、第4列汇报了累积新式学堂数量对新建新式金融企业的影响，回归系数均在10%的水平上显著为正。新式学堂中有专门的商业学堂，不少综合性学堂中也开设有商科专业，培养了一批掌握现代金融学的新式人才，他们对新式金融业的发展起到积极作用。

表3　人力资本对新式金融业的影响

变量	1894～1927 年		1894～1926 年	
	新式金融企业数量（log）	新式金融企业资本（log）	新式金融企业数量（log）	新式金融企业资本（log）
	OLS	OLS	OLS	OLS
留学生数量（log）	0.020*** （0.008）	0.075** （0.031）		

续表

变量	1894～1927 年		1894～1926 年	
	新式金融企业数量（log）	新式金融企业资本（log）	新式金融企业数量（log）	新式金融企业资本（log）
	OLS	OLS	OLS	OLS
新式学堂数量（log）			0. 036* （0. 019）	0. 133* （0. 070）
控制变量（N/Y）	Y	Y	Y	Y
个体固定效应	Y	Y	Y	Y
时间固定效应	Y	Y	Y	Y
观察值	8908	8908	8646	8646
R^2	0. 223	0. 221	0. 238	0. 234

注：括号中为聚类稳健标准误统计量，***、**、* 分别表示在 1%、5%、10% 的水平上显著。

（二）稳健性检验

由于近代中国社会存在诸多影响产业结构升级和技术进步的潜在因素，虽然我们控制了铁路、初始经济状况、政治、气候、人口规模、洋务运动等，缓解了遗漏变量问题，但难以全部控制这些潜在因素，从而导致由遗漏变量所带来的内生性估计偏差。为了有效解决内生性估计偏差的影响，这里采用带工具变量的两阶段最小二乘法（2SLS）予以重新估计，以期获得更为稳健的估计结果。本文内生变量为各府留学生数量和新式学堂数量，无论是留学生还是新式学堂，都主要分布在沿海、沿江地区，所以本文选取的工具变量为各府到海岸线与长江的最短直线距离，显然所选取的工具变量与该府留学生数量和新式学堂数量具有较强的相关性，而且是地理直线距离，与本文度量产业结构升级和技术进步的指标无直接关系。该距离数据根据哈佛大学与复旦大学合作开发的中国历史地理信息系统（CHGIS）进行测量后获得。带工具变量的两阶段回归方程写作以下四个公式：

$$y_{it} = \alpha_3 + \beta_3 \widehat{capital}_{it} + \upsilon_{it} T_{it} + \sum \gamma_t X_i I_t + \lambda i + \mu_t + \varepsilon_{it} \tag{3}$$

$$\widehat{capital}_{it} = \alpha_4 + \sum \tau_t IV_i I_t + \psi_{it} T_{it} + \sum \theta_t X_t I_t + \lambda i + \mu_t + \varepsilon_{it} \tag{4}$$

$$y_i = \alpha_5 + \beta_5 \widehat{capital}_i + z_i W_i + \eta_i \tag{5}$$

$$\widehat{capital}_i = \alpha_6 + \beta_6 IV_i + k_i W_i + \xi_i \tag{6}$$

其中式（4）和式（6）为第一阶段回归方程，被解释变量为内生变量，由于本文选取的工具变量为地理直线距离，不随时间变化，参考梁若冰（2015）和孙传旺（2019）等的方法，在式（4）中使用该变量与时间虚拟变量的乘积 IV_iI_t 作为工具变量，在式（6）中仍然使用 IV_i 作为工具变量。式（3）和式（5）为第二阶段回归方程，$\widehat{capital}_{it}$与$\widehat{capital}_i$分别为第一阶段回归 $capital_{it}$与 $capital_i$ 的估计值，其系数 β_3 与 β_5 为本文的核心估计系数，说明人力资本对产业结构升级和技术进步的影响。α_3、α_4、α_5、α_6、τ_t、β_6、v_{it}、ψ_{it}、γ_t、θ_t、z_i、k_i 为待估系数，ε_{it}、δ_{it}、η_i、ξ_i 为随机扰动项，λ_i 为个体固定效应，μ_t 为时间固定效应，I_t 为时间虚拟变量，T_{it}、X_i 分别为第 i 个府随时间而变和不随时间而变的控制变量集，W_i 为第 i 个府的控制变量集。

表 4 列出了以新建工业企业数量和资本衡量产业结构升级，利用式（3）、式（4）考察人力资本对产业结构升级影响的两阶段回归结果。其中第 1、第 2 列汇报了累积留学生数量对新建工业企业的影响，回归系数都显著为正，说明留学生能推动工业化的发展。第 3、第 4 列展示了累积新式学堂数量对新建工业企业的影响，回归系数为正的不显著。

表 4　人力资本对工业化影响的两阶段回归结果

变量	1894～1927 年		1894～1926 年	
	工业企业数量（log）	工业企业资本（log）	工业企业数量（log）	工业企业资本（log）
	2SLS	2SLS	2SLS	2SLS
留学生数量（log）	0.322*** （0.090）	0.641*** （0.208）		
新式学堂数量（log）			2.175 （2.000）	4.691 （4.303）
控制变量（N/Y）	Y	Y	Y	Y
个体固定效应	Y	Y	Y	Y
时间固定效应	Y	Y	Y	Y
观察值	8908	8908	8646	8646
R^2	0.315	0.275	0.265	0.232

注：括号中为聚类稳健标准误统计量，***、**、* 分别表示在 1%、5%、10% 的水平上显著。

表 5 报告了以新建新式金融企业数量和资本作为产业结构升级的代理变量，利用式（3）、式（4）考察人力资本对产业结构升级影响的两阶段回归结果。其中第 1、第 2 列汇报了累积留学生数量对新建新式金融企业的影响，回归系数均显著为正，说明留学生越多的地区，新增新式金融企业的数量和资本投入也会越多。而第 3、第 4 列呈现了累积新式学堂数量对新建新式金融企业的影响，回归系数为正的不显著。以上回归结果表明，在考虑内生性估计偏差的情况下，人力资本促进产业结构升级的结论是稳健的。

表 5　人力资本对新式金融业影响的两阶段回归结果

变量	1894～1927 年		1894～1926 年	
	新式金融企业数量（log）	新式金融企业资本（log）	新式金融企业数量（log）	新式金融企业资本（log）
	2SLS	2SLS	2SLS	2SLS
留学生数量（log）	0.090** （0.036）	0.379*** （0.141）		
新式学堂数量（log）			0.389 （0.406）	1.591 （1.596）
控制变量（N/Y）	Y	Y	Y	Y
个体固定效应	Y	Y	Y	Y
时间固定效应	Y	Y	Y	Y
观察值	8908	8908	8646	8646
R^2	0.199	0.193	0.207	0.208

注：括号中为聚类稳健标准误统计量，***、**、* 分别表示在 1%、5%、10% 的水平上显著。

（三）近代中国人力资本对不同工业部门的异质性影响

以上实证分析结果均说明近代中国人力资本促进产业结构升级，具体为人力资本推动工业和新式金融业的发展。但在近代中国，国贫民弱，即使工业化水平得到一定提升，受限于当时的资金和技术实力，很可能只停留在初始发展阶段，工业发展主要集中于对原材料进行简单加工处理的轻工业部门，而技术门槛较高的重工业部门和化学品制造部门发展还相对滞后，难以形成完整的产业链。梁若冰在研究近代铁路与通商口岸对工业化的影响时发现，铁路与口岸对工业化均有显著的正向促进作用，但主要推动轻工业部门的发展，而对重工业部门影响有限（梁若冰，2015）。接下来，本文进一步考察近代中国人力资本对不同工业部门的异质性影响。

将式（1）中的被解释变量替换为衡量不同工业部门发展水平的指标，利用式（1）考察人力资本对不同工业部门的影响。表6面板A的第1～第6列报告了以累积留学生数量测度人力资本，不同工业部门新建企业数量表示各部门发展水平的回归结果。其中第1～第4列考察了技术门槛较低的轻工业部门，包括纺织、食品、日用品和公用事业部门，回归结果显示，留学生除了对日用品部门没有正向影响以外，对纺织、食品和公用事业部门均有正向影响。从第5、第6列估计结果中可知，留学生对机器设备修造和化学品制造部门都无显著性影响。这说明近代工业化仍停留在初始发展阶段，工业发展以技术门槛较低的轻工业为主，人力资本也主要推动此类产业，而对资金投入大、技术门槛较高的机器设备修造（属于重工业）和化学品制造部门影响不足，这可能与当时中国的资本稀缺、技术基础薄弱有关，不足以支撑此类产业的发展。面板A的第7～12列列出了以不同工业部门新建企业资本表示各部门发展水平，考察人力资本对不同工业部门影响的回归结果。结果显示，留学生正向影响纺织和公用事业部门的发展，而对机器设备修造和化学品制造部门影响不足，结果稳健。

表7面板A展示了以累积新学堂数量代表人力资本，不同工业部门新建企业数量和资本度量各部门发展水平，利用式（1）考察人力资本对不同工业部门影响的回归结果。从表中结果可知，新式学堂对纺织、食品、日用品和公用事业等轻工业部门均有正向影响，即新式学堂越多的地区，新增的纺织、食品、日用品、公用事业企业的数量和资本也会越多，而对机器设备修造和化学品制造部门无显著性影响。这再次肯定了人力资本主要推动技术门槛较低的轻工业部门的发展，而对技术门槛较高的重工业部门和化学品制造部门影响不足的结论。

以上回归结果同样可能存在由遗漏变量所导致的内生性估计偏差。本文为了解决内生性问题，仍然以各府到海岸线与长江的最短直线距离作为工具变量，做两阶段最小二乘法（2SLS），估计结果如表6和表7的面板B所示。留学生和新式学堂的回归系数均为正，符合预期，其中对轻工业部门产生正向影响的主要是留学生代理的人力资本，而新式学堂代理的人力资本影响较弱，且两者对重工业部门和化学品制造部门均无显著性影响。

表 6　人力资本对不同工业部门的影响

变量		1894～1927 年											
		纺织企业数量（log）	食品企业数量（log）	日用品企业数量（log）	公用事业企业数量（log）	机器设备修造企业数量（log）	化学品制造企业数量（log）	纺织企业资本（log）	食品企业资本（log）	日用品企业资本（log）	公用事业企业资本（log）	机器设备修造企业资本（log）	化学品制造企业资本（log）
面板 A：OLS 估计	留学生数量（log）	0.048*** （0.016）	0.011* （0.007）	0.004 （0.006）	0.025*** （0.008）	−0.002 （0.004）	0.002 （0.006）	0.091** （0.038）	0.032 （0.022）	0.023 （0.015）	0.051*** （0.017）	−0.004 （0.007）	0.007 （0.014）
	观察值	8908	8908	8908	8908	8908	8908	8908	8908	8908	8908	8908	8908
	R^2	0.180	0.196	0.141	0.155	0.101	0.126	0.114	0.179	0.146	0.144	0.110	0.123
面板 B：2SLS 估计	留学生数量（log）	0.094 （0.074）	0.007 （0.034）	0.083** （0.038）	0.181*** （0.051）	0.011 （0.012）	0.022 （0.019）	0.232 （0.158）	0.020 （0.106）	0.247*** （0.096）	0.379*** （0.107）	−0.004 （0.026）	0.044 （0.048）
	观察值	8908	8908	8908	8908	8908	8908	8908	8908	8908	8908	8908	8908
	R^2	0.203	0.191	0.148	0.127	0.120	0.146	0.151	0.175	0.142	0.122	0.110	0.134
面板 A－B	控制变量（N/Y）	Y	Y	Y	Y	Y	Y	Y	Y	Y	Y	Y	Y
	个体固定效应	Y	Y	Y	Y	Y	Y	Y	Y	Y	Y	Y	Y
	时间固定效应	Y	Y	Y	Y	Y	Y	Y	Y	Y	Y	Y	Y

注：括号中为聚类稳健标准误统计量，***、**、*分别表示在 1%、5%、10% 的水平上显著。

表 7　人力资本对不同工业部门的影响

变量		1894～1926 年											
		纺织企业数量（log）	食品企业数量（log）	日用品企业数量（log）	公用事业企业数量（log）	机器设备修造企业数量（log）	化学品制造企业数量（log）	纺织企业资本（log）	食品企业资本（log）	日用品企业资本（log）	公用事业企业资本（log）	机器设备修造企业资本（log）	化学品制造企业资本（log）
面板 A：OLS 估计	新式学堂数量（log）	0.071** （0.030）	0.030* （0.016）	0.046** （0.019）	0.033** （0.016）	0.007 （0.007）	0.010 （0.013）	0.113* （0.059）	0.088* （0.048）	0.126*** （0.045）	0.074** （0.034）	0.021 （0.017）	0.031 （0.034）
	观察值	8846	8846	8846	8846	8846	8846	8846	8846	8846	8846	8846	8846
	R^2	0.188	0.211	0.176	0.141	0.116	0.144	0.118	0.193	0.178	0.141	0.125	0.139
面板 B：2SLS 估计	新式学堂数量（log）	0.416 （0.573）	0.347 （0.425）	0.605 （0.638）	0.756 （0.711）	0.112 （0.147）	0.118 （0.144）	1.946 （2.024）	0.309 （0.857）	1.963 （1.984）	1.153 （1.243）	0.223 （0.324）	0.356 （0.436）
	观察值	8846	8846	8846	8846	8846	8846	8846	8846	8846	8846	8846	8846
	R^2	0.209	0.188	0.146	0.089	0.096	0.164	0.168	0.215	0.138	0.105	0.109	0.138
面板 A－B	控制变量（N/Y）	Y	Y	Y	Y	Y	Y	Y	Y	Y	Y	Y	Y
	个体固定效应	Y	Y	Y	Y	Y	Y	Y	Y	Y	Y	Y	Y
	时间固定效应	Y	Y	Y	Y	Y	Y	Y	Y	Y	Y	Y	Y

注：括号中为聚类稳健标准误统计量，***、**、*分别表示在 1%、5%、10% 的水平上显著。

五、近代中国人力资本影响产业结构升级的机制分析

近代中国人力资本能推动产业结构升级，具体表现为人力资本促进了工业和新式金融业的发展，而且人力资本对工业的影响主要集中于技术门槛较低的轻工业部门，对技术门槛较高的重工业部门和化学品制造部门影响不足。那么近代中国人力资本影响产业结构升级的内在机制是什么呢？本节继续以近代中国为背景，探究人力资本影响产业结构升级的内在机制。

（1）近代中国发展工业和金融业的客观要求，引发了发展新式教育的需求，而新式教育的发展在客观上促进了工业企业和金融企业的发展，进而推动产业结构升级；于是，新的产业发展（需求）—新式教育发展（供给）—产业结构升级（结果），这就成为近代中国人力资本影响产业结构升级的基本逻辑。从历史资料看，近代中国工业和金融业的发展先于新式教育的发展，据黎向岳记载，“日本某理学博士调查我国之丝业，归而报告其国人曰，当至一丝厂，询其主人何以不利用机器，则曰：‘非不知机器之利也，工徒中知其用法者无人也’”。[①] 可见，工业之幼稚产业产生了振兴教育之需求。表 2 表明近代留学生数量和新式学堂数量对工业企业数量及企业资本有显著正向影响，表 3 表明近代留学生数量和新式学堂数量对新式金融企业数量及企业资本有着正向影响，可见，新式教育的兴起在客观上促进了工业企业和金融企业的发展以及产业结构的升级。

（2）近代中国新式教育提升了人力资本质量，特别是通过培养操作机器的技能和技术人员的科学技术素质，以科学技术促进产业结构升级。《商部奏请拟办实业学堂大概情形折》中提道：“学堂之设，以考求实用，能奇西人所长为主，实学之门类凡十，曰化学，曰机器学习，曰汽机学，曰电学，曰气学，曰光学，曰地学，曰矿学。其最有关制造，能辟利源为化、电、机器、矿四门，余皆相助为用，不可缺一。”[②] 可见，新式教育的关键问题是科学技术，即通过提高劳动者的科学技术水平提升人力资本质量。表 8 的第 1、第 2 列呈现了以工业机器数量作为技术进步的代理变量，累积到 1930 年的留学生数量度量人力资本，考察人力资本对技术进步影响的回归结果。其中第 1 列为利用式（2）计算所得的基准回归结果，估计系数为 0. 199，在 1% 的水平上正显

① 黎向岳：《论教育与实业之关系》，载《奉天劝业报》1910 年第 4 期。

② 《商部奏请拟办实业学堂大概情形折》，载《东方杂志》1904 年第 3 期。

著，说明留学生数量越多的地区，代理技术进步的工业机器数量也会越多。工科背景的留学生掌握现代工业生产所需的相关技术，知道先进工业机器的重要性，除自身能操作工业机器生产以外，还能培养技术人员，进一步推广先进工业机器的使用，从而提升本地区的技术水平。第 2 列为采用式（5）、式（6）计算得出的两阶段回归结果，估计系数为 0. 543，在 5% 的水平上正显著，表明即使考虑内生性估计偏差，留学生能推动技术进步的结论稳健。而第 3、第 4 列类似汇报了以累积到 1926 年的新式学堂数量测度人力资本的回归结果，结果依然稳健。以上结果意味着，近代中国人力资本能通过推动技术进步，进而影响产业结构升级。

表 8　　人力资本对技术进步的影响

变量	1932 年			
	工业机器数量（log）			
	OLS	2SLS	OLS	2SLS
留学生数量（log）	0. 199*** (0. 063)	0. 543** (0. 253)		
新式学堂数量（log）			0. 404*** (0. 137)	4. 798 (8. 732)
控制变量（N/Y）	Y	Y	Y	Y
省份固定效应	Y	Y	Y	Y
观察值	211	211	211	211
R^2	0. 458	0. 413	0. 490	-7. 144

注：括号中为稳健标准误统计量，***、**、* 分别表示在 1%、5%、10% 的水平上显著。

（3）近代中国工业化尚处在工业化的初级阶段，新式教育的发展也处在初创时期，人力资本的水平与工业化发展水平是耦合的。从历史事实看，近代中国的民族资本主义工业企业主要是棉纺织、食品加工以及生活用品生产企业，金融企业主要是为这些轻工业企业的发展提供资金的；近代工业和近代金融业的发展状况，是由当时的要素禀赋条件（资金、技术和劳动力）所决定的。根据杜威的观察："无论何国，倘其产业发达，必有新改良新发明，而其新改良新发明每得力于学校。中国实业教育只教人模仿，而不思所以，启发其自创能力，致落人后，殊为可惜。"① 初创时期的新式教育，

① 杜威：《教育与实业》，载《教育公报》1921 年第 8 卷第 12 期。

仅重视技术学习模仿，而不重视技术改良创新，但却适应了当时的工业化发展水平的要求。表 6 和表 7 的实证分析表明近代新式教育对纺织品、食品和公用事业部门有正向影响，而对机器设备修造和化学品制造部门无显著影响，这是人力资本促进中国近代产业结构升级程度的门槛。

六、结论

已有文献主要考察了现代中国人力资本对产业结构升级的影响，但少有文献研究近代中国人力资本对产业结构升级的影响。本文构建了近代民族资本工业企业、新式金融企业的面板数据，并将其与人力资本数据匹配，利用双向固定效应模型和多元线性回归模型研究近代中国人力资本对产业结构升级的影响及其内在机制。结果发现：

（1）人力资本促进了中国近代工业发展。以新式学堂和留学生数量代表人力资本，以新建工业企业数量和资本代表产业升级，发现留学生和新式学堂越多的地区，新建工业企业数量和资本投入越多，说明新式教育使学生掌握了先进的科学知识和技术，提升了与工业化相匹配的人力资本水平，进而促进中国近代工业发展。

（2）人力资本促进中国近代金融业发展。以新式教育代表人力资本，以新式金融业代表产业升级，发现留学生和新式学堂越多的地区，新建新式金融企业数量和资本投入越多，说明新式教育使学生掌握了现代金融知识和经营管理方法，提升了与金融业相匹配的人力资本水平，进而促进中国近代金融业发展。

（3）人力资本促进产业升级具有门槛效应。将近代工业部门分成两类：第一类是纺织、食品、日用品和公用事业部门；第二类是机器设备修造和化学品制造部门。相对而言，第一类的技术要求较低，第二类的技术要求较高。发现近代新式教育对第一类工业部门有正向影响，而对第二类工业部门无显著性影响，从而说明人力资本促进产业升级具有门槛效应，即同近代工业化水平相适应，主要支撑技术要求较低的工业部门发展。

（4）人力资本能通过推动技术进步，进而影响产业结构升级。以新式学堂和留学生数量代理人力资本，以工业机器数量测度技术进步，发现留学生和新式学堂越多的地区，工业机器数量也越多，说明新式教育使学生掌握了现代工业生产所需的相关知识，懂得先进工业机器的重要性，不仅能直接操作机器进行生产，还能培养技术人员，推广先进工业机器的使用方法，从而提升本地区技术水平，进而推动产业升级。

本文的主要贡献在于：已有关于中国人力资本对产业结构升级影响的文献主要以

现代社会为背景进行研究，鲜有文献以近代社会为背景考察中国人力资本对产业结构升级的影响，本文整理相关数据，采用计量史学的研究方法，考察了近代中国人力资本对产业结构升级的影响及其内在机制，弥补了已有文献的不足。另外，本文通过对工业部门的细分，进一步量化分析了近代中国人力资本对不同工业部门的异质性作用，这在以往的文献中也是较少涉及的。本文的结论为制定经济发展战略提供了历史经验借鉴：一是发展中国家在工业化和现代化进程中必须重视人力资本的积累，特别是通过现代教育培育建设者和劳动者；二是人力资本的水平应该同产业发展的水平相适应，只有提供与产业水平相匹配的人力资本，才能更好地促进经济发展。

参 考 文 献

［1］代谦，别朝霞．人力资本、动态比较优势与发展中国家产业结构升级［J］．世界经济，2006（11）：70－84，96.

［2］代谦，李唐．比较优势与落后国家的二元技术进步：以近代中国产业发展为例［J］．经济研究，2009，44（3）：125－137.

［3］戴鞍钢，阎建宁．中国近代工业地理分布、变化及其影响［J］．中国历史地理论丛，2000（1）：139－161，250－251.

［4］杜恂诚．金融业在近代中国经济中的地位［J］．上海财经大学学报，2012，14（1）：12－20.

［5］管汉晖，颜色，林智贤．经济发展、政治结构与我国近代教育不平衡（1907－1930）［J］．经济科学，2014（2）：104－118.

［6］靳卫东．人力资本与产业结构转化的动态匹配效应——就业、增长和收入分配问题的评述［J］．经济评论，2010（6）：137－142.

［7］李楠，林矗．太平天国战争对近代人口影响的再估计——基于历史自然实验的实证分析［J］．经济学（季刊），2015，14（4）：1325－1346.

［8］李楠，林友宏．管治方式转变与经济发展——基于清代西南地区“改土归流”历史经验的考察［J］．经济研究，2016，51（7）：173－188.

［9］李忠．近代中国“教育救国”与“实业救国”的互动［J］．西南大学学报（社会科学版），2011，37（4）：141－148.

［10］梁若冰．口岸、铁路与中国近代工业化［J］．经济研究，2015，50（4）：178－191.

［11］林矗．通商口岸、新式教育与近代经济发展：一个历史计量学的考察［J］．中国经济史研究，2017（1）：67－83.

［12］林榕杰．中国近代的证券交易所［J］．中国社会经济史研究，2011（1）：76－82.

［13］刘志英．近代上海与西南地区的金融互动［J］．历史教学（下半月刊），2017（3）：18－26.

［14］孙传旺，罗源，姚昕．交通基础设施与城市空气污染——来自中国的经验证据［J］．经济研究，2019，54（8）：136－151.

［15］孙海波，焦翠红，林秀梅．人力资本集聚对产业结构升级影响的非线性特征——基于 PSTR 模型的实证研究［J］．经济科学，2017（2）：5－17.

［16］王健，李佳．人力资本推动产业结构升级：我国二次人口红利获取之解［J］．现代财经（天津财经大学学报），2013，33（6）：35－44，78.

［17］王于鹤，周黎安．新式初等教育与中国近代工业［J］．求索，2019（3）：63－71.

［18］薛进文．日本的教育与近代化［J］．南开学报（哲学社会科学版），2010（3）：1－10.

［19］曾凡．人力资本与近代上海职工工资差异——基于 1920～40 年代上海企业的实证分析［J］．上海经济研究，2011（2）：123－136.

［20］曾凡．上海近代崛起的人力资本因素分析——1933 年上海人力资本的估算及与全国的比较［J］．财经研究，2011，37（2）：83－92.

［21］朱荫贵．近代上海成为中国经济中心的启示［J］．复旦学报（社会科学版），2019，61（5）：60－70.

［22］Acemoglu D，Johnson S，Robinson J A. Reversal of Fortune：Geography and Institutions in the Making of the Modern World Income Distribution［J］. The Quarterly Journal of Economics，2002，117（4）：1231－1294.

银行业、政府信誉与中国近代公司法实施效果的区域差异*

欧阳峣** 盛小芳

摘 要 近代公司法实施效果存在区域差异，实施的主要阻力来自不受限制的政府权力。近代中国银行业发展较好的地区实施的效果更好，对工业化的推动力更加明显。从政府可信承诺的角度看，其重要原因在于近代银行业在发行和持有政府公债的过程中获得了有效否决权，因而具有和政府博弈的力量，倒逼政府提供可信承诺，从而构建有效的市场机制，极大地释放公司法对工业化的推动能量。这一发现说明近代公司法在政府可信承诺程度较高、市场化环境较好的地区，发挥作用的效率更高。

关键词 公司法 近代工业化 可信承诺 区域差异

一、引言

中国近代工业化始于清末。鸦片战争挫败了清政府的自大和狭隘，于是晚清政府开启了自强运动，即通过官办或官督商办的形式发展现代企业，史称官督商办时期。但这种官权和民资的结合，当权者认为的互补、完美结构，实则效率低下、腐败丛生。中日甲午战争（1894～1895年）结束了清政府对官督商办模式的幻想。甲午战争签订的《马关条约》给予西方企业在条约港建厂和直接投资的权力，更让清政府当局和社会精英都有了危机感，于是中国民营企业不经意间获得了合法权，以对抗国外企业的竞争，即“保利权”。在当时商律缺失的背景下，社会各界都呼吁制定商律。

为发展工商业以“实业救国”，同时废除西方列强强加的治外法权，晚清政府于

* 本文原载于《湘潭大学学报（哲学社会科学版）》2021年第6期，第13～19页。

** 作者简介：欧阳峣，经济学博士，博士生导师，湖南师范大学大国经济研究中心主任。

1904 年参照西方公司法，仓促颁布了《公司律》。但在颁布后却遭遇诸多诟病，批评多集中于其对本土商情的忽略，导致移植的不适应。晚清政权在 1912 年灭亡后，新建的北洋政府在《公司律》的基础上进行改进和完善，融合中国商情，于 1914 年颁布了《公司条例》。后人对《公司条例》的内容多为肯定评价，可惜渐进完善的法制内涵却没有如大家期待的，催生近代中国大规模的工业化。根据统计数据，1933 年近代工业在中国国内生产总值中所占的比重不超过 3%，在整个近代部门中也仅占 13%（Liu and Yeh，1965）。因此，对近代公司法的效果评价，有些研究者会认为其作用是微乎其微的（Bowen and Rose Ⅱ，1998；方流芳，2002；江眺，2005）。但在这个结论下，我们也不能忽视民营工业在某些地区的蓬勃发展，虽然其地理分布不均衡且极其有限，却成为中国近代工业的一支重要力量（梁若冰，2015）。同时，也有学者认为公司法在一定程度上推动了近代工业化的进程（张忠民，2002；李玉等，1995；谢振民，2000）。此外，对近代公司法作用有限的原因分析，学者们的结论也多锁定在两个方面：一是公司法主要是《公司律》的法理缺陷（魏淑君，2006；朱海城，2018）；二是实施过程中官方的不当干涉（张忠民，2002；Kirby，1995；朱英，1993；李玉，2002）。基于此，本文引入计量模型，以便更准确地估计近代公司法这个外生制度冲击对当时近代化进程的影响。这个论题的关键在于如何识别工业化发展较好的地区与公司法实施之间的因果关系。已有的研究对公司法作用有限的原因分析主要集中在公司法内容缺陷和官方干涉两个方面，但内容的修缮已经在《公司条例》中实现了，效果却一般，因此本文着重分析官方不当干涉对公司法实施效果可能产生的阻碍作用。

传统中国缺乏正式的政治制度来构建可信承诺，但限制政府权力的形式可以是多种多样的，其中行会抵制、交易费用约束以及重复博弈中的声誉机制约束等都有可能制约国家机会主义和掠夺行为，从而创造相对安全的投资环境（王一江，2007；North and Weingast，1989；North，Wallis and Weingast，2006）。财政赤字高的国家受声誉机制的影响，确实有可能提高承诺的可信度（Tsebelis，2002；Carruthers，1990）。近代中国政府负债累累，税收有限，主要靠对外举债和对内发行公债来偿还，银行成为政府公债的发行者和持有者，维持金融市场的稳定让银行家有了跟政府博弈的筹码。因此，在大一统崩溃的时期，中国反而实现了自下而上、由民间力量主导的金融与财政革命（马德斌，2020）。现代金融是一个对法律与契约最敏感的行业，银行力量通过制衡政府之手提高其可信承诺，形成有效的市场机制，有利于公司法更好地发挥作用。本研究利用近代公司法颁布前后，各省的新设民营银行存量及反映近代工业化进展的年新设企业数据变化趋势，从政府可信承诺的角度分析近代公司法对中国工业化的影响范围和程度，并提出如下假设：公司法对近代工业化是有推动作用的，但这种推动作用在银行业较发达地区发挥得更好。因为在公司法的实践过程中，政府有任意干涉的惯性，但在银行业发达的地区，受制于发行公债需要的声誉机制，政府在与银行业的博弈中逐渐形成可信承诺，形成了有效的市场化环境，推动了公司法发挥其效用。

本文的贡献在于：初次提出对近代公司法作用的评估应考虑区域的差别性；首次引入政府“可信承诺”来识别公司法在近代中国哪些地区实施效果更好；通过计量模型加以论证，为论文结论提供了理论支撑和实践证明。

本文以下的结构安排如下：第二部分是本文的理论框架，即公司法的运行逻辑构建；第三部分设定计量模型并进行数据分析；第四部分为回归结果分析和稳健性检验；第五部分总结本文的研究结果。

二、公司法实施的逻辑

为了推动公司制在国内的普及和发展，晚清政府特意颁布公司法，试图鼓励本土商人投资和创办公司以实业救国。那么公司法的运行逻辑是怎样的呢？本文试图从以下三个方面进行分析。

（一）中国近代公司法的实施效果体现在促进经济繁荣和发展，即企业数量增加和工业化进程上

为了推广公司制在中国的运用，推动现代企业的建立，在当时开明官员和社会精英的支持下，清政府于1904年颁布了《公司律》，后来北洋政府在1914年颁布了《公司条例》，在此之后新设公司数量有了较大的增长（见图1），说明两个公司法对促进现代企业的建立均产生了一定的促进作用。年新设企业数量是度量工业化进展的一个合适指标，因为“它们不仅直接促进了经济的发展，而且通过持续给老企业施压，也间接地刺激了经济的发展”①。虽然新办企业数量在1911年前后受到朝代更替的突发事件影响，出现了一个短暂的回落，但之后又开始逐渐回温。在《公司律》和《公司条例》颁布的两个时间节点之后，我们都可以观察到新建工业企业数量的一个加速增加。

① 罗森堡、L. E. 小伯泽尔：《西方现代社会的经济变迁》，曾刚译，中信出版社2009年版，第220～221页。

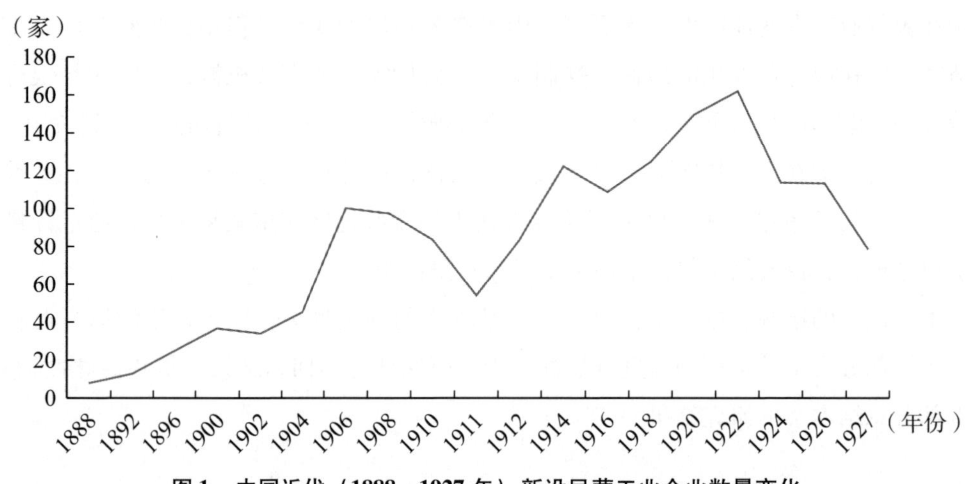

图 1　中国近代（1888～1927 年）新设民营工业企业数量变化

注：纳入统计的企业，其创办资本额均在 1 万元以上。

资料来源：杜恂诚．民族资本主义与旧中国政府（1840—1937）［M］．上海：上海社会科学院出版社，1992。

近代公司法的颁布虽然没有产生人们所期待的全国性的经济繁荣发展，但从数据统计的角度可以看出其在一定程度上促进了工业企业的兴起和活跃。具体可分为三个阶段：第一阶段（1904 年之前），《公司律》颁布之前，新设公司数量增长缓慢；第二阶段（1904～1913 年），《公司律》颁布后，新设企业数量显著增加，虽然在 1911 年因朝代更替出现回落，但增长的趋势没有变；第三阶段（1914～1922 年），《公司条例》在某些地方实施情况较好，1922 年新设企业增加到 160 家。

（二）公司法有效实施的基本条件是政府权力受到制约，从而企业在既定的法律框架内能实现预期的自主性

晚清时期学习的西方商法对照的是最早成立的荷兰东印度公司和英国东印度公司的经营模式。荷兰是共和联邦制，中央政府染指商业利益的能力有限，因此政府侵占、征用私有财产的风险较小，商人愿意将资本长期投资于公司中。而英国在 17 世纪初期仍是独裁时代，王权不受议会控制，对英国东印度公司的保护很弱，因此私有产权不安全，为降低风险，商人只愿意做短期或一次性投资，保留随时可撤离资金的机会。在英国内战（1642～1648 年）之后，尤其是光荣革命（1688 年）后，王权受限于议会，英国东印度公司才开始实行资本永久锁定制度。通过对以上史实对比分析可知，公司法中对资本锁定的规范，只有在政府权力受到限制的环境下才有可能实现。

在中国近代公司法的实施过程中，晚清政府势力已经非常虚弱，以至于无法保障法律的实施效果；同时，政府仍习惯性地凌驾于法律之上，在执法过程中为获得最大的利益回报挑战法律的底线，严重影响了法律的公众影响力和执行效果。浙江铁路公司就是一个典型的案例。浙江铁路公司依律反对官方对其人事权的干涉，但官方回复称铁路公司不同于普通公司，"其性质与国家有特别之关系，即应受国家特别之监督"，"铁路公司不准援引商律"。[①] 广东粤汉铁路公司也遭遇到类似对待，在官方给予其民营地位后，又插手公司内部的人事选举，导致公司内部管理充满危机和腐败，且出现宗派斗争，公司存亡之际，政府作为公共管理角色，并非依法（《公司律》）处理问题，而是直接修改公司章程，限制股东的权利，并在 1911 年将其国有化，引起了股东们极大的激愤和抗议。可见虽然《公司律》已经颁布实施，但政府并没有以其作为调节企业关系的行为准则。政府这种简单粗暴的做法降低了法律的权威性，从实际上架空了《公司律》，阻碍了公司法的实施。

（三）中国近代公司法的运行机制体现在银行业倒逼政府提供可信承诺，进而推动公司法的有效实施

从公司制产生的条件来看，需求方面需要有新的获利机会，且这种商业机会需要大量投资，其仅靠家族或关系网难以解决（Harris，2020；Greif and Tabellini，2017），供给方面则需要有法律创新来保证资本投入后的稳定性问题（Dari-Mattiacci et al.，2017），包括契约履行的可靠性和资本长期锁定，不能随意撤出，以保障企业的稳定运营。无论是契约的履行还是资本的聚集、锁定，能吸引投资者做出这种投资行为的基本前提是政府的可信承诺（Harris，2020；Dari-Mattiacci et al.，2017）。只有政府权力受到约束，不随意凌驾于法律之上或侵犯、征收企业资产，投资者才有可能进行长期投资。

政府的可信承诺，有可能通过宪法体系获得正式确立，也可能通过某些非正式渠道（比如博弈、科斯谈判等）建立。近代中国在公司法颁布之后，工业化进程出现明显的区域性差异。这种差异产生的原因是什么？LLSV[②] 的研究为此提供了探索的方向。

---

① 施正康：《困惑与诱惑：中国近代化进程中的投资理念与实践》，三联书店 1999 年版，第 23～25 页。

② 20 世纪 90 年代中后期，拉波塔（La Porta）、洛配兹·西拉内斯（Lopez-de-Silanes）、安德烈·施莱弗（Andrei Shleifer）和罗伯特·维什尼（Robert W. Vishny）四位学者，通过整理多国的政治、法律、宗教、文化和经济等方面的量化数据，第一次明确将法律因素引入解释金融发展和经济增长的具体研究中。由于他们经常一起署名发表文章，学界称其为 LLSV 组合。他们的理论成就体现在两大领域：一是法与金融宏观理论，二是法与微观金融理论，因此他们也被称为法与金融研究领域内的"四剑客"。

他们认为金融市场发展更好的地区，一般政府权力相对受制衡，法律体系能更好地保护投资者和债权人的利益。阳李等的研究也表明，与贫穷国家相比，法治对富裕国家的经济发展做出的贡献更为突出（阳李、余啸，2019）。在近代中国，虽然政局不稳，但银行、金融业却在一些地区蓬勃地发展起来了，实现了由民间力量主导的金融与财政革命（Ma，2019）。这个中国历史上独一无二的金融革命产生的原因是当时政府负债沉重，税收有限，因此不得不通过发行公债来解决财务问题，而公债的发行需要依靠银行，国内银行通过与海关的合作，掌握了公债的发行和运营，因此在与政府的博弈中拥有了部分有效否决权（veto power），从而倒逼政府提供可信承诺，以维护其声誉。银行的制衡与政府的可信承诺，共同构建了适合公司法发挥作用的市场化机制，因此，在近代中国，公司法在银行业发展更好的地区的实施效果也会更好，作用更加明显。

公司法有效实施的基本条件是公司获得自主经营权，政府不能随意干预企业。中国近代公司法的实施效果之所以出现区域差异，一个主要的原因就是在近代银行业发达的地区，银行可以在发行和持有政府公债的过程中获得有效否决权，因而具有和政府博弈的力量，进而倒逼政府提供可信承诺，构建了有效的市场机制，极大地释放了公司法对工业化的推动作用。

三、模型设定和数据分析

本文的实证部分主要论证在近代中国银行业发展较好的地区，公司法推动工业化的作用更强。本文以近代各省的年新设银行存量为强度变量，利用其与公司法变量的交叉项观察不同省份公司法的作用强度差异。模型涵盖的地区包括全国 18 个主要省份①，设定的固定效应面板模型如下：

$$y_{it} = \alpha + \beta_1 post_t \times X_{it} + \beta_2 post_t + \beta_3 X_{it} + \delta W_{it} + \sum_{1894}^{1927} \theta_t Z_i I_t + \sum_{1894}^{1927} \lambda_t I_t + V_i + \varepsilon_{it} \quad (1)$$

本模型估计的时间段为 1894 ~ 1927 年。因为中国的工业化开始于中日甲午之战后，当时的民营企业意外获得了合法化而开始发展，中国的银行业也是从 1897 年才开始发展的。而 1927 年之后的南京政府实行银行国有化与货币发行的国家垄断，银行业逐渐失去了自由发展的空间和力量，也就不在本文分析的理论框架之内了。

① 包括直隶、江苏、安徽、浙江、江西、福建、河南、山东、山西、湖南、湖北、陕西、甘肃、四川、广东、广西、云南和贵州。

式（1）中，y_{it}为近代中国省级地区 i 在 t 年的新设工业企业数量，除此之外，本文还考察了不同年份不同地区的新设公司资本总额。$post_t$ 为公司法的颁布情况，分两种情况进行考察：在 1894～1927 年的考察期内，以 1904 年《公司律》颁布为界，1904 年之前设为 0，1904 年（含）之后设为 1；在 1904～1927 年的考察期内，以 1914 年《公司条例》颁布为界，1914 年之前设为 0，1914 年（含）之后设为 1。X_{it}为与公司法制度相关的变量组，包括本文最关注的银行变量、相关的口岸变量和商会变量。首先，选择口岸变量是因为近代条约港享有治外法权，其管理模式逐步演变成了类似西方式城邦自治模式，这种制度模式对中国的政治、经济、法律等方面产生了深刻的影响，在 20 世纪后也逐渐成为国内银行总部的聚集区，以避开政府和军阀的干涉，保持其独立性。由此可见，条约港对近代银行业的发展起到了关键性作用。此外，条约港的中国企业家，包括有买办背景的企业家、归国移民企业家以及本地的华商，为了自己的利益，直接或间接地推动口岸接受西方商事法律制度，因为他们认为西方的法律体系更公平有效，在一些大口岸城市中，法律实践的专业水平也相当高。因此，口岸是影响公司法实施效果的变量之一。其次，选择商会变量是因为商会是联系商人和政府之间的桥梁，兼有工商制度供给和需求的双重身份，在提高商人的社会地位、优化商业环境等方面起到了积极的作用。例如《公司律》在内容上没有兼顾本土商情，商人及商人团体就会通过上海商务总会、上海商学公会等召开全国商法讨论大会，目的是“联合全国商人自造商法草案，要求政府施行”，[①] 后讨论成稿《商法调查案・公司律》。虽然提交至晚清政府后因清政府被推翻而没能实施，却成为北洋政府颁布的《公司条例》的主要蓝本。由此可见，商会的存在有利于公司法在当地的输入和实施，所以是影响公司法实施效果的因素之一。

此外，式（1）中的 W_{it}为随时间变化的控制变量，涵盖了 1894～1927 年历年的出口总额、进口总额及各省修建铁路数量等数据。Z_i 为不随时间变化的省级控制变量，包括清末各省的厘金税率和厘金局卡数量、清末各省的族谱数量和货币地租购买年以及 1841 年各省的人均田赋和 1851 年各省的人口数量等。I_t 和 V_i 分别为时间虚拟变量和省级个体固定效应，ε_{it}是随机扰动项。同时还需要考虑到模型内生性问题，公司法作为一项自上而下的移植制度，是典型的外生冲击变量，银行变量可能与新设公司数量（或投资总额）存在反向因果效应，从而导致估计结果的非一致性，同时因为新设银行存量的数据存在一定的统计误差而影响估计结果，因此需要采用工具变量法进行分析。本文尝试采用北洋时期各省公债额度与公司法虚拟变量的交叉项作为银行变量

① 张家镇等:《中国商事习惯与商事立法理由书》，中国政法大学出版社 2003 年版，第 65～66 页。

与公司法虚拟变量交叉项的工具变量进行估计，以减小内生性的影响（见表 1）。

表 1　变量的数据来源和描述性统计

变量名	变量描述	观察值	均值	标准差	数据来源
qiye	企业（个）	612	4.16	8.55	杜恂诚，1991
chamber	商会（个）	612	33.01	38.13	尹梦霞，李强，2012
bank	银行（个）	612	3.58	11.03	杜恂诚，1991
port	口岸（个）	612	2.3	2.16	严中平等，2012
railway	铁路（条）	612	0.84	1.24	严中平等，2012
lijin	清末厘金税率（%）	612	5.8	3.38	罗玉东，2010
ljju	清末厘金局卡（个）	612	125.5	105.64	罗玉东，2010
zupu	清末族谱（个）	612	768.17	1189.59	王鹤鸣，2008
dizu	货币地租购买年（年）	612	9.4	3.46	陈伯达，1949
import	进口总额（十万海关两）	612	5137.4	2836.97	滨下武志，2008
export	出口总额（十万海关两）	612	3974.15	2275.12	滨下武志，2008
tianfu	1841 年人均田赋（两/人）	612	0.07	0.04	梁方仲，2008
renkou	1851 年人口数（万人）	612	2375.56	961.4	曹树基，2001
gongzhai	北洋时期各省公债（万元）	612	796.32	793.69	潘国旗，2018

四、回归结果分析和稳健性检验

（一）回归结果分析

表 2 为对式（1）进行估计的结果，其中因变量 Y 为近代新设工业企业数量。第（1）~（3）列是考察 1894 ~ 1927 年这个时间段，以 1904 年《公司律》颁布为时间节点的估计结果；第（4）~（6）列是考察 1904 ~ 1927 年这个时间段，以《公司条例》颁布为时间节点的估计结果。其中第（1）列是只控制年度虚拟变量和固定效应后的分析结果，第（2）列是加入控制变量后的分析结果，第（3）列是加入所有控制变量和其他解释变量后的分析结果。可见无论采取何种形式进行估计，公司法与银行交互项对企业成立的影响均显著为正，表明银行数量越多的地区，公司法的实施效果越显著。

表 2　　公司法与近代新设公司数量（1894～1927 年）

变量	1894～1927 年			1904～1927 年		
	(1)	(2)	(3)	(4)	(5)	(6)
	Y	*Y*	*Y*	*Y*	*Y*	*Y*
post × bank	0.3475*** (0.0219)	3.6526*** (0.8675)	3.1741*** (0.9288)	0.2638*** (0.0236)	1.2806*** (0.2169)	1.5805*** (0.2659)
post × port			0.3663 (0.2889)			0.0792 (0.2408)
post × chamber			1.1022 (1.2824)			−0.0591** (0.0245)
控制变量 1	N	Y	Y	N	Y	Y
控制变量 2	N	Y	Y	N	Y	Y
固定效应	Y	Y	Y	Y	Y	Y
年度虚拟	Y	Y	Y	Y	Y	Y
样本量	612	612	612	432	432	432
组内 R^2	0.4281	0.5958	0.5976	0.3272	0.4937	0.5015

注：括号内为稳健标准误；* $p<0.1$，** $p<0.05$，*** $p<0.001$；控制变量 1 包括口岸变量、商会变量、银行变量、进口总额变量和出口总额变量等随时间变化的变量；控制变量 2 包括清末厘金税率和清末厘金局卡变量、清末族谱变量、货币地租购买年变量、1841 年人均田赋变量和 1851 年人口数变量等不随时间变化的变量。

表 3 是当因变量 *Y* 为近代新设企业资本额时，对式（1）进行估算的结果。由表 3 可知，不论对哪个时间段进行估计，公司法与银行的交互项对新设企业资本额这个因变量的影响都是显著为正的。无论是加入部分控制变量还是加入其他解释变量，这一结果仍然是稳健的。

表 3　　公司法与近代新设企业资本额总额（1894～1927 年）

变量	1894～1927 年			1904～1927 年		
	(1)	(2)	(3)	(4)	(5)	(6)
	Y	*Y*	*Y*	*Y*	*Y*	*Y*
post × bank	0.7195*** (0.0859)	10.5952*** (3.8895)	9.4584*** (4.1692)	0.5225*** (0.1050)	2.8052*** (1.0847)	3.2076*** (1.3400)

续表

变量	1894～1927 年			1904～1927 年		
	(1)	(2)	(3)	(4)	(5)	(6)
	Y	*Y*	*Y*	*Y*	*Y*	*Y*
post × *chamber*			4.7672 (5.7566)			-0.0691 (0.1238)
post × *railway*			0.7536 (1.2972)			-0.0747 (1.2132)
控制变量 1	N	Y	Y	N	Y	Y
控制变量 2	N	Y	Y	N	Y	Y
固定效应	Y	Y	Y	Y	Y	Y
年度虚拟	Y	Y	Y	Y	Y	Y
样本量	612	612	612	432	432	432
组内 R^2	0.2437	0.3021	0.3034	0.1833	0.2233	0.2239

注：同表 2。

从表 2 和表 3 可以看出，银行业发达的地区，公司法发挥的效用更显著，对工业化的促进作用更明显，这个结论很稳定；但商会和条约港没有成为识别公司法实施效果地区差异性的有效变量。本文认为这不是因为商会和条约港没有促进公司法发挥作用，而是因为计量模型展示的是平均处理效应，未能深入探讨各变量的异质性效应，但并不代表其没有任何作用。

(二) 工具变量检验

式（1）以公司法和银行的交互项为核心考察变量，可能产生内生性问题。公司法作为自上而下的制度变迁，是典型的外生冲击，因此基本没有内生性问题。但银行与新设公司数量之间可能存在反向因果效应，或者银行数量数据存在统计性误差，因此本文以北洋政府时期各省的公债发行额与公司法的交互项作为银行与公司法的交叉项的工具变量来估计其对新设公司数量的影响。之所以选择北洋政府时期的公债发行额，是因为北洋政府时期是商办银行最兴旺的阶段（汪敬虞，2000）。在这个阶段，发行和持有公债是银行的一个重要职能，凭借这个职能，银行获利不少，甚至有些银行设立的初始目的就是公债业务。银行也借此平台成长为可以和政府公开博弈、影响政府金融政策的团体。因此公债发行和银行设立关系密切，但对新设公司并没有直接影响，因此是一个合适的工具变量。对工具变量的估计结果列于表4和表5中。

表4　　　　验证工具变量的外生性

变量	OLS		
	(1)	(2)	(3)
	Y	*Y*	*Y*
post × *bank*	0.2727*** (0.013)		0.2754*** (0.014)
post × *gongzhai*		0.0017*** (0.0003)	-0.0001 (0.0003)
年度虚拟	Y	Y	Y
样本量	612	612	612
R^2	0.4749	0.1235	0.4752

注：括号内为稳健标准误；* p<0.1，** p<0.05，*** p<0.01。

表5　　　　公司法与公司数量（1894~1927年）：处理内生性

变量	Ⅳ-2SLS	
	第一阶段	第二阶段
	law × *bank*	*Y*
post × *bank*		-0.1211* (0.1795)
post × *gongzhai*	0.0057*** (0.0014)	
控制变量	Y	Y
年度虚拟	Y	Y
样本量	612	612
组内 R^2	0.5850	0.5987
最小特征值统计量 F	39.308***	
Kleibergen-Paap rk LM 统计量		14.753***
Kleibergen-Paap rk Wald F 统计量		16.850

注：括号内为稳健标准误；* p<0.1，** p<0.05，*** p<0.01。

由表 4 第（1）列可知，各省公债发行额与公司法的交叉项对新设企业数量有显著的正向影响，在同时控制银行与公司法的交叉项后，由第（3）列可知各省公债发行额交叉项的估计结果变得不显著，这表明我们的工具变量并不直接影响新设企业数量这个因变量，而仅仅通过银行交互项影响因变量，满足工具变量的“排他性限制”条件。表 5 是根据公式（1）进行两阶段 OLS 估计的结果：第一阶段估计结果表明，公债发行额与公司法交互项对银行与公司法交互项有显著的正向影响；第二阶段的结果表明，公司法与银行交互项的估计参数是稳健的。此外，模型中 Kleibergen-Paap rk LM 值在 1% 的水平上显著，Kleibergen-Paap rk Wald F 值高于 10% 水平的 Stock-Yogo 临界值（16.38），最小特征值统计量 F 在 1% 的水平上显著，且大于 10，说明模型是可以识别的，且拒绝“存在弱工具变量”的原假设。

五、结语

中国近代公司法的出台和实施，既揭开了法制经济的序幕，也促进了企业的兴起和经济的繁荣。公司法的实施效果受制于所在社会和市场自身的运行逻辑，判断标准应该以经济效率和社会效率为尺度。本文选取工业化程度作为经济效率的度量指标，考察近代公司法在全国实施的效果，发现在不同地区由于与其市场运行的契合度不同，导致公司法的实施效果不同。为此，本文主要关注近代公司法实施效果的区域差异，以及导致这种差异背后的深层次原因。

本文提出了一个分析公司法运行逻辑的框架，即以工业化进程评价公司法的实施效果，以企业自主经营作为公司法实施的前提条件，以政府可信承诺构建公司法的运行机制。按照这个框架，从理论上的解释可以实现逻辑自洽：近代中国一方面有延续千年的政府专制惯性，权力之手不受约束；另一方面，出于发行公债的需要，在某些地区受制于银行业的力量，呈现出政府权力各地不均衡的局面，而在银行业发达的地区，因发行公债倒逼政府做出可信承诺，使政府权力受到制约，自然地构建了相对有效的市场化环境，契合了公司法这个舶来品发挥作用的运行机制，极大地释放了公司法对工业化的推动作用。因此，近代公司法在政府可信承诺程度较高、市场化环境较好的地区，发挥作用的效率更高。可惜的是因为这种银行与政府互相制衡的结构并没有得到宪法的保障，非常脆弱，历史也就没有给予其足够的机会生存下来，到了南京政府时期中央政权加强后，集权统治就挤占了法治的空间，这种制衡的力量也就没有了。本文选取近代中国新设工业企业数量和资本总额，通过构建模型进行实证研究，证明了近代公司法在银行业发达地区的实施效果更加显著，对工业化的促进作用更加明显。

参考文献

［1］滨下武志．中国近代经济史研究［M］．高淑娟，孙彬，译．南京：江苏人民出版社，2008.

［2］曹树基．中国人口史（第五卷清时期）［M］．上海：复旦大学出版社，2001.

［3］陈伯达．近代中国地租概说［M］．沈阳：东北书店，1949.

［4］邓峰．中国公司治理的路径依赖［J］．中外法学，2008，20（1）：58－65.

［5］杜恂诚．民族资本主义与旧中国政府（1840—1937）［M］．上海：上海社会科学出版社，1991.

［6］方流芳．试解薛福成与科比的中国公司之谜［M］//梁治平．法治在中国：制度、话语与实践．北京：政法大学出版社，2002.

［7］江眺．公司法：政府权力与商人利益的博弈［D］．北京：中国政法大学，2005.

［8］李玉．晚清公司制度建设研究［M］．北京：人民出版社，2002.

［9］李玉，熊秋良．论清末的公司法［J］．近代史研究，1995（2）：95－107.

［10］梁方仲．中国历代户口、田地、田赋统计［M］．北京：中华书局，2008.

［11］梁若冰．口岸、铁路与中国近代工业化［J］．经济研究，2015（4）：178－190.

［12］罗玉东．中国厘金史［M］．北京：商务印书馆，2010.

［13］马德斌．中国经济史的大分流与现代化：一种跨国比较视野［M］．杭州：浙江大学出版社，2020.

［14］潘国旗．北洋政府时期的地方公债探析［J］．浙江大学学报（人文社会科学版），2018（4）.

［15］汪敬虞．中国近代经济史（1895—1927）（下）［M］．北京：人民出版社，2000.

［16］王鹤鸣．中国家谱总目［M］．上海：上海古籍出版社，2008.

［17］王一江．国家与经济［M］．北京：北京大学出版社，2007.

［18］魏淑君．中国近代公司法体系的奠基之作——1914年《公司条例》述评［J］．理论学刊，2006（12）：92－94.

［19］谢振民．中华民国立法史［M］．北京：中国政法大学出版社，2000.

［20］严中平，等．中国近代经济史统计资料选辑［M］．北京：中国社会科学出版社，2012.

［21］阳李，余啸．法治建设与经济发展：基于跨国面板数据的实证分析［J］．贵州大学学报（社会科学版），2019，37（5）：66－74.

［22］尹梦霞，李强．民国统计资料四种［M］．北京：国家图书馆出版社，2012.

［23］张忠民．艰难的变迁：近代中国公司制度研究［M］．上海：上海社会科学院出版社，2002.

［24］朱海城．从《公司律》到《公司法》：近代中国股票发行制度与实践研究［J］．社会科学，2018（7）：148－155.

［25］朱英．论清末的经济法规［J］．历史研究，1993（5）：92－109.

［26］Bowen Ⅱ J R，Rose Da C. On the Absence of Privately Owned，Publicly Traded Corporations in China：The Kirby Puzzle［J］. Journal of Asian Studies，1998，57（4）：442－452.

［27］Carruthers B G. Politics，Popery，and Property：A Comment on North and Weingast［J］. Journal of Economic History，1990，50（3）：693－698.

［28］Dari-Mattiacci G，et al. The Emergence of the Corporate Form［J］. Journal of Law，Economics and Organization，2013（2）：193－236.

［29］Greif A，Tabellini G. The Clan and the Corporation：Sustaining Cooperation in China and Europe［J］. Journal of Comparative Economics，2017，45（1）：1－35.

［30］Harris R. Going the Distance：Eurasian Trade and the Rise of the Business Corporation 1400—1700［M］. Princeton：Princeton University Press，2020.

［31］Kirby W. China Unincorporated：Company Law and Business Enterprise in Twentieth-Century China［J］. The Journal of Asian Studies，1995（2）：43－63.

［32］Liu T C，Yeh K C. The Economy of the Chinese Mainland：National Income and Economic Development［M］. Princeton：Princeton University Press，1965.

［33］Ma D B. Financial Revolution in Republican China during 1900－1937：A Survey and A New Interpretation［J］. Australian Economic History Review，2019，50（3）：242－262.

［34］North D C，Wallis J J，Weingast B R. A Conceptual Framework for Interpreting Recorded Human History［R］. NBER Working Paper，2006.

［35］North D C，Weingast B R. Constitutions and Commitment：The Evolution of Institutions Governing Public Choice in 17th Century England［J］. Journal of Economic History，1989，49（4）：803－842.

［36］Tsebelis G. Veto Players：How Political Institutions Work［M］. Princeton：Princeton University Press，2002.

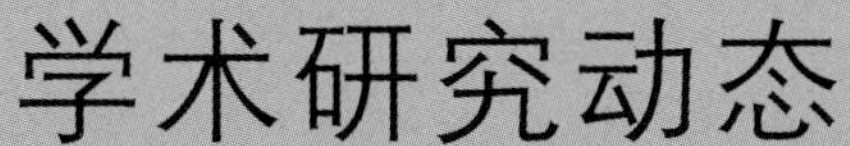
学术研究动态

大国发展经济学框架下的新发展格局研究*

陶文娜**

经济学家在探索社会经济发展重大现实问题的过程中，应该怎样发挥经济学科的特殊优势，从而做出不同于企业家、政府官员和社会文化学者的科学研究成果呢？著名经济学家约瑟夫·熊彼特在他的《经济分析史》（第一卷）中做了极为精辟的解答："让我们从普通的常识开始：'科学的'经济学家和其他一切对经济课题进行思考、谈论与著述的人们的区别，在于掌握了技巧或技术，而这些技术可分为三类：历史、统计和'理论'。三者合起来构成我们的所谓'经济分析'。"① 在他看来，经济学家的科学研究应该综合运用历史分析、统计分析和理论分析的方法。湖南师范大学欧阳峣教授带领的大国经济研究团队，正是沿循熊彼特的思路，凭借理论经济学特别是发展经济学的学科优势，在他们提出的大国发展经济学理论框架下，对以内需为主的大国经济发展道路和基于内需的开放型经济进行了深入的理论研究，从而为构建以国内大循环为主体、国内国际双循环相互促进的新发展格局提供了系统的理论支持。

一、从经济思想史汲取理论智慧

马克思主义认为，社会科学应该是在综合人类文明积极成果的基础上形成的科学体系，而不是离开世界文明大道而凭空创造的故步自封的学说。我们建设中国风格的大国发展经济学理论，同样不可能离开世界文明的大道，而应该从经济思想史中汲取理论智慧，总结和借鉴各种有益的思想观点和分析方法。

---

* 本文原载于《中国社会科学报》2021 年 11 月 22 日，第 A8 版。

** 作者简介：陶文娜，湖南师范大学博士研究生。

① 约瑟夫·熊彼特：《经济分析史》第一卷，商务印书馆 1991 年版。

亚当·斯密是现代经济学的开山鼻祖，他的《国富论》可谓思想博大精深，几乎涉猎现代经济学的所有命题，而后来的经济学家主要是围绕这些命题进行深入和系统的探讨。斯密生动地描述了中国古代经济繁荣的景象："中国幅员是那么广大，居民是那么多，气候是各种各样，因此各地方有各种各样的产物，各省间的水运交通，大部分又是极其便利，所以单单是这个广大国内市场，就够支持很大制造业。"同时，"假设能在国内市场之外，再加上世界其余各地的国外市场，那么广大的国外贸易，必能大大增加中国制造品，大大改进其制造业的生产力"。[①] 欧阳峣教授通过仔细研读斯密的这段阐述，认为其中包含着三个假设：第一，人口众多和幅员广阔的国家可以拥有规模庞大的国内市场，从而支撑制造业的发展；第二，在国内各区域间通过改善交通条件，有利于形成广大的国内市场；第三，通过发展对外贸易利用世界各地市场，可以增加市场规模和制造业发展空间。第一段话是在描述"国内大循环"为主体的局面，第二段话是在描述"国内国际双循环"的局面，这两段话比较完整地描述了大国经济发展格局的典型模式，而且表明了形成这种格局的现实基础，就是国家幅员辽阔、人口众多以及统一的国内市场。大国经济课题组遵循斯密提出的命题和思路，对大国经济发展道路和模式进行了长期的探索。

大国经济研究的核心问题是揭示国家规模和经济增长的内在联系。大国经济研究团队的学者回顾了经济学家的探索历程，借助古典经济学范式、新古典经济学范式和发展经济学范式，提出了大国经济发展理论的分析路径：一是沿着斯密的思路，从市场范围到分工深化，即超大规模国家拥有广阔的市场范围，可以促进产业分工的深化和生产效率的提高；二是沿着马歇尔的思路，从规模效应到竞争优势，即大国庞大的资源和市场规模有利于大规模生产，可以节约资源和实现规模报酬递增；三是沿着刘易斯的思路，从二元结构到经济转型，即发展中大国存在二元结构，发展的目标是推动结构转换。[②] 沿着这样的思路对大国经济发展问题进行多维度的研究，从而形成了大国发展经济学的逻辑体系，即以发展中大国为研究对象，以人口规模和国土规模为初始特征，以规模范畴和结构范畴为逻辑起点，以国内要素供需均衡模型、大国内生能力原理和大国综合优势原理为核心理论，以及以国内需求为主体构建完备国民经济部门、培育经济增长极和重视自主创新为战略导向的理论体系。

---

① 亚当·斯密：《国民财富的性质和原因的研究》下卷，商务印书馆 1974 年版。

② 欧阳峣：《大国发展经济学》，中国人民大学出版社 2019 年版，彼得·朗出版公司 2021 年英文版。

二、从大国经验概括典型化事实

经济发展过程就是一种社会实验，经济学家的历史分析就是研究经济发展的过程和经验，从中概括典型化事实。欧阳峣教授带领的团队不仅分析了发达大国和“金砖国家”经济发展的历史经验，使整个研究建立在客观事实之上；而且扩展了研究的对象，根据人口数量、国土面积和经济规模，遴选出中国、印度、印度尼西亚、巴基斯坦、巴西、墨西哥、俄罗斯、伊朗、埃塞俄比亚、尼日利亚、埃及、刚果（金）和南非等13个发展中国家，利用这些国家的数据进行实证分析。这样的研究就具有历史感和普遍性，往往容易揭示经济发展的客观必然性，从而获得规律性的认识。

进入21世纪以来，“金砖国家”的经济迅速崛起，“大国经济”现象令世人瞩目。特别是在经历国际性金融危机以后，世界迎来了发达大国与新兴大国共同支撑世界经济增长的时代。欧阳峣教授从寻觅中国经济增长奇迹和“金砖国家”崛起原因的视角，深入研究新兴大国经济发展的经验，提出“大国综合优势”概念，并分析它的形成机理。所谓“大国综合优势”，就是由大国的特征及多元的特征所决定的一种特殊优势，它是通过整合大国的各种有利资源而形成的综合优势。[①] 首先，这种综合优势可以比较合理地解释中国改革开放以来经济的高速持续增长。中国凭什么样的优势获得高速持续增长和国家竞争力的攀升呢？显然不可能单凭劳动力资源优势，而应该是“大国”优势和“转型”优势：中国是一个经济技术发展不平衡的大国，有些地区或部门具有劳动力资源优势和适用技术优势，有些地区或部门又具有高新技术优势和资本密集型产业优势；中国是处在转型时期的国家，有些地区或部门具有发展中国家的优势，有些地区和部门又具有发达国家的优势。这些不同优势的存在，都可以成为中国竞争力的积极因素。其次，这种综合优势也可以合理地解释中国经济发展的韧性。经受两次国际性金融危机的冲击，中国经济仍然保持稳定的发展势头，正是依靠广袤的发展空间和市场范围，从而形成很大的回旋余地。从大国综合优势的形成机制看，它包括由经济规模性导致的分工深化优势、成本减少优势和支柱产业优势，由经济差异性导致的区域互补优势、产业互补优势和产品互补优势，由经济多元性导致的人力资本适应性优势、技术适应性优势和产品适应性优势，由经济完整性导致的产业稳定性优势、产品稳定性优势和就业稳定性优势。

① 欧阳峣：《大国综合优势》，格致出版社2011年版，施普林格出版公司2016年英文版。

在库兹涅茨和钱纳里所提出的“国家规模与外贸依存度呈反比例关系”假设的基础上，大国经济课题组进一步总结了中国古代经济繁荣和美国近代经济崛起的历史经验，从而刻画了大国经济发展主要依靠国内资源和国内市场的典型化事实。唐宋时期是中国历史上经济繁荣的时期，在世界上树立了大国兴盛的典范。人口众多、土地辽阔的初始条件促进了市场规模和产业规模的扩张，从而形成庞大的经济规模，进而产生推动经济增长的大国效应；庞大的国内需求支撑产业发展和技术进步，推动了经济的繁荣。美国工业化是世界经济发展史上的成功典范。在建国以后，美国通过土地扩张获得发展所需的自然资源，通过国外移民获得发展所需的人力资源，从而推动工业化发展。其主要特征是依靠充裕的自然资源和人力资源，建设统一的国内市场和相对完整的产业部门，从模仿创新走向自主创新，实现全国经济的均衡发展。

三、构建大国经济双循环的框架

大国经济课题组遵循着市场范围假说、规模报酬假说和结构转型假说的思路，从大国经济的初始特征出发，通过分析大国经济发展的典型化事实，提出了大国供需均衡模型、大国内生能力原理和大国综合优势原理，探讨了内需驱动出口型式和基于内需的全球化战略，在大国发展经济学的框架下对构建以国内市场为主体、积极利用国际市场、国内国际双循环协调发展的型式做出了有益探索，形成了比较完善的理论体系。

欧阳峣教授系统地研究了大国经济的规模性特征、多元性特征和内源性特征，以及相应的依托国内资源的内源性增长型式，依托国内市场的内生性发展型式。[①] 内源经济发展基础比较稳固，它是推动一个国家经济发展的稳定和持久力量。内源经济主要表现为两个方面：一是依托国内资源，实现大国经济的内源性增长；二是依托国内市场，实现大国经济的内生性发展。广袤的国土面积、丰富的自然资源和充裕的人力资源构成大国经济的资源优势，为大国经济内源性增长提供了客观条件；庞大的国内市场、多元的需求结构和巨大的扩张潜力构成大国经济的市场优势，为大国经济的内生性发展提供了客观条件。大国发展经济学的三大原理，为以内需为主的大国经济发展型式提供了理论支撑：一是大国供需均衡模型，即将国家规模因素引入一般均衡模型，假设一个超大规模国家拥有规模庞大的生产要素，那么即使在封闭条件下，生产要素

① 欧阳峣等：《大国经济发展理论》，中国人民大学出版社 2014 年版。

也可以在总体上实现供需均衡，从而实现国内经济循环；二是大国内生能力原理，即超大规模国家由于拥有资源丰富和市场广阔的优势，依靠国内资源和国内市场就可以推动经济的自主协调发展；三是大国综合优势原理，即新兴大国的经济规模性、结构多元性和发展后发性特征，使它具有规模性和差异性的市场空间，异质性和较低成本的人力资本优势，模仿创新和自主创新相结合的技术优势，这些优势的耦合形成大国综合优势。在此基础上，欧阳峣教授提出要素禀赋优势、市场规模优势和技术后发优势相结合的分析框架，用于解释中国经济高速持续增长和国家竞争力呈震荡攀升的动力和原因。

走内需为主的大国经济发展道路，并非主张自我封闭。在封闭的世界经济体系里，大国的资源和市场可以形成推动经济繁荣的内在机制；但是，在开放的世界经济体系里，小国可以利用国外的资源和市场来弥补自身的缺陷，假如大国采取闭关锁国战略，则会丧失自身的规模优势。通过回顾中国从古代经济繁荣到近代经济衰弱、再到现代经济崛起的历史事实，可以很好地印证开放是现代国家经济发展的必由之路的观点。从理论逻辑上分析大国出口型式，要素禀赋和国内需求是一个国家外贸发展的两个主要驱动因素，由此形成了要素驱动出口型式和内需驱动出口型式；由经济发展阶段不同所决定的技术发展水平、要素禀赋结构以及国内需求规模和层次，将对出口型式的选择发生重要影响。① 相对而言，要素驱动出口型式下的出口产品结构将集中在少数具有要素比较优势的产品和生产环节，出口产品往往以国外需求为导向，与国内需求的关联度不高，发展中国家立足要素比较优势通过出口低端产品而嵌入全球价值链低端；内需驱动出口型式的出口结构虽然也受到国外需求影响，但主要根植于国内需求，与国内市场的联动性极强，对国外市场的依赖程度较低，因而有利于构建以国内大循环为主体、国内国际双循环相互促进的新发展格局。

四、探索大国经济发展战略转型

历史的经验证明，经济发展战略的选择，往往与国家的经济发展阶段及其特性有着内在的必然联系。特别是在一些发展中大国，经济发展初期面临着复杂的矛盾，经历了曲折的过程；随着经济发展进入新的阶段和出现了新的特点，将会重新选择经济

① 欧阳峣等：《大国发展道路：经验和理论》，北京大学出版社 2018 年版，施普林格出版公司 2021 年英文版。

发展战略，逐步实现从粗放型发展向集约型发展的转变，从出口导向型发展向内需主导型发展的转变，走上依托庞大的国内市场支撑经济高质量发展的轨道。

总结发达大国经济增长动力机制的特点，经济增长方式演变的总体趋势是从要素驱动型向生产效率驱动型转变，产业结构演变的总体趋势是从以农业为主导结构向以工业和服务业为主导结构转变，而技术创新和制度创新在加快经济增长方式转变和发展战略转型的过程中发挥着重要作用。通过实证分析“金砖国家”的经济增长质量，发现这些国家经济增长比较平稳，但是产业结构变动对经济增长的贡献逐步下降，贫富差距逐步拉大，全要素能源效率整体水平不高。[①] 针对金砖国家经济粗放型增长和过度依赖外部市场的问题，借鉴发达大国的经验，需要重点从两个方面推动经济转型：一是通过技术进步和产业升级推动效率型经济增长，构建国家技术创新体系，攻克国家重点产业的关键核心技术，实现技术创新和产业发展的深度融合；二是通过内需引导和结构调整促进平稳型经济增长，积极扩大国内消费需求，建设强大国内市场，保持投资合理增长。

大国经济课题组遵循理论逻辑和历史逻辑相结合的原则，从必然性和偶然性相结合的角度，比较合理地解释了中国在改革开放初期选择外向型经济发展战略、在经济发展新阶段转向以内需为主的发展道路的主要原因。中国改革开放初期由于缺乏旺盛的需求和资金，选择出口导向模式，利用国外的市场、资金和中国的劳动力资源，推动制造业快速持续发展，但也造成了外贸依存度偏高、贸易摩擦增加、被锁定在国际分工价值链低端以及经济大而不强的问题。当经济发展到新阶段的时候，中国应该转移到以内需为主的发展道路。目前，中国经济发展已经进入新的阶段，适应社会主要矛盾的变化和经济高质量发展的要求，应该回归大国经济模式，构建以国内大循环为主体、国内国际双循环相互促进的新发展格局。实现国内经济大循环的基础，就是建设强大国内市场，即根据市场容量巨大、市场供给充实、市场质量优良、市场环境完善和市场内聚力强的目标，将需求侧管理和供给侧改革有机结合，努力扩大和改善国内市场；消除市场分割，通过防止行业垄断，特别是加快要素市场建设，依托强大国内市场吸引各种要素和资源的集聚，培育优势企业和优势产业。构建新发展格局的基本逻辑是：以庞大的国内需求促进产业发展，以强大的国内市场集聚优质要素，构建国内创新链、供应链和产业链，形成国内经济的良性循环，并提升产业现代化水平和国际竞争力；选择优势产业进入国际经济大循环，通过追赶国际技术前沿获得关键核心技术，通过品牌塑造培育巨型跨国公司，形成全球价值链链主地位，进入全球价值

---

① 欧阳峣等：《新兴大国的增长与转型》，格致出版社 2015 年版，麦克米伦出版公司 2019 年英文版。

链高端。无论国内大循环还是国际大循环，基本目标是保障经济循环质量和提升产业链现代化水平，关键问题是增强技术创新能力。发展中大国应该利用技术创新的综合优势，凭借庞大的市场规模培育大国创新优势，形成降低技术创新成本、减少技术创新风险和扩大产业集群的积极效应；凭借巨大的后发利益，发展技术落后领域的模仿创新，节约技术创新的时间和成本，获得技术进步的后发利益；凭借强大的经济转型动力，推动技术创新方式的转换，致力于通过自主创新掌握重点产业关键核心技术，从技术的追随者变为领跑者，从而占据全球价值链高端。通过各种优势的耦合，构建新型国家创新体系，培育国际经济竞争新优势，从经济大国迈向经济强国，实现中华民族的伟大复兴。

外汇储备与外债同增悖论研究进展*

汤凌霄** 欧阳曜亚

摘 要 外汇储备理论发展的最新动态是发现外汇储备与外债两者“同增”现象。由于外汇储备资产收益远低于外债还本付息成本，这一现象引发同增悖论的提出。先前文献不能解释该现象或悖论，其主要原因在于忽视债务的内生性、长期性、本币计价属性以及外汇储备的宏观审慎监管功能。因此，新文献沿着补充这些属性的线索展开研究，主要从外债因素内生化、外汇储备宏观审慎功能两个视角解释了同增现象或悖论。这些解释的主要政策启示是，不宜将外汇储备与外债孤立看待并分割管理，而应将两者视为一种组合投资进行主动的总量、周期性、期限与币种匹配管理。这样既能起到平滑消费、提升GDP和福利水平的作用，更能够避免金融危机。

关键词 外汇储备 债务内生化 本币债务 宏观审慎监管

一、引言

对外汇储备研究可追溯至20世纪40年代布雷顿森林体系初建之时，主要从贸易角度探讨外汇储备适度性问题。当时普遍存在的美元荒使各国政府纷纷延续战时集中外汇和资本管制做法。在该背景下，特里芬（Triffin，1946）提出适度外汇储备量应为覆盖三个月进口需求的比率法，它简单实用却片面地将进口数量视为影响外汇储备需求的唯一因素。纳克斯（Nurkse，1944）则认为外汇储备的功能在于支付一国贸易赤字而非贸易本身，因此应将其视为净额支付而非贸易总额的国际支付。海勒（Heller，1968）等进一步研究了贸易净额之外的贸易波动性对一国外汇储备需求的影响。

20世纪70年代以来，全球进入金融一体化时代，资本管制逐渐放松，布雷顿森林体系随之崩溃，主要西方国家逐步采取浮动汇率制。在此背景下，国际贸易或支付需

---

* 本文原载于《经济学动态》2021年第5期，第146～160页。

** 作者简介：汤凌霄，经济学博士，博士生导师，湖南师范大学“潇湘学者”特聘教授。

求对一国积累外汇储备行为的解释力下降。因为一国即便没有足量的外汇储备，只要具备国际融资能力，也能应付交易性需求和外债偿付需求，除非是在全球金融危机的极端情形下。理论上，浮动汇率制通过汇率变动吸收国内外各类冲击，无须外汇储备资源便能得以维持，这一不同于固定汇率制的显著特点使得外汇储备问题逐渐淡出研究视野。直到20世纪90年代频繁爆发金融危机，尤其是在东南亚金融危机后，发展中国家才普遍意识到外汇储备对于处置金融危机的重要意义。因此，外汇储备快速增长和大量囤积“成为过去30年国际货币体系最突出的特点之一”（Bianchi and Sosa-Padilla，2020）。国际货币基金组织（IMF）统计资料显示，1999年底全球外汇储备总量仅1.94万亿美元，而截至2019年底则高达12.25万亿美元，其中，新兴市场经济体和发展中国家同期增长10.7倍，发达国家同期增长4倍。[①] 在此背景下，外汇储备理论重新成为研究热点。该阶段文献主要沿着两条线索围绕解释外汇储备持续增长现象而展开：

第一条线索是少数学者沿着之前的贸易视角展开。具体包括：杜利等（Dooley et al.，2005）等提出了重商主义观点，认为新兴经济体积累大量外汇储备是为了干预市场、降低汇率，从而刺激出口、促进劳动力就业和经济增长。但是，艾森曼和李（Aizenman and Lee，2007）的实证检验显示，重商主义动机因素并不显著。罗德里克（Rodrik，2006）则指出，即便积累外汇储备的目的在于提高出口竞争力，当且仅当政府无法或不愿阻止资本流入时，外汇储备积累才成为必然后果。第二条线索是大多数学者沿着预防和保险动机的资本流动视角展开。随着金融一体化的推进，国际资本流动格局变化尤其是短期资本流入骤停和逆转成为引爆新兴市场国家金融危机的重要因素（Calvo，1998；Forbes and Warnock，2012）。而外汇储备作为防止外资流入骤停的保险合同（Caballero and Panageas，2008；Jeanne and Ranciere，2011）、展期风险的保险合同（Hur and Kondo，2016；Bianchi et al.，2018）、宏观审慎管理工具（Arce et al.，2019），能够降低违约危机、银行危机和货币危机发生概率（Gourinchas and Obstfield，2012），起到平滑消费、提升GDP和福利水平的作用（Corneli and Tarantino，2016；Bianchi and Sosa-Padilla，2020）。

在第二条线索的研究中，部分学者将外汇储备与外债结合起来考察，发现了外汇储备与外债同时增长的现象。伴随着外汇储备持续增长，全球外债水平也由1990年的1.53万亿美元上升至2019年的25.15万亿美元。其中，发达国家外债在2007年和2008年后增速逐渐平缓，但约占全球外债存量的69.5%；新兴市场及发展中国家外债

① 原始数据来源于IMF的IFS数据库，经作者简单计算而成。

仅占 11%，但呈现持续增长态势[①]。从防范流动性危机视角看，增加外汇储备与减少未偿债务等价（Rodrik，2006；Coeneli and Tarantino，2016），外汇储备与外债同增现象似乎违背了预防危机、提供流动性的初衷。而大量关注外汇储备最优规模及其经营管理的相关研究显示，外汇储备资产的收益远低于外债还本付息的成本。于是一些学者提出该种行为不符合经济理性的困惑（Rodrik，2006；Alfaro and Kanczuk，2009）。对该困惑的种种解释便构成外汇储备理论发展的最新动态。

这一最新动态与之前仅关注外汇储备适度规模或持续增长现象不同，它是在金融一体化、国际资本流动、金融危机频发的大背景下着眼于外汇储备与外债的联合决策问题。当前受新冠肺炎疫情冲击，全球经济陷入深度衰退，国际资本流动大幅震荡，主要发达国家重启零利率或负利率政策，外汇储备收益持续缩减，与外债的利差继续扩大，并且，这一损失还将随着两者规模的不断增长而继续扩大。发展中国家为何普遍出现如此有悖于经济理性的行为，其背后究竟隐藏怎样的经济逻辑，需要何种前提条件，与债务违约、金融危机有何关联，以及其政策启示如何？这些问题吸引着众多学者的探索，本文拟对尝试解释这一悖论的文献进行系统的梳理。

二、外汇储备与外债共同增长现象

据本文所掌握的资料，最先发现同增现象的是罗德里克（Rodrik，2006）。他在研究积累外汇储备的社会成本时，通过观察 1990～2004 年间 18 个新兴市场经济体的数据发现，发展中国家的外汇储备规模急速上升的同时并未减少其短期外债的持有，他称这种行为“不符合理性”“令人震惊”。随后张和王（Cheung and Wong，2008）在比较衡量外汇储备适度性的几个度量指标时也附带地发现这一现象。他们使用 1957 年以来 174 个经济体的数据库，根据世界发展指标（WDI）的负债水平，将样本分为 37 个轻度债务经济体、41 个中度债务经济体和 56 个重度债务经济体三组，通过比较它们 1985 年、1996 年、2000 年、2004 年的国际储备与总外债数据发现：对于这三组负债的经济体，国际储备水平随时间推移而大幅增加，且重债组与中债组、轻债组之间的储备差距不断扩大；对于 1972～2004 年间的外汇储备/总外债比率，重债组高于中债组且更高于轻债组，这一结论同样适用于 1990～2003 年间的外汇储备/短期外债比率。莫哈末·杜德和波迪文斯基（Mohd Daud and Podivinsky，2011）强调主权债务期限结构，

① 此外，离岸中心外债占比 10.8%，国际组织占比 6.7%。数据来源于国际清算银行（BIS）网站。

指出大多数发展中国家的国际储备自1990年尤其是2000年以来增速加快，1970～2010年间各国外债也持续增长，长期主权外债约占长期外债总额的50%以上。贝尼尼奥和福纳罗（Benigno and Fornaro，2012）观察了66个发展中国家相关数据，指出它们因经常账户盈余而积累国际储备的同时也积累了私人外债，成为国际货币体系的两大突出现象。科内利和塔伦蒂诺（Corneli and Tarantino，2016）通过研究15个新兴经济体发现，包括巴西、中国、哥伦比亚等在内的10个国家于2008～2011年间外汇储备规模、主权外债以及债务成本都存在着共同增长的现象。

研究这一现象的巅峰之作是比安奇等（Bianchi et al.，2018）的研究成果，其特色在于将同增现象与经济周期因素相结合。他们通过对22个新兴市场和发展中国家1980～2014年间的相关数据进行考察后发现，在主权债务利差较低或国内收入较高的经济良好时期，这些国家的外汇储备和可违约公共外债存在显著的共同增长趋势，且私人资本流动和总资本流动也存在同样的顺周期趋势。阿尔法罗和坎丘克（Alfaro and Kanczuk，2018）则突出外债币种因素，发现巴西、墨西哥、哥伦比亚等10个代表性新兴市场经济体在2000～2014年间大规模增加本币主权债务头寸并积累大量外汇储备现象。阿尔塞等（Arce et al.，2019）进一步分析了1980～2015年间26个中等收入国家的相关数据，补充了以下事实：随着外汇储备总额增加，私人外债总额也有所增加，官方资本外流增长总体上与私人资本流入增长相匹配；在截面数据上，一国私人外债增长与外汇储备增长呈正相关关系；在时间序列数据上，外汇储备和私人外债积累随着时间的推移也呈正相关，且对大多数样本国而言存在顺周期性；一国资本账户开放程度越高，其外汇储备持有量往往越大。比安奇和索萨－帕迪拉（Bianchi and Sosa-Padilla，2020）则不仅指出同增事实，而且认为对于实行固定汇率制且存在名义工资刚性的新兴市场国家而言，同时积累外汇储备和外债是一项宏观经济稳定的政策组合。

以上文献均揭示出储备与外债的同增现象。归纳起来具有几个特点：第一，从时间和地域来看，尽管张和王（Cheung and Wong，2008）等文献证实了全球普遍存在同增现象，IMF也提供相应数据支持，但大多文献对该现象的研究聚焦于20世纪80年代以来的新兴市场经济体和发展中国家。第二，在同增现象中，对外汇储备取总量数据，而对债务则进行细分，有的分析总债务，有的侧重私人债务，有的重点分析主权债务或公共担保债务，还有的进一步考察以本币计价的主权债务。第三，从增长幅度来看，一般认为外汇储备的增长幅度大于外债增速，如罗德里克（Rodrik，2006）指出，1990～2004年间按加权（未加权）计算，18个代表性样本国的平均短期债务与GDP之比从5.4%（6.5%）上升至6.1（8.4%），而同期储备/GDP比率从4.8%（3.4%）上升至22.5%（15%），表明储备数倍于外债的增长。第四，一些研究将储备、外债的增长与经济周期结合起来研究，认为外汇储备与外债同增具有顺周期性。总体而言，现有文献对同增现象本身缺乏深入分析，比如外债类型或结构特点，外汇储备的币种、期限、资产类型等结构特点，尤其是对于不同类型国家的表现和特征并未展开细致分析。

三、外汇储备与外债共同增长悖论的提出

对于外汇储备与外债共同增长现象，表面上看似简单，实则不然。从外汇储备的供求角度看，似乎具有经济合理性。一国外汇储备承担着偿还外债、维持国际信誉的功能，因此随着外债的增加，对外汇储备的需求也将增加。例如，张和王（Cheung and Wong，2008）指出，负债累累的经济体可能有更强烈的动机囤积国际储备，以减少投机性攻击的风险。而从外汇储备供给角度分析，一方面，私人外债作为国际收支平衡表中资本与金融账户的重要来源，其增长经由央行干预外汇市场而导致外汇储备增加；另一方面，政府外债将直接带来当期外汇储备的盈余，因此二者存在正向联动性在逻辑上似乎成立。但进一步分析则未必如此。首先，外汇储备具有多种功能，比如支付进口以及维护金融安全和稳定的功能，外债可能仅是影响外汇储备需求的众多因素之一而非决定性因素。再从供给角度看，倘若央行不买入外汇以防止本币升值，则私人外债未必与外汇储备同增，如阿尔塞等（Arce et al.，2019）观察到菲律宾、埃及等 10 个中等收入国家的私人外债和外汇储备规模甚至呈负相关关系；如果外汇储备主要来源于出口项，则外债与外汇储备的相关性会减弱甚至不存在。更重要的原因可能在于，外汇储备和外债可能相互影响，其决策可能是同时确定的。

同增悖论的提出首先源于对外汇储备预防功能的思考。研究流动性危机的文献指出，持有外汇储备可以在流动性冲击发生时进行清算和注入，而降低外债水平也能减小流动性冲击的风险敞口，从而缓解流动性压力并降低危机发生概率，因此，增加外汇储备和减少未偿债务对于预防流动性危机是等价的，两种策略相辅相成，最好同时进行（Feldstein，1999；Coeneli and Tarantino，2016）。同增现象似乎违背预防危机、提供流动性的初衷。这就提出了一个难以解释的悖论：既然增加储备和减少债务都能预防危机，主权国家为什么仅选择前者而与后者完全相反？费尔德斯坦（Feldstein，1999）对此的解释是，采取哪种策略取决于哪种的成本更低，而此前文献认为成本最低的最优策略要么维持外债水平不变而增加外汇储备，要么使外债水平接近于零而只需维持少量外汇储备，二者均无法解释同增现象（Kim，2017）。

同增悖论提出更重要的原因在于该行为似乎背离成本收益原则。我们先考察该现象背后的作用机制：假设我国银行 A（或私人企业）从国外借入 100 万美元外债，它们需要兑换成本币以便在国内使用，兑换比率始终为 1∶7。若对手方是其他银行，则分析仍停留在这一层面，而深入分析将发现最终对手方一定是央行。央行一方面从银行 A 手中买入外币，在其准备金账户上增加一笔 700 万元人民币；另一方面，为增加收益，它往往用得到的外币再购买美国国债或者国外短期证券而形成外汇储备资产。同时，为冲销对国内货币供给扩张的影响，有两种选择：一是央行向银行部门出售国内政府债券，央行的资产负债表规模不变；二是央行发行中央银行票据，保持基础货币的规模不变。在这些交易完成后，银行部门增持 700 万元人民币国内政府债券（或央票）以平衡 100 万美元外债；而央行增持 100 万美元外汇储备，同时减持 700 万元人民币国内政府债券（或增持 700 万元人民币央票形式的负债）；该国整体外汇储备资产和外债各增加 100 万美元。

鉴于此，央行净利润是外汇储备收益率与国内政府债券利率或央票利率之差，对于新兴市场和发展中国家，一般该值为负数。如艾曾曼与马里昂（Aizenman and Marion，2004）指出，截至 2002 年，韩国外汇储备收益率为 2% ~3%，远低于韩国政府债券利率 9%。王永中（2013）估算 2002 ~2011 年以美元指数为计价单位的外汇储备收益率均值为 2.48%，他还指出随着人民币连续升值和冲销成本的上升，以及美国国债收益率的大幅走低，中国储备净收益率[①]迅速恶化，2005 年后基本处于无盈利甚至亏损状况，2002 ~2011 年平均净收益率为 -1.69%，并在 2008 年达到谷底 -7.78%。而银行净利润为国内债券利率与外债利率之差，发展中国家该值一般也为负值。这是由于外债利率是其规模的函数，并在达到一定规模后利率斜率变得更为陡峭。此外，考虑货币兑换引起的汇率风险，发展中国家付出的外债成本往往高于国内债券收益率。同理，一国总体净利润则由于央行减持国内政府债券与银行增持的额度正好抵消而为外汇储备的收益率与外债利率之差。大量关注外汇储备最优规模及其管理问题的相关研究显示，外汇储备资产的收益远远低于外债还本付息的成本。如罗德里克（Rodrik，2006）观察 1990 ~2004 年 18 个发展中国家的相关数据所估算的，同时持有短期外债和外汇储备而导致的利差损失接近 GDP 的 1%，且随着外汇储备和外债规模不断增长，经济损失将进一步扩大。正是在这一意义上，他认为发展中国家外汇储备与外债同增的行为不符合经济理性，提出“为什么它们不降低短期外债、从而降低外汇储备积累的成本”的疑问，且认为“这一困惑非常令人震惊”。阿尔法罗和坎祖克（Alfaro and

① 储备净收益率等于储备资产收益率减去政府债券或央票利率的净值。

Kanczuk，2009）、比安奇和索萨 - 帕迪拉（Bianchi and Sosa-Padilla，2020）等学者在发现该现象时均提出类似困惑。

四、对外汇储备与外债共同增长悖论的解释

对外汇储备与外债同增现象的解释目前尚未形成完善的理论体系，现有文献基本上是在动态随机一般均衡（DSGE）模型的基础上展开的。模型设定符合新兴市场和发展中国家的现实情况，主要是沿着外债模型和外汇储备模型两大视角逐渐细化并有所突破。前者可再分为外债内生化、外债长期化、外债本币化三条线索；后者强调同增过程中为应对资本流动逆转而引起的外汇储备的宏观审慎功能。这些理论模型的基本思想是，阐释同增是一种联合决策的最优组合，既能提高国内消费、产出或就业相关的福利，又能有效降低汇率波动和违约风险。

（一）外债因素内生化视角的解释

随着国际金融环境的变化以及国内金融市场的发展，发展中国家某种程度已摆脱外债期限和币种严格受限的“原罪”而使其呈现长期化、本币化趋势。因此，对同增现象的解释沿着从债务外生到内生化、从短期债务到长期债务并考虑展期风险、从外币债务到本币债务的线索展开。

1. 沿着债务外生到债务内生化线索

解释同增现象的前提是将外汇储备与外债联系起来考察。早期研究主要有两种方法：

（1）比率分析法。随着金融全球化趋势的加强，对外汇储备适度性解释从贸易支付需求转向外债支付需求，比率分析法也从外汇储备与贸易比率发展为外汇储备与外债比率。阿根廷财政部副部长巴勃罗·吉多蒂（Pablo Guidotti）在 G33 研讨会上提出吉多蒂准则，即外汇储备需覆盖一年内应付的外债，包括期限为一年内的短期外债，以及期限超过一年但在下一年到期偿还的外债（Guidotti，1999）。同年艾伦·格林斯潘（Alan Greenspan）在此基础上做了两项技术改进：其一，附加一国外债平均到期日应该超过某一界限（如三年）的规定；其二，提出类似于金融风险管理中的 VaR（value at risk）的 LaR（liquidity at risk）法，以便精确计算一国实际外债头寸（Greenspan，1999），被称为吉多蒂 - 格林斯潘规则（Guidotti-Greenspan）。该规则注意到新兴经济体

资本账户的脆弱性，隐含外汇储备与外债同增之义，但问题在于：首先，它也包含外汇储备与外债“同减”的含义，并不能确定性地解释同增现象。其次，它过于简单，忽视了外债的展期意愿和支付意愿，由于大多数发展中国家的债务是不同于私人债务的主权债务，债权人无法以法律手段强迫其还债（Eaton and Gersovitz，1981），故支付意愿将显著影响外汇储备需求；它还忽略通货彭胀、税收等因素对外汇储备和外债实际水平的影响，如主权国家可能通过通货膨胀降低实际外债水平（Calvo，1988；Blanchard and Missale，1994），或通过税收扭曲手段增加实际外汇储备水平（Aizenman and Marion，2004）。最后，它本质上视外债为外生因素以求解最优外汇储备量，未考虑外汇储备对外债的影响。

（2）目标函数法。选择成本最小化、产出最大化、效用最大化等不同的目标函数，将基于自我保护的预防性或保险动机融入新兴经济体外汇储备适度规模模型，而将外债作为外生因素纳入模型（Aizenman and Marion，2004；Jeanne and Raneire，2011）。典型代表为珍妮与拉内尔（Jeanne and Raneire，2011）所构建的小型开放经济体的最优国际储备模型，其中，小型经济体由非连贯、同质性消费者和政府构成。消费者追求跨期消费效用最大化目标，基本公式为 $C_t = Y_t + L_t - (1-r)L_t - 1 + Z_t$①。消费者存在一个信贷约束，即 $(1+r)L_t \leq Y_{t+1}^n \times \partial_t$，意指债务到期还本付息总额应该小于或等于下期（不发生骤停情况下）产出与一个随时间而变的外生参数的乘积，以保证完全偿付或不违约。为防止消费者违约引起外资流入骤停和平滑国内消费，政府与外国投资者签订外汇储备保险合约②，骤停时将合约产生的现金流转移给消费者。为了使模型存在显式解，需要消费者信贷约束一直成立，而保持短期债务/GDP 等于恒定比率 λ 就能使消费者信贷约束成立。参照 1975 ~ 2003 年间 34 个中等收入国家发生骤停的相关数据，模型将 λ 设为 10%。模型最终通过对福利最大化目标的求解得出最优外汇储备水平能够解释 1980 年以来新兴市场经济体出现的外汇储备持续上升现象，但由于模型中外债的外生性，不可能解释同增现象。

以上两种方法在求解最优外汇储备水平时均将外债水平视为既定的外生因素。在这种设置下，主权国家的最优策略是要么维持债务不变、增加储备；要么使债务水平接近于零，并只需维持少量储备，均无法解释二者共同的增长（Kim，2017）。一些学

① 其中 Y_t 表示 t 期的国内产出，L_t 表示 t 期借入的外债，r 表示债务利率，是恒定参数，这里假定消费者不会拖欠外债，Z_t 是来自政府的转移支付。

② 该合约在 t 期向外国投资者支付保险费用 X_t，直至外部融资骤停实现时政府收到保险偿付 R_t。政府只是将保险合约产生的现金流量转移给国内消费者，即正常时期 $Z_t = X_t$，而骤停时 $Z_t = R_t - X_t$。这等于用积累流动性储备的方式为或有债务提供融资。

者逐渐意识到关键缺陷在于忽视外债水平的内生性。因此，要解释同增现象，就需要将外债因素内生化。

那么，如何将外债因素内生化？我们可以追溯至伊顿和格索维茨（Eaton and Gersovitz，1981）所构建的经典主权债务违约模型，其中提出了可持续债务水平①的概念。为简化分析，该模型并未纳入外汇储备因素，国家仅向外发行单期债券并追求效用最大化目标。假设一国净产出是随机的，高收入和低收入时期无限交替，则该国在低产出时发债而在高产出时偿还。借款国 t 期是否违约取决于违约与不违约两种价值函数数值的大小。一国可持续债务水平为违约成本刚好覆盖违约收益的最大安全借款水平，其中，违约成本包括国家声誉受损成本和宏观经济成本，前者意味着拖欠国被永久禁止再次借债；而违约收益则等于债务存量与应付利息之和，该收益随债务规模增长而增加。因此，该模型将违约惩罚和可持续债务水平内生化。在上述模型的基础上，阿吉塔和戈皮纳特（Aguitar and Gopinath，2006）的主权债务违约模型沿用单期债券以及违约后不得再进入国际信贷市场的惩罚设定，其贡献在于揭示一国债务规模与可持续债务水平的关系取决于冲击的性质，其中，外生冲击包括一次性暂时冲击和长期性持续冲击两种类型。如果面临暂时冲击，则是否违约取决于未偿还债务水平而非冲击本身，此时利率对债务规模极为敏感，它将随债务规模增大而大幅提升，从而导致借款国降低其债务规模而使之低于可持续债务水平。相反，长期持续性冲击则会造成借款国扩大债务规模直至接近可持续债务水平。阿雷利亚诺（Arellano，2008）从经济周期角度建立一个小型开放经济模型来研究外债、违约风险与产出的相互作用，认为违约概率和利率取决于还款动机，而由于衰退期偿还债务的成本高于繁荣期的，因此，衰退期债务违约概率更大。

这部分文献的发展促使一些学者开始尝试将外债内生化，具体做法是将主权债务违约思想纳入前述成本最小化或效用最大化目标函数，以期解释外汇储备与外债同增现象。阿尔法罗和坎祖克（Alfaro and Kanczuk，2009）在伊顿和格索维茨（Eaton and Gersovitz，1981），以及阿吉塔和戈皮纳特（Aguitar and Gopinath，2006）在经典的债务违约模型的基础上建立动态随机一般均衡模型。借款国持有外汇储备并发行单期债券，需要同时决定下一期外汇储备规模、本期是否违约以及不违约时下一期外债规模；而贷款国根据对借款国违约概率的判断来确定当期债券价格和外汇储备价格。两国决策构成一个随机动态博弈的马尔科夫完美均衡，且借款国 t 期违约与否取决于违约和不违

① 违约收益随着债务规模增加而增加，违约成本则由该国收入可变性和增长率以及其他影响将来债务需求的若干特征所决定，因此，就可确定一个违约成本刚好等于违约收益的最大安全借款水平，即信贷上限（Eaton and Gersovitzs，1981）。

约两种价值函数值大小。该模型将借款国消费效用最大化问题转化为求解价值函数问题，再通过迭代方法计算收敛至均衡点时最优外汇储备和外债规模。他们认为一国借入主权债务和积累外汇储备虽然都能平滑消费，但两者并非完全可替代，因为一旦违约，则该国不得再次进入国际借贷市场，但外汇储备却依然可交易。比较两者成本发现，当未偿债务低于可持续债务水平时，借贷空间较大，从而发债成本低于持有外汇储备成本；而外汇储备规模越大，意味着一旦违约它将有更多资源可用于对外支付，债务违约成本变低，违约概率增大，从而降低可持续债务水平并提高借款利率水平，这显然不利于平滑消费。因此，最优行为是不持有外汇储备并降低未偿债务且在极度困难时期选择违约。进一步，该文在基准模型基础上引入利率冲击和经常账户突然逆转冲击进行稳健性检验发现，两种冲击下债务规模降低，最优外汇储备稳健为零。可见，该模型最终得出与同增相反的结论，甚至不能解释外汇储备持续增长现象，他们对此的解释是只能从交易成本、汇率干预的国家政策以及政治经济学理论等角度寻求答案。

金（Kim，2017）认为阿尔法罗和坎祖克（Alfaro and Kanczuk，2009）无法解释外汇储备与外债同增现象的原因在于发生外部融资骤停概率被假定为外生，因此，当外部融资骤停概率也受储备与外债这两个内生变量影响时，增加外汇储备提高了外债的可持续性，能够解释二者同增。他所建立内生的“骤停”模型假定，骤停概率等于外汇储备/外债比率的函数 $P_s(A/B)=\Phi(m-\omega(A/B))$①，从而将骤停冲击内生地纳入模型，这是对 DSGE 模型缺陷的一大改进。该模型显示，更高的外汇储备意味着骤停概率降低，从而引起违约概率下降和借款利率下降，意味着还本付息能力增强，因此增持外汇储备不再降低可持续债务水平。并且，一国面对骤停的基本面脆弱性越大、外汇储备降低骤停概率的能力越强、危机的产出成本越高、风险厌恶程度越高，则最优外汇储备应越高。由于“骤停”模型与阿尔法罗和坎祖克（Alfaro and Kanczuk，2009）模型所揭示的现象有所不同，更高的外汇储备意味着还本付息能力的增强，因而可持续债务水平不再得以降低而是相反。由此，模型得出最优行为是外汇储备与外债的共同增加，且数据仿真模拟生成的外汇储备/外债比率与现实相吻合，但不足之处在于数值模拟得到的外汇储备以及外债水平与真实水平仍有差距。

① P_s 表示内生的突然停止概率；A 表示外汇储备；B 表示债务水平；$\Phi(\cdot)$ 表示服从标准正态分布的概率密度函数，m 表示影响经济的外部性因素，如一国面对突然停止的基本面脆弱性；ω 表示储备降低突然停止可能性的能力。

2. 沿着从短期债务到长期债务并考虑展期风险的线索

20 世纪早期，发展中国家进入国际资本市场受到种种限制，往往只能借入短期外债。研究债务期限结构的文献主要从流动性风险和信息不对称角度展开（Qian and Steiner，2017），认为债务期限结构是流动性风险与贷款人因缺乏信息而偏好短期债务这两者相权衡的结果（Diamond and Rajan，2001）；短期债务可能是减少道德风险的惩戒手段（Cheng and Milbradt，2012）。卡尔沃（Calvo，1988）、布兰查德和米萨莱（Blanchard and Missale，1994）等进一步指出，外债的短期属性将减轻政府通过制造通货膨胀来降低公共债务实际价值的激励，从而减轻债务人的道德风险。查特吉和艾伊贡戈尔（Chatterjee and Eyigungor，2012）强调短期债务作为国际贷款的承诺手段或工具而在事前有增加国家福利的作用；比西埃等（Bussière et al.，2004）指出债务国经济和政治的不确定性将收紧偿付能力限制而引起债务期限短期化。布鲁纳梅和厄姆克（Brunnermeier and Oehmke，2013）认为债权人面临激烈竞争而有动机缩短贷款期限；布朗纳等（Broner et al.，2013）则从成本的角度指出，这是因为长期债券的风险溢价高于短期债券，且危机期间两种溢价的差异将扩大，因此新兴经济体借入短期债务的成本更低。

赫尔和近藤（Hur and Kondo，2016）关注借入短期外债为国内长期投资融资的小型开放经济体。贷款国可能受到外生的、满足随机分布的流动性冲击，而受到冲击后就会要求借款国还债；未受冲击的贷款国则愿意提供展期。借款国还款来源于外汇储备与国内投资清算残值之和。当贷款国面临冲击较小时，借款国优先动用外汇储备还债；而冲击足够大时，借款国耗尽外汇储备也无法还债，此时所有贷款人将拒绝展期而导致借款国融资骤停。模型对最优外汇储备量在降低外部融资骤停概率、利率等收益与降低投资、最终产出等成本之间进行平衡来求解，结论显示外汇储备在减少展期风险、融资骤停中起关键作用。该模型以展期风险的增加来解释 1990 年后期新兴经济体大幅增持外汇储备现象。

但以上短期债务模型并不能解释外汇储备与外债同增现象。尽管短期债务成本低，能够抑制道德风险，但它是造成金融危机的一个因素（Furman and Stiglitz，1998；Reinhart and Calvo，2000）。相对应地，长期债务尽管违约风险高、成本高，但它更稳定、更能抵御危机。当不同期限外债的成本与危机防范效益之间达到平衡时，一国就能实现最优外债期限结构。钱与施泰纳（Qian and Steiner，2017）着眼于既定外汇储备水平对最优外债期限结构的影响。他们分别将外汇储备、短期外债和长期外债纳入成本收益进行考察发现，外汇储备通过降低危机概率和创造纾困预期降低债务成本，且增加单位外汇储备使长期债务成本降低幅度明显大于短期债务的成本降幅，因此持有外汇储备将延长主权债务的期限结构。他们采用面板固定效应回归、系统 GMM 和动态面板向量自回归方法对 1984 ~2012 年间 66 个新兴经济体数据进行验证发现，外汇储备提升了长期外债在总外债中占比，且该结果均适用于私人和公共外债。

一些学者发现，将外债长期化后，外汇储备与外债的组合可实现资源的跨时期跨国家转移，对冲展期风险和平滑消费波动，增加社会福利与就业，产生宏观经济对冲效应，因此同增就成为最优的经济策略。比安奇等（Bianchi et al. , 2018）的最大贡献在于引入长期外债，在伊顿和格索维茨（Eaton and Gersovitz，1981）以及阿吉塔和戈皮纳特（Aguitar and Gopinath，2006）的主权违约模型基础上构建随机动态均衡模型。借款国面对贷款人风险厌恶冲击和收入冲击可以采取两种策略：其一，增加外汇储备和外债的同增策略。该策略能够发挥外汇储备的保险功能，但也会导致利差上升、违约风险成本增加。其二，用外汇储备偿还债务的“同减”策略。这能降低当期利差从而减少未来违约概率，但也会抵消外汇储备的保险功能。对于借款国而言，若发行单期债券，则下一期持有债券与外汇储备的净边际收益仅在违约国和还款国之间有所不同，而在还款国之间是相等的，即资源只能从还款国转移到违约国，外汇储备无法实现还款国之间跨期平滑消费的保险功能。因此，主权国家会选择“同减”策略，最大限度地降低违约风险成本和利差，最优外汇储备为零。若发行长期债券，则情况大不相同。下一期持有债券与外汇储备的净边际收益在还款国之间也有所不同，表现为还款国下一期债券价格越高，则其偿还债务的价值越高，净边际效用越低，反之亦然，这意味着更多资源转移至下一期债券价格低的还款国。由于资源的这一转移，在利差较低、收入和消费较高的繁荣期，借款国外汇储备的保险功能得以充分发挥，从而能够对冲展期风险和平滑消费波动，因此选择同增策略最优；而在萧条期，更高的借贷成本和违约风险将引起利差扩大，而为了缩减利差，借款国往往选择“同减”策略。

比安奇和索萨 - 帕迪拉（Bianchi and Sosa-Padilla，2020）沿用比安奇等（Bianchi et al. , 2018）长期债务假设，政府将发行债务和积累外汇储备作为一项组合投资决策，特色在于引入固定汇率制和劳动力市场名义工资刚性。其核心观点是，持有外汇储备不是为了维护固定汇率制的财政需求，而是为了维护主权债务风险下的宏观经济稳定。主权风险与总需求放大之间的相互作用使外汇储备产生宏观经济稳定的对冲作用，而外汇储备增加债务的可持续性，以至于通过债务积累为外汇储备融资可能不会导致利差增加，而是显著增进福利效益。具体而言，假设政府面临一个负面冲击，经济人的最佳反应是减少借贷和消费，在固定汇率制和名义工资刚性情况下，经济将陷入衰退与消费相互作用的恶性循环。而政府发行债务来积累储备能够在冲击发生时平滑消费，可贸易商品消费的提高会引起国内非贸易商品价格上升，在名义工资刚性情况下将降低实际工资，从而引起对劳动力更高需求以及更多就业机会。而总需求扩张的关键在于使得政府避免将到期债务以高利率展期，从而可能不会增加利差。因此，政府以发债来积累储备可以实现储备的“宏观经济对冲效应”，能够在控制债务成本的前提下使平滑消费、缓解产出收缩的福利效益最大化，从而解释同增现象的合理性。

3. 沿着从外币债务到本币债务的线索

艾奇格林和豪斯曼（Eichengreen and Hausmann，1999）将新兴市场经济公司或政府不能以本币从国外借款现象称为“原罪”，“原罪”之所以重要是因为：它将引起货币错配，进一步影响货币政策有效性，阻碍发展中国家采取浮动汇率制、增大金融危机发生概率（Goldstein and Turner，2004）。对于原罪形成的原因，可能与发展中国家通货膨胀史、货币贬值以及主权风险（Eichengreen and Hausmann，1999）、政治稳定程度（Billmeier and Mathisen，2006）、国家规模（Eichengreen et al.，2003）、不当的固定汇率制（Jeanne，2003）和外债管理政策（Goldstein and Turner，2004）等因素相关。因此，为解决原罪问题，学者们提出发展国内债券市场（Eichengreen et al.，2003）、改变固定汇率制、加强银行风险监管、实施审慎外债和外汇储备管理政策（Goldstein and Turner，2004）、构筑新兴市场货币篮子指数（Eichengreen et al.，2003）等政策建议。

随着以上改进措施的实施，尤其是资本账户开放的推进和国内债券市场的发展，新兴市场经济体进入国际信贷市场的限制已大不相同，外国投资者对当地货币债券市场的参与度大幅增加，在过去十年里主要新兴市场经济体以外币借入高达 85% 的外债，而现在则以本币借入的外债达 50% 以上（Du and Schreger，2016）。伯格等（Burger et al.，2012）补充指出，由于投资回报高，美国投资者持有欧洲、中东和非洲本币债券从 2001 年不到 20 亿美元增至 2008 年底的 270 亿美元以上。黑尔等（Hale et al.，2014）、奥托内洛和佩雷斯（Ottonello and Perez，2019）进一步分析了本币债务在新兴市场中日益增长的作用。珍妮与朗西尔（Jeanne and Ranciere，2011）也提出了基于与本币外债相互作用的储备积累的理由，即原罪的“赎回”。

阿尔法罗和坎祖克（Alfaro and Kanczuk，2018）正式将本币债务纳入模型，构建受到国际冲击的小型开放国家的动态均衡模型。为了平滑消费，假设政府分别按非贸易商品和可贸易商品的价格以本币和国际货币发行外债，在每一种经济状态（良好/萧条）之下，家庭的最优化决策依据可贸易和非贸易商品的边际效用来确定实际汇率。首先，考虑不含违约的二期模型。若该国同时持有本币债务和储备①，由于本币汇率在

① 若该国发行外币债务，则只能实现资源的跨时间转移，不能够提供任何期内保险，对平滑消费不起作用。

经济良好状态下升值而在萧条状态下贬值，将对本币债务产生“资产估值效应”，能够抵消产出冲击和平滑消费。由于本币债务成为一种非常有效的保险手段，因此最优决策是政府持有无限债务和储备。其次，引入违约动机。尽管直接违约和资产估值效应都能平滑消费，但直接违约将使借款国在一定时期内不能进入国际借贷市场而导致国内产出下降。若同时持有本币外债和储备[①]，由于本币债务所具有的“资产估值效应”，借款国无须直接违约便能平滑消费，因此主权国家倾向于选择不直接违约。事实上，发行本币债务的政府几乎从未违约，从而不会降低可持续债务水平。政府最优的策略是不管经济处于或好或坏时期，储备作为一种保险不应该在经济萧条时期“被消耗掉”，而应始终将它保持在一个较高水平，同时增加本币债务的稳定性，使二者组合共同起到保险作用。可见，该模型较好地解释了外汇储备与本币外债共同增长的现象。

（二）外汇储备宏观审慎功能视角的解释

对于同增现象，与前述着眼于外债因素的角度不同，一些学者侧重于外汇储备在国际资本流动中发挥的作用，强调同增过程中为应对资本流动逆转而引起的外汇储备的宏观审慎或金融稳定功能。

20 世纪 90 年代以来，新兴市场经济体由资本流动逆转引发的金融危机频发，外汇储备的金融稳定功能逐渐得到重视。资本流动与外汇储备之间的关系主要体现在债务性储备上，而债务性储备主要源于 FDI、证券投资或其他投资等形式的私人资本净流入。其中，外债作为这三类私人资本流入扣除股权的全部头寸，其方向与规模都对外汇储备产生重要影响，同时，外汇储备作为官方资产，其变动也对一国跨境资本流动方向和波动产生影响。罗森伯格和沃诺克（Rothenberg and Warnock，2011）发现，许多骤停的发生主要是居民资本外逃引起，只有小部分是由外国资本流入总额收缩所驱动。在此基础上，阿尔贝罗拉等（Alberola et al.，2016）研究指出，对国际储备与资本流入骤停关系的分析不应该仅考察净流量，而应该考察总流量，包括以国际金融负债表示的外国资本流入总额和以狭义货币总量 M2 表示的国内资本流出总额。通过对资本流入和流出总额的分析，评估各国央行持有的外汇储备对跨境投资者行为的影响。因此，在金融市场压力上升期间，央行持有外汇储备虽然无法阻止资本流入下降，但能够缓解国际融资困境；同时能够有效抑制资本外逃，结果是总资本流入大、流出小，

① 同时持有外币外债和储备的政府，由于缺乏本币债务的“资产估值效应”，需要通过直接违约来实现消费的平滑，而违约概率的增大将降低可持续债务水平，从而使得模型中最优储备为零。

净资本头寸为正。布朗纳等（Broner et al.，2013）认为，在危机背景下，净资本流入的下降助长了新兴市场经济体金融市场的周期性波动。他们认为有必要继续分析净资本流入下降究竟是由外国机构出售国内资产还是国内机构购买外国资产造成，或是两者共同所造成。他们研究 1970 ~ 2009 年间 103 个国家在金融周期内（尤其是危机期间）外国和本国代理机构总资本流动的行为发现，总资本流动呈现顺周期性，经济扩张期资本流入和流出同时增加，而经济衰退期总资本流动大幅度缩水。究其原因是，在中低收入国家主要由于国际储备减少，而在发达国家和中等收入国家中则主要由债务变动所引起。

随着资本流动相关研究的关注点从净头寸转向总头寸，学者们尝试在模型中进一步区分私人和官方资本流动，将外汇储备模型化为一种政策工具，纠正过度私人借贷和金融危机敞口下的金融外部性。科里内克和塞文（Korinek and Servén，2016）曾指出，在资本账户开放的新古典增长模型中，外汇储备的积累将被私人资本流入所抵消，因为当高额储备造成储备囤积、实际汇率贬值时，国内机构会以李嘉图等价方式①行事，通过对外借款和进口贸易商品来抵销政府储蓄，从而抵销外汇储备对实际汇率的影响。正是由于新古典增长模型不区分私人资本和政府部门的资本积累，因此私人和官方资本流动完全可替代或可抵消，但实际情况可能并非如此。贝尼尼奥和福纳罗（Benigno and Fornaro，2012）研究了由可贸易部门和不可贸易部门构成的小型开放经济体，强调外汇储备对 GDP 增长的正向作用。在他们所构建的模型中，贸易部门通过进口而拥有学习先进经验和技术的正外部性，储备的积累引致实际汇率贬值，并有效促进对贸易部门的生产再分配，这为政府在危机期间动用储备提供了强有力动机，即当陷入外部融资困境时，政府将利用储备存量弥补可贸易企业的信贷规模。因此，国际储备的积累并不会被私人资本流入完全抵消，这是因为骤停风险会限制私人机构的借款能力。总之，在经济平稳时期，GDP 快速增长的经济体虽然存在经常账户盈余并积累正的储备，但同时私人部门也积累大量外币债务；而在危机期间，总资本流动缩减。随着企业削减外债存量，资本流入减少，政府动用储备以缓解危机并减轻危机影响，因而资本流出也减少，这一结论与布朗纳等（Broner et al.，2013）的研究结果一致。

在前述研究的基础上，阿尔塞等（Arce et al.，2019）将外汇储备模型转化为一种宏观审慎政策工具，他们建立了一个小型开放经济体的金融危机模型以研究外汇储备和私人外债联合决策，发现储备积累有助于放松私人信贷约束，从而储备与外债同增

① 这一概念指政府无论通过减税还是发行债券方式来为扩大政府支出筹资，家庭的消费都不会变化，因为现阶段的减税或债券的利息早晚会以未来增税的方式偿还。

能提高产出与福利。模型假设国内家庭部门借入以外币计价的非国家或有债券（non-state-contingent bonds），并受到依赖收入的信贷约束，且这种借贷能力受实际汇率影响（Mendoza，2002）。当负面冲击来袭时，家庭的去杠杆化通过实际汇率与借贷能力之间的相互反馈，导致借贷约束进一步收紧，家庭无法将当前较高的借贷规模对未来经济的负外部性内生化而往往出现“过度借贷”，此时政府通过积累储备的干预政策发挥作用，推动家庭增加借款直至达到信贷约束点来抵消政府外币资产增加的影响。通过比较自由放任经济体、存在信贷约束经济体、对信贷约束进行储备干预经济体的储备及外债规模可以发现，正是信贷约束的存在阻止了家庭借款完全抵销储备的正积累。因此，在最佳外汇储备干预下，经济体总负债的增加会被政府积累的更高储备所抵销，外币净资产头寸仍为正。因此，无论是在时间序列数据还是截面数据上，中等收入经济体外汇储备和私人外债的增长均呈现正相关性，且这一现象具有顺周期性，而这一顺周期性是由经济良好时期更高的超额借贷能力所驱动。总之，通过适当的储备积累政策的一大优势在于可以放松私人信贷约束，这一结果是对先前通过对债务征税而放松约束的补充（Bianchi，2011）。此外，利用储备的另一潜在优势是避免实施资本管制策略及其所产生的损害有效性的相关漏损（Bengui and Bianchi，2018）。这可以合理解释为什么私人外债增加时，各国政府通常将储备作为主要宏观经济政策工具予以增持。

科内利和塔伦蒂诺（Corneli and Tarantino，2016）则建立一个受流动性冲击和生产率冲击影响的风险中性国家的最优投资组合模型，认为主权外债、储备与 GDP 正相关：主权国家增加借款用于国内投资，从而实现经济增长，但大量债务使流动性冲击和生产率冲击下违约的概率上升。此时，储备的存在能够缓解冲击对福利的影响，表现为外债、储备与产出价值正相关，从而将新兴经济体同时积累主权债务和储备的行为合理化。

综上所述，外债内生化视角、外汇储备宏观审慎功能视角均能够解释同增现象，但也存在以下缺陷：第一类来自 DSGE 模型所固有的缺陷。首先，冲击外生化问题。尽管上述文献对冲击的设定是满足两状态的马尔科夫随机决策过程，比简单设定冲击服从 AR（1）过程有所改进，但仍须注意到，除了金（Kim，2017）将冲击内生化之外，其他文献普遍存在冲击外生化问题。它们将骤停等金融危机要素的冲击设置为虚拟的外生冲击，不受模型内生变量影响，而实际上金融危机可能是自我实现的。其次，识别问题。无论是参数估计还是校准，得到的均为参数近似值而非真实值。如上述研究采用墨西哥、阿根廷或者一组代表性新兴经济体作为校准对象，考虑到研究对象的商业周期与之具有相同的特性（Aguiar and Gopinath，2007），因而能够较好地解释新兴市场经济体和发展中国家的同增现象，但同样的校准对象对发达国家或中低收入国家的解释力则会下降。最后，研究本币外债时，考虑到新兴市场经济体发行本币外债时间跨度短、数据不充分，校准时不得已也使用了外币外债的相关数据，这都将影响结论的可靠性。

第二类缺陷是模型假设和结论与实际情况存在差异。首先，从债务类型来看，着眼于外债因素内生化视角的文献主要考察主权债务，但未深入考察主权债务的具体构成，且在某种程度上忽视了私人外债在新兴市场国家占比日益趋高的事实。而着眼于外汇储备金融稳定功能视角的文献则未考虑储备积累、储备干预国内市场的金融摩擦成本，实际上同增行为需要在这些成本与金融稳定收益之间进行权衡。其次，上述研究只能解释某类国家某一阶段的同增现象，如比安奇等（Bianchi et al.，2018）模型的结论显示，政府在低利差和高收入时期出现同增现象，而在高利差和低收入时期则两者同减。实际上，IMF 数据显示，1995～2013 年间几乎所有新兴市场经济体和发展中国家均出现同增现象，包括 1997 年东南亚金融危机、2008 年美国次贷危机期间，并未如模型预期的那样出现同减现象。

五、外汇储备与外债同增对一国经济的影响

以上文献在解释同增现象时也分析了外汇储备与外债同增对一国汇率、资本流动、违约、消费和产出等方面的影响。

（1）同增能够降低汇率的波动。阿尔法罗和坎祖克（Alfaro and Kanczuk，2018）发现本币外债具有资产估值效应。若储备与本币外债同增，则在繁荣时期产出冲击为正，使得本币贬值和债务成本增加，从而抵消产出冲击的正向影响；而在萧条时期产出冲击为负，使得本币升值并减轻偿债压力，因而也抵消产出冲击的负向影响。这种本币外债通过汇率变动而产生的资产估值效应能够平滑消费和产出，最终降低汇率的波动性。他们基于巴西的数据进行基本参数校准时发现，储备与外币外债同增时汇率波动性高达 26.2%，而储备与本币外债同增时汇率波动性下降至 4.2%。

（2）同增对国际资本流动总额和净额产生影响。布朗纳等（Broner et al.，2013）、贝尼尼奥和福纳罗（Benigno and Fornaro，2012）、比安奇（Bianchi et al.，2018）等将同增与经济周期联系起来考察，认为积累外汇储备意味着官方资本的流出，借入外债代表着官方或私人资本的流入，因此繁荣时期的同增现象意味着总资本流动上升，而萧条期的同减现象意味着总资本流动下降。阿尔贝罗拉等（Alberola et al.，2016）则从资本流动净额角度考察，认为顺周期时同增现象意味着国际资本净流入较大、净流

出较小，因而净头寸为正；而在金融压力时期，虽然资本流入减少，但积累储备能使资本外逃大大降低，在一定程度上抵消国际资本流入减少的负向影响，使得国际资本流入依然大于流出，最终净头寸仍然为正。贝尼尼奥和福纳罗（Benigno and Fornaro，2012）、阿尔塞等（Arce et al.，2019）则进一步区分了私人资本和官方资本流动，认为骤停风险的存在使得即便在经济平稳时期也会存在信贷约束，从而限制私人机构的借款能力。因此，私人资本流入不能完全抵消国际储备的积累，国际资本呈净流出状态。

（3）同增对一国违约或危机的影响。学者们对该问题存在争议。部分学者认为同增将增加利差、降低可持续债务水平进而增加违约风险（Alfaro and Kanczuk，2009）。如莫哈末·杜德和波迪文斯基（Mohd Daud and Podivinsky，2011）研究发现，持有国际储备与良好的主权信用评级、降低信用风险正相关，持有主权债务可能导致主权信用评级降低并提高信用风险。而由于国际储备的正效应最终被主权债务累积的负效应所挤出，因而同增会对主权评级、维持良好的信用风险声誉产生净的负效应。相反，另一些学者指出同增未必增加利差，而可能增加债务的可持续性，最终导致违约风险降低（Bianchi and Sosa-Padilla，2020；Kim，2017），如阿尔法罗和坎祖克（Alfaro and Kanczuk，2018）研究发现，外汇储备与本币外债同增使不同自然状态下的消费大致相等，那么，即使在不违约的条件下，二者的总头寸也可以平稳消费。此时，该国不仅不能进入国际市场借贷，而且国内产出将受损，故直接违约成本高昂，因此该模型预测同增将使得违约概率和违约风险降低。

（4）同增对国内消费、就业或产出等造成的影响。科内利和塔伦蒂诺（Corneli and Tarantino，2016）在分析中指出，由于外债增加有利有弊，优点在于使主权国家有更多的资源用于政府投资和消费等支出，弊端则在于流动性风险更大、违约概率更高。此时，外汇储备增加作为外债的一种互补性投资组合，能够降低流动性和生产力冲击的不利影响，提高社会福利。比安奇等（Bianchi et al.，2018）则认为同增能够充分发挥储备的保险属性，使资源在还款国之间转移，将更多资源配置到下一期收入较低、贷款方风险厌恶程度高、消费水平较低的国家，从而实现跨期消费的平滑，对冲展期风险；但同增也使得主权利差随着债务水平上升，违约风险成本增加。由于利差对外汇储备和外债总头寸增加的敏感性随收入水平增加而降低，因此主权政府在经济繁荣时期的同增能够更好地发挥平滑消费、增加国内产出的正效应。也因此，样本期内大多数样本国的外债以及外汇储备增长与产出增长呈正相关关系。比安奇和索萨－帕迪拉（Bianchi and Sosa-Padilla，2020）分析同增对增加就业、扩大总需求的影响发现，在固定汇率和劳动力市场非充分就业、名义工资刚性条件下，同增能够直接增加消费并进一步促进就业、扩大总需求，以减轻经济衰退的影响。阿尔塞等（Arce et al.，2019）则从资本流动角度进行阐述，认为私人外债具有受限于国内产出的信贷约束，该约束在危机时期将进一步收紧，这使得国内消费无法平稳，此时政府通过积累储备的干预政策能够起到放松信贷约束的宏观审慎作用，最终降低金融危机时期的经济脆弱性。他们也确认了在 1980 ~2015 年样本期内样本国储备积累、私人外债扩大与实际 GDP 增长均呈正相关关系。

六、结论及展望

如前所述，外汇储备理论发展的最新动态是发现外汇储备与外债两者同增现象并提出同增悖论，此前的理论之所以不能解释该现象的主要原因在于，忽视债务的内生性、长期性、本币定价属性以及外汇储备的宏观审慎监管功能。因此，新文献沿着补充这些属性的线索展开研究，主要从外债因素内生化、外汇储备宏观审慎功能两个视角解释了同增现象或悖论。

（1）外债因素内生化视角。首先，沿着债务内生化线索，这条线索的突破在于将外汇储备和外债同时纳入模型，它们都是内生变量；被同时纳入模型后，进一步考虑外汇储备对外债可持续性的影响。当外部融资骤停概率也受储备与外债这两个内生变量的影响时，外汇储备增加能提高外债的可持续性，得以解释二者同增。其次，引入长期债券和展期风险，核心思想是外汇储备与长期债券组合能够实现资源在还款国之间的转移，使得借款国在利差低、收入和消费高的繁荣期能够充分发挥外汇储备保险功能，从而对冲展期风险和平滑消费波动；增加社会福利与就业；产生宏观经济对冲效应，因此选择同增策略最优，得以解释二者同增。最后，引入本币债务，构筑本币债务与外汇储备组合。由于本币汇率在经济良好状态下升值而在萧条状态下贬值，因而该组合因本币债务而产生抵消产出冲击和平滑消费的“资产估值效应”。这一效应使得借款国无须直接违约便能平滑消费，且最优决策是持有无限本币债务和储备，因而较好地解释了同增现象。

（2）外汇储备宏观审慎功能视角。新古典增长模型不区分私人资本和政府部门的资本积累，它们完全可替代或可抵消。随着资本流动相关研究的关注点从净资本流动转向总资本流动，这一线索的突破在于：学者们尝试在模型中进一步区分私人和官方资本流动，将外汇储备模型化为一种宏观审慎政策工具，其中政府通过积累储备的干预政策能够放松私人信贷约束，从而外汇储备与外债同增增加了产出与福利。因此，顺经济周期时外汇储备与私人外债同增。部分学者则从主权外债角度阐释一国增加主权外债用于国内政府支出以促进经济增长，但大量债务使流动性冲击和生产率冲击下违约概率上升，而外汇储备的存在能从两种渠道缓解冲击对福利的影响，即在不违约情况下为经济体注入额外的资源以及违约后直接用于消费。最终结果是，外债、储备与产出价值正相关，从而将新兴经济体同时积累主权债务和外汇储备的行为合理化。

这些解释的政策启发是同增这一看似不合理的行为实际上是最优策略，之前一些研究认为新兴经济体外汇储备的大量囤积是一种资源的浪费或闲置，建议藏汇于民或购置有形国外资产等减持外汇储备措施；还有学者强调外债增长将增加流动性风险，触发危机的自我实现机制，因而建议用外汇储备来偿还外债。实际上，将两者联系起来考察并重视外债的内生性、长期性和本币计价属性会发现，同增既能降低汇率波动、平滑消费、促进就业和经济增长，又能降低违约风险和防范金融危机，还能实现资源跨期、跨国的有效配置，从而有利于增进一国和世界国民福利水平。因此，现有文献对政府的政策启示是，不宜将外债与外汇储备孤立看待和分割管理，而应将两者视为一种组合投资，统一起来进行主动综合管理。其一，总量管理。如果外汇储备规模庞大，则可以充分发挥其“保险功能”而进一步增加外债以促进经济增长。相反，如果由于贸易等冲击而导致外汇储备大幅下降，则外债也应进一步收缩以避免发生债务危机。其二，周期性管理。应该重视两者所具有的顺周期性或同增前提，提高外汇储备资产与国内经济周期的相关系数，在繁荣时期同时积累两者，发挥外汇储备的保险功能，将资源进行跨期跨国有效配置；而在萧条时期更关注利差扩大的负面影响，适当用储备偿还债务，以降低两者规模，从而阻止经济冲击下金融脆弱性的集聚。其三，期限和币种结构管理。为了提高总效用，政府应鼓励发行长期外债和本币外债，关注外汇储备与外债的期限以及币种结构的匹配，这样既能有效缓解货币错配，也能更好地利用两者组合的优化配置作用和资产估值效应，从而吸收外部冲击，实现平滑消费、促进就业和经济增长。

研究的发展方向可能在于：第一，现有文献分别考虑债务内生性、长期性与本币计价属性中的某一因素来建模，而鉴于现实中这些因素具有内在不可分割的统一性质，因此，在构建动态随机一般均衡模型、骤停模型等假设中，可同时纳入这些债务因素以便更贴近现实。一般而言，政府是发展中国家国际债券发行的主体，但在中国金融机构已逐渐成为发行主体，其发行的债券占全部国际债券的比重峰值高达75%。因此，未来研究可纳入不同的债务工具的结构特征，对发展中国家的外债行为进行异质性分析。此外，在联合决策中，外汇储备的作用沿着从预防工具到保险工具、再到旨在纠正私人“过度借贷”宏观审慎监管工具的路径发展，需要继续沿着这一宏观审慎监管职能，结合国际资本流动因素，纳入金融摩擦成本进一步探究它与主权债务、其他宏观审慎监管工具的相互作用。第二，同增现象是当代新兴经济体和发展中国家一种比较普遍的现象，但并不意味着这一现象将一成不变、适用于所有国家的所有时期。正如外汇储备的累积模式会发生结构性变化、外汇储备累积的影响因素也会不断演变一样，同增现象及其表现形式、背后原因也将发生变化，因此对它的研究并非一劳永逸而需要时变时新。此外，除了外汇储备与外债的关系外，还应进一步探索它与国际投资、资本管制、汇率制度等共同演变的规律性。第三，需要进一步关注发达国家、发展中国家外汇储备与外债关系的差异。当前外汇储备主要集中在发展中国家，而发达国家却占据外债存量的 70%，发达国家外汇储备的功能、规模、结构、影响因素等方面均呈现出不同于发展中国家的特点，这可能与它们在国际货币体系以及国际金融市场中的地位有关。目前，外汇储备与外债同增现象主要出现在新兴经济体、发展中国家甚至中等收入国家，而在高收入的发达国家中，两者究竟是何种数量关系及其原因值得进一步探索，这种比较研究将有利于深化人们对同增现象的理解。

参考文献

[1] 王永中. 中国外汇储备的投资收益与多元化战略 [J]. 国际经济评论，2013 (2)：118 - 129，7 - 8.

[2] Aguiar M, Gopinath G. Defaultable Debt, Interest Rates and the Current Account [J]. Journal of international Economics, 2006, 69 (1): 64 - 83.

[3] Aguiar M, Gopinath G. Emerging Market Business Cycles: The Cycle is the Trend [J]. Journal of Political Economy, 2007, 115 (1): 69 - 102.

[4] Aizenman J, Lee J. International Reserves: Precautionary Versus Mercantilist Views, Theory and Evidence [J]. Open Economies Review, 2007, 18 (2): 191 - 214.

[5] Aizenman J, Marion N. International Reserve Holdings with Sovereign Risk and Costly Tax Collection [J]. The Economic Journal, 2004, 114 (497): 569 - 591.

[6] Alberola E, Erce A, Serena J M. International Reserves and Gross Capital Flows Dynamics [J]. Journal of International Money and Finance, 2016, 60: 151 - 171.

[7] Alfaro L, Kanczuk F. Debt Redemption and Reserve Accumulation [J]. IMF Economic Review, 2019, 67 (2): 261 - 287.

[8] Alfaro L, Kanczuk F. Optimal Reserve Management and Sovereign Debt [J]. Journal of International Economics, 2009, 77 (1): 23 - 36.

［9］ Arce F，Bengui J，Bianchi J. A Macroprudential Theory of Foreign Reserve Accumulation［R］. National Bureau of Economic Research，2019.

［10］ Arellano C. Default Risk and Income Fluctuations in Emerging Economies［J］. American Economic Review，2008，98（3）：690－712.

［11］ Bengui J，Bianchi J. Macroprudential Policy with Leakages［R］. National Bureau of Economic Research，2018.

［12］ Benigno G，Fornaro L. Reserve Accumulation，Growth and Financial Crises［J］. Growth and Financial Crises，2012（11）.

［13］ Bianchi J，Hatchondo J C，Martinez L. International Reserves and Rollover Risk［J］. American Economic Review，2018，108（9）：2629－70.

［14］ Bianchi J. Overborrowing and Systemic Externalities in the Business Cycle［J］. American Economic Review，2011，101（7）：3400－3426.

［15］ Bianchi J，Sosa-Padilla C. Reserve Accumulation，Macroeconomic Stabilization，and Sovereign Risk［R］. National Bureau of Economic Research，2020.

［16］ Billmeier A，Mathisen J. Analyzing Balance-sheet Vulnerabilities in a Dollarized Economy：The Case of Georgia［R］. IMF，2006.

［17］ Broner F A，Lorenzoni G，Schmukler S L. Why do Emerging Economies Borrow Short Term?［J］. Journal of the European Economic Association，2013，11（suppl_1）：67－100.

［18］ Broner F，Didier T，Erce A，et al. Gross Capital Flows：Dynamics and Crises［J］. Journal of Monetary Economics，2011，60（1）：113－133.

［19］ Brunnermeier M K，Oehmke M. The Maturity Rat Race［J］. The Journal of Finance，2013，68（2）：483－521.

［20］ Burger J D. et al. Investing in Local-currency Bond Markets［J］. Financial Analysts Journal，2012，68（4）：73－93.

［21］ Bussière M，Fratzscher M，Koeniger W. Currency Mismatch，Uncertainty and Debt Maturity Structure［J］. Uncertainty and Debt Maturity Structure（November 2004），2004.

［22］ Caballero R J，Panageas S. Hedging Sudden Stops and Precautionary Contractions［J］. Journal of Development Economics，2008，85（1－2）：28－57.

［23］ Calvo G A. Capital Flows and Capital-market Crises：The Simple Economics of Sudden Stops［J］. Journal of Applied Economics，1998，1（1）：35－54.

［24］ Calvo G A. Servicing the Public Debt：The Role of Expectations［J］. The American Economic Review，1988：647－661.

［25］ Chatterjee S，Eyigungor B. Maturity，Indebtedness，and Default Risk［J］. American Economic Review，2012，102（6）：2674－99.

[26] Cheng I H, Milbradt K. The Hazards of Debt: Rollover Freezes, Incentives, and Bailouts [J]. The Review of Financial Studies, 2012, 25 (4): 1070 - 1110.

[27] Cheung Y W, Wong C Y P. Are All Measures of International Reserves Created Equal? An Empirical Comparison of International Reserve ratios [J]. Economics, 2008, 2 (1).

[28] Corneli F, Tarantino E. Sovereign Debt and Reserves with Liquidity and Productivity Crises [J]. Journal of International Money and Finance, 2016, 65: 166 - 194.

[29] Diamond D W, Rajan R G. Banks, Short-term Debt and Financial Crises: Theory, Policy Implications and Applications [C]//Carnegie-Rochester Conference Series on Public Policy. North-Holland, 2001, 54 (1): 37 - 71.

[30] Dooley M P, Folkerts-Landau D, Garber P M. An Essay on the Revived Bretton Woods System [R]. NBER Working Paper, No. 9971, 2003.

[31] Du W, Schreger J. Local Currency Sovereign Risk [J]. The Journal of Finance, 2016, 71 (3): 1027 - 1070.

[32] Eaton J, Gersovitz M. Debt with Potential Repudiation: Theoretical and Empirical Analysis [J]. The Review of Economic Studies, 1981, 48 (2): 289 - 309.

[33] Eichengreen B, Hausmann R. Exchange Rates and Financial Fragility [R]. NBER Working Paper, 1999, No. 7418.

[34] Eichengreen B, Hausmann R, Panizza U. Currency Mismatches, Debt Intolerance, and the Original Sin: Why They are Not the Same and Why It Matters [R]. NBER Working Paper, 2003, No. 10036.

[35] Feldstein M. A Self-help Guide for Emerging Markets [J]. Foreign Affairs, 1999: 93 - 109.

[36] Forbes K J, Warnock F E. Capital Flow Waves: Surges, Stops, Flight, and Retrenchment [J]. Journal of International Economics, 2012, 88 (2): 235 - 251.

[37] Furman J, Stiglitz J E, Bosworth B P, et al. Economic Crises: Evidence and Insights from East Asia [J]. Brookings Papers on Economic Activity, 1998 (2): 1 - 135.

[38] Goldstein M, Turner P. Controlling Currency Mismatches in Emerging Markets [M]. Columbia University Press, 2004.

[39] Gourinchas P O, Obstfeld M. Stories of the Twentieth Century for the Twenty-first [J]. American Economic Journal: Macroeconomics, 2012, 4 (1): 226 - 65.

[40] Greenspan A. Remarks by Chairman Alan Greenspan: Currency Reserves and Debt, before the World Bank Conference on Recent Trends in Reserves Management [Z]. Washington, D. C., 1999 - 04 - 29.

[41] Guidotti P. Remarks at Seminar on the International Financial Architecture Information Note [Z]. Bonn, March11, 1999.

[42] Hale G, Jones P, Spiegel M M. The Rise in Home Currency Issuance [R]. San Francisco FED

Working Paper, 2014.

[43] Heller H R. The Transactions Demand for International Means of Payments [J]. Journal of Political Economy, 1968, 76 (1): 141-145.

[44] Hur S, Kondo I O. A Theory of Rollover Risk, Sudden Stops, and Foreign Reserves [J]. Journal of International Economics, 2016, 103: 44-63.

[45] Jeanne O, Ranciere R. The Optimal Level of International Reserves for Emerging Market Countries: A New Formula and Some Applications [J]. The Economic Journal, 2011, 121 (555): 905-930.

[46] Jeanne O. Why do Emerging Economies Borrow in Foreign Currency [R]. IMF Working Paper, 2003. No. 03/177.

[47] Kim Y J. Sudden Stops, Limited Enforcement, and Optimal Reserves [J]. International Review of Economics & Finance, 2017, 51: 273-282.

[48] Korinek A, Serven L. Undervaluation Through Foreign Reserve Accumulation: Static Losses, Dynamic Gains [J]. Journal of International Money and Finance, 2016, 64: 104-136.

[49] Mendoza E G. Preventing Currency Crises in Emerging Markets [Z]//Edwards S, Frankel J A. Credit, Prices, and Crashes: Business Cycles with a Sudden Stop, NBER, 2002.

[50] Missale A, Blanchard O J. The Debt Burden and Debt Maturity [J]. American Economic Review, 1994, 84 (1): 309-319.

[51] Mohd Daud S N, Podivinsky J M. An Accumulation of International Reserves and External Debt: Evidence from Developing Countries [J]. Global Economic Review, 2011, 40 (3): 229-249.

[52] Nurkse R. International Currency Experience [M]. Geneva: League of Nations, 1944.

[53] Ottonello P, Perez D J. The Currency Composition of Sovereign debt [J]. American Economic Journal: Macroeconomics, 2019, 11 (3): 174-208.

[54] Qian X, Steiner A. International Reserves and the Maturity of External Debt [J]. Journal of International Money and Finance, 2017, 73: 399-418.

[55] Reinhart C M, Calvo G. When Capital in Flows Come to a Sudden Stop: Consequences and Policy Options [C]//Kenen P, Swoboda A. Reforming the International Monetary and Financial System, Munich Personal RePEc Archive, 2000.

[56] Rodrik D. The Social Cost of Foreign Exchange Reserves [J]. International Economic Journal, 2006, 20 (3): 253-266.

[57] Rothenberg A D, Warnock F E. Sudden Flight and True Sudden Stops [J]. Review of International Economics, 2011, 19 (3): 509-524.

[58] Triffin R. National Central Banking and the International Economy [J]. The Review of Economic Studies, 1946, 14 (2): 53-75.

人口老龄化对产业结构的影响

——一个文献综述*

蔡 兴** 张 洁 李 琪

摘 要 随着世界各国人口老龄化程度的不断加深，人口老龄化如何影响产业结构成为学者们关注的重要问题之一。本文将人口老龄化对产业结构影响的研究归纳为四类：人口老龄化通过需求渠道影响产业结构的相关研究、人口老龄化通过供给渠道影响产业结构的相关研究、人口老龄化影响产业结构的门槛效应和调节效应的相关研究以及人口老龄化与比较优势关系的相关研究等。随后，本文在文献梳理的基础上认为，国内研究可以从三方面进行深化和拓展：构建符合中国现实情况的OLG-CGE模型，研究预期寿命延长对产业结构的影响机制，运用行业、企业和个人微观数据进行实证研究等。

关键词 人口老龄化 产业结构 需求渠道 供给渠道 比较优势

一、引言

人口老龄化是当今世界人口结构变化最重要的趋势，对世界各国宏观经济产生了全面而深远的影响。发达经济体较早完成人口再生产类型的转变，并成为世界人口老龄化趋势的先行者。早在20世纪初期甚至更早时期，法国等发达经济体就已步入老龄化社会。到20世纪50年代，几乎所有发达经济体均已进入人口老龄化阶段，其中，部分发达经济体业已进入深度老龄化和超老龄化阶段，世界人口老龄化程度加速提高。根据世界银行世界发展指数数据显示，2017年，日本、意大利、葡萄牙、德国、芬兰、保加利亚和希腊等七个发达经济体65岁及以上老人数占总人口的比例超过了20%，进

---

* 本文原载于《经济界》2020年第4期，第71～80页。

** 作者简介：蔡兴，经济学博士，硕士生导师，湖南师范大学商学院教授，湖南师范大学大国经济研究中心研究员。

入超老龄化阶段；而瑞典、拉脱维亚、克罗地亚和法国等41个经济体65岁及以上老人数占总人口的比例超过了14%，进入深度老龄化阶段。严重的人口老龄化使得国外学者在较早时期就探讨了人口老龄化的经济效应，这其中包括人口老龄化对产业结构影响这一重要命题。

近年来，随着“婴儿潮一代”达到退休年龄，越来越多的发展中经济体也追随发达经济体的步伐，进入老龄化社会的行列。中国也不例外，在计划生育政策和预期寿命延长的作用下，中国老年人占总人口的比例于2001年达到7%，正式进入老龄化社会。随后老龄化程度不断提高，到2017年，中国老年人占总人口的比例为10.64%，位列世界第63位。不仅发展速度较快，中国各地区之间老龄化程度也存在显著差异。根据各地区2018年国民经济与社会发展统计公报数据显示，我国绝大部分省份已进入老龄化社会，其中，辽宁、山东、上海、四川、重庆和江苏等六省市已经进入深度老龄化社会。

与此同时，中国经济发展进入“新常态”时期，经济发展的主要目标由追求高速经济增长转变为优化经济结构和转换发展动力，实现产业结构的优化升级也成为这一新时期的关键任务之一。在这一宏观经济背景下，研究人口年龄结构如何影响产业结构调整或转型升级，具有重大的现实意义，也因此受到了国内学者的广泛关注。

从简单直觉上来看，人口老龄化程度的提高意味着老年人占总人口比重的上升，这势必影响一国劳动力供给的数量和质量；与此同时，老年人的需求结构显著异于其他年龄人群的需求结构，而这两方面变化都会进一步引起产业结构的调整。本文分别称这两个影响渠道为人口老龄化影响产业结构的供给渠道和需求渠道。目前，已有文献也主要从这两个渠道来研究人口老龄化影响产业结构的理论机制。本文将在随后的第二、第三小节里分别综述这两条影响渠道的相关文献。第四小节将介绍从需求和供给两方面提出综合分析框架的相关文献，以及研究人口老龄化影响产业结构的门槛效应和调节效应的相关文献。另外，由于一个国家或地区的比较优势与产业结构之间存在密切联系，因此，本文还将在第五小节对人口老龄化对比较优势影响的相关研究进行回顾。最后一小节对文献进行简要述评。

二、人口老龄化通过需求渠道对产业结构的影响

人口老龄化影响产业结构的需求渠道是较直接且符合直觉预期的影响渠道。人口老龄意味着老年人占比的提高，而老年人大多具有不同于其他年龄人口的需求结构，

从而势必引起产业结构向老龄产业倾斜（Siliverstovs et al.，2011）。上述影响机制的各环节都比较稳定、可靠，可以说，人口老龄化影响产业结构的需求渠道具有较强的先验性。然而，也正是由于这一影响渠道较为直观、简单，因此，从理论上深入分析该影响渠道的文献相对较少。斯蒂耶皮克和瓦格纳（Stijepic and Wagner，2012）利用新古典多部门增长模型，从理论上分析人口老龄化引起的需求结构变化。他们指出，老年人与年轻人的需求结构存在差异，一国老年人相对份额的增加将会改变总需求结构。一般而言，老年人比年轻人需要更多的医疗保健服务和老年护理服务，而年轻人则对住房、汽车和家具等更感兴趣。当为老年人生产商品的部门与为年轻人生产商品的部门在技术上存在差异时，产业结构就会发生变化。郭熙保等（2013）认为，人口老龄化将导致人口增长的衰减或停滞，老年人比重高的静止人口比青年比重高的动态人口对新住宅和汽车的需求更小，并且老年人的个人服务需求相对更多。为满足住宅和汽车的需求，社会需要更大投资，而个人服务需求只需要相对较小的投资量。因此，老龄化将引起产业结构改变，使经济变得更加轻型化。年龄结构的老化会使房地产、汽车、电子通信等产业市场日渐萎缩，而与老年人有关的消费和服务将成为新的支柱产业，然而老年产业相对于房地产和汽车行业而言，对经济增长的拉动作用更小。

相关的实证研究也印证了这一影响渠道的有效性。蒂森（Thießen，2007）利用 54 个国家或地区面板数据进行的实证研究表明，人口老龄化将促进金融服务、房地产及相关服务，社区、社会和个人服务，休闲娱乐活动和健康等行业比重的提高，并对农业、采矿业和制造业产生不利影响。西里弗斯托夫斯等（Siliverstovs et al.，2011）进行了类似的跨国数据的实证研究。研究结果表明，人口老龄化有助于社区、社会和个人服务以及金融服务等行业就业比重的提高，同时抑制了农业、制造业、建筑业和采矿业。同样地，利用微观数据所进行的实证研究也得到了相近的研究结果。阿尔伯克基和洛佩斯（Albuquerque and Lopes，2009）利用葡萄牙家庭支出调查数据（Family Spending Survey），定量研究了葡萄牙人口老龄化引起消费结构的演进，研究发现，葡萄牙人口老龄化使得医疗器械、药品、卫生服务等部门在国民经济中的份额不断提高，而教育、计算机、办公器械和通信设备等部门的份额相对下降。茅锐和徐建炜（2014）针对中国城镇住户调查数据进行的实证研究发现，中国不同年龄段的人群消费结构存在显著差异，消费者的年龄是决定消费结构的关键因素。而老年人比重的提高将引起家庭设备用品及服务、食品与医疗保健的消费比重上升，并使教育、文化娱乐、衣着、交通和通信等消费比重下降。

另外，一些国外学者通过构建 OLG 模型和 OLG-CGE 模型，模拟和预测了各发达经济体人口老龄化引致的产业结构调整。富热尔等（Fougère et al.，2007）和安娜比等

(Annabi et al.，2010) 均运用 OLG-CGE 模型研究了加拿大人口老龄化对各产业结构的影响。其中，富热尔等 (Fougère et al.，2007) 发现，尽管人口老龄化的劳动力供给冲击对各产业所占比重影响较大，但人口老龄化所引起的需求结构变化仍较大地促进了金融、保险、卫生服务和房地产等部门，相对地，建筑、教育、制造业、批发和零售业占国民经济的份额则有所下降。安娜比等 (Annabi et al.，2010) 从四个方面拓展了富热尔等 (Fougère et al.，2007) 的模型，包括考虑经济均衡增长路径、增加家庭层面25种职业收入的异质性、收入曲线考虑不同职业失业率差异以及增加代际的数量等。模型分析的结果显示，加拿大人口老龄化的加深会导致初级产业、金融保险和房地产等低劳动力附加值行业比重的上升，同时通过需求渠道刺激健康、旅游、住宿和休闲、交通和仓储等行业的发展，并抑制教育服务需求。沃尔兹 (Volz，2008) 将投入产出数据与家庭层面数据结合起来，利用 CGE 模型对德国的人口老龄化的部门效应进行了量化分析，结果显示健康、教育和社会服务部门将从中受益。石川等 (Ishikawa et al.，2012) 构建的开放经济中多部门的一般均衡 OLG 模型发现，日本的人口老龄化明显地刺激了医疗相关行业的膨胀。

虽然使用了不同的实证研究方法和研究数据，但已有研究得到了基本一致的结论，即人口老龄化将有利于健康、医疗卫生、社区服务等老年需求产业的发展。上述研究为人口老龄化影响产业结构的需求渠道提供了较充分的经验证据。而对于老年人需求结构异于其他年龄人群的原因，国内研究主要从老年人的生理特征和心理特征两方面进行了分析和解释。其中，陈卫民和施美程 (2014) 认为，一般而言，老年人的健康状况和生活自理能力相对较弱，因而对医疗、护理和生活照料服务等服务具有旺盛需求，同时，老年人拥有更多的闲暇和收入，使其有充足的时间和财力去满足此类服务需求。因此，随着人口老龄化程度的不断提高，这些服务业将迅速扩张。鲁志国 (2001) 则从老年人心理特征层面进行了分析。老年人相对于年轻人心理上更为恋旧、依赖习惯，对新事物和新技术反应更为迟钝，往往钟情老产品和老品牌，而这些心理特征将不利于新型产品的开发和市场拓展。另外，该文还提出人口老龄化引起的人口规模缩小将制约市场规模的扩大，同时，人口老龄化也会拉低家庭人均收入水平和消费能力，这些因素都将导致市场需求规模相对缩小，进而不利于产业结构升级。

三、人口老龄化通过供给渠道对产业结构的影响

人口老龄化不仅会通过需求因素对产业结构产生影响，也会从供给方面来影响产

业结构。一国的产业结构往往根植于本国的要素禀赋，当要素禀赋发生改变时，产业结构也会随之调整。因此，从供给方面来看，人口老龄化主要通过影响一国要素禀赋来引起产业结构的调整。归纳而言，已有文献认为人口老龄化主要通过影响劳动力供给数量和供给质量（主要指劳动生产率），来对产业结构产生间接影响。由此可见，与需求渠道相比，人口老龄化影响产业结构的供给渠道更为复杂和不确定。另外，供给渠道也更为强调人口老龄化对产业结构升级的影响。

人口老龄化最直接和显而易见的效应是减少劳动力供给数量，而产业结构必然会根据市场机制发生调整，最终适应这一要素禀赋的变化。然而，针对这一影响机制，学者们提出了不同的观点和看法。部分学者认为，劳动力是最为根本的生产要素，其绝对规模的下降会对所有产业的发展产生不利影响，尤其当一国缺乏高素质、高技术劳动力时，将更不利于产业结构的优化升级（蔡昉、王美艳，2012；刘玉飞、彭冬冬，2016）。童玉芬（2014）针对中国的预测研究发现，人口老龄化会导致中国劳动力绝对规模的下降，并且在 2030 年后呈现不断加速的趋势。与此同时，人口老龄化还将不利于劳动参与率、劳动力受教育程度的提高，并对农村人口转移产生阻碍作用，从而放大了人口老龄化对劳动力供给数量和产业结构升级的消极影响。

然而，也有国内学者认为，人口结构的调整往往是缓慢的、渐进的，因此，其负面影响可能低于人们的预期。郭瑜（2013）提出，虽然人口老龄化意味着中国“劳动力无限供给”时代的结束，但并不会给劳动力供给带来突发的、灾难性的冲击。中国劳动力参与率还存在进一步提高的空间，并且年轻劳动力的受教育程度明显提高，这些都将在一定程度上抵消人口老龄化对劳动供给的消极影响。不仅如此，一部分学者甚至认为劳动力供给规模的下降，会提高劳动力成本，倒逼企业使用资本、技术等其他生产要素来替代劳动，从而促进资本、技术密集型产业的发展，抑制劳动密集型产业的发展（陈彦斌，2014）。同时，随着劳动力成本优势的下降，一些具有生产劣势的、处于产业链低端的企业将会被淘汰，而具有竞争优势的企业也会加大研发投入，提升管理水平，进而实现产业内部生产效率的提升（张杰、何晔，2014）。上述倒逼机制得到相关实证研究的支持。蔡兴（2016）利用中介效应方法以及中国省级面板数据进行的实证研究发现，中国人口老龄化提高了劳动力成本，进而促进出口结构的优化升级，并且这种倒逼效应受到了地区人力资本水平和金融发展水平的影响。楚永生等（2017）进行的空间计量研究也发现，中国人口老龄化倒逼企业增加资金或技术投入，进而带动产业结构升。阿西莫格鲁和雷斯特雷波（Acemoglu and Restrepo，2018）利用 50 个经济体面板数据进行实证研究显示，人口老龄化越严重的经济体，更多地采用了机器人和其他自动化技术，同时自动化技术也以更快的速度发展。而且，这一效应在主要依靠中年劳动力的行业以及为自动化提供更多机会的行业更为明显。

人口老龄化不仅意味着整体人口年龄结构的老化，也伴随着劳动力年龄结构的老化，而这两者都会对劳动生产率产生影响，最终影响产业结构升级。整体人口年龄结构老化对劳动生产率的影响，主要通过影响人力资本水平来实现。无论发达经济体还是发展经济体，人口老龄化程度都伴随着人口预期寿命的延长。预期寿命的延长又会对人力资本水平产生十分重要的影响。其中，最为重要的影响机制是由本－波拉斯（Ben-Porath，1967）提出，因此被称为本－波拉斯（Ben-Porath）机制。该机制认为预期寿命延长会增加教育投资的获益时间，因而促进个人早期人力资本的投资。然而，哈赞（Hazan，2009）对这一机制进行了反驳，指出只有工作时期（即教育获益时期）延长，增加人力资本投资才是合理的，此时本－波拉斯（Ben-Porath）机制才会成立。然而，该文对1840～1970年美国男性预期平均劳动小时数进行观察后发现，与预期寿命延长相伴随的是劳动者终身预期工作小时数的下降，这一结果与本－波拉斯（Ben-Porath）机制相悖。与理论研究相似，实证研究也得到了大相径庭的结果：部分研究发现预期寿命对人力资本投资的影响不显著（Lorentzen et al.，2008；Acemoglu and Johnson，2006）；另一部分研究则得到了预期寿命延长显著促进人力资本投资的结果（Hansen，2013；Cervellati and Sunde，2015；Cohen and Leker，2016）。除了预期寿命的人力资本积累效应之外，汪伟等（2015）认为人口老龄化所引起的养老负担增加，会挤出家庭人力资本投资、企业研发投入和国家的科教支出，从而对劳动力供给质量以及产业结构升级产生消极影响。

除了上述影响机制以外，劳动力年龄结构老化也会对劳动生产率产生重要影响。一些国外研究从个人微观角度进行了分析，他们认为随着年龄的增长，劳动力的体力、智力和认知能力都将不断下降，工作动机和积极性会不断降低，而知识结构也会不断老化且接受新知识、新技术的能力越来越弱，这些因素都会对劳动生产率产生消极影响，进而不利于产业结构升级（Czaja et al.，2007；Dixon，2003；Levin et al.，1991）。大量基于宏观数据和微观数据的实证研究发现，劳动力年龄结构与劳动生产率（或技术创新）之间呈现“驼峰型”（hump-shaped）关系（Feyrer，2007；Werding，2007；Jone，2010；Liu and Westelius，2016）。其中，费勒（Feyrer，2007）的研究发现劳动生产率的年龄峰值为40～49岁，随后劳动生产率将不断下降。国内学者更多地从劳动力流动性的角度，分析劳动力年龄结构老化对产业结构升级的影响。鲁志国（2001）认为产业结构的调整要求劳动力具有充分的流动性，能在不同地区和不同产业部门之间流动，而高龄劳动力往往生活习惯和专业技能相对固化，很难适应新的产业部门和工作地点，因而不利于产业结构升级。任栋和李新运（2014）也提出了类似的观点，随着年龄的增长，劳动者变换工作的成本将不断提高，而其变换工作的概率和工作流动性将不断下降，因而高龄劳动力很难快速适应产业结构升级的需要。该文使用省级面板数据进行的实证研究发现，劳动力青年人口比重的增加可以显著促进产业结构升级，反过来，劳动力年龄结构老化将抑制产业结构升级。

综上所述，人口老龄化影响产业结构的供给渠道较为复杂，主要通过影响劳动供给数量和质量来实现，前者包括直接的消极影响和倒逼效应，后者包括预期寿命延长的人力资本效应和劳动力年龄结构效应。同时，供给渠道各效应的影响方向存在较大不确定性，无论是理论研究还是实证研究均存在一定的分歧，最终的影响结果将取决于各种效应之间的对比。

四、人口老龄化影响产业结构的门槛效应和调节效应

单纯从需求或者供给层面进行研究，难免造成片面性，因此，一些学者试图综合供求两方面的因素，构建人口老龄化影响产业结构的综合分析框架。如汪伟等（2015）通过综合已有文献的影响机制，分析了人口老龄化影响产业结构升级的五种效应：消费需求效应、人力资本积累效应、劳动力禀赋效应、劳动生产率效应和老龄负担效应。张斌和李军（2013）构建了含有人口老龄化因素的产业结构演进模型，综合分析了人口老龄化影响产业结构演进的需求效应和供给效应。上述研究主要是将需求和供给两个方面的影响机制综合到一个分析框架中，从而更为全面地研究人口老龄化对产业结构的影响，但是所涉及的具体机制与前述机制基本一致，此处不再赘述。

近年来，一些国内学者通过引入各种新变量，来分析人口老龄化影响产业结构的调节效应或门槛效应。这类研究本质上是探讨第三变量对人口老龄化的产业结构效应的影响。何凌霄等（2016）在模型中引入了人口老龄化与服务型消费比重的交互项，考察了人口老龄化通过服务性消费渠道对第三产业的影响，发现人口老龄化将抑制第三产业的发展，而人口老龄化引致的服务型消费比重的提高可以显著减弱这一负面影响。吴飞飞和唐保庆（2018）选择养老保障体系完善度作为门槛变量，实证检验这一门槛变量对人口老龄化的服务业发展效应的影响。研究结果显示，现阶段中国的人口老龄化阻碍了服务业的发展，而养老保障体系的完善将削弱人口老龄化对总体服务业和生活性服务业发展的抑制作用，但对生产性服务业为发展的影响效果不明显。赵春燕（2018）以人口城镇化与经济城镇化作为门槛变量构建了面板门槛模型，以此研究中国人口老龄化对产业结构升级的影响。研究发现，从总体上来看，人口老龄化对中

国产业结构升级存在负面影响，人口老龄化与产业结构升级存在明显的门槛效应。无论是从人口城镇化还是经济城镇化水平看，随着人口老龄化程度的加剧，地区跨过门槛值后，老龄化都将促进产业结构升级，反之将抑制产业结构升级。该文还发现，我国多数省份都没跨过门槛值。卓乘风和邓峰（2018）考察了区域创新能力的调节效应与门槛效应。该文从创新型人才区际流动视角构建了空间权重矩阵，发现人口老龄化将阻碍产业结构的升级，而区域创新能力的提升能够明显地减弱这种阻碍作用。该文还分区域考察了门槛效应，研究结果显示，对于全国和东西部地区而言，区域创新能力存在两个门槛值，人口老龄化对产业结构的影响随着区域创新能力的提高表现出“阻碍→不显著→促进”的规律，而对于中部地区，则表现为“阻碍→促进→不显著”。逯进等（2018）探讨了人口老龄化与人口迁移对产业结构（用第三产业与第二产业就业人数之比衡量）影响的协同效应。研究发现，人口老龄化对产业结构具有显著的正向影响，且边际影响随着人口迁移的增加而增加。

综上所述，人口老龄化的产业结构效应还要受到养老保障完善程度、城镇化水平、区域创新能力、人口迁移、服务型消费占比等多种因素的影响，因此，政策制定部门可以考虑从这些因素着手，采取相应措施更好地促进人口老龄化背景下的产业结构调整与升级。

五、人口老龄化对比较优势的影响

根据李嘉图的比较优势理论，一国将大量生产并出口其具有比较优势的产品，而具有比较劣势的产品则主要依靠进口。这意味着，一国如果按照比较优势的原则参与国际分工，将使其产业结构向具有比较优势的部门倾斜。由此可见，在经济全球化不断深化的背景下，一国的比较优势是其产业结构的重要影响因素。一些新近的研究发现，人口老龄化会通过改变要素禀赋和劳动力技能结构对比较优势产生影响，并进一步作用于本国产业结构。由此可见，人口老龄化与比较优势关系的相关研究与本文主题密切相关，因此，本文也对这一相近研究进行简要介绍。

早期研究沿着新古典国际贸易理论的思路，集中探讨人口老龄化如何改变一国的要素禀赋，进而对比较优势或贸易模式产生影响。萨彦（Sayan，2005）基于 OLG 模型的研究发现，人口老龄化速度越快的国家劳动力越稀缺，资本越丰富，从而在资本密集型产品更具比较优势。八甲田（Yakita，2012）的研究则发现，人口老龄化会对比较优势或贸易模式产生两种截然不同的影响：一是罗伯津斯基效应，即人口老龄化改变要素禀赋，从而促进资本密集型产品的出口；二是储蓄效应，即人口老龄化会改变整体消费 - 储蓄选择，降低国民储蓄率和资本供给，进而不利于资本密集型产品的出口。最终的净影响取决于这两种效应的对比。少量国内研究沿着上述研究的思路，进行了进一步的理论和实证研究。王有鑫和赵雅婧（2016）构建包含人口出生率和人均预期寿命等变量以及两部门的 OLG 模型，从理论上证明了人口少子化和人口老龄化程度高的国家在资本密集型产品上具有出口比较优势。随后，该文基于世界各国整体和 HS6 分位产品贸易数据的实证研究也印证了上述理论分析的结论。黄顺绪等（2017）利用中国省级面板数据实证检验了人口老龄化对出口市场多元化的影响，实证研究结果显示，人口老龄化显著促进了该地区向 G7 国家及港澳台地区以外市场的出口增长，因而有利于比较优势的动态演进，并且地区资本要素丰裕程度会强化这一效应。

近年来，人口老龄化与比较优势关系的研究开始关注人口老龄化通过改变劳动力技能结构，最终影响一国的比较优势和产业结构。蔡和斯托亚诺夫（Cai and Stoyanov, 2016）认为，不同年龄阶段的劳动力所具备的技能截然不同，人口老龄化引起的劳动力年龄结构老化，会改变劳动力技能结构，使“年龄升值型技能”（skills which appreciate with age）越来越丰富，并使“年龄贬值型技能”（skills which depreciate with age）越来越稀缺，从而促进“年龄升值型技能”密集型产业的发展，抑制“年龄贬值型技能”产业。顾和斯托亚诺夫（Gu and Stoyanov, 2018）提出了类似观点，认为随着年龄的增长，劳动者更新技能和适应不断变化工作条件的能力将不断下降，因此，人口老龄化的深化将使得企业越来越难找到具备最新技能且能适应变化工作条件的劳动力，从而使该国在需要这类劳动力的产业部门失去比较优势。一些国内学者运用中国数据对蔡和斯托亚诺夫（Cai and Stoyanov, 2016）提出的理论机制进行了实证检验，并得到与蔡和斯托亚诺夫（Cai and Stoyanov, 2016）理论假设相符的研究结果（高越、李荣林，2017；武康平、张永亮，2018）。可以看出，上述研究也是从供给层面探讨人口老龄化对比较优势和产业结构的影响，但关注的焦点不再是人口老龄化对劳动力供给数量和质量的影响，而是人口老龄化对劳动力技能结构的影响。

六、简要述评

本文通过归纳人口老龄化对产业结构影响的相关文献，发现人口老龄化主要通过需求渠道和供给渠道两方面来影响产业结构。需求渠道是指老年人具有异于其他年龄人群的需求结构，因此，老年人占总人口比重的上升会导致产业结构向医疗、健康、社会服务等老龄服务产业倾斜。供给渠道是指人口老龄化会影响劳动力供给数量和质量（即劳动生产率），进而影响产业结构。其中，劳动力供给数量方面的效应包含直接的消极影响和倒逼效应，而劳动力供给质量方面的效应包括预期寿命延长的人力资本积累效应、养老负担效应和年龄结构老化的劳动生产率效应等。为了更全面地分析人口老龄化影响产业结构的综合效应，少量研究在上述影响机制的基础提出了综合性的理论分析框架和理论模型。在此基础上，一些新近国内文献运用门槛效应方法和调节效应方法，研究了养老保障完善程度、城镇化水平等变量对人口老龄化的产业结构效应的影响。除此之外，还有一些学者探讨了人口老龄化对比较优势的影响。相关文献的影响机制和文献结构见表 1。

表 1　人口老龄化对产业结构的影响机制与代表性文献

文献分类	中间变量、门槛变量或调节变量	具体机制	相关文献
需求渠道方面的研究	需求结构	人口老龄化→需求结构变化→产业结构调整	斯蒂杰皮克和瓦格纳（Stijepic and Wagner, 2012）；陈卫民和施美程（2014）；阿尔伯克基和洛佩斯（Albuquerque and Lopes, 2009）；茅锐和徐建炜（2014）
	劳动力供给数量	人口老龄化→劳动力供给数量下降→抑制产业结构升级	蔡昉和王美艳（2012）；童玉芬（2014）
		人口老龄化→劳动力供给数量下降→倒逼企业增加研发投入→促进产业结构升级	陈彦斌（2014）；张杰和何晔（2014）；蔡兴（2016）；楚永生等（2017）；阿西莫格鲁和雷斯特雷波（Acemoglu and Restrepo, 2018）
	劳动供给质量（即劳动生产率）	预期寿命延长→人力资本积累→劳动生产率→产业结构	本－波拉斯（Ben-Porath, 1967）；哈赞（Hazan, 2009）；瓦克齐亚格（Wacziarg, 2008）；阿西莫格鲁和约翰逊（Acemoglu and Johnson, 2006）；汉森（Hansen, 2013）；切尔韦拉蒂和桑德（Cervellati and Sunde, 2015）；科恩和勒克（Cohen and Leker, 2016）
		人口老龄化→养老保险负担→家庭人力资本、企业研发投入和国家科教支出→产业结构	汪伟（2015）

续表

文献分类	中间变量、门槛变量或调节变量	具体机制	相关文献
需求渠道方面的研究	劳动供给质量（即劳动生产率）	劳动力年龄结构老化→高龄劳动力身体、智力和流动性下降→劳动生产率下降→产业结构	查亚等（Czaja et al.，2007）；狄克逊（Dixon，2003）；莱文等（Levin et al.，1991）；费勒（Feyrer，2007）；威尔丁（Werding，2007）；琼（Jone，2010）；刘和维斯特里斯（Liu and Westelius，2016）；鲁志国（2001）；任栋和李新运（2014）
综合分析相关研究		综合需求路径和供给路径的相关机制	汪伟（2015）；张斌和李军（2013）
门槛效应和调节效应研究	养老保障完善程度	养老保障完善程度提高→削弱人口老龄化对服务业发展的抑制作用	吴飞飞和唐保庆（2018）
	区域创新能力	区域创新能力的提升→削弱人口老龄化对产业结构升级的阻碍作用	卓乘风和邓峰（2018）
	人口迁移	人口迁入的增加→增强人口老龄化对产业结构的促进作用	逯进等（2018）
	服务型消费占比	服务型消费比重的提高→削弱人口老龄化对服务业发展的负向作用	何凌霄等（2016）
	城镇化水平	跨过城镇化水平的门槛值→人口老龄化将促进产业结构升级	赵春燕（2018）
人口老龄化与比较优势的研究	要素禀赋	人口老龄化→要素禀赋→不同要素密集型部门的比较优势	萨彦（Sayan，2005）；八甲田（Yakita，2012）；王有鑫和赵雅婧（2016）；黄顺绪等（2017）
	劳动力技能结构	人口老龄化→增加“年龄升值型技能”，减少“年龄贬值型技能”→不同技能密集型部门的比较优势	蔡和斯托亚诺夫（Cai and Stoyanov，2016）；顾和斯托亚诺夫（Gu and Stoyanov，2018）；高越和李荣林（2017）；武康平和张永亮（2018）

综上所述，国外学者较早探讨了人口老龄化对产业结构的影响，积累了较丰富的研究成果。近年来，随着中国人口老龄化程度的不断加深，国内学者也开始关注和研

究这一重要问题，并涌现出一批优秀的研究成果。然而，国内研究仍存在一些不足之处：

一是缺少规范、严谨的理论模型分析。一些国外研究运用 OLG 模型或 OLG-CGE 模型阐释人口老龄化对产业结构的影响机制，并通过数值模拟预测某一个发达经济体人口老龄化引起的产业结构的调整变化。该研究方法能全面捕捉现实经济中的各种影响机制，同时，也具有极强的扩展性，因而能获得较为精确的模拟和预测结果，而国内鲜有类似研究。

二是相对忽略了预期寿命延长对产业结构的影响。较多国外文献探讨了预期寿命延长的产业结构效应，而这在国内几乎是一个全新的话题。国外研究认为预期寿命延长会通过人力资本积累影响产业结构。笔者认为，除了这一影响机制之外，预收寿命延长还可能通过技术进步来影响产业结构。总之，预期寿命与产业结构关系的研究还有待拓荒。

三是缺少分行业数据以及企业、个人微观数据的实证研究。国内研究大多运用省级面板数据进行实证研究，尚未有以分行业数据的为基础实证研究，也鲜有基于企业和个人微观数据开展的实证研究。仅使用地区宏观数据进行研究，往往很难洞察一些微妙的微观机制。

针对上述不足，未来研究可以从以下几方面进行尝试：一是以富热（Fougère，2007）、安娜比等（Annabi et al.，2009）研究为基础，结合中国实际构建 OLG-CGE 模型，并对未来一段时期内人口老龄化对产业结构的影响进行预测。二是从理论和实证两方面深入研究预期寿命延长对产业结构的影响机制。可能的影响机制包括预期寿命 - 人力资本积累 - 产业结构，以及预期寿命 - 技术进步 - 产业结构。三是运用多元化的数据来源开展实证研究，丰富实证研究结果，并对宏观数据无法检验的微观机制进行考察，如劳动力年龄结构与个人生产效应的关系，人口老龄化与企业研发投入等。

参考文献

[1] 蔡昉，王美艳．中国人力资本现状管窥——人口红利消失后如何开发增长新源泉［J］．人民论坛，2012（6）：56 - 65.

[2] 蔡兴．人口老龄化倒逼了中国出口结构的优化升级吗［J］．当代经济研究，2016（8）：81 - 91.

[3] 陈卫民，施美程．人口老龄化促进服务业发展的需求效应［J］．人口研究，2014（5）：3 - 16.

［4］陈彦斌．人口老龄化对中国宏观经济的影响［M］．北京：科学出版社，2014.

［5］楚永生，于贞，王云云．人口老龄化“倒逼”产业结构升级的动态效应——基于中国 30 个省级制造业面板数据的空间计量分析［J］．产经评论，2017（6）：22－33.

［6］高越，李荣林．人口老龄化、人力资本投资和出口商品结构［J］．现代财经，2017（10）：65－77.

［7］郭熙保，李通屏，袁蓓．人口老龄化对中国经济的持久性影响及其对策建议［J］．经济理论与经济管理，2013（2）：43－50.

［8］郭瑜．人口老龄化对中国劳动力供给的影响［J］．经济理论与经济管理，2013（11）：49－58.

［9］何凌霄，南永清，张忠根．老龄化、服务性消费与第三产业发展——来自中国省级面板数据的证据［J］．财经论丛，2016（10）：11－18.

［10］黄顺绪，严汉平，李冀．人口年龄结构、多元出口市场与比较优势演化［J］．当代经济科学，2017（1）：13－20.

［11］刘玉飞，彭冬冬．人口老龄化会阻碍产业结构升级吗——基于中国省级面板数据的空间计量研究［J］．山西财经大学学报，2016（3）：12－21.

［12］鲁志国．简论人口老龄化对我国产业结构调整的影响［J］．深圳大学学报（人文社会科版），2001（2）：45－51.

［13］逯进，刘璐，郭志仪．中国人口老龄化对产业结构的影响机制——基于协同效应和中介效应的实证分析［J］．中国人口科学，2018（3）：15－25.

［14］茅锐，徐建炜．人口转型、消费结构差异和产业发展［J］．人口研究，2014（3）：89－103.

［15］任栋，李新运．劳动力年龄结构与产业转型升级——基于省际面板数据的检验［J］．人口与经济，2014（5）：95－103.

［16］童玉芬．人口老龄化过程中我国劳动力供给变化特点及面临的挑战［J］．人口研究，2014（2）：52－60.

［17］汪伟，刘玉飞，彭冬冬．人口老龄化的产业结构升级效应研究［J］．中国工业经济，2015（11）：47－61.

［18］王有鑫，赵雅婧．人口年龄结构与出口比较优势——理论框架和实证经验［J］．世界经济研究，2016（4）：78－93.

［19］吴飞飞，唐保庆．人口老龄化对中国服务业发展的影响研究［J］．中国人口科学，2018（2）：103－115.

［20］武康平，张永亮．老龄化趋势下年龄依赖型要素对比较优势的影响——来自中国的经验研究［J］．经济学报，2018（2）：63－93.

［21］张斌，李军．人口老龄化对产业结构影响效应的数理分析［J］．老龄科学研究，2013（6）：

3－13.

［22］张杰，何晔．人口老龄化削弱了中国制造业低成本优势吗？［J］．南京大学学报，2014（3）：24－36.

［23］赵春燕．人口老龄化对区域产业结构升级的影响——基于面板门槛回归模型的研究［J］．人口研究，2018（5）：78－89.

［24］卓乘风，邓峰．人口老龄化、区域创新与产业结构升级［J］．人口与经济，2018（1）：48－60.

［25］Acemoglu D，Johnson S. Disease and Development：The Effect of Life Expectancy on Economic Growth［J］. Journal of Political Economy，2007，115（6）：925－985.

［26］Acemoglu D，Restrepo P. Demographics and Automation［R］. NBER Working Paper，2018.

［27］Albuquerque P，Lopes J C. Economic Impacts of Ageing：An Inter-industry Approach［J］. International Journal of Social Economics，2010，37（12）：970－986.

［28］Annabi N，Fougère M，Harvey S. Inter-Temporal and Inter-Industry Effects of Population Ageing：A General Equilibrium Assessment for Canada［J］. Labour，2010，23（4）：609－651.

［29］Ben-Porath Y. The Production of Human Capital and the Life Cycle of Earnings［J］. Journal of Political Economy，1967，75（4）：352－365.

［30］Cai J，Stoyanov A. Population Aging and Comparative Advantage［J］. Journal of International Economics，2016，102：1－21.

［31］Cervellati M，Sunde U. The Effect of Life Expectancy on Education and Population Dynamics［J］. Empirical Economics，2013，48（4）：1445－1478.

［32］Cohen D，Leker L. Testing the Ben-Porath Effect Through the Educational Patterns of Young Cohorts［J］. Journal of Macroeconomics，2016，48：252－262.

［33］Czaja S J，Lee C C. The Impact of Aging on Access to Technology［J］. Universal Access in the Information Society，2007，5（4）：341.

［34］Dixon S. Implications of Population Ageing for the Labour Market［J］. Labour Market Trends，2003，111（2）：67－76.

［35］Feyrer J. Demographics and Productivity［J］. The Review of Economics and Statistics，2007，89（1）：100－109.

［36］Fougère M，Mercenier J，Mérette M. A Sectoral and Occupational Analysis of Population Ageing in Canada Using a Dynamic CGE Overlapping Generations Model［J］. Economic Modeling，2007，24（4）：690－711.

［37］Gu K，Stoyanov A. Skills，Population Aging，and the Pattern of International Trade［J］. Review of International Economics，2019，27（2）：499－519.

［38］Hansen C W. Life Expectancy and Human Capital：Evidence from the International Epidemiological

Transition [J]. Journal of Health Economics, 2013, 32 (6): 1142 – 1152.

[39] Hazan M. Longevity and Lifetime Labor Supply: Evidence and Implications [J]. Econometrica, 2009, 77 (6): 1829 – 1863.

[40] Ishikawa D, Ueda J, Arai R. Future Changes of the Industrial Structure Due to Aging and Soaring Demands for Healthcare Services in Japan——an Analysis Using a Multi-Sector OLG Model in an Open Economy [R]. PRI Discussion Paper Series, 2012.

[41] Jones B F. Age and Great Invention [J]. The Review of Economics and Statistics, 2010, 92 (1): 1 – 14.

[42] Levin S G, Stephan P E. Research Productivity over the Life Cycle: Evidence for Academic Scientists [J]. The American Economic Review, 1991, 81 (1): 114 – 132.

[43] Liu Y, Westelius N. The Impact of Demographics on Productivity and Inflation in Japan [J]. Journal of International Commerce, Economics and Policy, 2017, 8 (2): 1750008.

[44] Lorentzen P, McMillan J, Wacziarg R. Death and Development [J]. Journal of Economic Growth, 2008, 13 (2): 81 – 124.

[45] Sayan S. Heckscher-Ohlin Revisited: Implications of Differential Population Dynamics for Trade within an Overlapping Generations Frame-work [J]. Journal of Economic Dynamics and Control, 2005, 29 (9) : 1471 – 1493.

[46] Siliverstovs B, Kholodilin K A, Thiessen U. Does Aging Influence Structural Change? Evidence from Panel Data [J]. Economic Systems, 2011, 35 (2): 244 – 260.

[47] Stijepic D, Wagner H. Population-ageing, Structural Change and Productivity Growth [R]. MPRA Paper, 2012.

[48] ThieBen U. Aging and Structural Change [R]. DIW Discussion Papers, 2007.

[49] Volz U B. Aging, Labor Supply and Consumption-sectoral Effects of Demographic Change in Germany [R]. Conference Paper Presented at the 11th Annual Conference on Global Economic Analysis, Helsinki, Finland, 2008.

[50] Werding M. Ageing and Productivity Growth: Are There Macro-level Cohort Effects of Human Capital? [R]. CESifo Working Paper Series, 2008, 2207.

[51] Yakita A. Different Demographic Changes and Patterns of Trade in a Heckscher-Ohlin Setting [J]. Journal of Population Economics, 2012, 25 (3): 853 – 870.